2

ABAX ARQUITECTOS

FERNANDO DE HARO, JESÚS FERNÁNDEZ, OMAR FUENTES Y BERTHA FIGUEROA

EDITORES *PUBLISHERS*

Fernando de Haro & Omar Fuentes

DISEÑO Y PRODUCCIÓN EDITORIAL
EDITORIAL DESIGN & PRODUCTION

DIRECCIÓN DEL PROYECTO *PROJECT MANAGERS*

Edali Nuñez Daniel
Laura Mijares Castellá

COORDINACIÓN DE PREPRENSA
PREPRESS COORDINATION

Carolina Medina Granados

TRADUCCIÓN *TRANSLATION*

Angloamericano de Cuernavaca
Heather Joy Gagliarde

ABAX ARQUITECTOS
Paseo de Tamarindos # 400 B suite 102, Col. Bosques de las Lomas, C.P. 05120, México D.F.
Tel. 52(55) 5258 0558 Fax. 52(55) 5258 0556   abax@abax.com.mx   **www.abax.com.mx**

CASAS, VIVIENDO LA ARQUITECTURA / *HOMES, ARCHITECTURE COMES TO LIFE*

© 2010, Fernando de Haro & Omar Fuentes

AM Editores S.A. de C.V. Paseo de Tamarindos # 400 B suite 109, Col. Bosques de las Lomas, C.P. 05120, México D.F.
Tel. y Fax 52(55) 5258 0279 ame@ameditores.com **www.ameditores.com**

ISBN Español 978-607-437-081-2
ISBN Inglés 978-607-437-082-9

Ninguna parte de este libro puede ser reproducida, archivada o transmitida en forma alguna o mediante algún sistema, ya sea electrónico, mecánico o de fotorreproducción sin la previa autorización de los editores.
All rights reserved. No part of this of this book may be reproduced or copied in any form or by any means -graphic, electronic, or mechanical, including scanning, photocopying, photographing, taping, or information storage and retrieval systems - known or unknown, without the explicit written permission of the publisher(s).

Impreso en China. *Printed in China.*

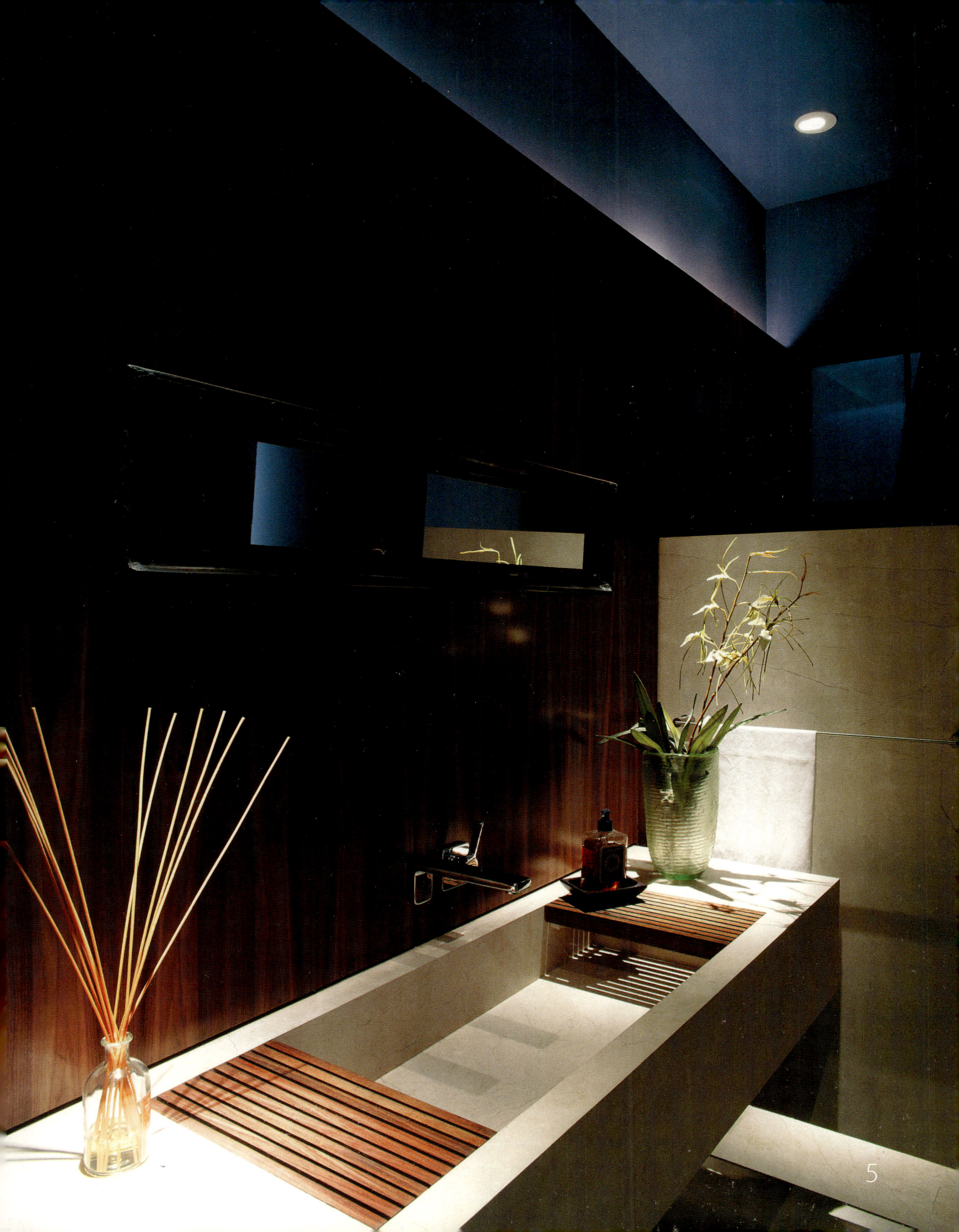

CONTENIDO
CONTENTS

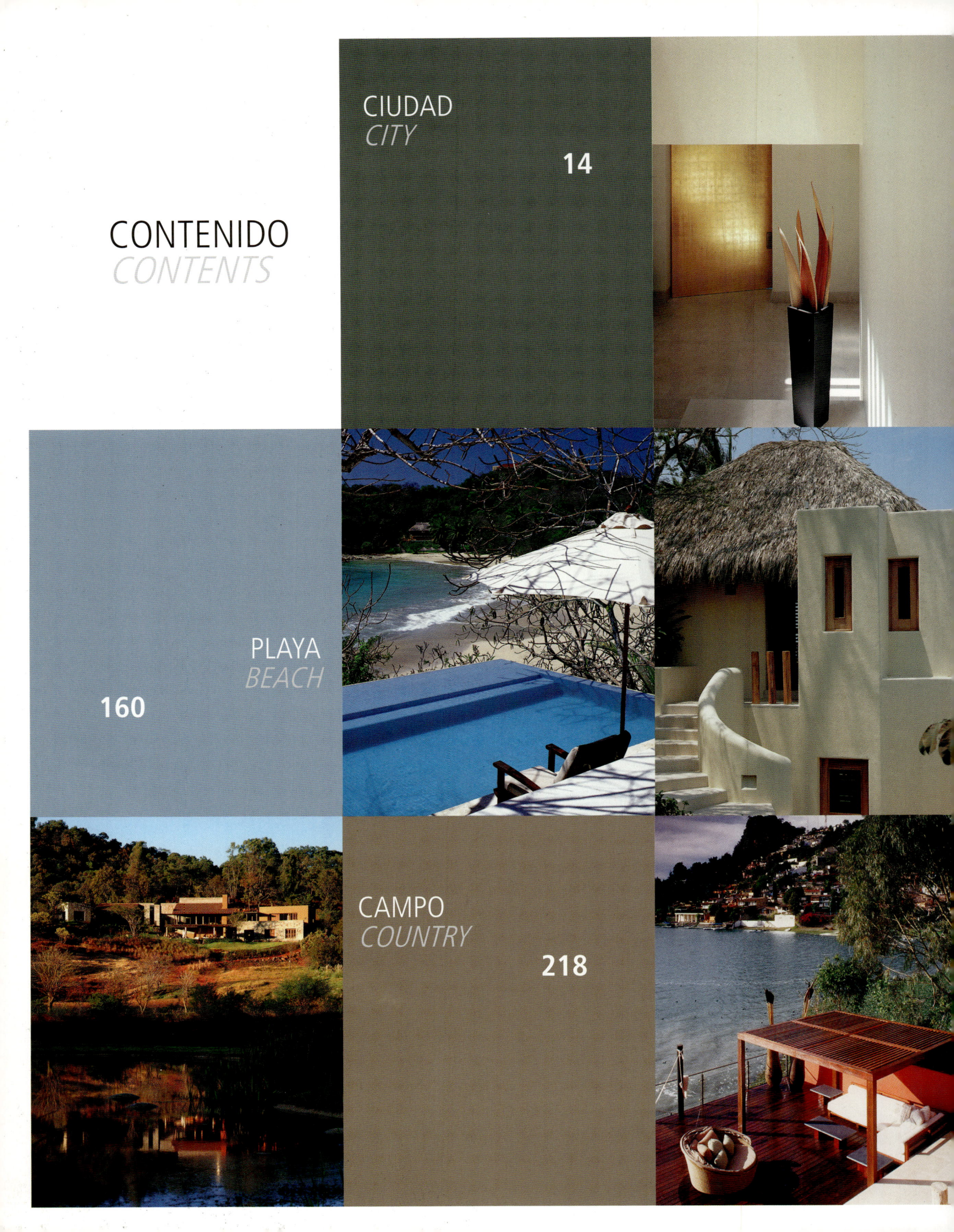

CIUDAD
CITY
14

PLAYA
BEACH
160

CAMPO
COUNTRY
218

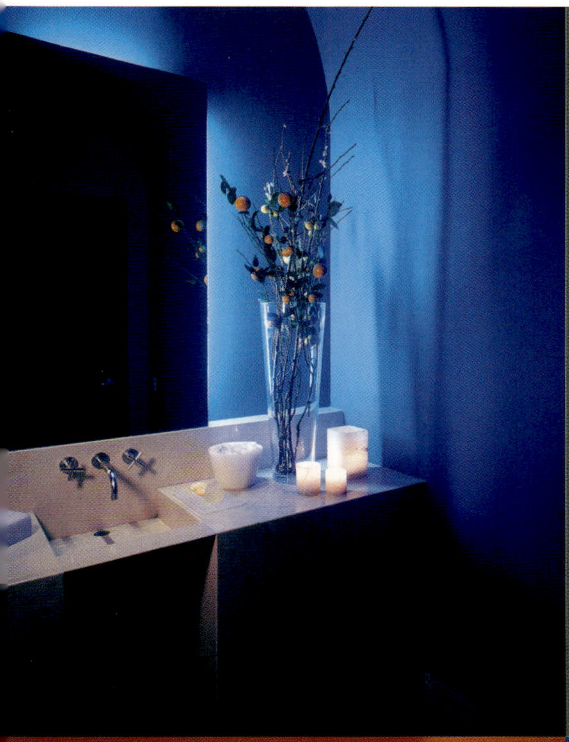
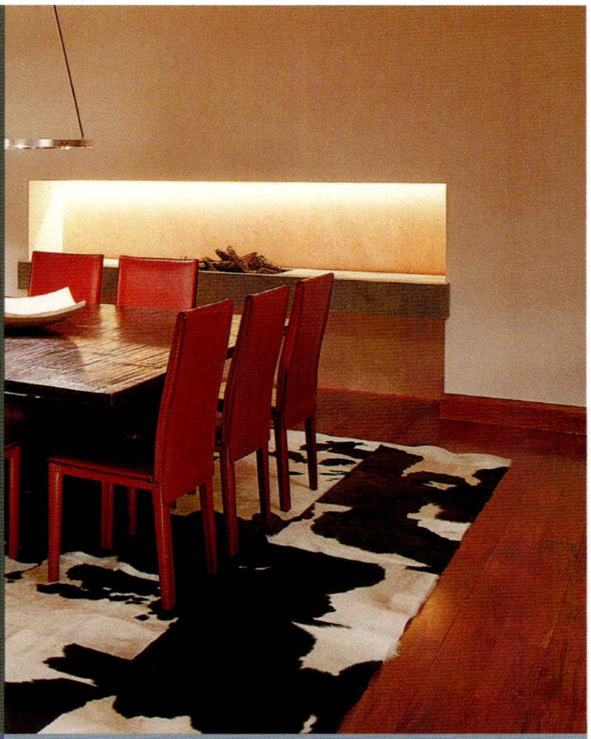
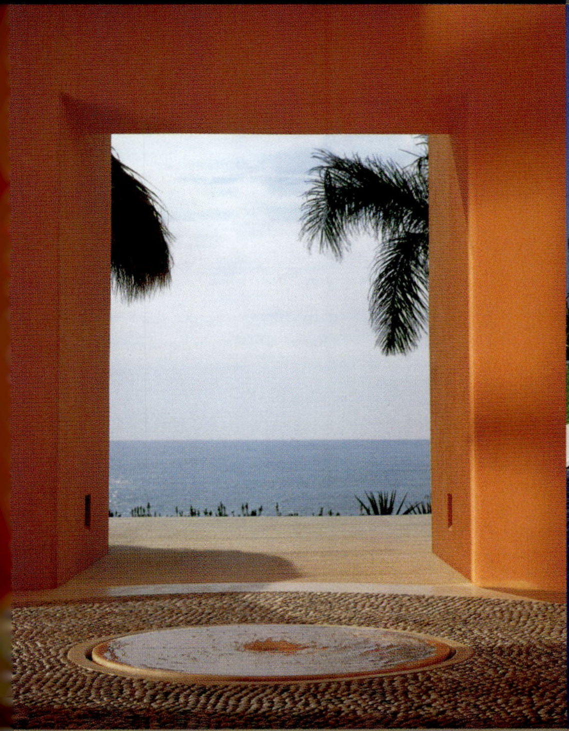
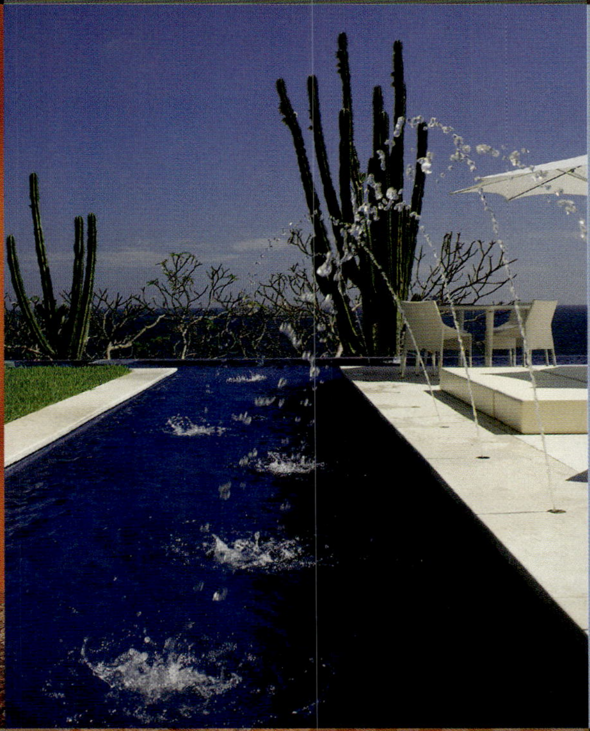
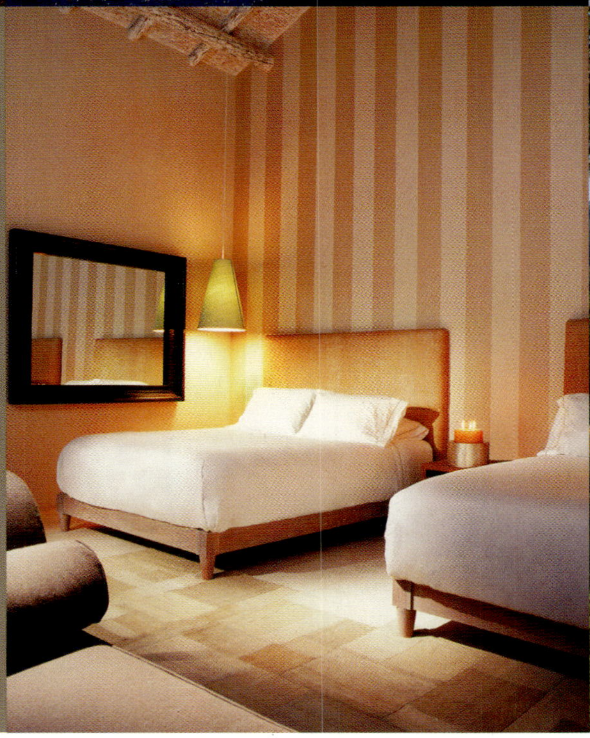
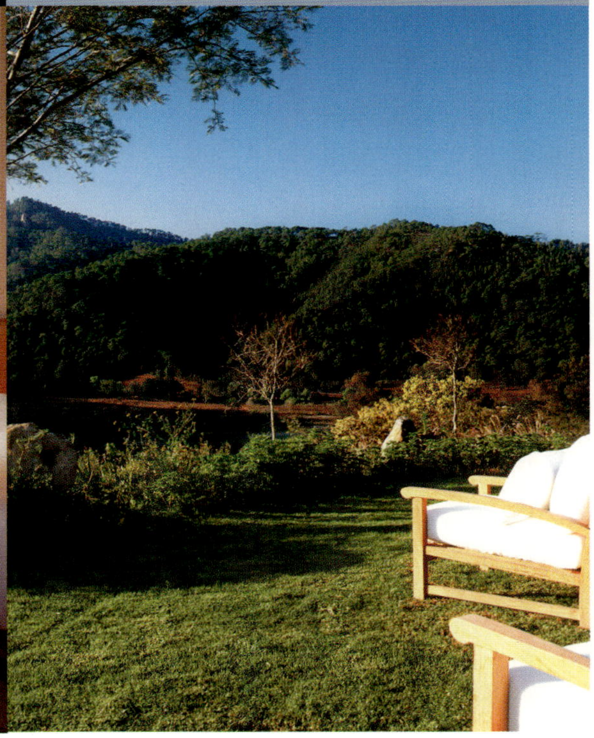

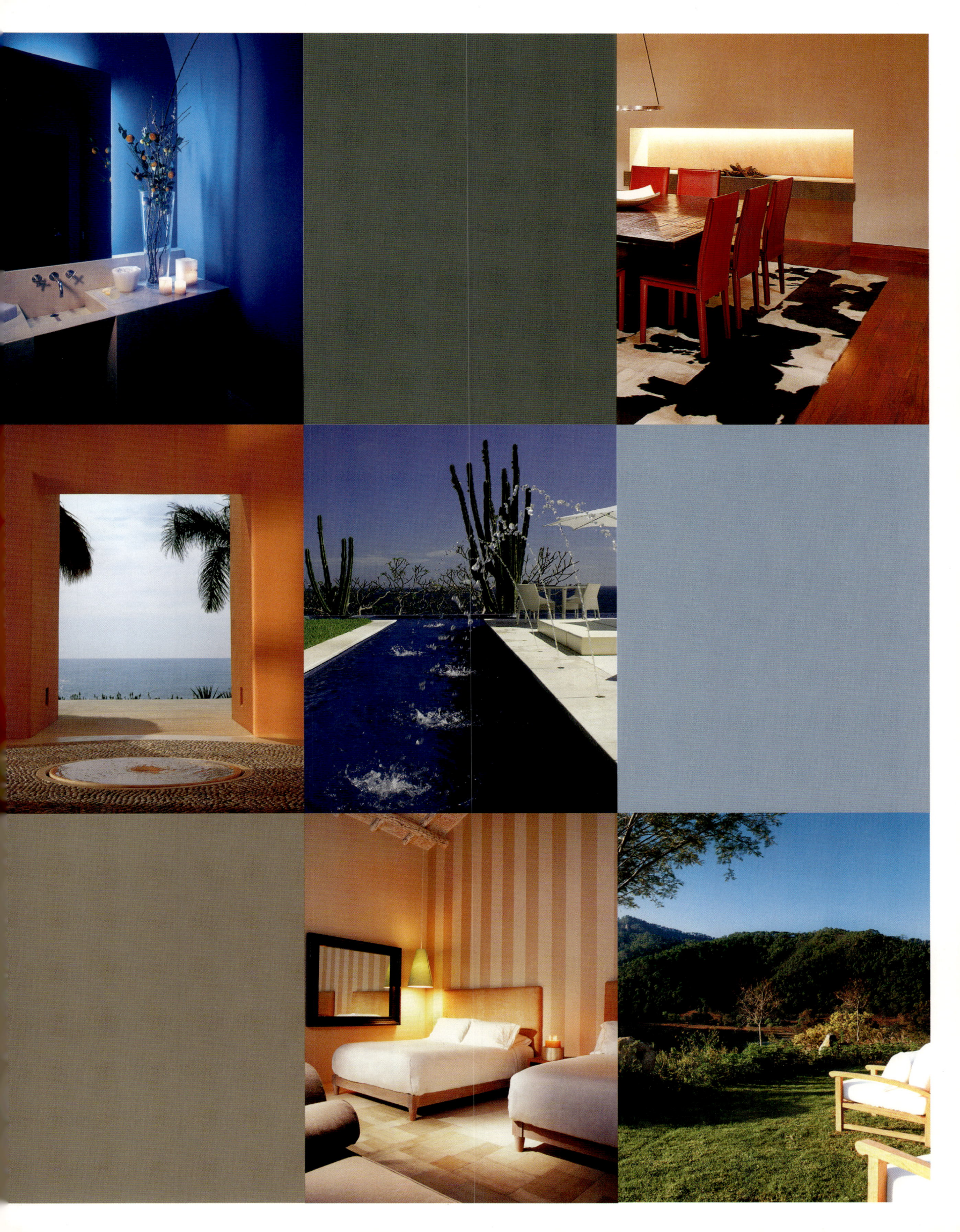

introducción

EL PRESENTE LIBRO CUENTA UNA MUDA HISTORIA DE LOS ÚLTIMOS AÑOS DE NUESTRA EXPERIENCIA DE VIDA ENFOCADA EN CONVERTIR SUEÑOS EN REALIDADES PARA MUCHOS CLIENTES QUE SE HACEN AMIGOS Y OTROS TANTOS AMIGOS QUE SE HACEN NUESTROS CLIENTES.
CONSTITUYE EL RELATO DE UNA HISTORIA DEL TIEMPO PASADO, UNA VIDA O EXPERIENCIA DE VIDA, PORQUE DE ESO SE TRATA LA ARQUITECTURA, QUE EMPIEZA CON UNA RELACIÓN LARGA E ÍNTIMA CON LOS CLIENTES, QUIENES DEPOSITAN EN NOSOTROS SU CONFIANZA PARA DISEÑARLES Y CONSTRUIRLES UNA CASA… SU CASA, MISMA QUE NOS LLENA DE GOZO Y ORGULLO AL VER AL CLIENTE VIVIENDO SU HOGAR CON PLENITUD, CUYO PROYECTO UN DÍA INICIÓ CON UN TRAZO EN UN PAPEL EN BLANCO.

EN ESE SUEÑO, EL ARQUITECTO ES CÓMPLICE Y EJECUTOR A TRAVÉS DEL CLIENTE, YA SEA EN UNA CASA DE CIUDAD DONDE LA AMPLITUD DE ESPACIOS SE RESTRINGE Y LOS REQUERIMIENTOS DEL CLIENTE Y REGULACIONES URBANAS SE VUELVEN ENEMIGOS A VENCER PARA LOGRAR UN DISEÑO ARQUITECTÓNICO ÓPTIMO, DONDE LA BÚSQUEDA PARA INTEGRAR LA NATURALEZA Y SU LUZ SE TORNA SUPERLATIVA, O BIEN, EN UNA CASA DE CAMPO, DONDE SE DISPONE DE GRAN AMPLITUD DE ESPACIO Y DE ESPECTATIVA DEL USUARIO. EN ESTOS PROYECTOS, LA NATURALEZA ESTÁ PRESENTE, Y CON RESPETO Y CUIDADO LA HACEMOS NUESTRA, JUNTO CON EL SOL Y LOS VIENTOS, QUE AL ESTUDIARLOS RESUELVEN A FAVOR DEL DISEÑO, CON LA SATISFACCION DE ENCONTRAR AL USUARIO GOZANDO Y VIVIENDO LA ARQUITECTURA.
O TAMBIÉN EN LOS DISEÑOS ARQUITECTÓNICOS DE LAS CASAS DE PLAYA DE NUESTRO PAÍS, DONDE EL RELAJAMIENTO, EL CAMBIO DE VIDA, LAS EXPECTATIVAS RADICALMENTE DIFERENTES A LAS URBANAS Y LA VECINDAD CON EL OCÉANO, QUE EN EL DÍA NOS DEJA ADMIRADOS Y EN LA NOCHE SE VUELVE IMPONENTE EN SU NEGRA OSCURIDAD JUNTO CON LA MELODÍA FORMADA POR VIENTO Y MAREA, PERMITEN AL ARQUITECTO RESOLVER NO UNA NECESIDAD DE VIDA, PERO SÍ UNA VIDA DE GOZO A TRAVÉS DE LA ARQUITECTURA.

LAS CASAS, AL FINAL, SON UN RELATO MUDO DE LA ÍNTIMA RELACIÓN CLIENTE-ARQUITECTO, DONDE LAS VIVENCIAS, EXPERIENCIAS Y LA INTERACCIÓN CON LOS FUTUROS USUARIOS, PERMITIRÁ EL CRECIMIENTO DE SU ESPÍRITU AL VIVIR LA ARQUITECTURA, DEJANDO QUE LAS DIFERENCIAS SURGIDAS DURANTE EL PROCESO DE DISEÑO QUEDEN BORRADAS AL HABITAR LOS ESPACIOS CREADOS.
LAS RELACIONES HUMANAS Y SU DIVERSIDAD DE TRATO SON EXPERIENCIAS ENRIQUECEDORAS PARA EL ARQUITECTO Y SU PROCESO DE DISEÑO, PUES AL TRABAJAR CON ARTISTAS, PINTORES, FINANCIEROS, BANQUEROS, POLÍTICOS Y HASTA AVENTUREROS ECOLOGISTAS, APRENDEMOS A VER LA VIDA CON LOS OJOS DEL CLIENTE, COMO UN ACTOR QUE VIVE AL PERSONAJE QUE REPRESENTA Y ASÍ PODER LOGRAR UN HOGAR A SU MEDIDA.

TODA LA COMPLEJIDAD DE ASPECTOS HUMANOS, TÉCNICOS, DE SITIO Y ECONÓMICOS DE UN PROYECTO SÓLO SE LOGRAN RESOLVER AL REALIZAR LA INTEGRACIÓN DEL EQUIPO HUMANO, QUE SUMA LOS ESFUERZOS DESDE LA HUMILDE MANO DEL ALBAÑIL HASTA EL ENORME ESFUERZO COGNOSCITIVO DEL PERSONAL QUE SE INVOLUCRA CON PACIENCIA, DEDICACIÓN Y ENTREGA.
YA NO HAY LLANEROS SOLITARIOS CREADORES DE GRANDES OBRAS, HOY EN DÍA, EL ARQUITECTO Y SU EQUIPO SON PSICÓLOGOS Y HASTA A VECES PSIQUIATRAS, A TRAVÉS DEL ANÁLISIS DEL DISEÑO DE LA CASA PARA LOGRAR QUE EL CLIENTE ESTÉ VIVIENDO A TRAVÉS DE LA ARQUITECTURA SUS SUEÑOS Y PREFERENCIAS.

GRACIAS A NUESTROS CLIENTES Y AMIGOS, PUES SIN ELLOS NO ESTARÍAMOS, CON ORGULLO, PRESENTANDO ESTAS PÁGINAS, QUE SIN PALABRAS HABLAN DE NUESTRAS VIVENCIAS Y DE ARQUITECTURA.

FERNANDO DE HARO L.

THIS BOOK NARRATES THE SILENT HISTORY OF THE RECENT YEARS OF OUR LIFE EXPERIENCE FOCUSED ON CONVERTING DREAMS INTO REALITIES FOR MANY OF OUR CLIENTS WHO HAVE BECOME FRIENDS AND MANY OTHER FRIENDS WHO HAVE BECOME CLIENTS.

IT CONSTITUTES AN ACCOUNT OF THE HISTORY OF TIME PAST, A LIFE OR LIFE EVENT – FOR THIS IS WHAT ARCHITECTURE IS MADE OF. IT STARTS WITH A LONG AND INTIMATE RELATIONSHIP WITH CLIENTS, CLIENTS WHO PLACE THEIR TRUST IN US TO DESIGN AND BUILD A HOUSE…THEIR HOUSE…THE VERY SAME HOUSE WHICH FILLS US WITH JOY AND PRIDE WHEN WE SEE THEM ABUNDANTLY LIVING IN THEIR HOMES, A PROJECT THAT STARTED AS AN IDEA SKETCHED ON A PIECE OF PAPER.

IN THAT DREAM, THE ARCHITECT IS BOTH PARTNER AND EXECUTOR THROUGH THE CLIENT. THIS IS TRUE FOR A HOUSE IN THE CITY WHERE SPACE IS RESTRICTED AND THE DEMANDS OF THE CLIENT AND THE URBAN REGULATIONS BECOME ENEMIES IN OVERCOMING THE OBSTACLES IN ACHIEVING AN OPTIMUM ARCHITECTURAL DESIGN. WHERE THE SEARCH TO INTEGRATE NATURE AND LIGHT BECOME SUPERLATIVE. THIS IS ALSO TRUE IN THE CASE A COUNTRY HOME, WHERE WIDE OPEN SPACES AND EXPECTATIONS OF THE CLIENT ARE THE RULE. IN SUCH PROJECTS, NATURE IS PRESENT, AND WITH RESPECT AND CARE WE MAKE NATURE OURS. TOGETHER WITH THE SUN AND THE WINDS, WHICH UPON STUDYING CREATE A FAVORABLE VERDICT TOWARDS DESIGN, THE RESIDENT FEELS THE SATISFACTION OF ENJOYING AND LIVING THE ARCHITECTURE.

AND NOT TO BE OVERLOOKED ARE THE ARCHITECTURAL DESIGNS OF THE BEACH HOUSES OF OUR COUNTRY, WHERE RELAXATION, CHANGE OF LIFESTYLE, RADICALLY DIFFERENT EXPECTATIONS FROM URBAN LIFE AND THE PROXIMITY TO THE OCEAN LEAVE US IN AWE DURING THE DAY, AND AT NIGHT THE COMBINATION OF PITCH BLACK SKIES AND THE MELODY OF WIND AND SURF ALLOW THE ARCHITECT TO NOT ONLY MEET THE NEEDS OF LIVING BUT EXPERIENCE A LIFE OF JOY THROUGH ARCHITECTURE.

introduction

AFTER ALL IS SAID AND DONE, HOUSES ARE A HISTORY OF THE INTIMATE RELATIONSHIP BETWEEN CLIENT AND ARCHITECT, WHERE THE EXPERIENCES AND INTERACTIONS WITH FUTURE INHABITANTS PERMIT SPIRITUAL GROWTH WHILE LIVING THE ARCHITECTURE, LEAVING ASIDE ANY DIFFERENCES THAT ARISE DURING THE DESIGN PROCESS, DIFFERENCES THAT ARE ERASED WHEN THE CREATED SPACES ARE INHABITED.

HUMAN RELATIONSHIPS WITH THEIR DIVERSITY OF TREATMENT ARE ENRICHING EXPERIENCES FOR BOTH THE ARCHITECT AND THE DESIGN PROCESS. BY WORKING WITH ARTISTS, PAINTERS, INVESTORS, BANKERS, POLITICIANS AND EVEN ECOLOGISTS, WE LEARN TO SEE LIFE THROUGH THE EYES OF THE CLIENT, SIMILAR TO HOW AN ACTOR LIVES HIS ROLE. IN THIS WAY A HOME THAT IS MADE-TO-MEASURE CAN BE ACHIEVED.

THE ENTIRE COMPLEXITY OF HUMAN, TECHNICAL, AND LOCATION ASPECTS, AS WELL AS THE ECONOMIC CONSIDERATIONS OF A PROJECT, CAN ONLY BE ACHIEVED BY CARRYING OUT THE INTEGRATION OF THE HUMAN WORKFORCE THROUGH COMBINED EFFORTS, FROM THE HUMBLE WORK OF THE BRICKLAYER TO THE ENORMOUS COGNITIVE EFFORTS OF ALL THE PERSONNEL INVOLVED, DONE WITH PATIENCE, LOYALTY AND DEDICATION. LONE PLAINSMEN CREATING FANTASTIC ARCHITECTURAL WORKS OF ART NO LONGER EXIST IN OUR DAY. THE ARCHITECT AND HIS OR HER TEAM ARE PSYCHOLOGISTS AND EVEN PSYCHIATRISTS WHO USE THE ANALYSIS OF DESIGN OF A HOUSE IN SUCH A WAY THAT THE CLIENT IS EXPERIENCING HIS CHOICES AND DREAMS THROUGH ARCHITECTURE.

THANKS TO OUR CLIENTS AND FRIENDS, BECAUSE WITHOUT THEM, WE WOULD NOT BE PRESENTING – WITH PRIDE – THESE PAGES, THAT EVEN WITHOUT A SINGLE WORD, WOULD ATTEST TO OUR HOMES AND TO ARCHITECTURE.

FERNANDO DE HARO LEBRIJA

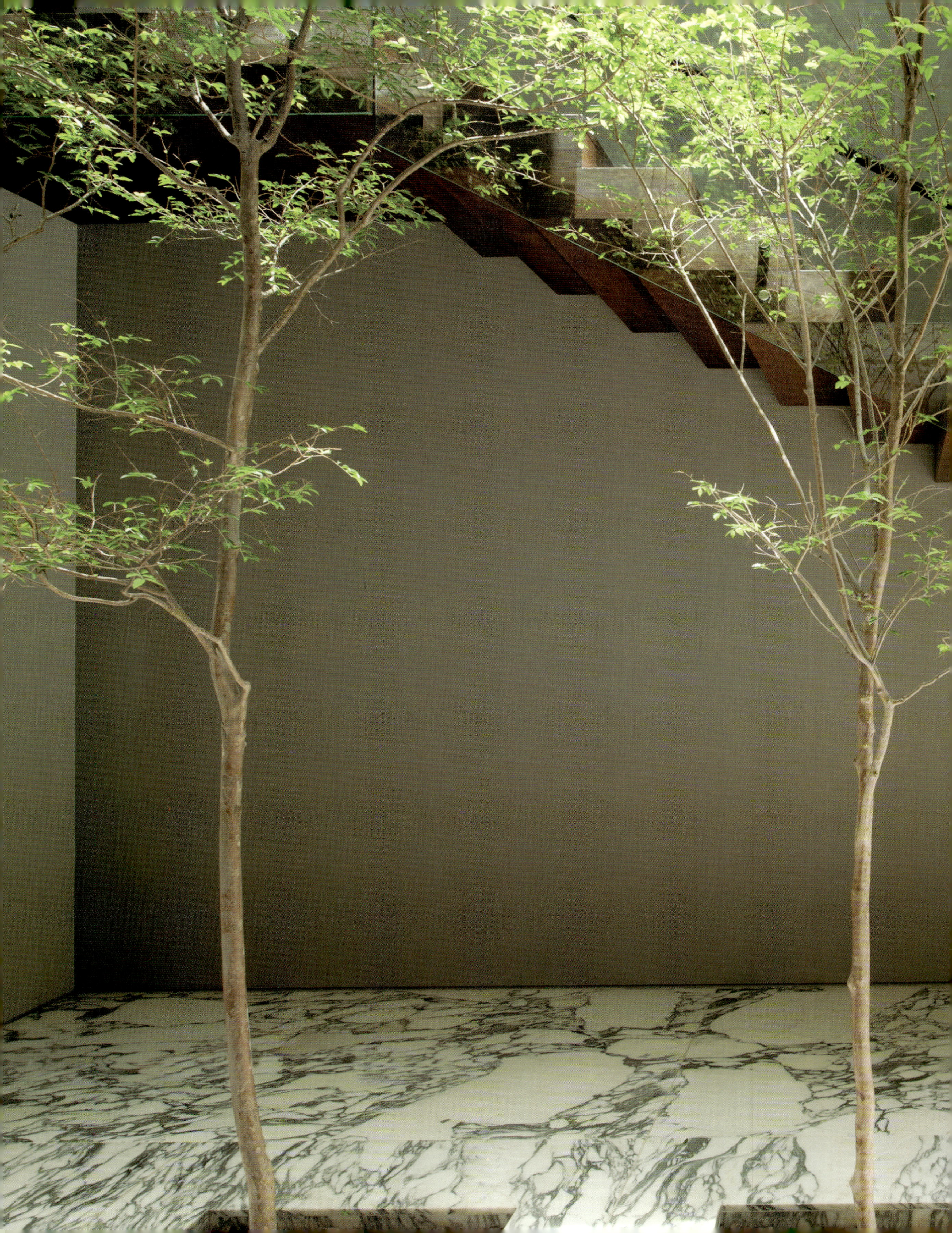

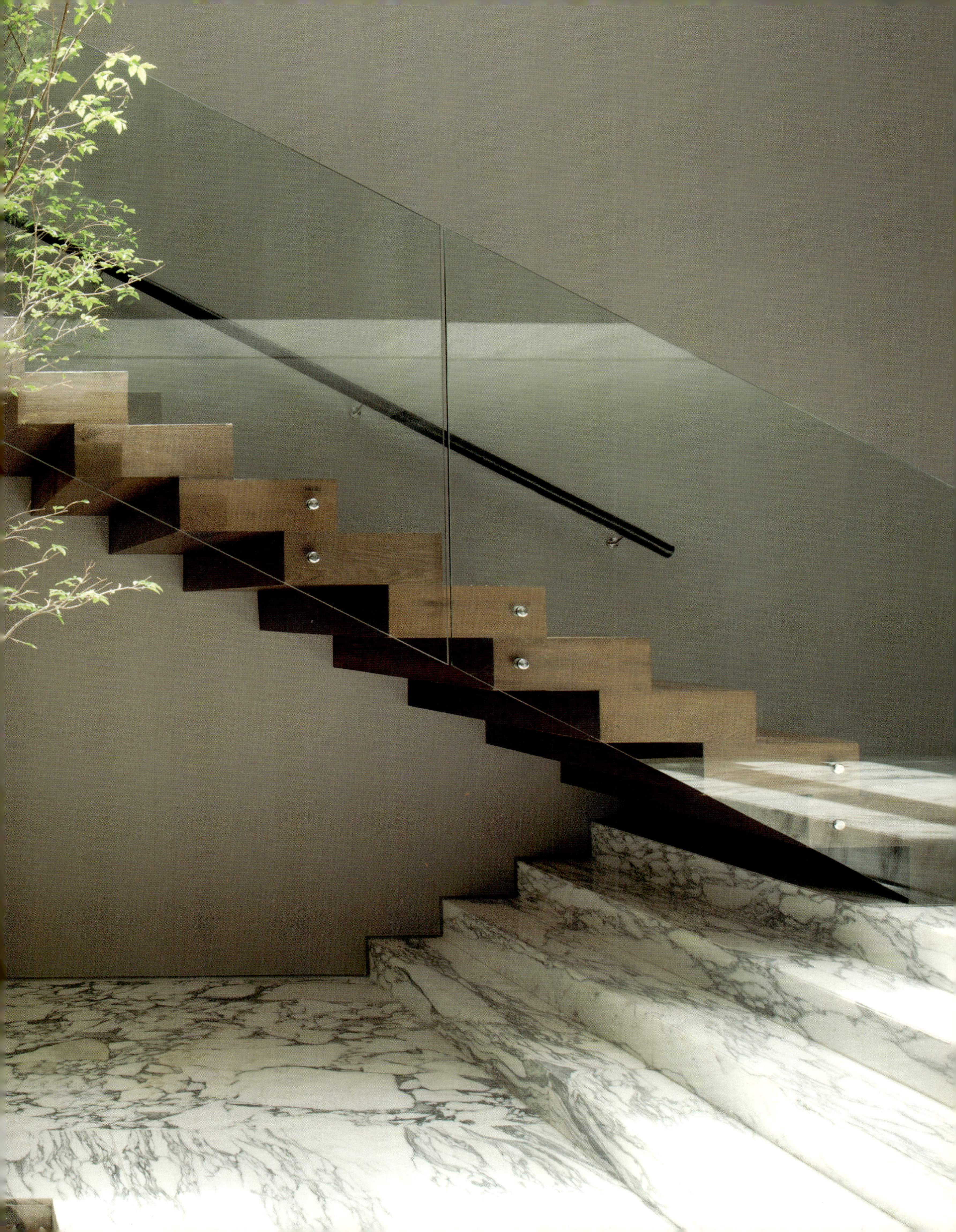

INDEPENDIENTEMENTE DE LOS FACTORES SOCIALES, CULTURALES Y ECONÓMICOS, LAS CASAS DE CIUDAD PROYECTADAS POR ARQUITECTOS SON LA RESPUESTA DE DISEÑO A LA VIDA DIARIA DE LA GENTE QUE HABITA LAS URBES. DERIVADO DE SUS HÁBITOS Y COSTUMBRES, DE SU TRABAJO Y PROFESIÓN, DE LAS EXPECTATIVAS DEL HOGAR QUE DESEA, ASÍ COMO DE SU PROPIA HISTORIA Y DE SUS EXPERIENCIAS, CADA PERSONA VA TEJIENDO SUS NECESIDADES HABITACIONALES, MISMAS QUE SE VAN MODIFICANDO A LO LARGO DE LA VIDA. CUANDO LOS CLIENTES SE ACERCAN A NOSOTROS, VIENEN CON TODO ESTE BAGAJE QUE ES NECESARIO IDENTIFICAR. POR ELLO, COMO PARTE DEL PROCESO DEL DISEÑO REALIZAMOS UNA FASE DE INMERSIÓN QUE ABARCA VARIAS REUNIONES, HASTA ESTAR SEGUROS DE HABER ENTENDIDO CABALMENTE LAS EXPECTATIVAS DE CADA PERSONA. DICHAS REUNIONES INCLUYEN VISITAS AL ESPACIO DONDE SE UBICARÁ LA CASA Y RECORRIDOS POR LA ZONA VECINAL.

EL ESTUDIO Y REFLEXIÓN SOBRE ESTOS ELEMENTOS NOS PERMITEN PROYECTAR EN PAPEL LAS PRIMERAS SOLUCIONES FORMALES, LAS CUALES VAMOS MOLDEANDO Y COMBINANDO CON LAS SOLUCIONES FUNCIONALES, HASTA CREAR UN DISEÑO DE CALIDAD, A MEDIDA Y HASTA CIERTO PUNTO ARTESANAL, PUES PONEMOS ESPECIAL ATENCIÓN EN DESARROLLAR PLANOS PUNTUALES QUE INDICAN CÓMO RESOLVER EN OBRA CADA UNO DE LOS DETALLES.

EL RESULTADO SON ESPACIOS CUALITATIVAMENTE HABITABLES, QUE REFLEJAN LA PERSONALIDAD DE LOS USUARIOS Y RESPONDEN A LA CALIDAD DE DISEÑO QUE PRE VISUALIZARON DESDE QUE NOS ELIGIERON COMO ARQUITECTOS. ESTA DINÁMICA PERMITE LLEVAR AL DISEÑO ARQUITECTÓNICO Y DE INTERIORISMO A SU MÁXIMA EXPRESIÓN Y GENERAR UNA RELACIÓN SÓLIDA CON EL CLIENTE, QUIEN SE SIENTE ORGULLOSO DE SU HOGAR, Y LO DISFRUTA PLENAMENTE A SOLAS, EN FAMILIA Y CON SUS AMISTADES.
POR TODO ESTO, NUESTRO GRAN AGRADECIMIENTO Y RECONOCIMIENTO A TODOS AQUELLOS AMIGOS, QUE NOS HAN DADO MATERIA PRIMA PARA SEGUIR VIGENTES, DESARROLLANDO Y EVOLUCIONANDO EN ESTE QUEHACER QUE TANTO NOS GRATIFICA Y APASIONA, QUE ES HACER NUESTRA ARQUITECTURA.

city

ARCHITECTURALLY DESIGNED CITY HOUSES ARE A CREATIVE SOLUTION TO THE LIVES OF PEOPLE WHO LIVE IN A CITY BESIDES FOR SOCIAL, CULTURAL AND ECONOMIC FACTORS.

EACH PERSON MAKES TOGETHER THEIR LIVING NEEDS, THE SAME ONES THAT WILL KEEP ON CHANGING THROUGH LIFE BEING ORIGINATED BY THEIR HABITS AND ROUTINES, THEIR JOBS AND PROFESSIONS, THEIR EXPECTATIONS FOR THE HOME THEY WILL KEEP ON CHANGING THROUGH LIFE.

WHEN OUR CLIENTS COME TO US, THEY BRING A GREAT KNOWLEDGE IN WHICH WE NEED TO THINK ABOUT. THEN, AS PART OF THE DESIGN PROCESS, WE INCLUDE AN IMMERSION THAT INVOLVES SEVERAL MEETINGS, UNTIL WE KNOW PERFECTLY WELL THEIR EXPECTATIONS. THE MEETINGS COMPRISE VISITS TO WHERE THE HOUSE WILL BE LOCATED AND WALKS THROUGH THE NEIGHBORHOOD.

THE STUDY AND THE REFLECTION ON THESE ELEMENTS ALLOW US TO PUT THE FIRST FORMAL SOLUTIONS ON PAPER, WHICH MOLD AND COMBINE WITH THE FUNCTIONAL SOLUTIONS, UNTIL THE CREATION OF A QUALITY DESIGN THAT IS ALSO CUSTOM-MADE AN HANDCRAFTED UP TO A POINT. THEN WE PAY SPECIAL ATTENTION TO DEVELOP PRECISE PLANS THAT SHOW HOW TO WORK OUT THE DETAILS DURING CONSTRUCTION.

THIS RESULTS IN QUALITY HOUSES THAT REFLECT THE PERSONALITY OF THE USERS AND ANSWER TO THE QUALITY DESIGNS THAT THEY HAD VISUALIZED BEFORE FROM THE MOMENT THEY CHOSE US AS THEIR ARCHITECTS.

THIS DYNAMIC BRINGS US THE ARCHITECTURAL AND INTERIOR DESIGN TO ITS MAXIMUM EXPRESSION AND TO GENERATE A SOLID RELATIONSHIP WITH THE CLIENT, WHO IS PROUD OF THEIR HOME AND CAN ENJOY IT WHILE COMPLETELY ALONE, WITH THE FAMILY AND FRIENDS.

WE GREATLY APPRECIATE AND RECOGNIZE ALL OF OUR FRIENDS WHO HAVE ENCOURAGED US TO KEEP GOING, TO KEEP DEVELOPING AND EVOLVING IN THIS JOB THAT REWARDS AND FASCINATES US, WHICH IS OUR ARCHITECTURE.

JESÚS FERNÁNDEZ SOTO

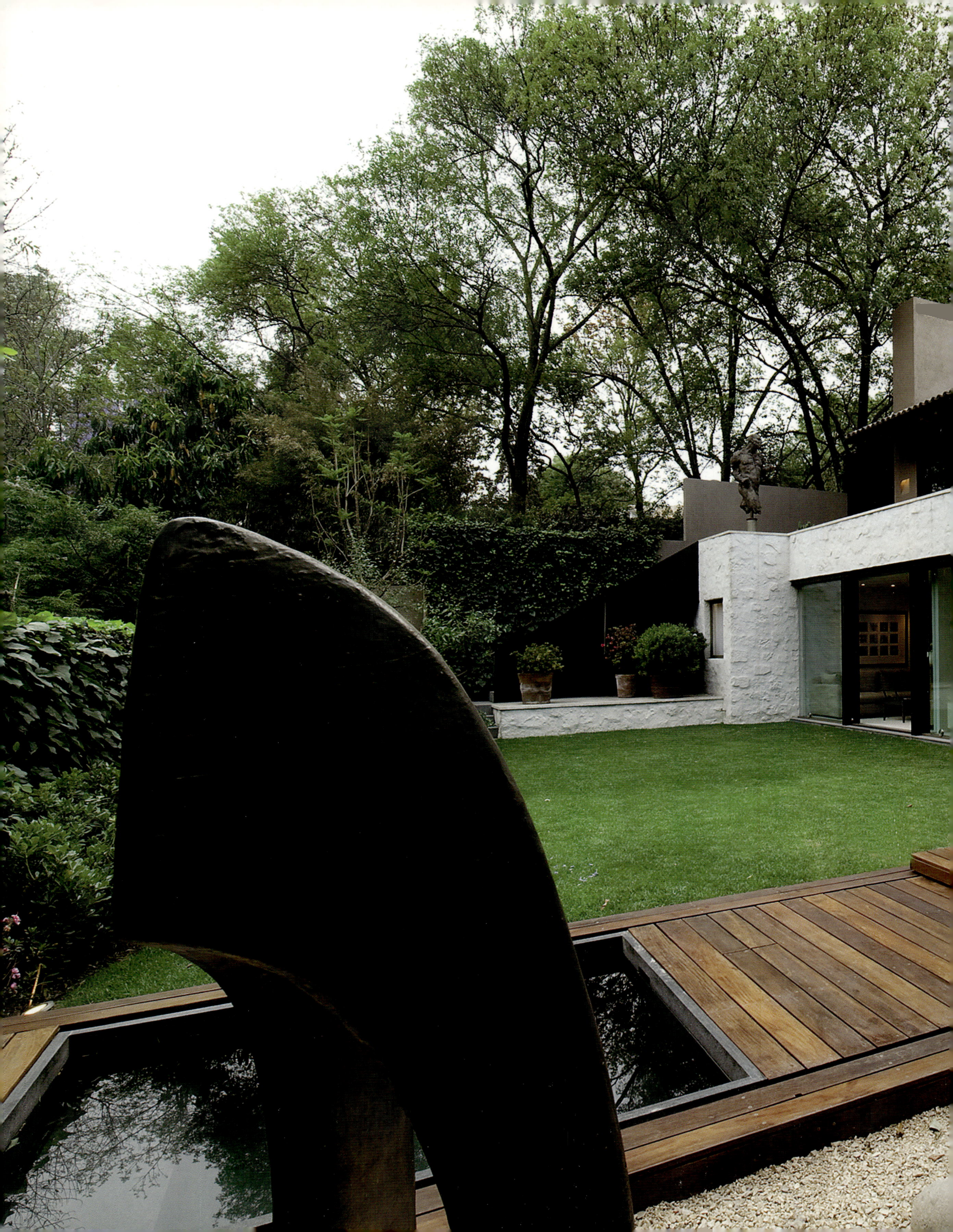

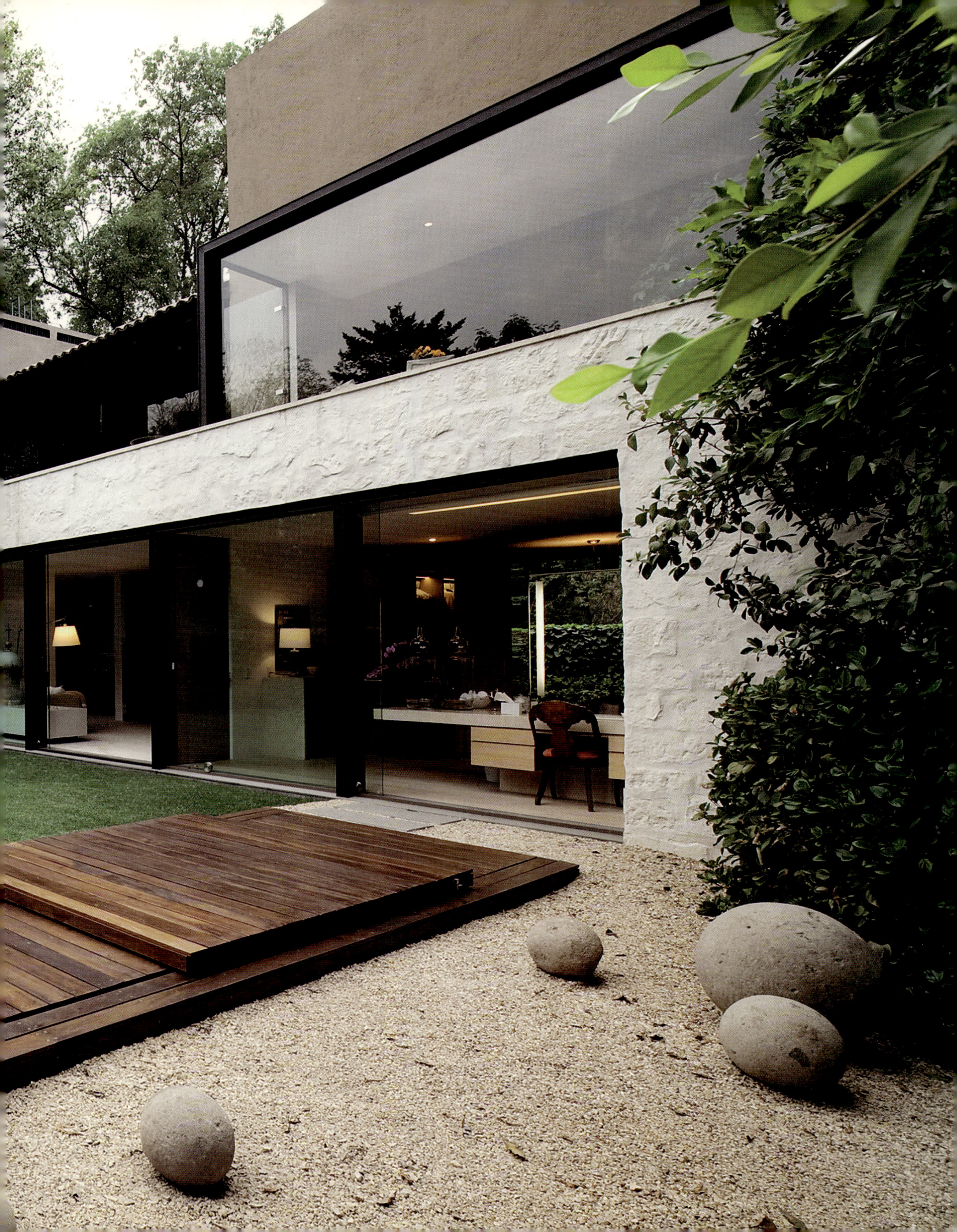

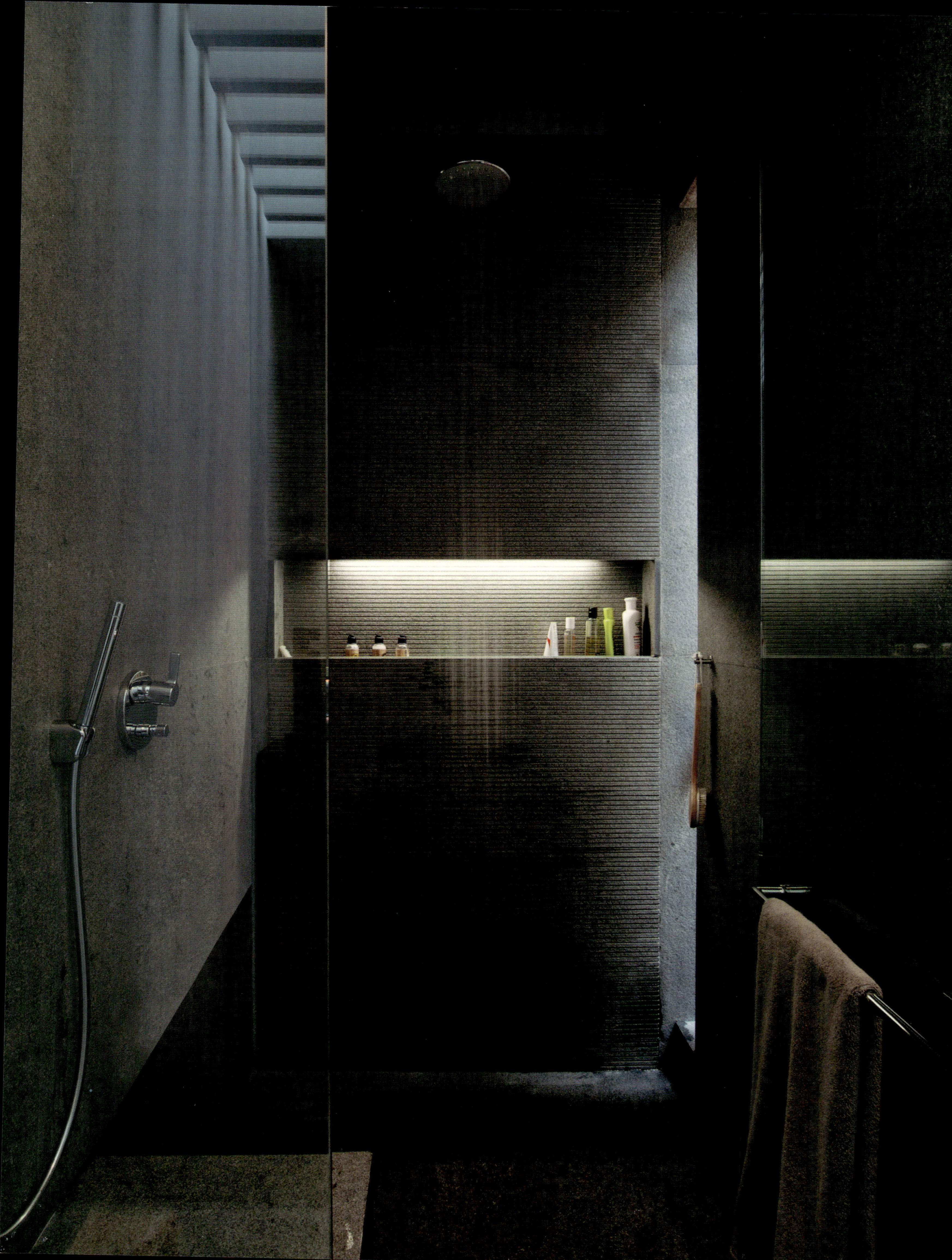

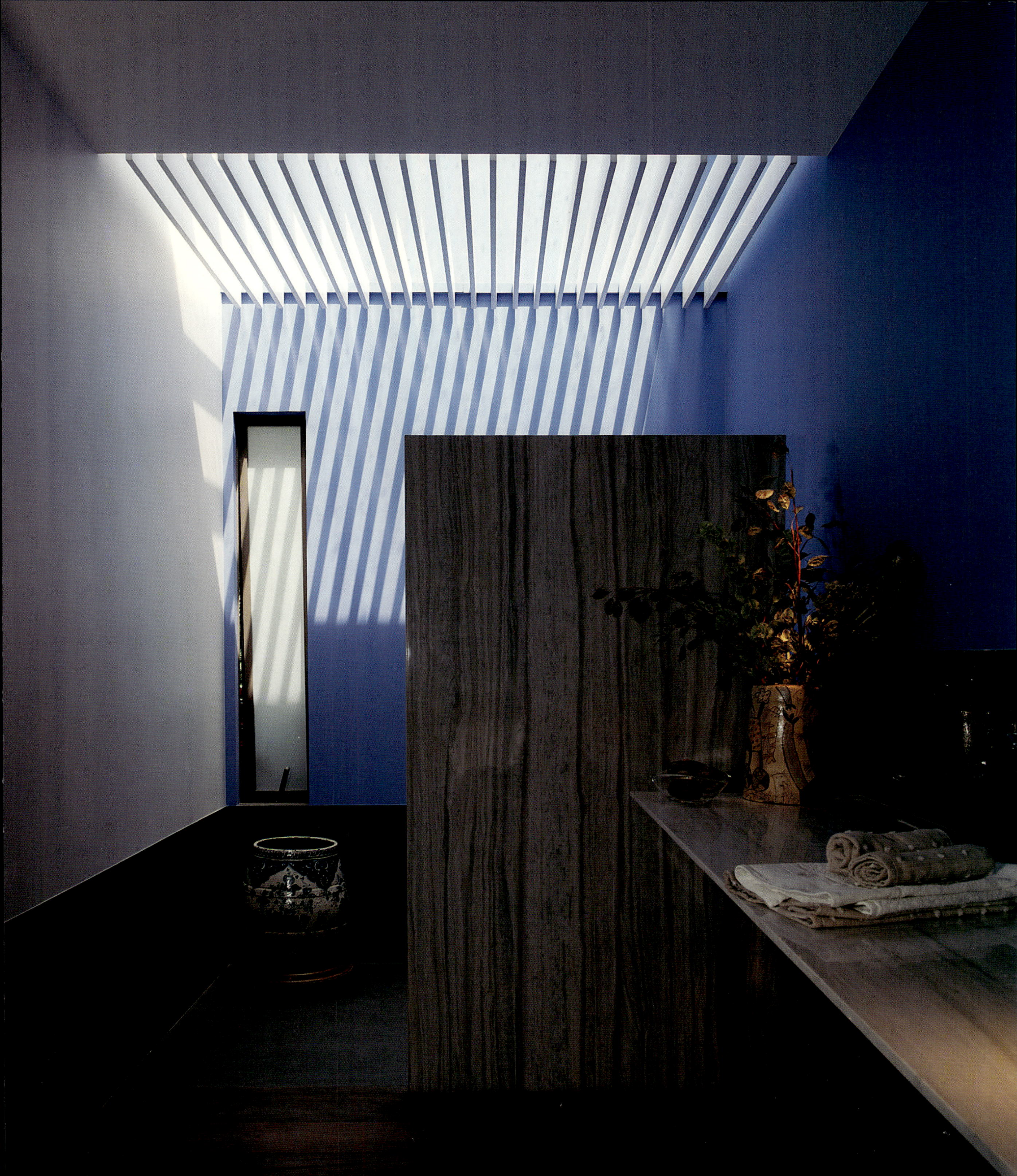

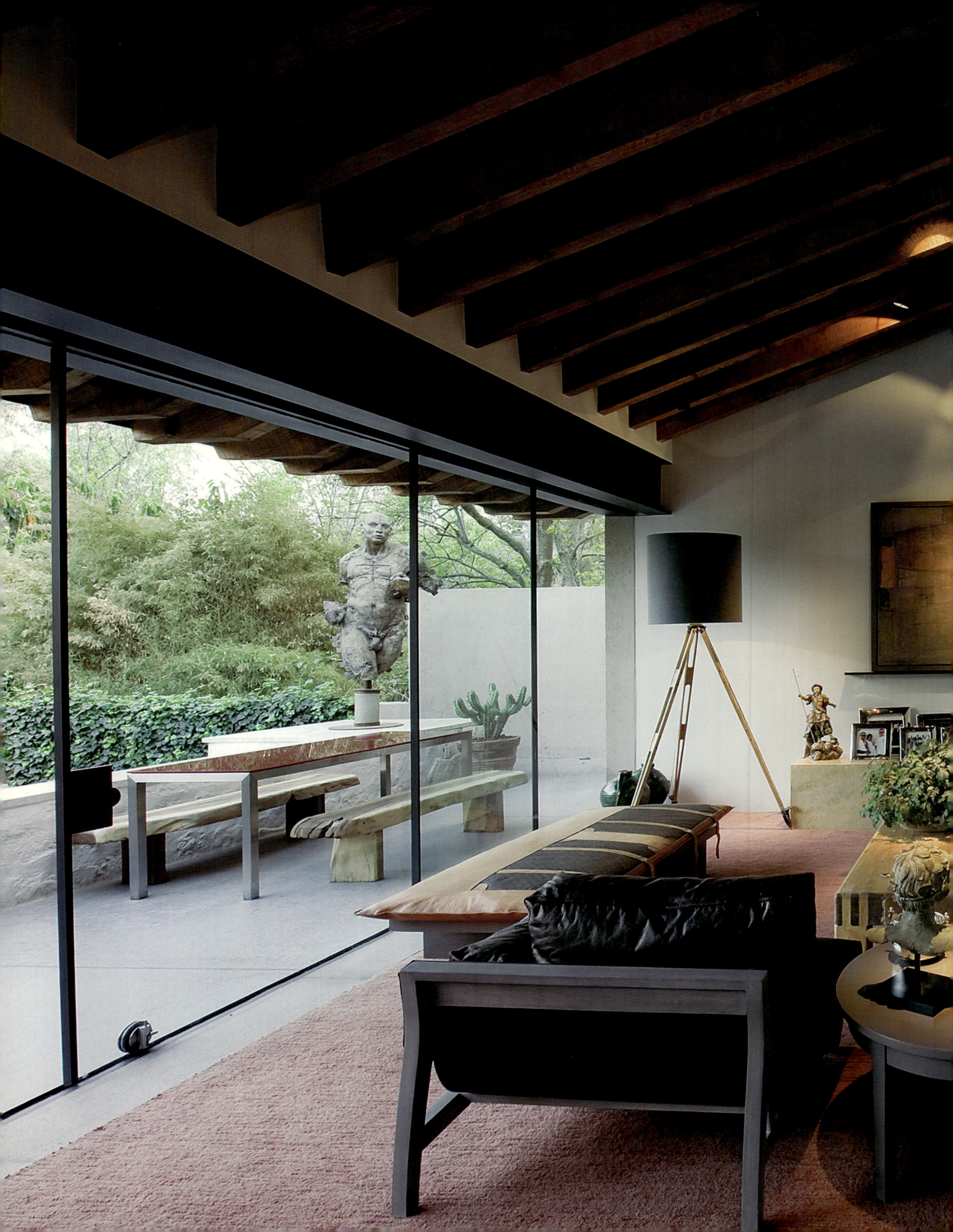

INTERACCION Y COMPLEMENTO EN ESPACIOS HERMANOS

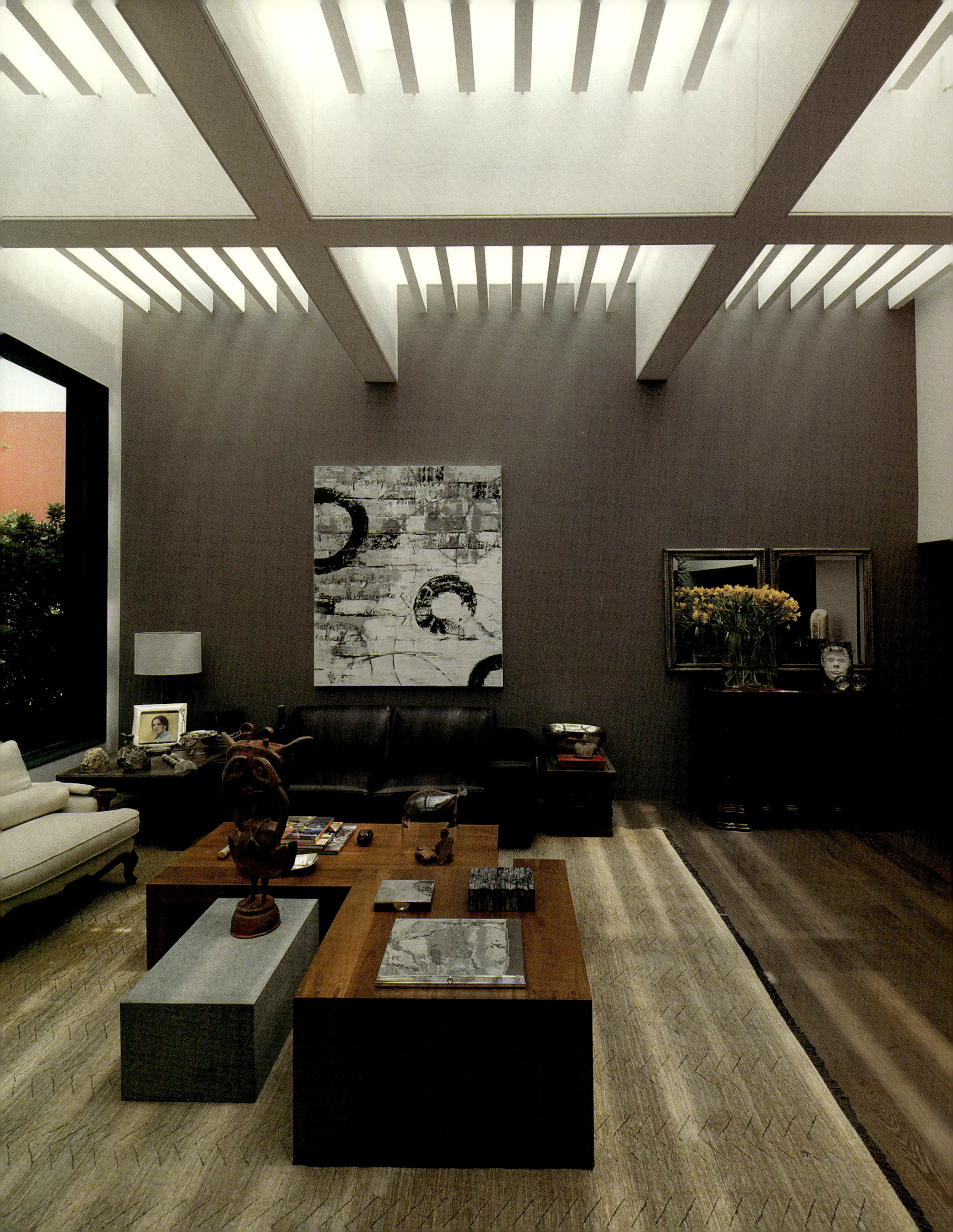

23

HOY LOS BAÑOS DEMANDAN DECORACIÓN;
SON ESTANCIAS Y ZONAS DE REUNIÓN.

*TODAY BATHROOMS DEMANDS DÉCOR,
ARE ROOMS AND MEETING AREAS.*

24

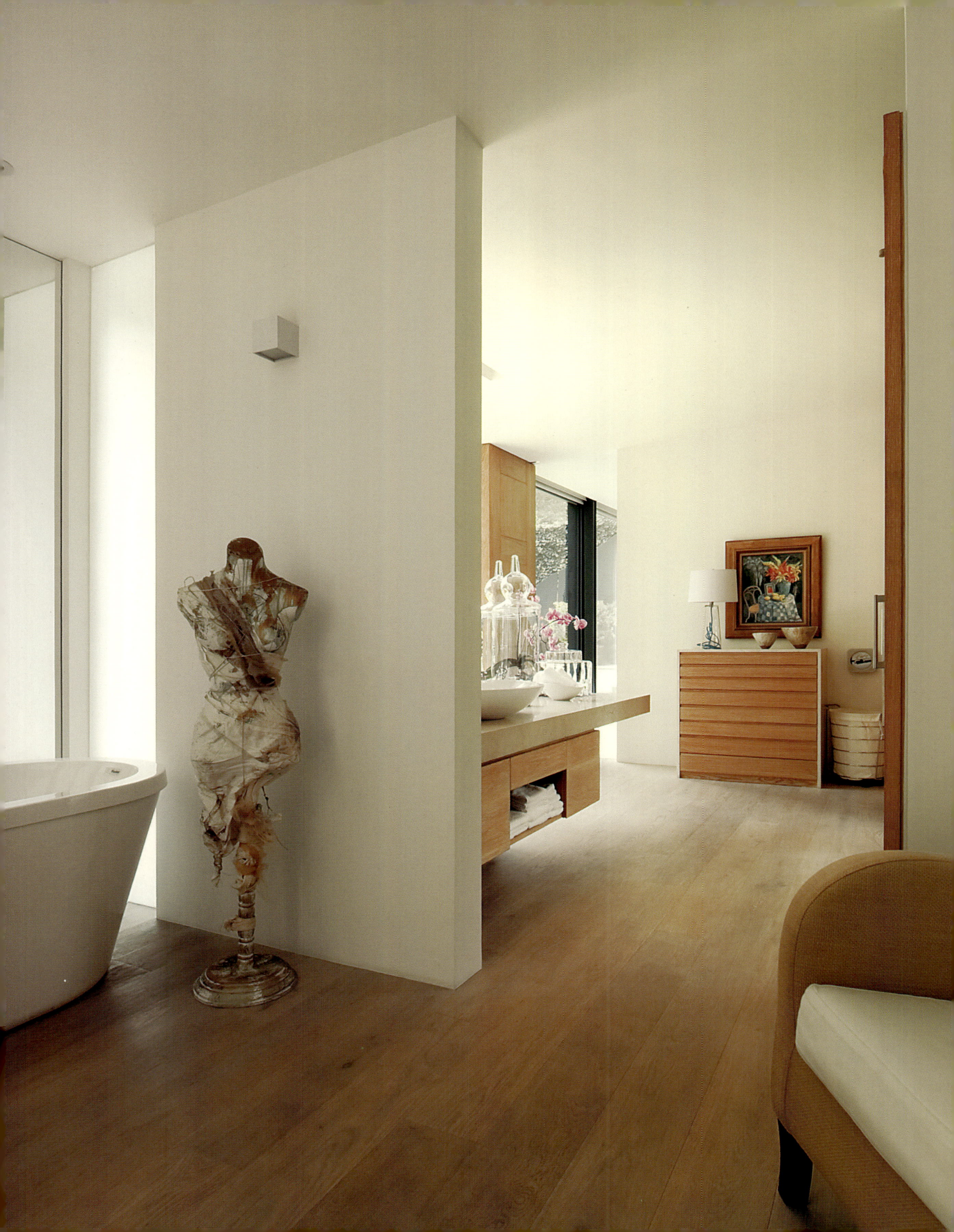

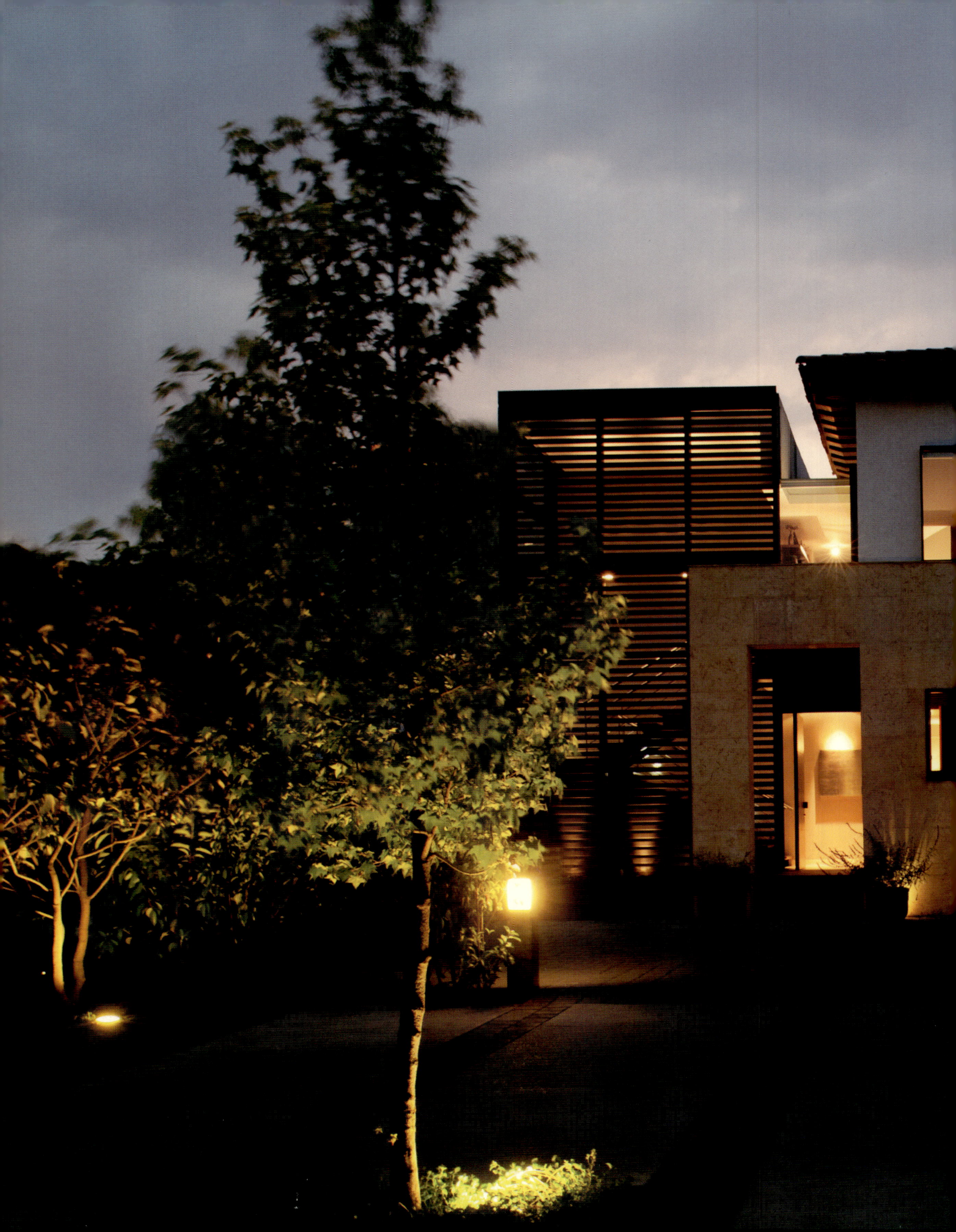

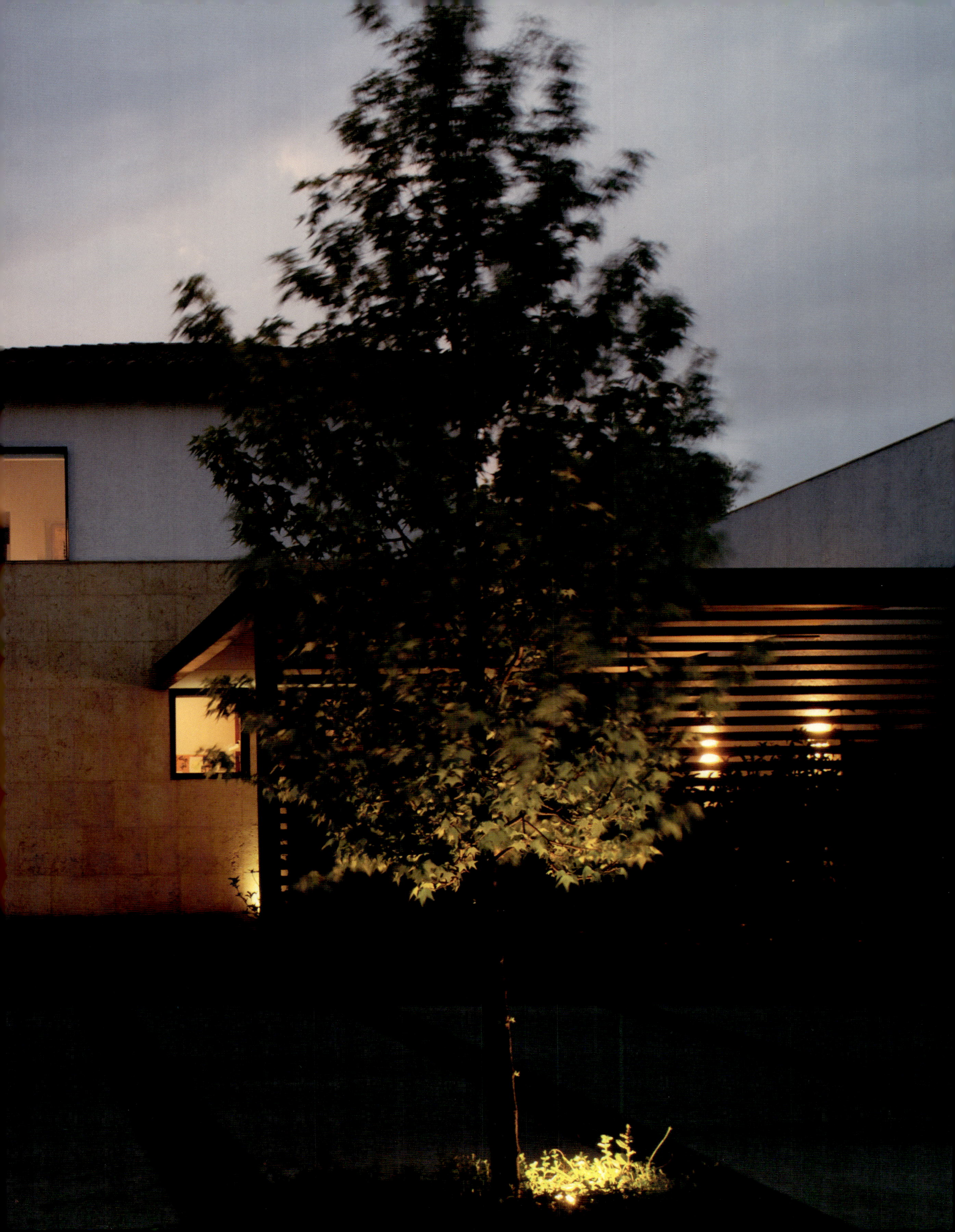

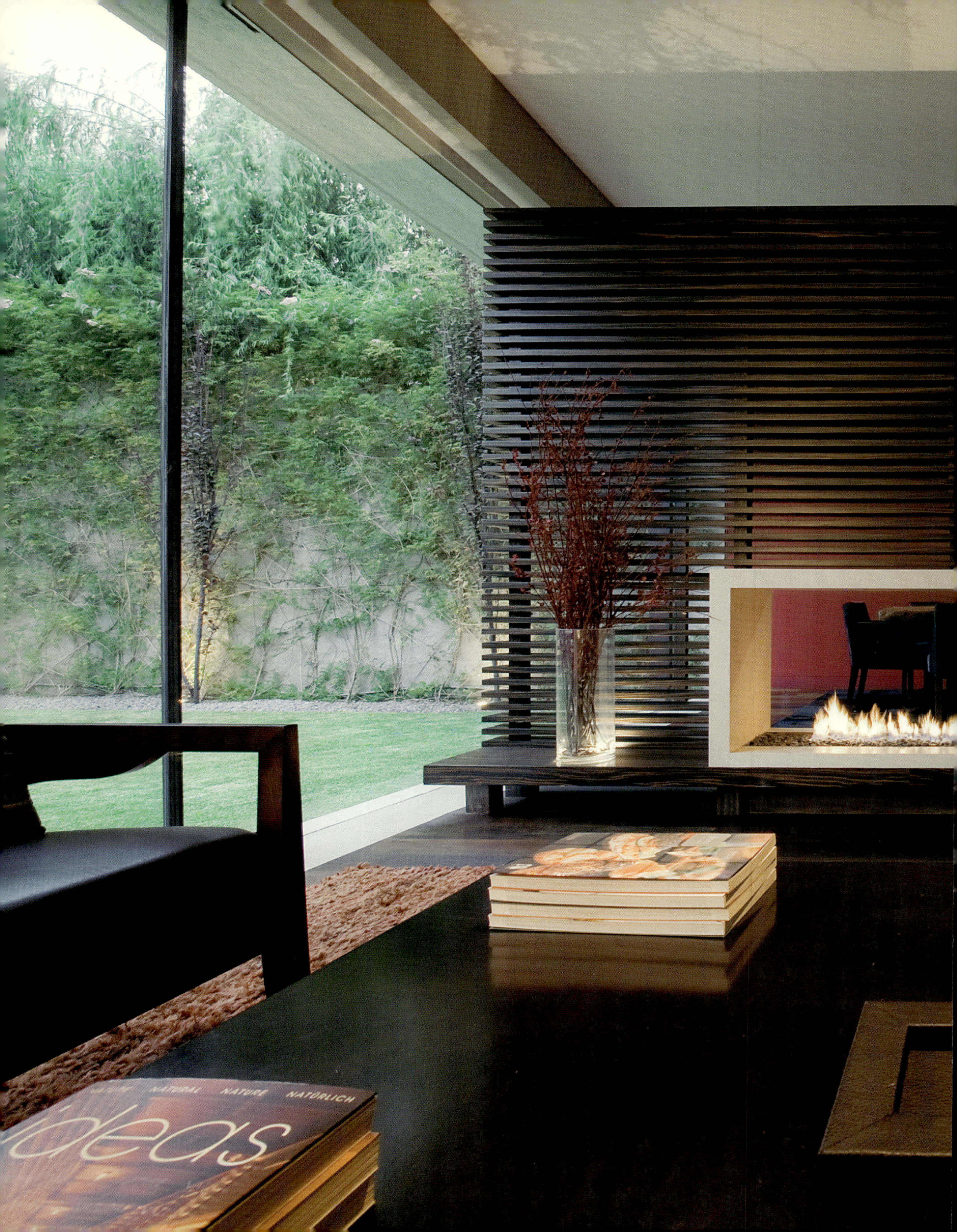
NATURE NATURAL NATURE NATÜRLICH
ideas

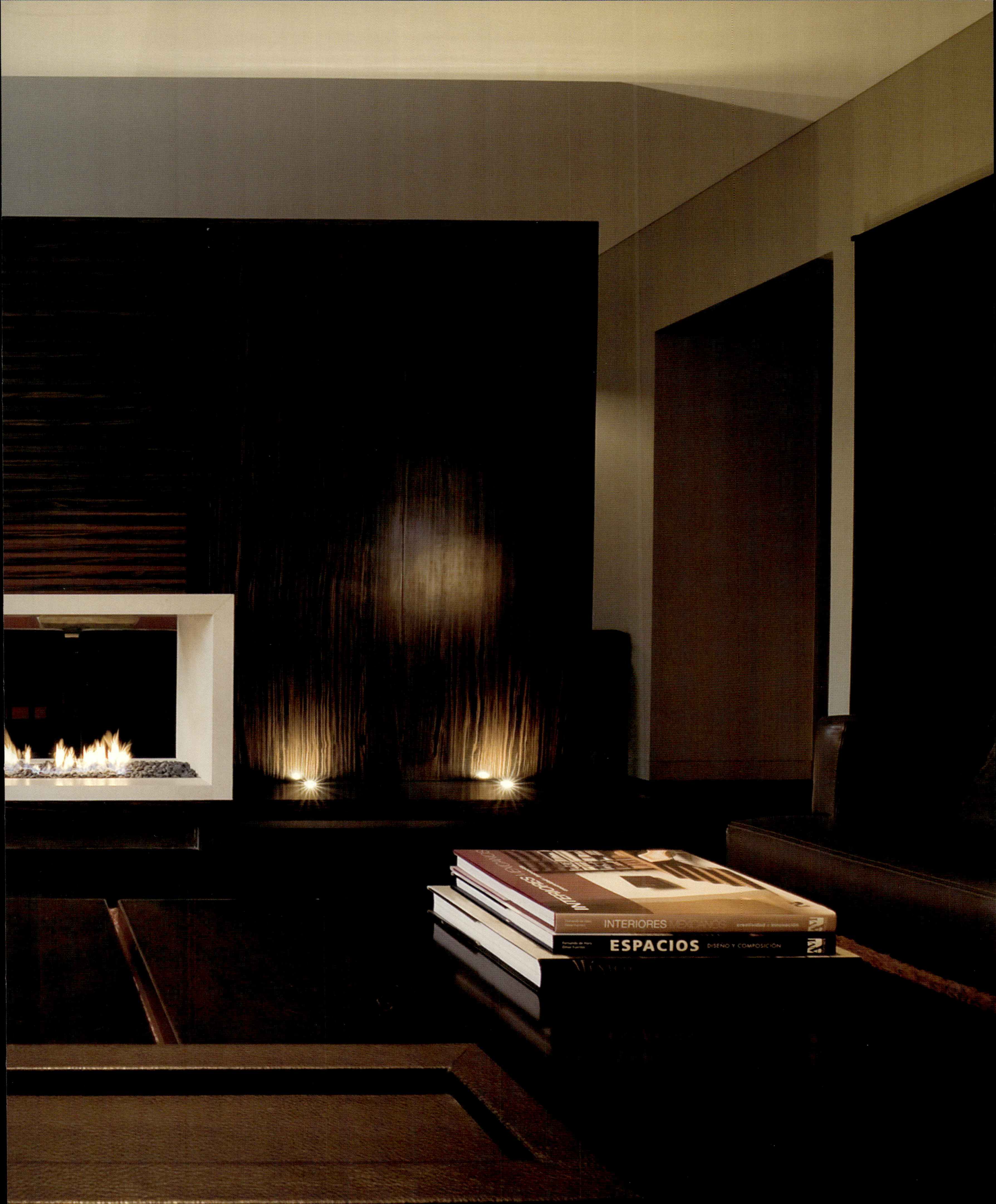
INTERIORES
ESPACIOS
DISEÑO Y COMPOSICIÓN

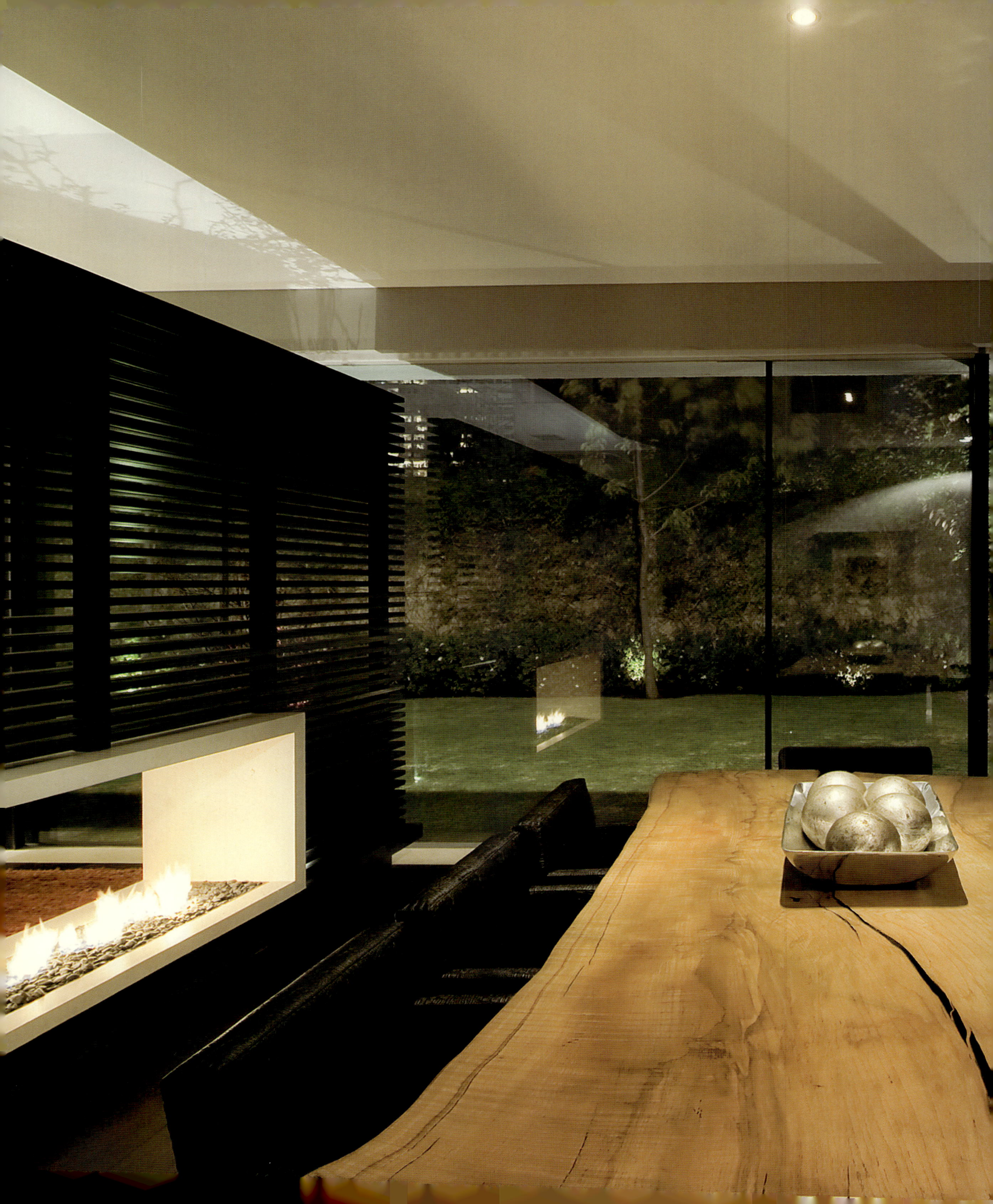

TEXTURAS, MATERIALES Y COLORES SE COMBINAN
Y EL FUEGO AGLUTINA.

*TEXTURES, MATERIALS AND COLORS COMBINE AND
THE FIRE BIND TOGETHER.*

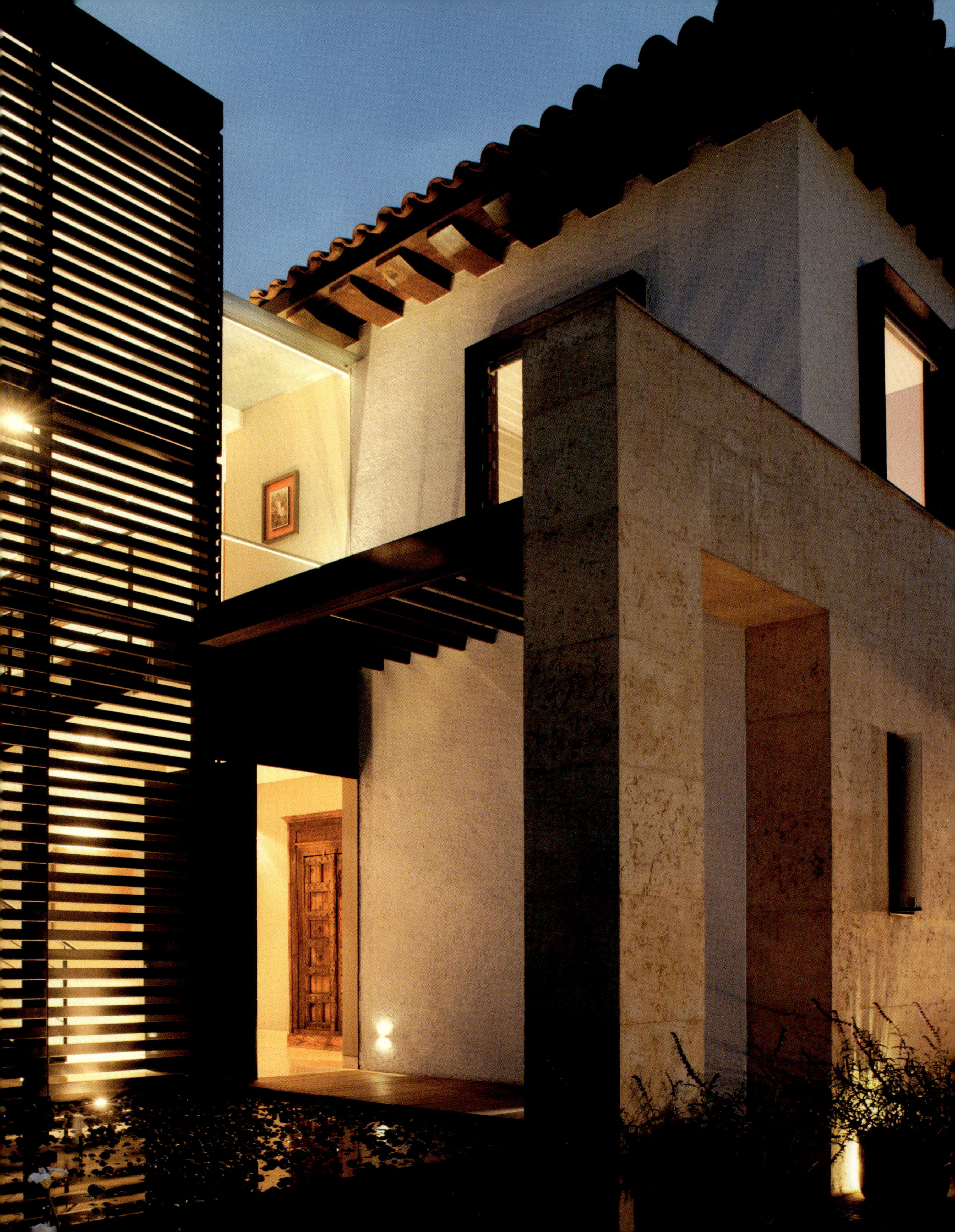

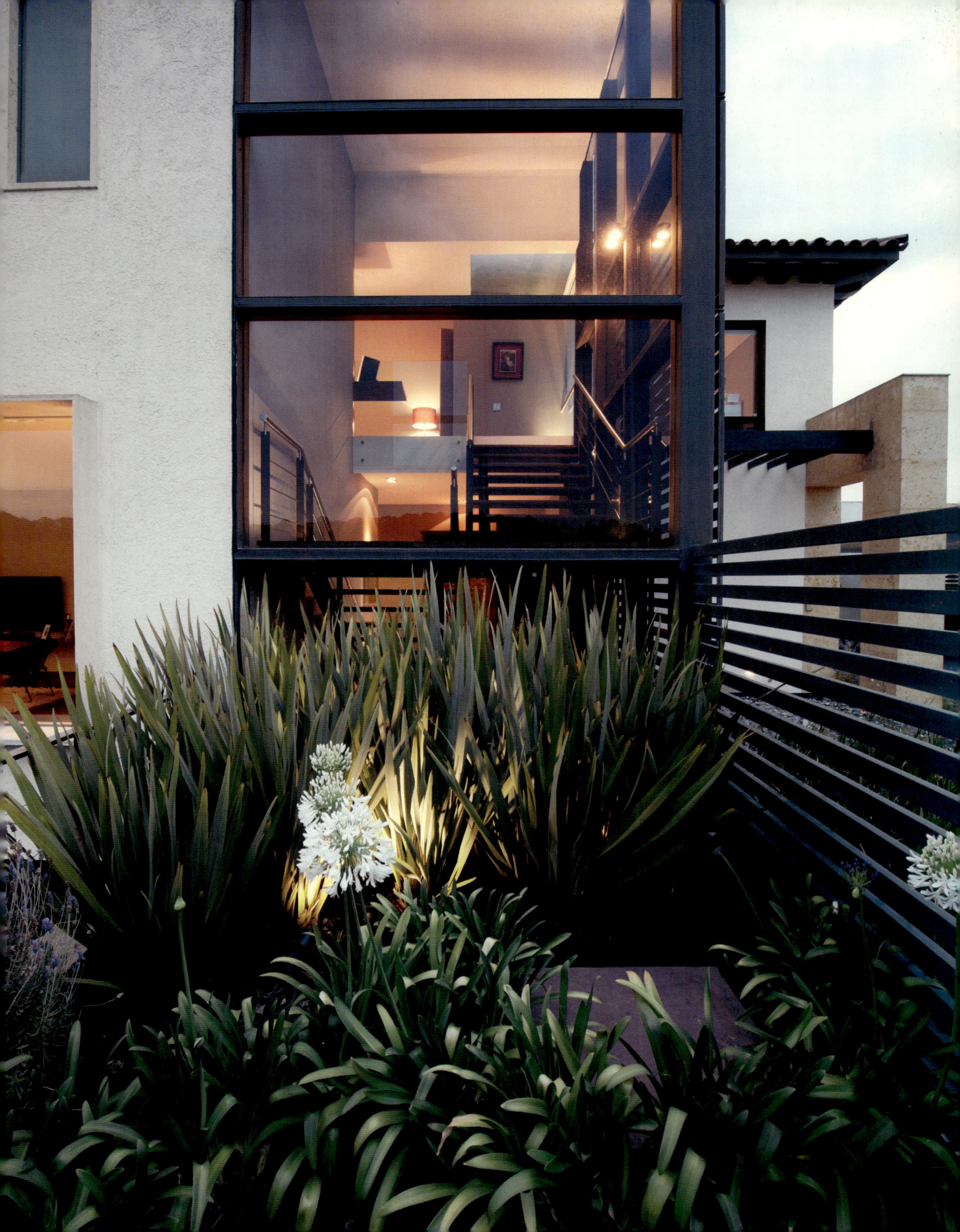

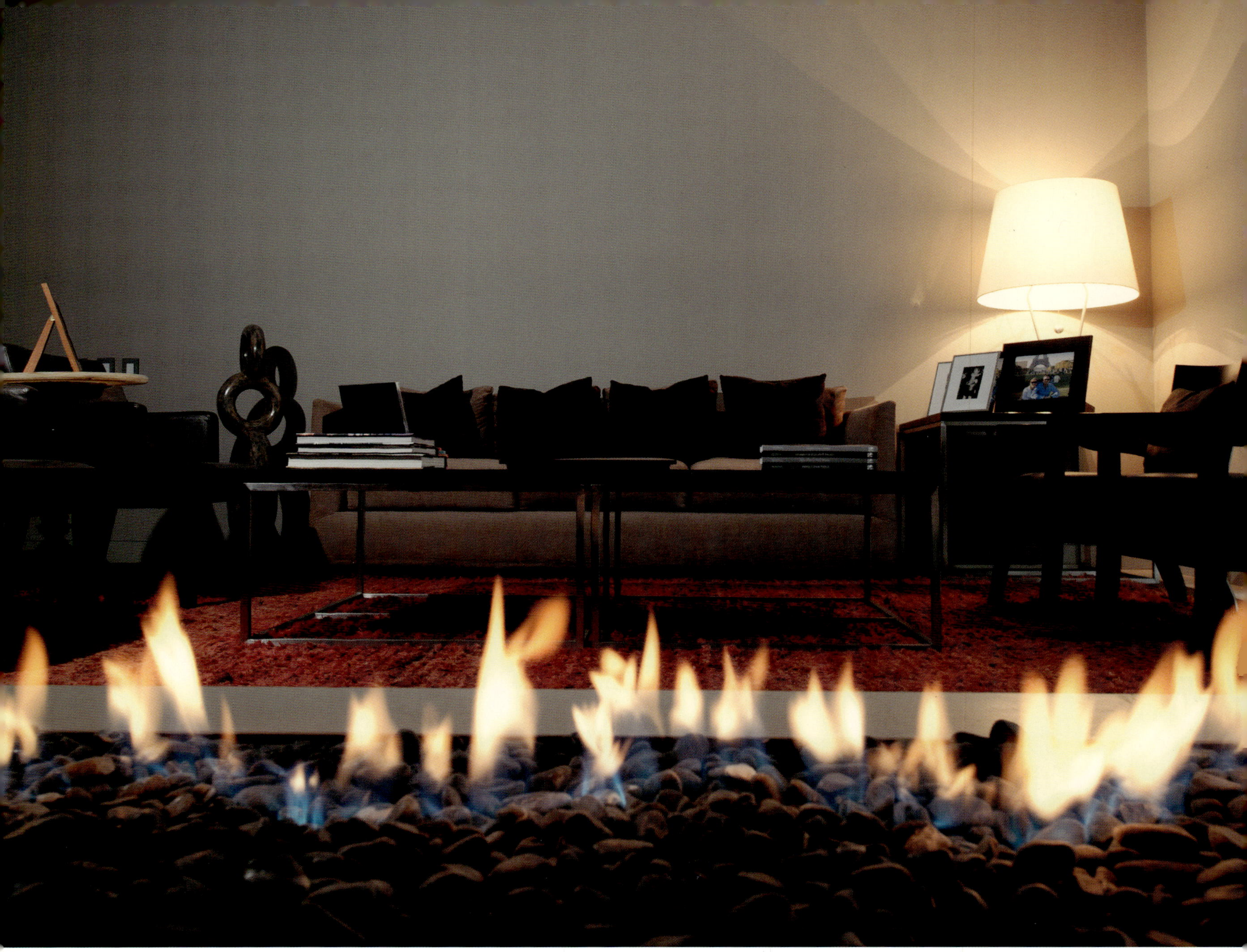

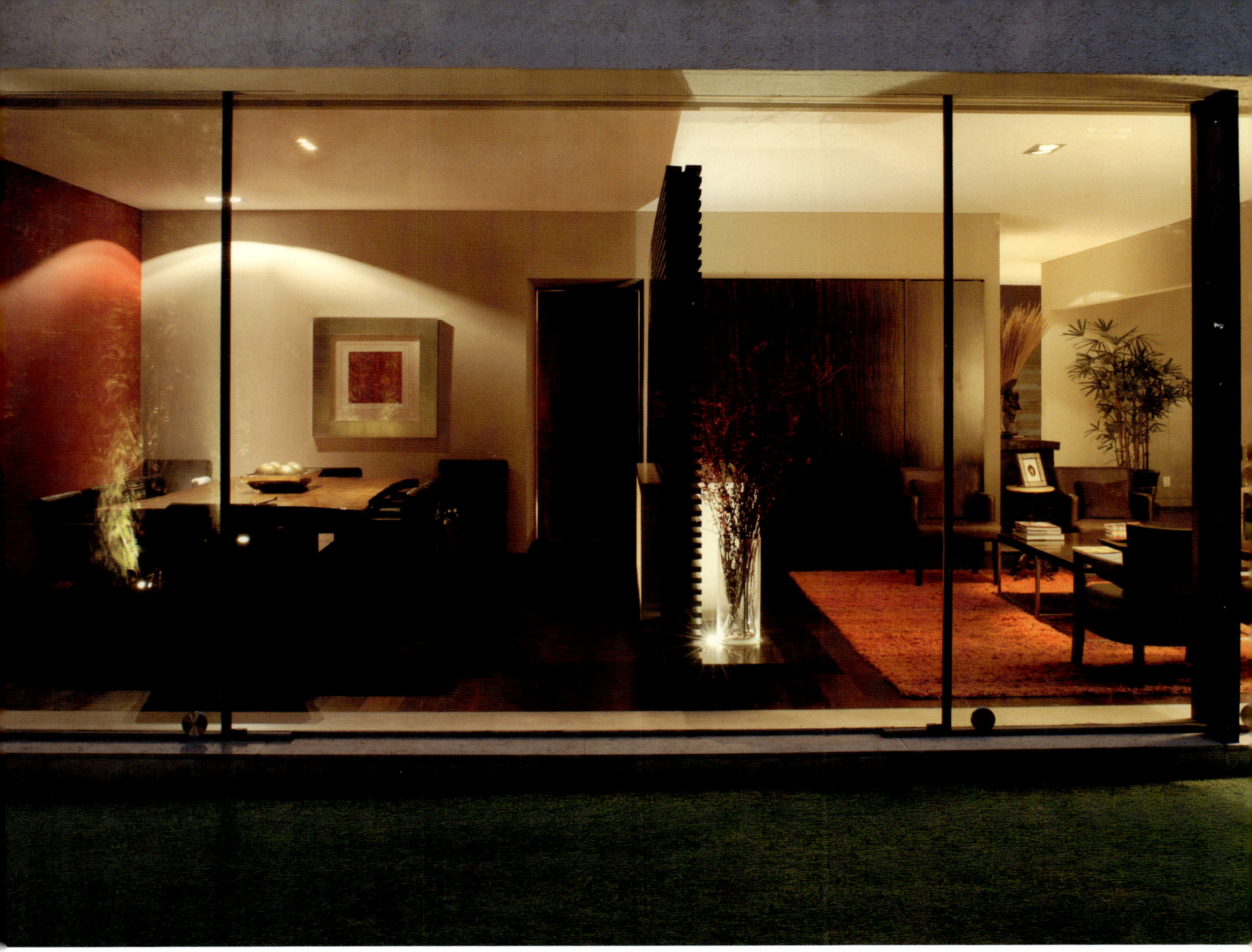

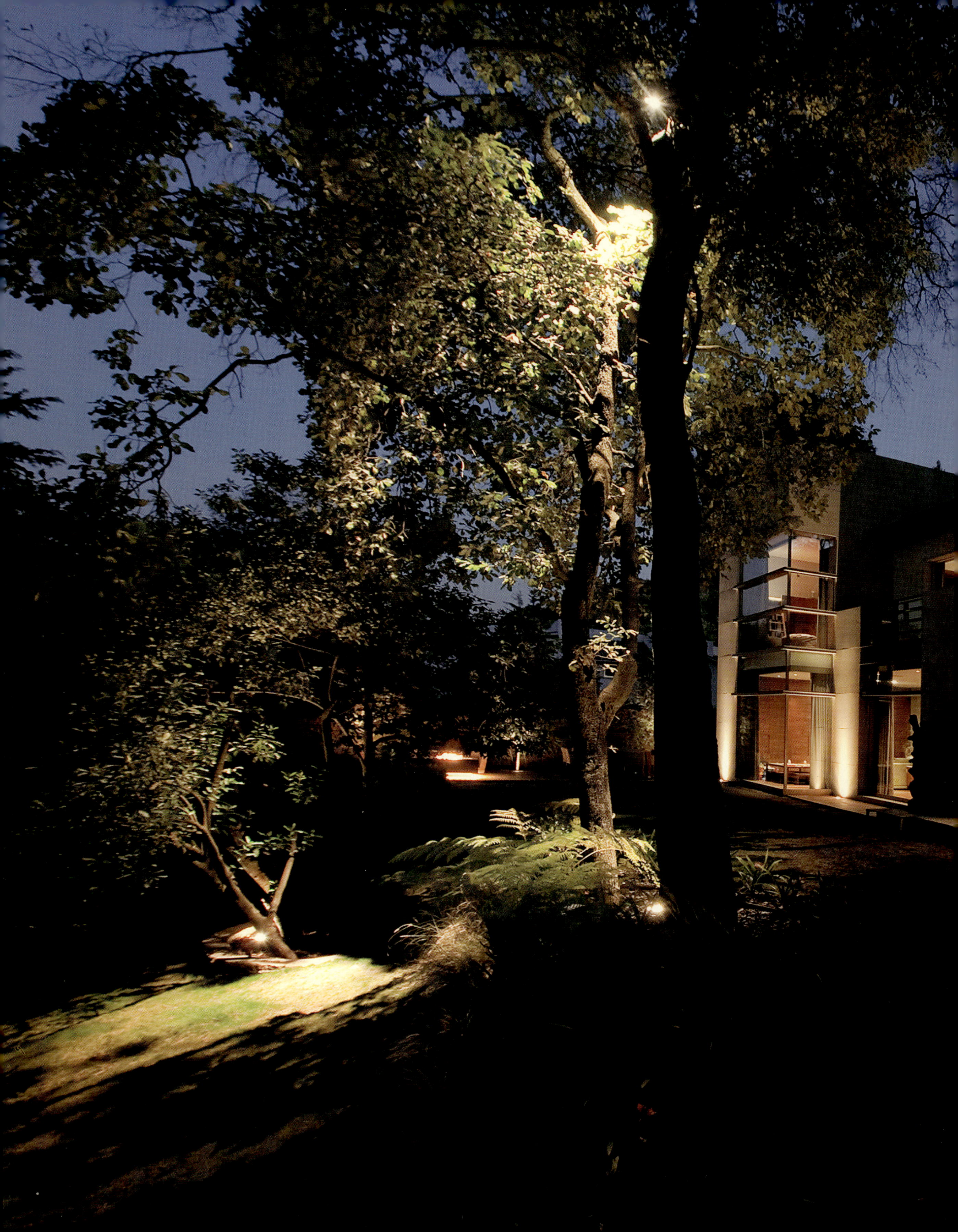

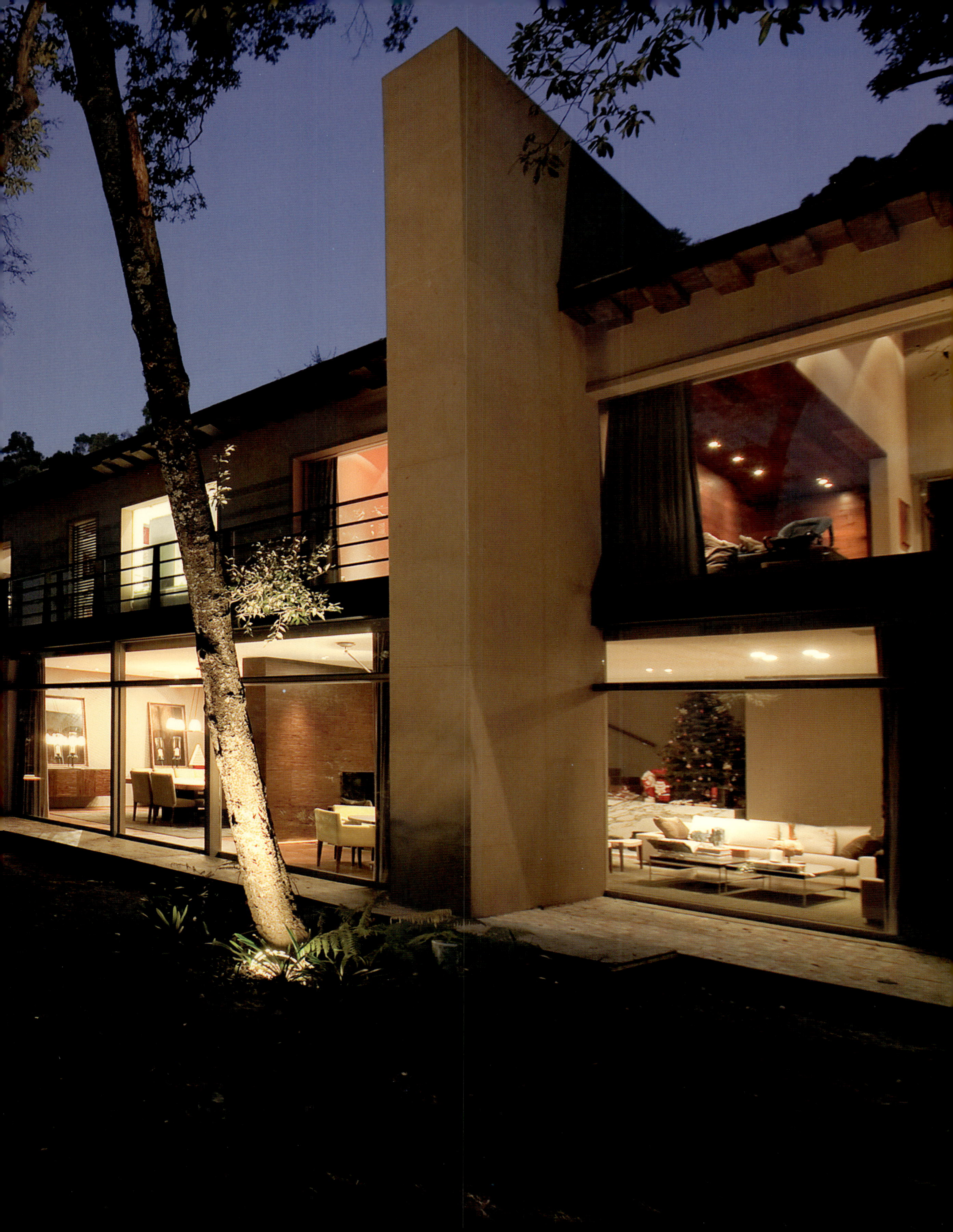

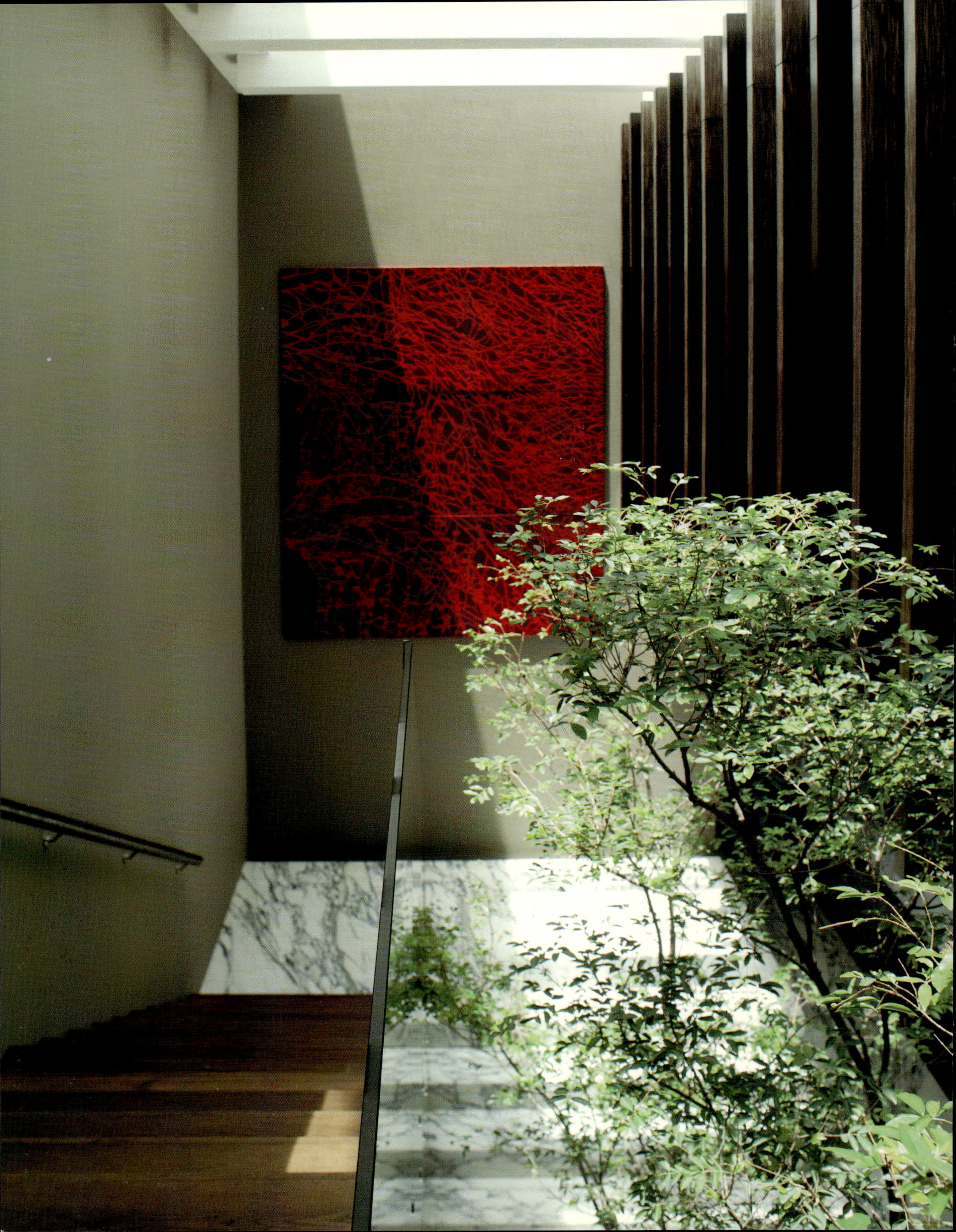

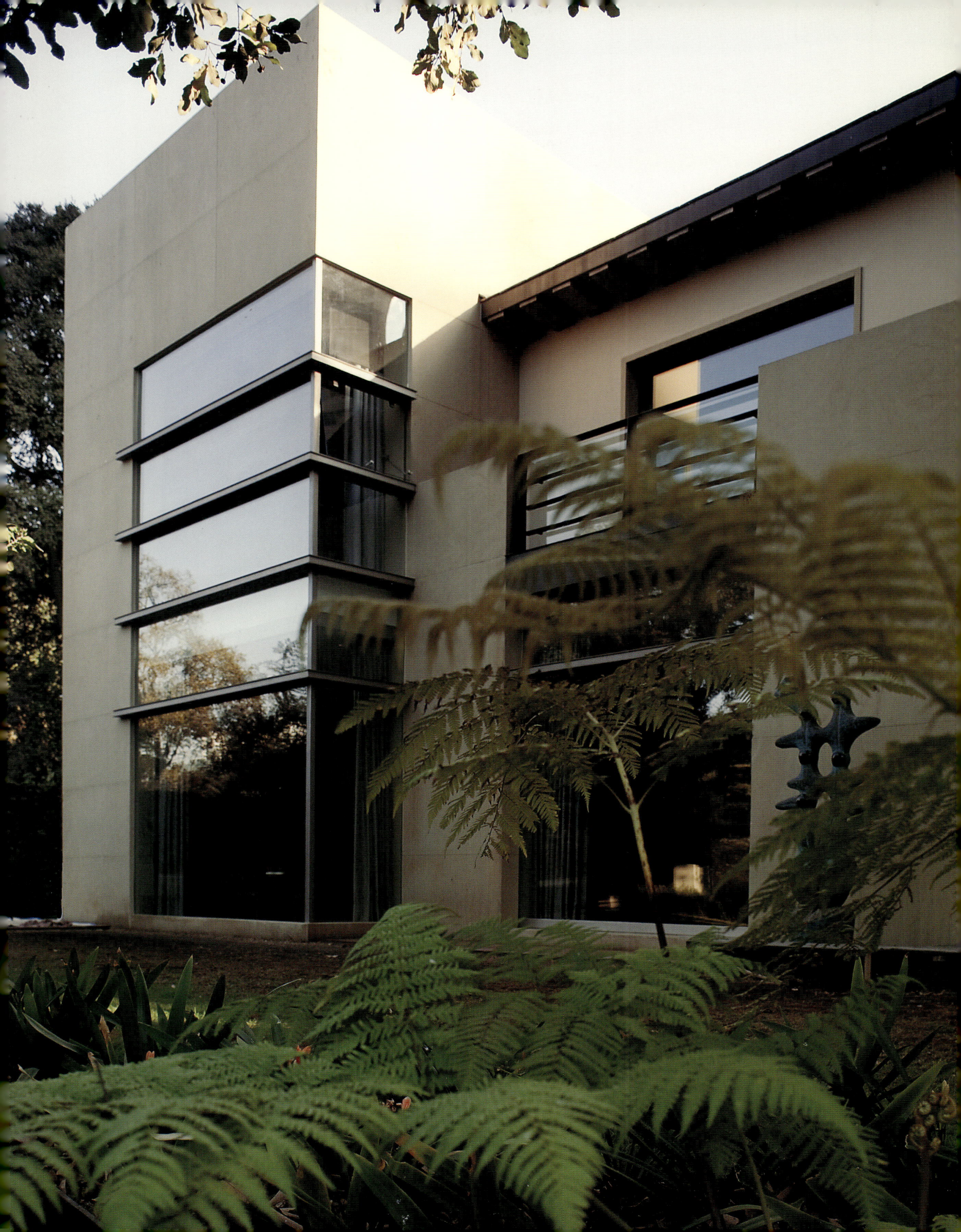

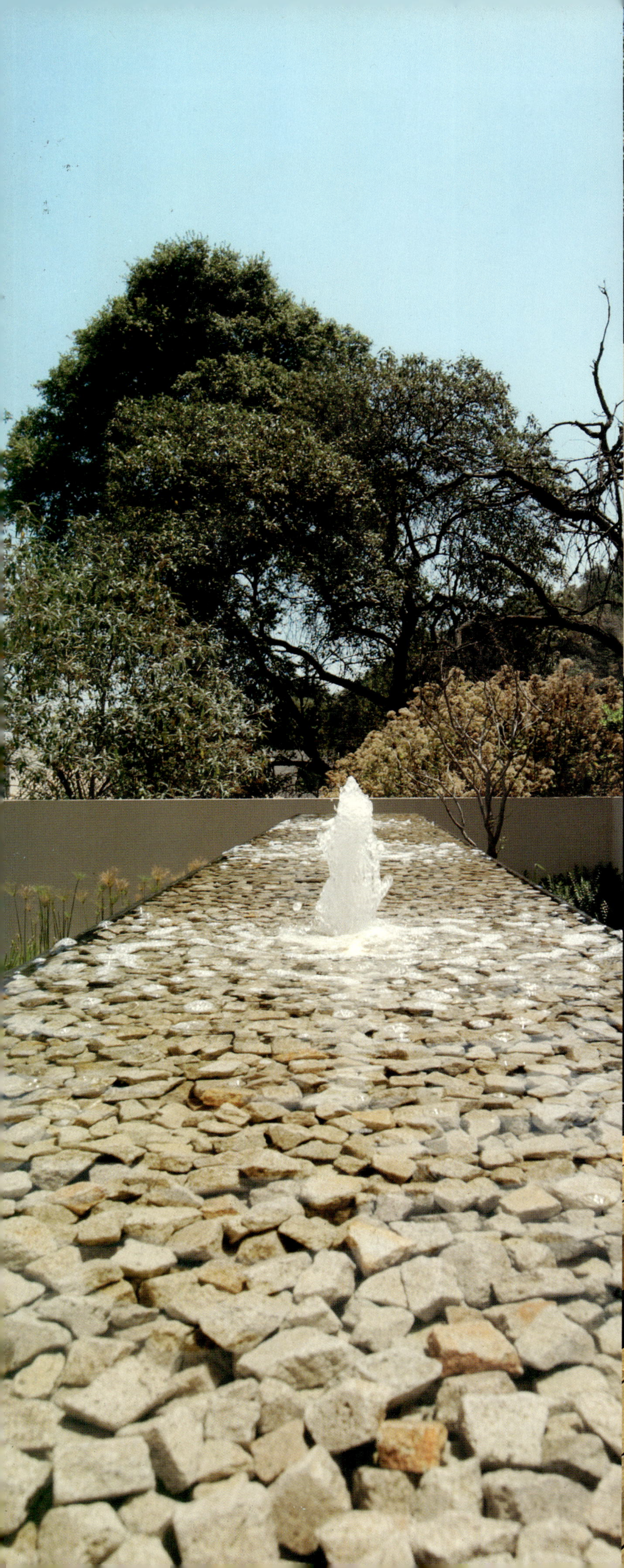

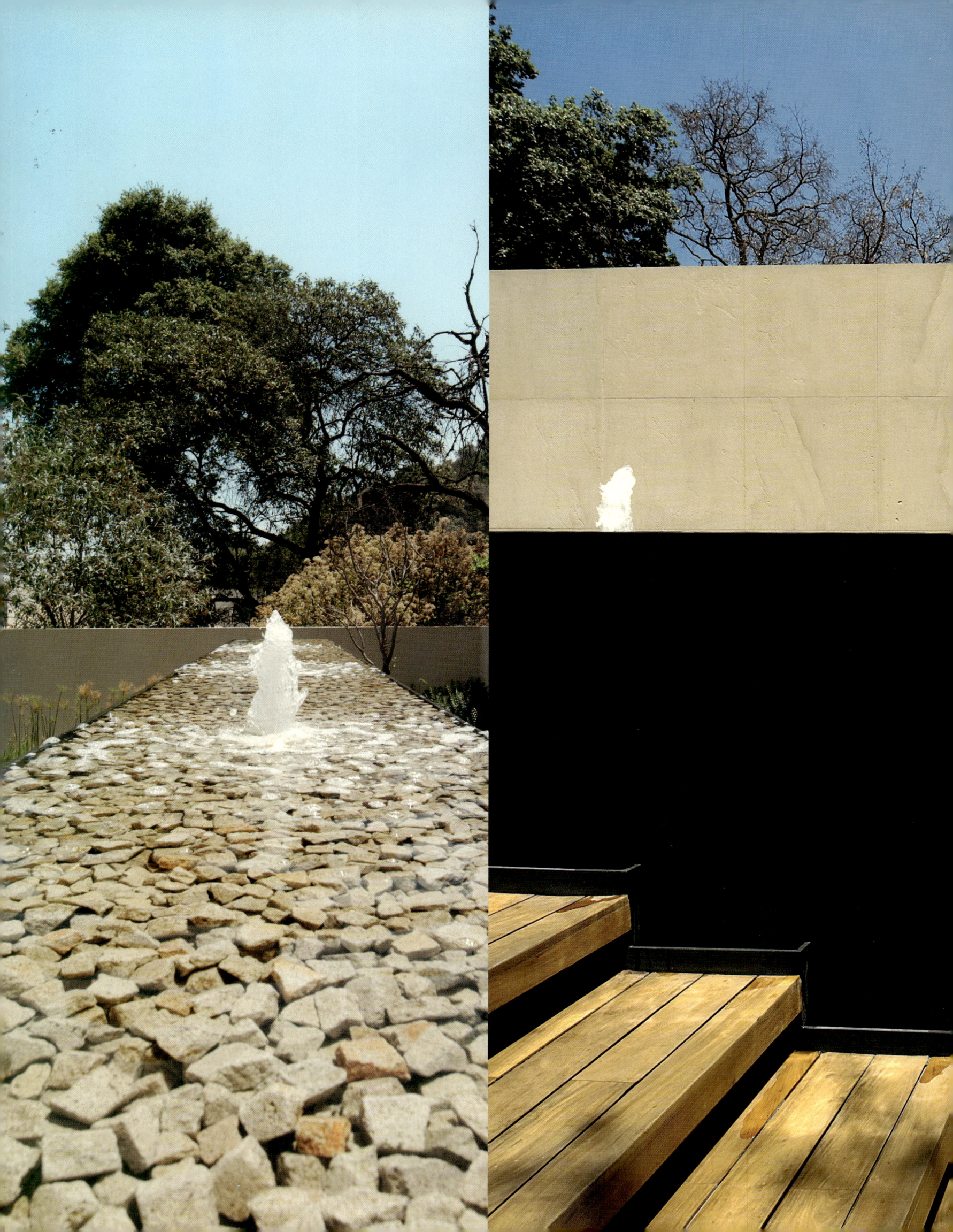

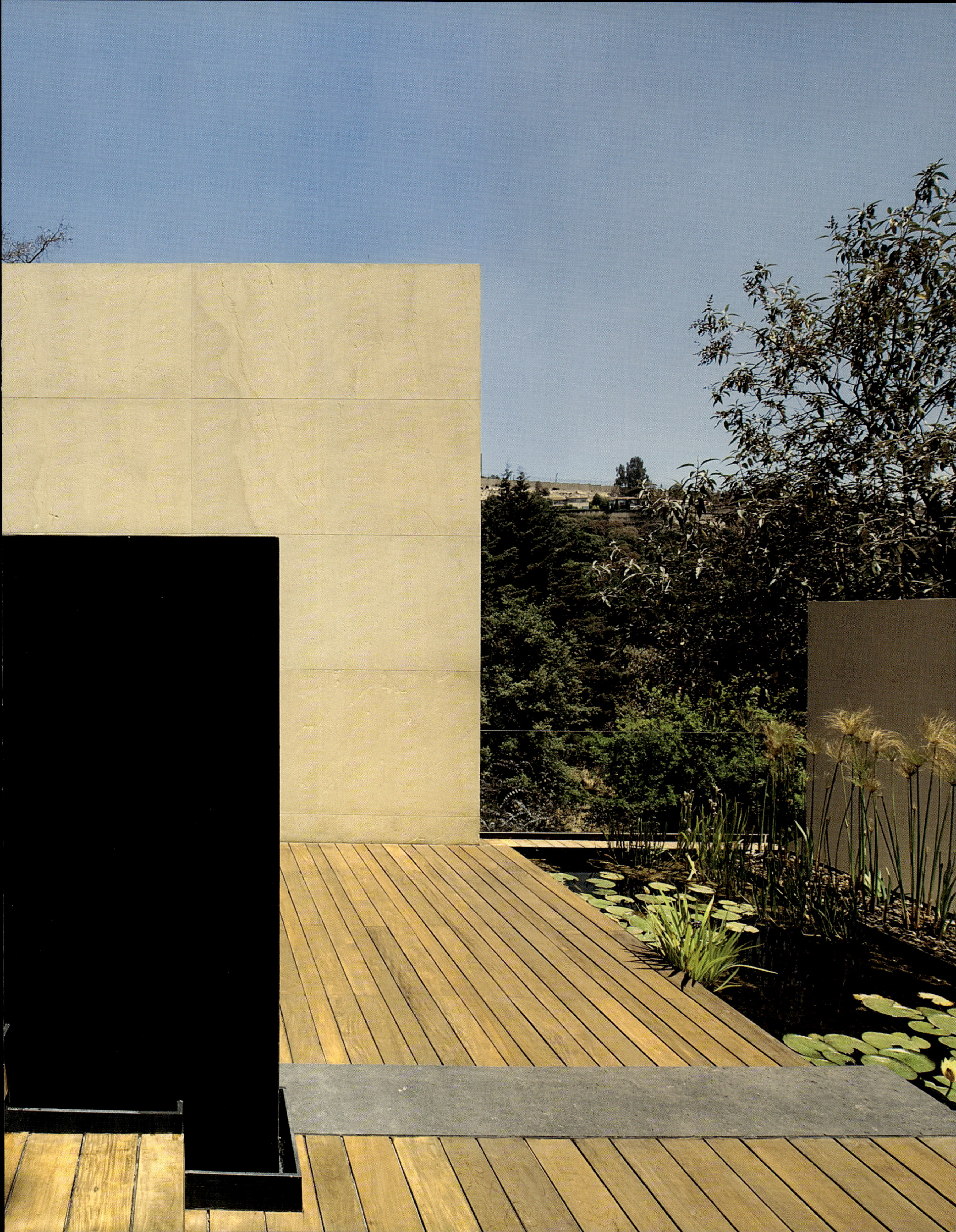

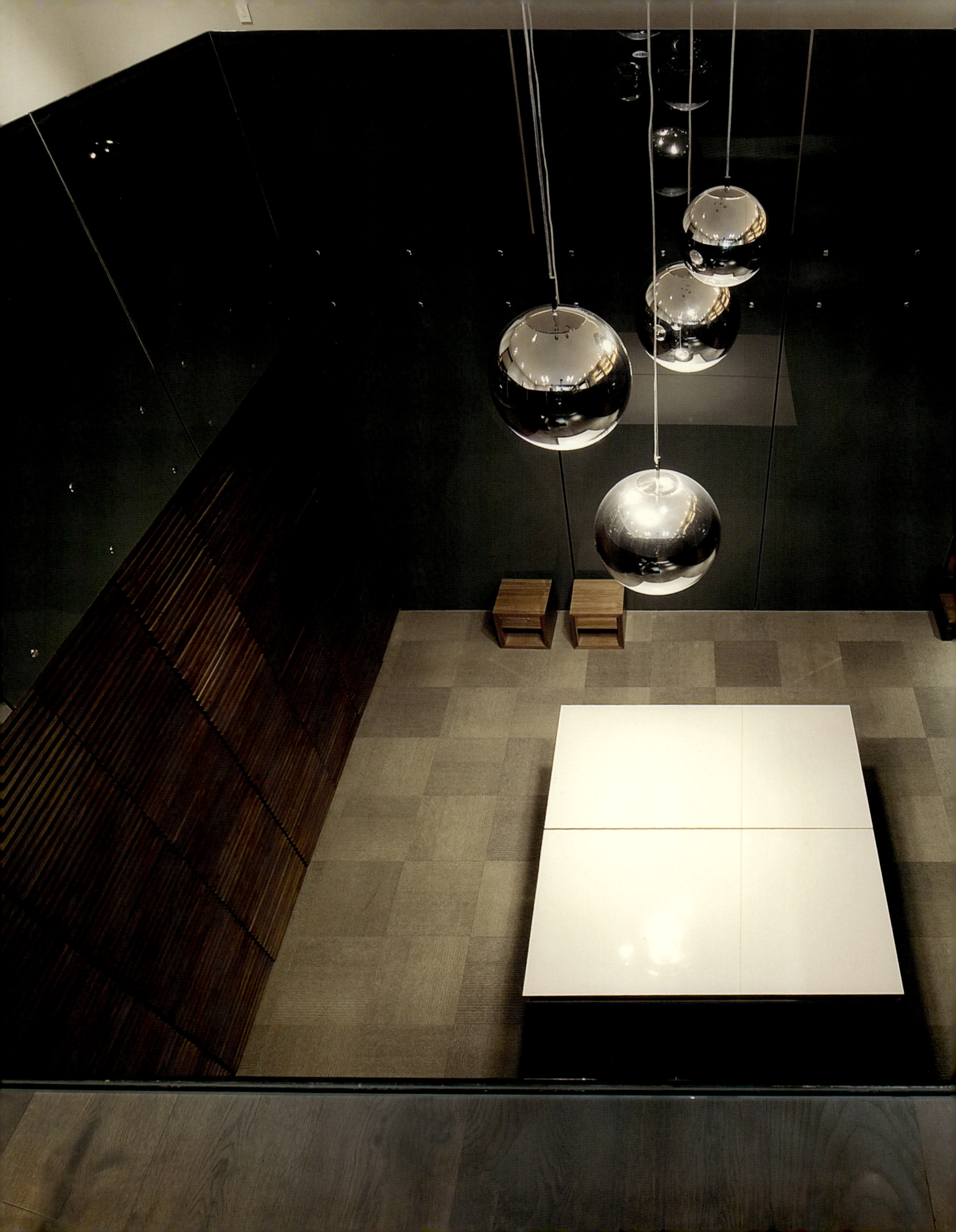

LOS ESPACIOS SE INTEGRAN E INVITAN A EXPLORAR.

INTEGRATED SPACES INVITE US TO EXPLORE.

43

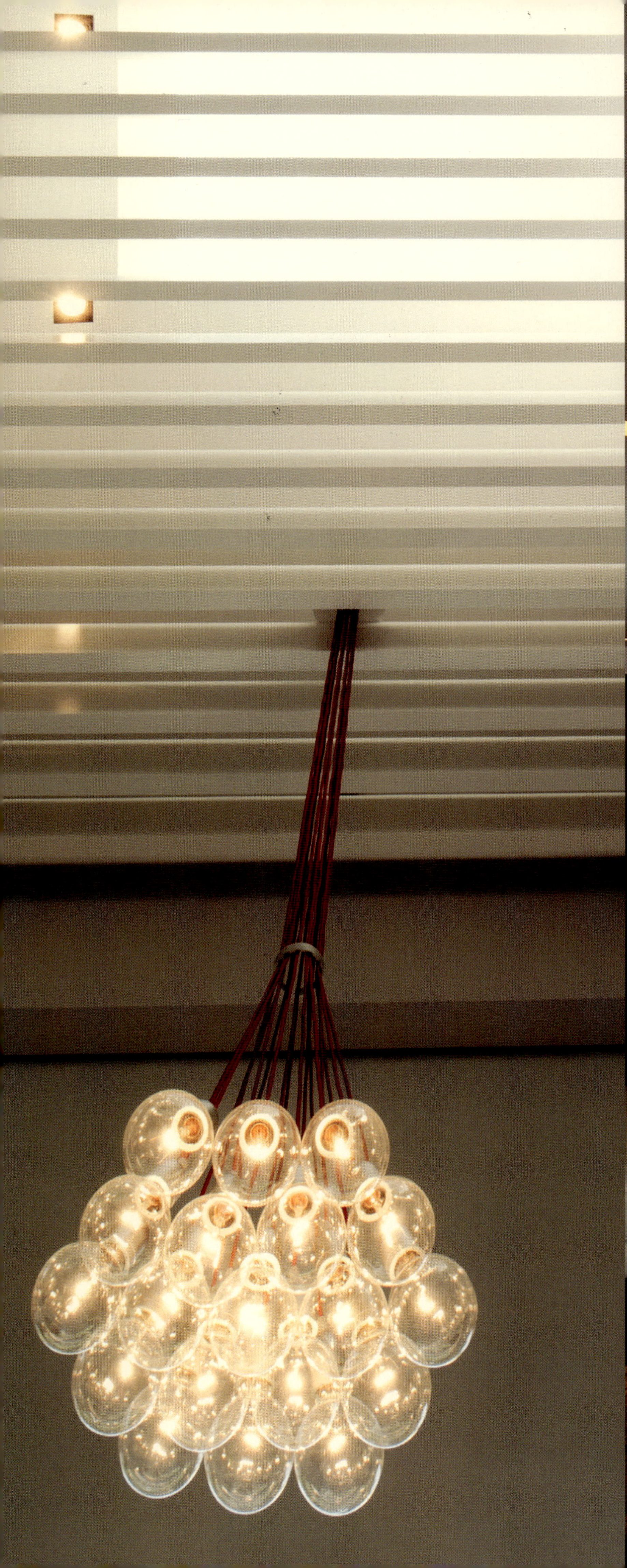
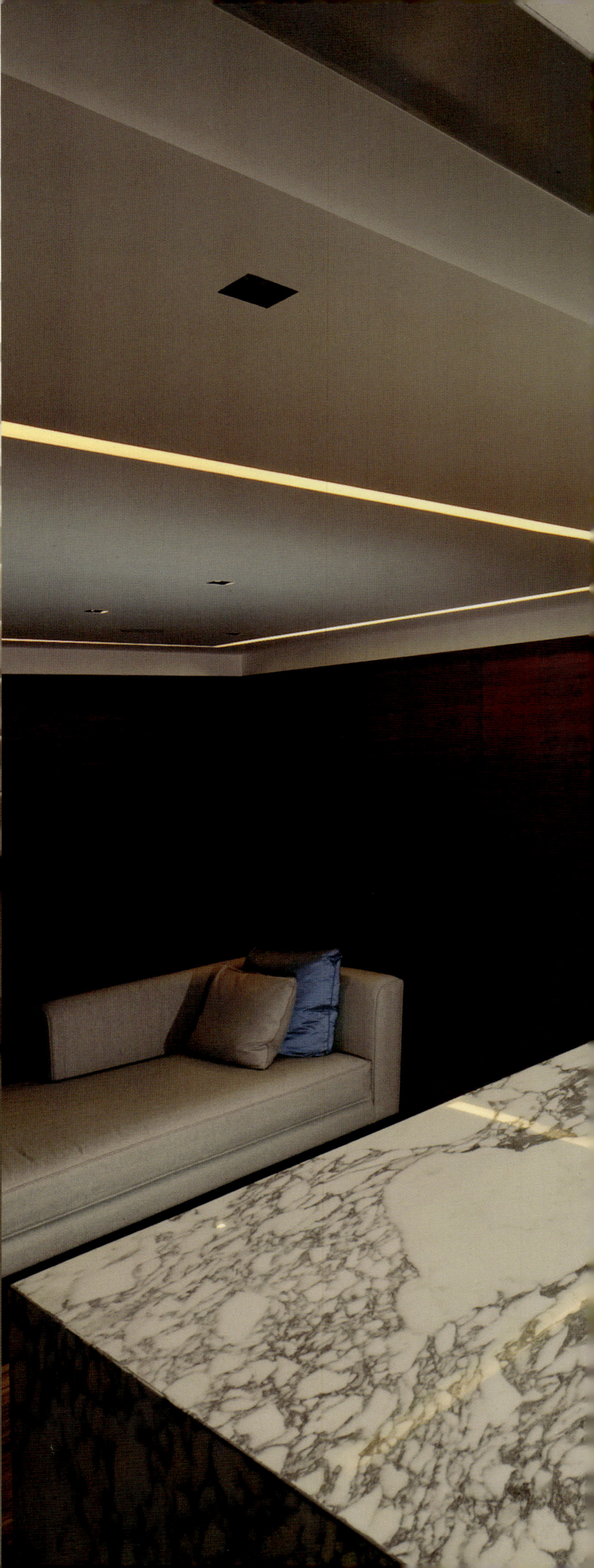

INTERACCIÓN Y COMPLEMENTO EN ESPACIOS HERMANOS.
INTERACTION IN ALIKE SPACES THAT COMPLEMENT EACH OTHER.

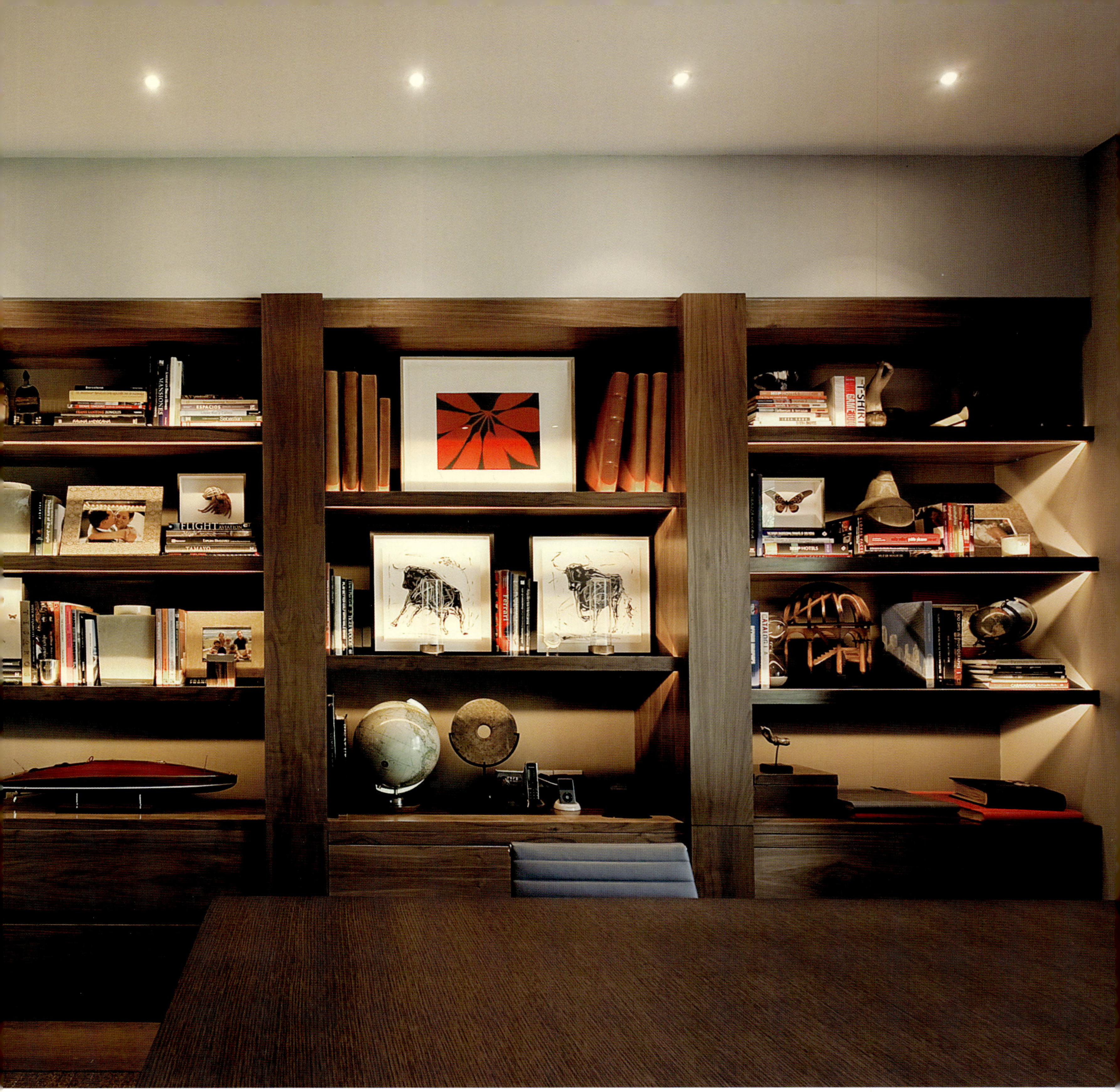

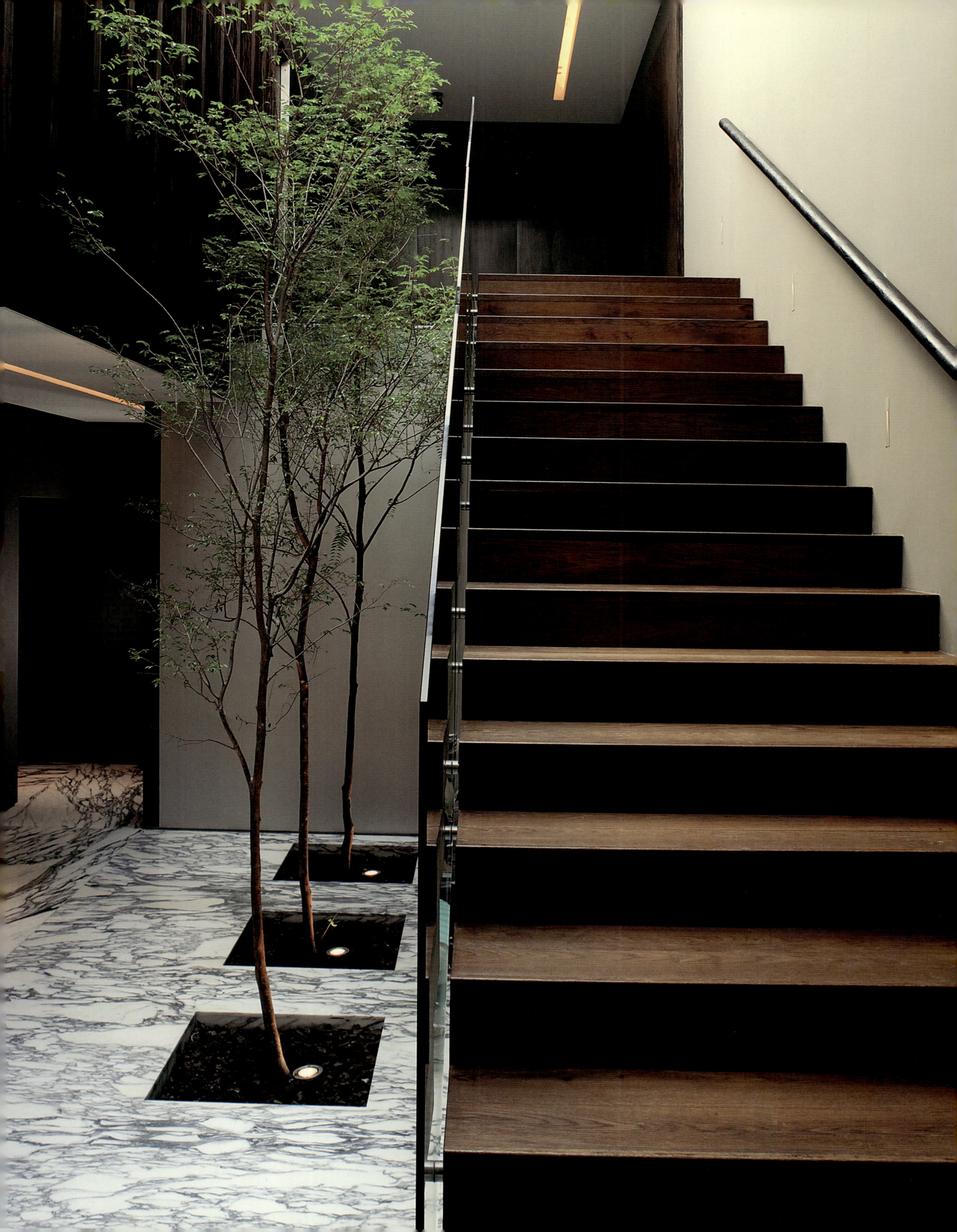

CONTRASTE DE MATERIALES, LUCES Y TEXTURAS ORDENAN LAS FUNCIONES.

CONTRASTS OF MATERIALS, LIGHTS AND TEXTURES ARRANGE THE FUNCTIONS.

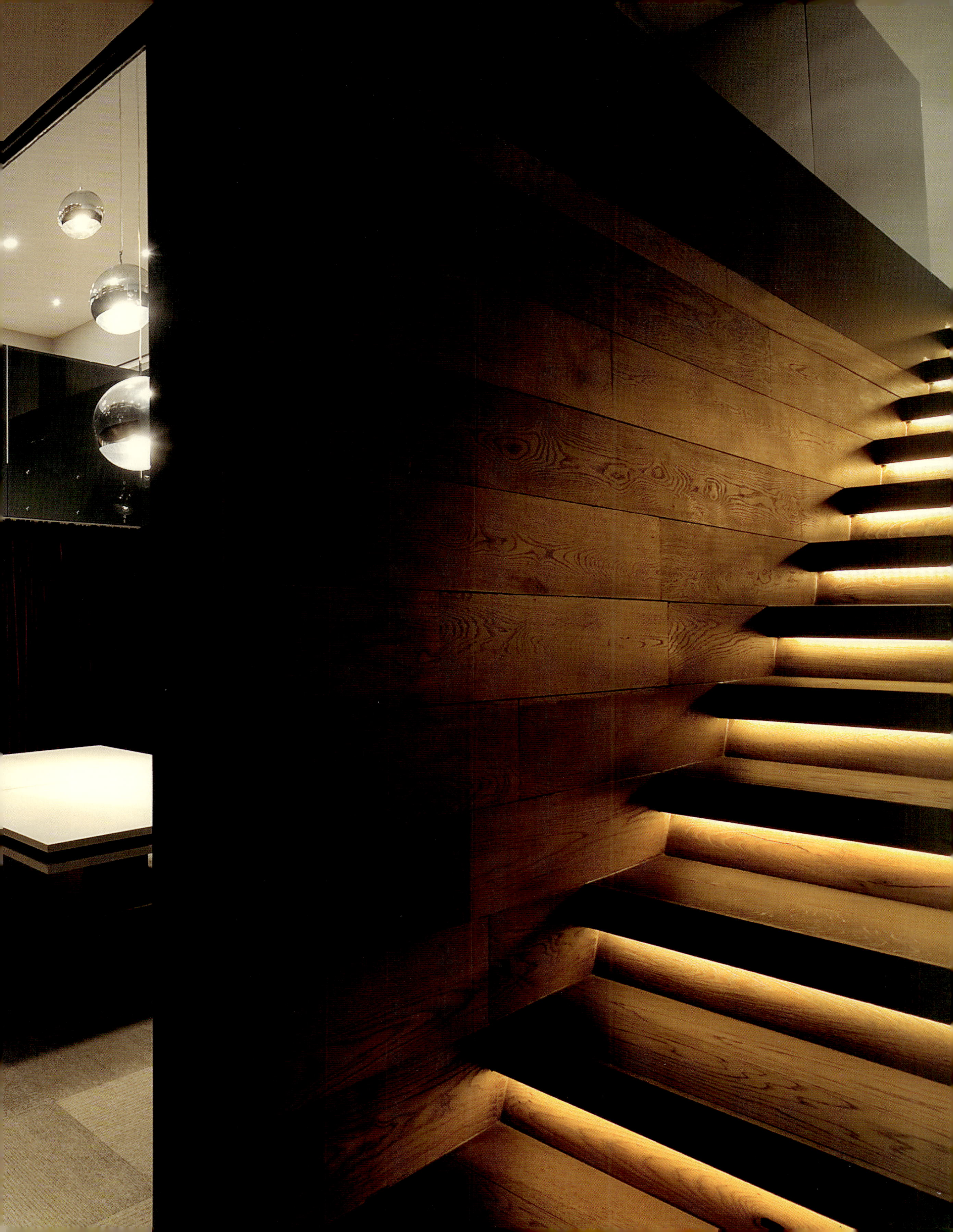

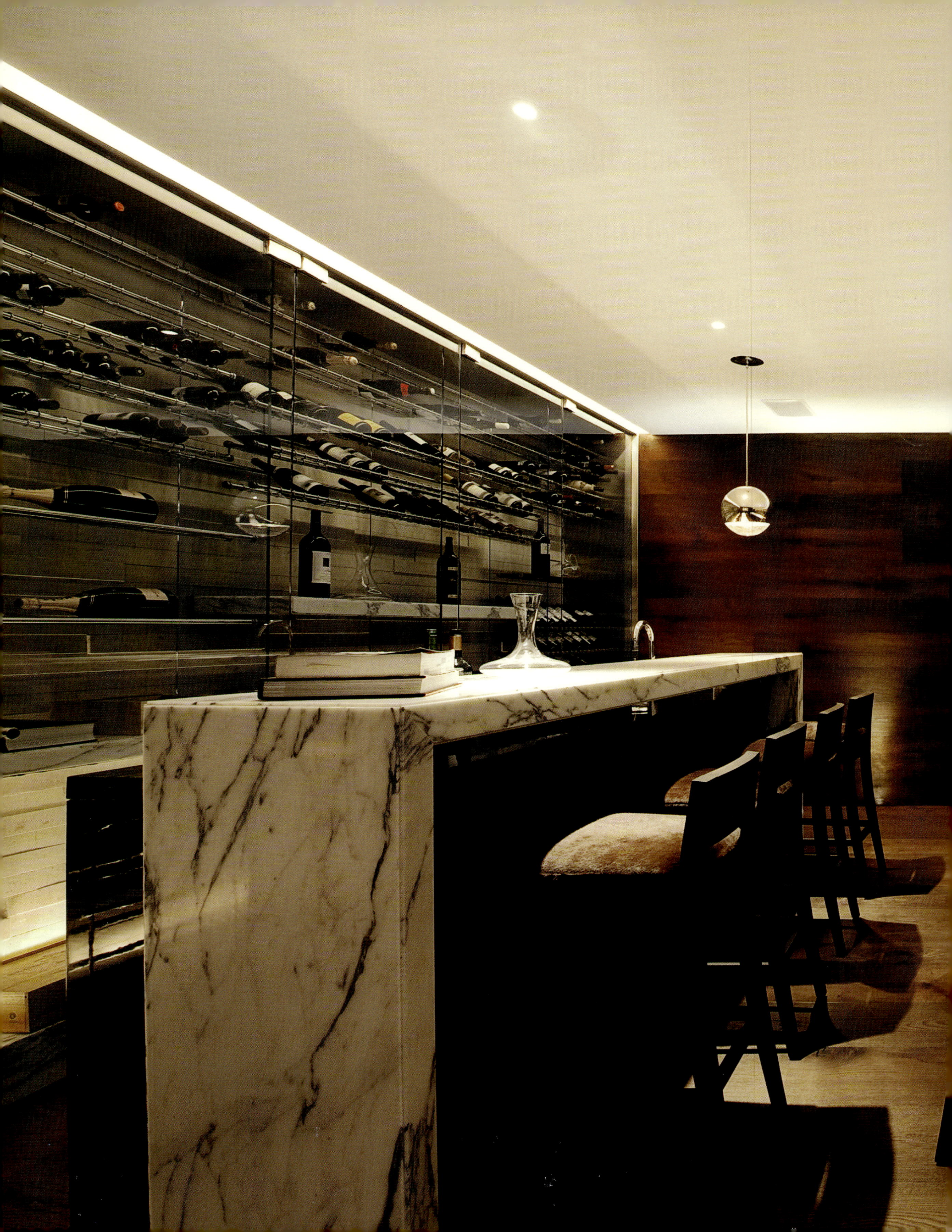

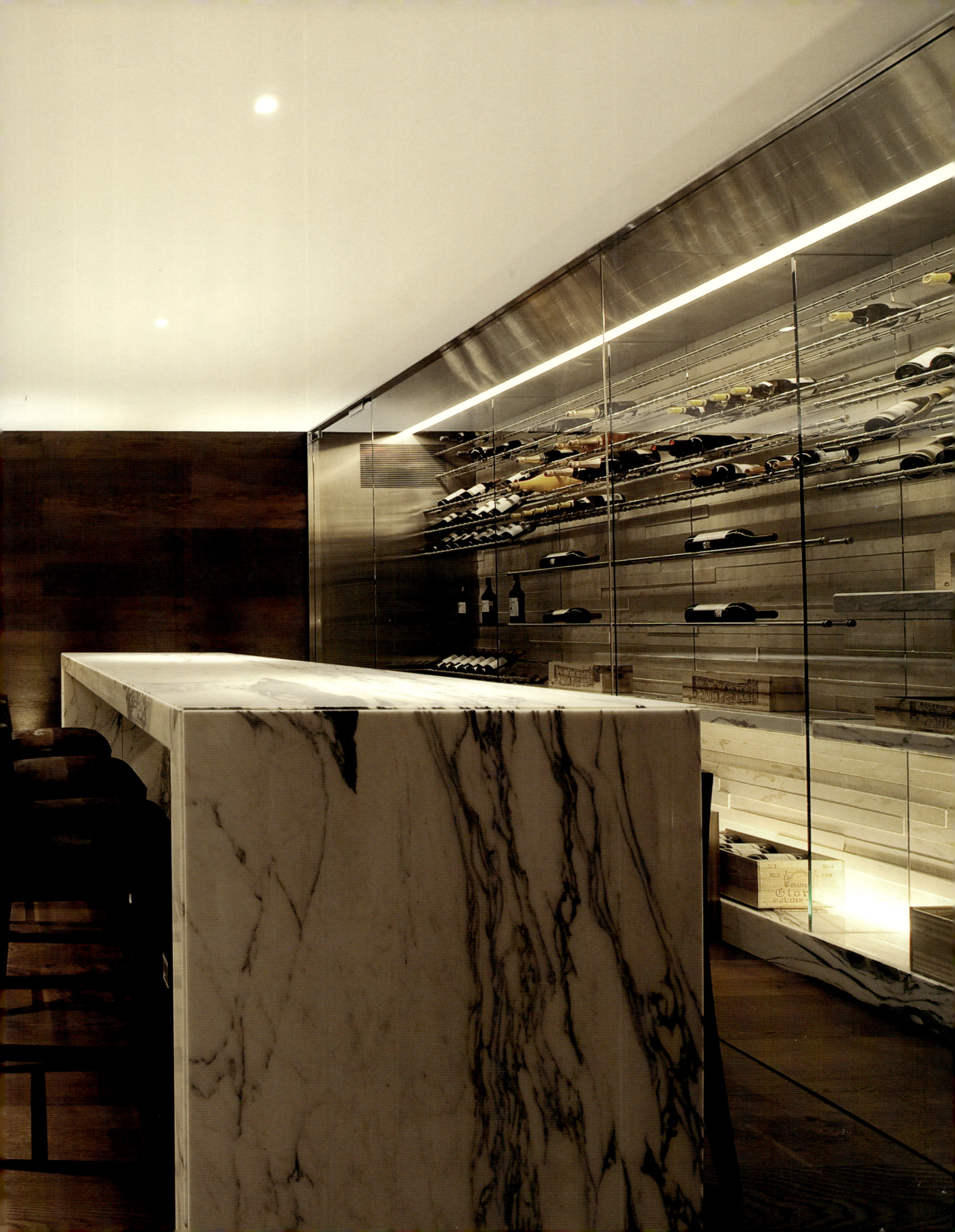

EL DORMITORIO DEBE DARNOS PAZ AMBIENTAL QUE EL CUERPO REQUIERE PARA SU D
THE BEDROOM SHOULD PROVIDE A PEACEFUL ENVIREMENT FOR THE BODY TO REST.

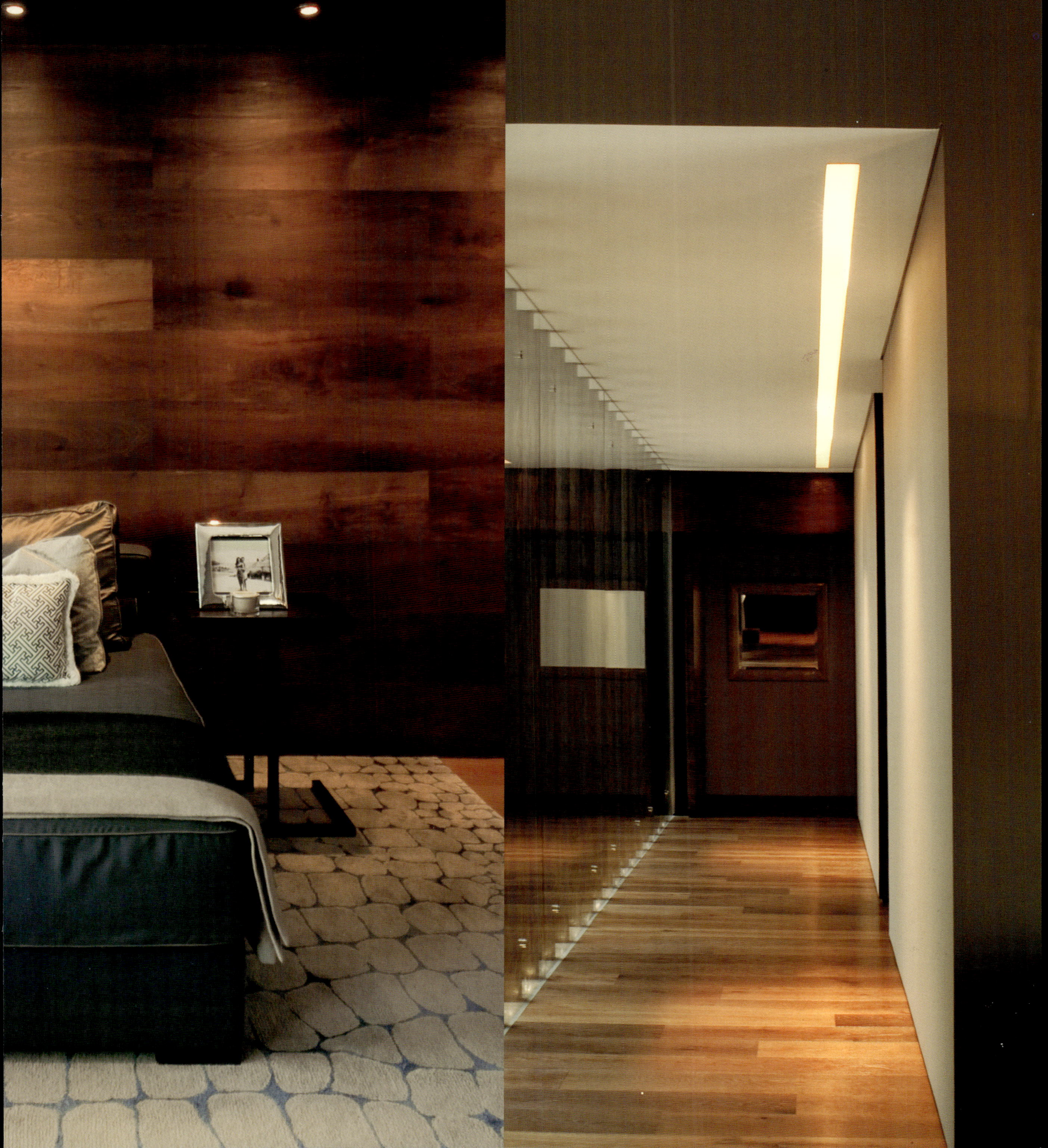

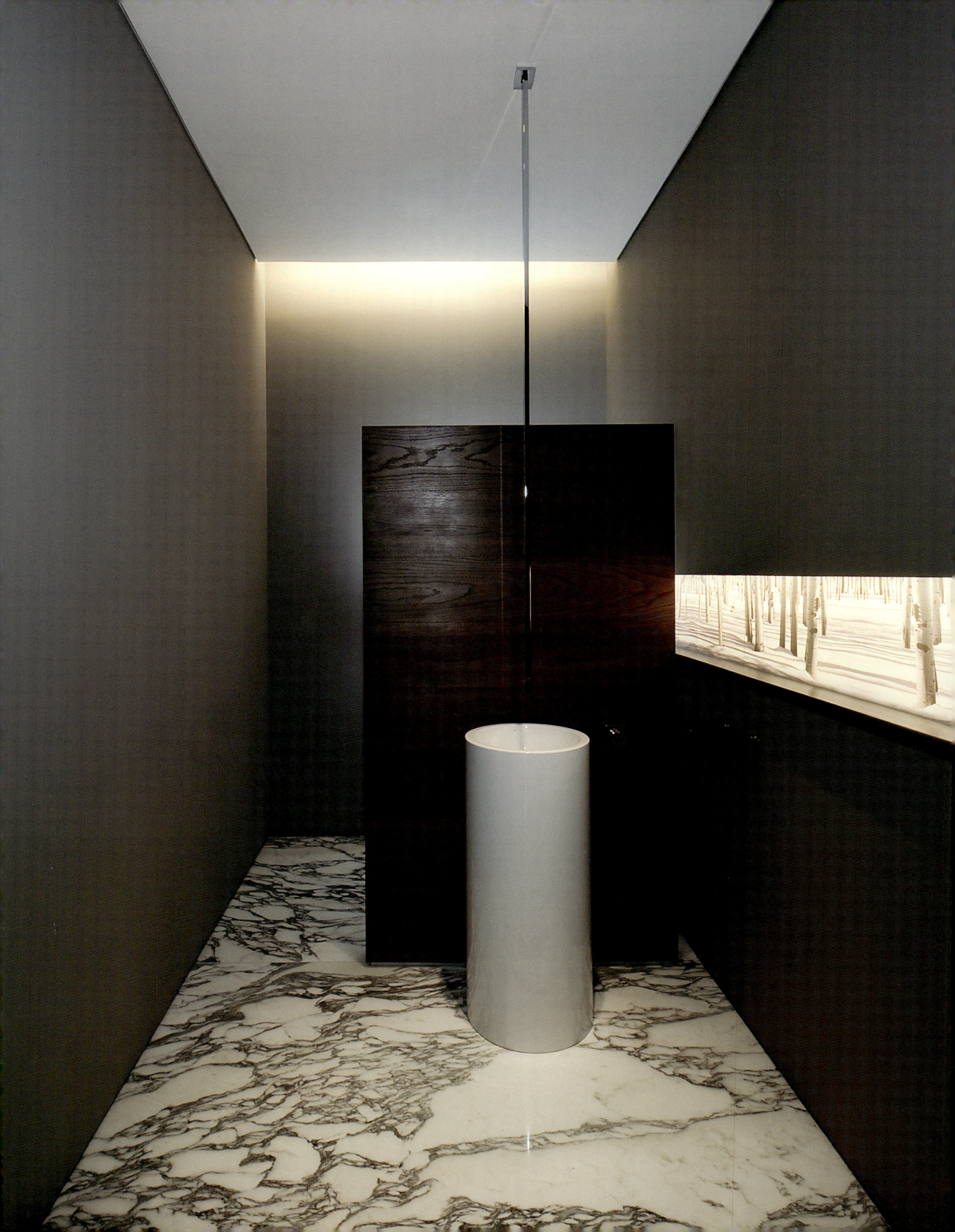

HASTA EL MENOR DE LOS ESPACIOS SE TORNA EN UN **RETO DE DISEÑO,** EL CLIENTE ESPERA DE MÍ EL MÁXIMO ESFUERZO.

EVEN THE SMALLEST SPACE BECOME A DESIGN CHALLENGE, THE CUSTOMER EXPECTS FROM ME, MY BEST ENDEAVOR.

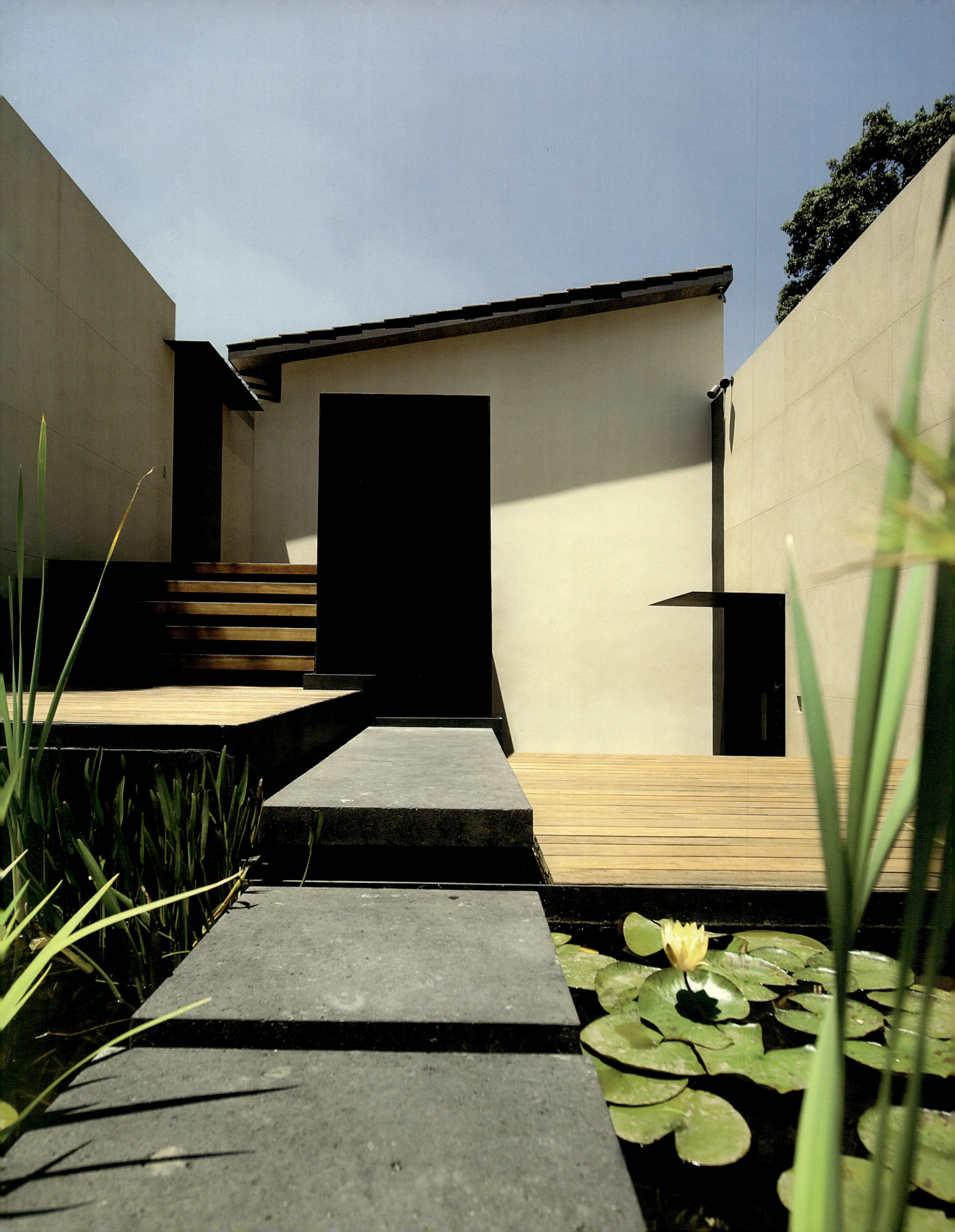

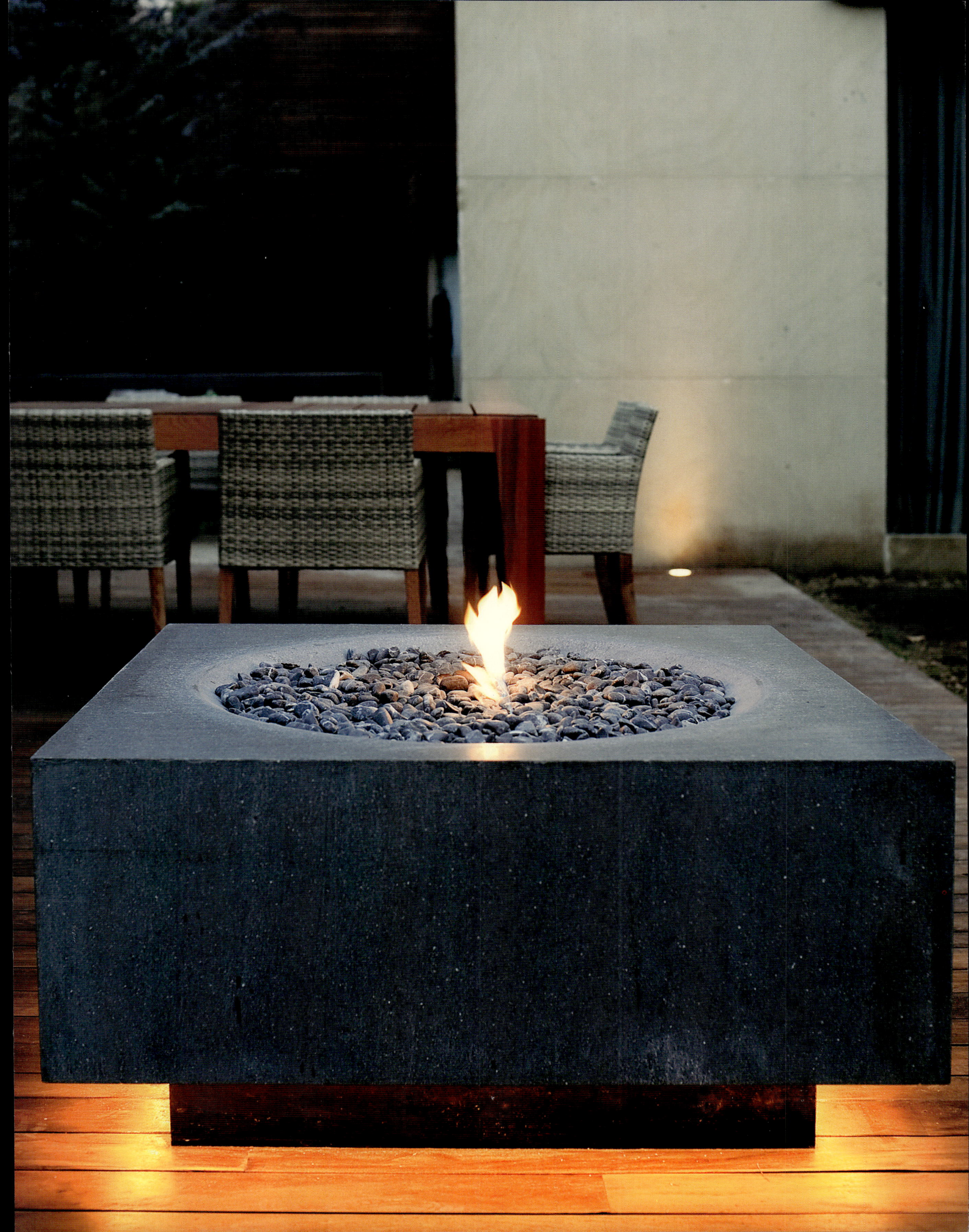

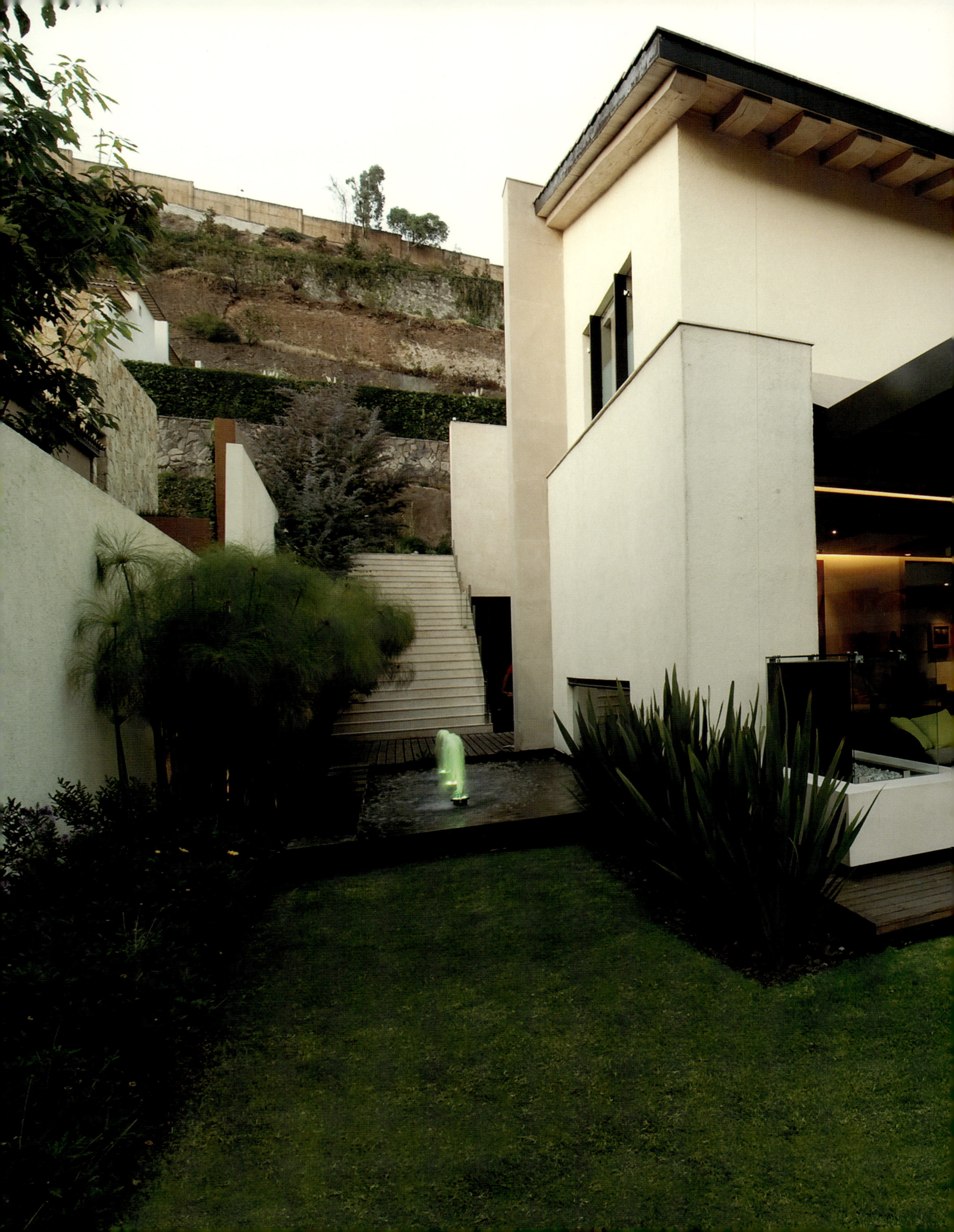

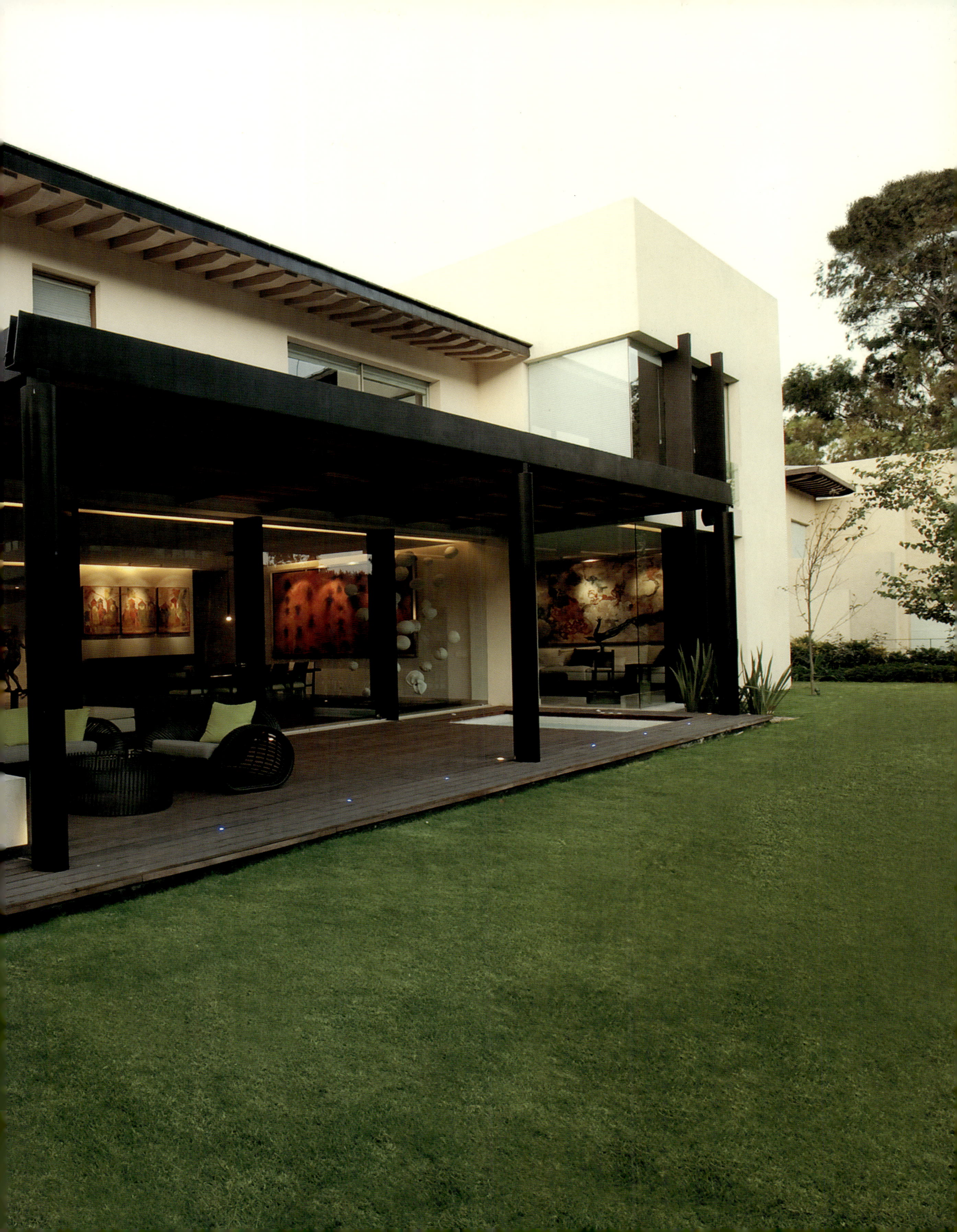

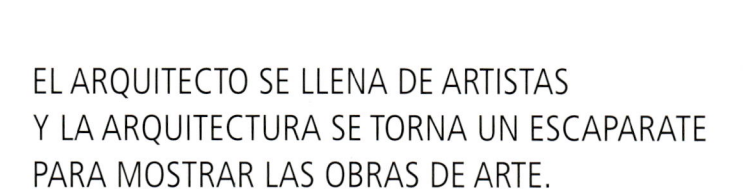

EL ARQUITECTO SE LLENA DE ARTISTAS
Y LA ARQUITECTURA SE TORNA UN ESCAPARATE
PARA MOSTRAR LAS OBRAS DE ARTE.

*THE ARTISTS ARE THE INSPIRATION OF THE
ARCHITECTS AND THE ARCHITECTURE BECOMES
A SHOWCASE TO DISPLAY THE ARTWORKS.*

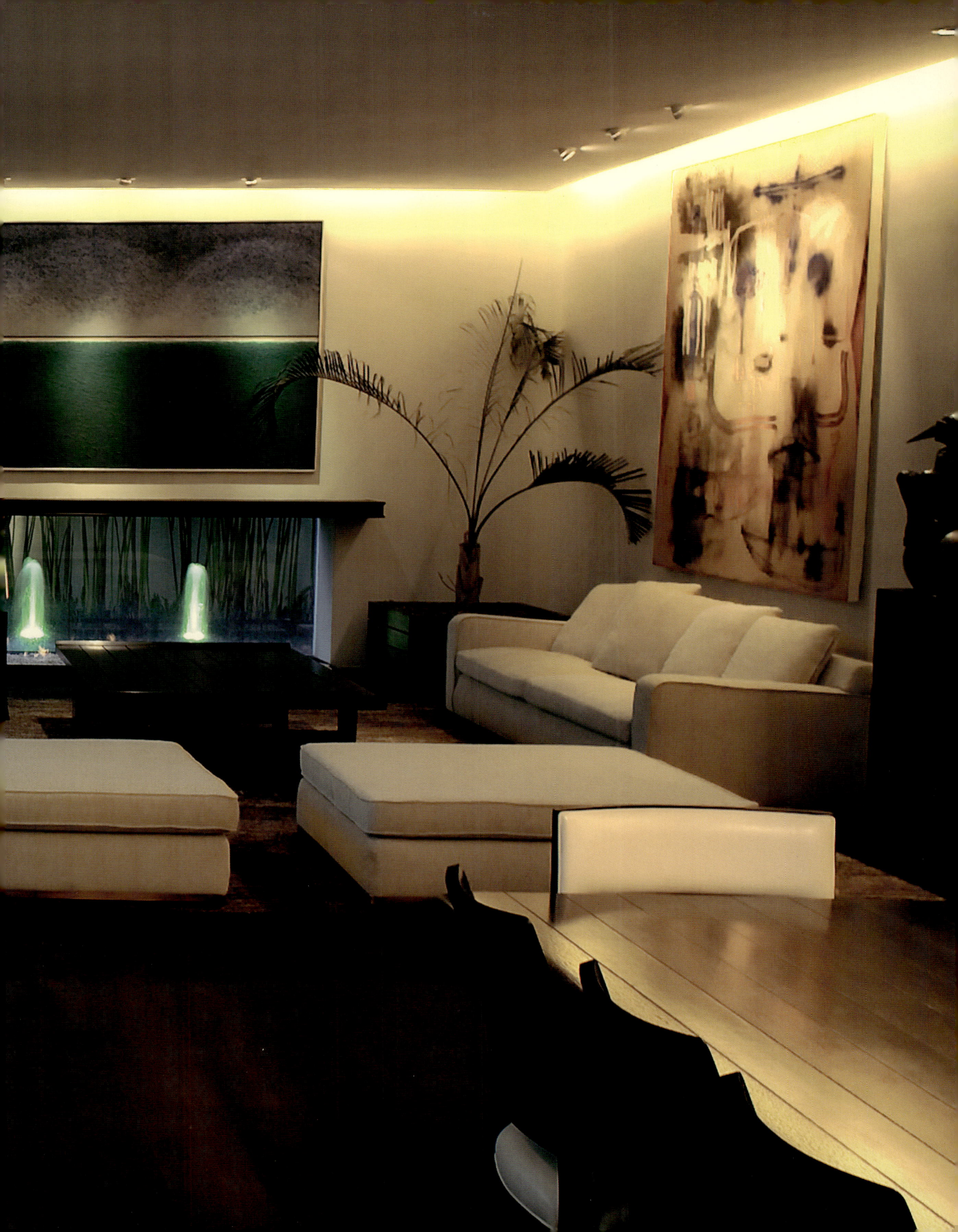

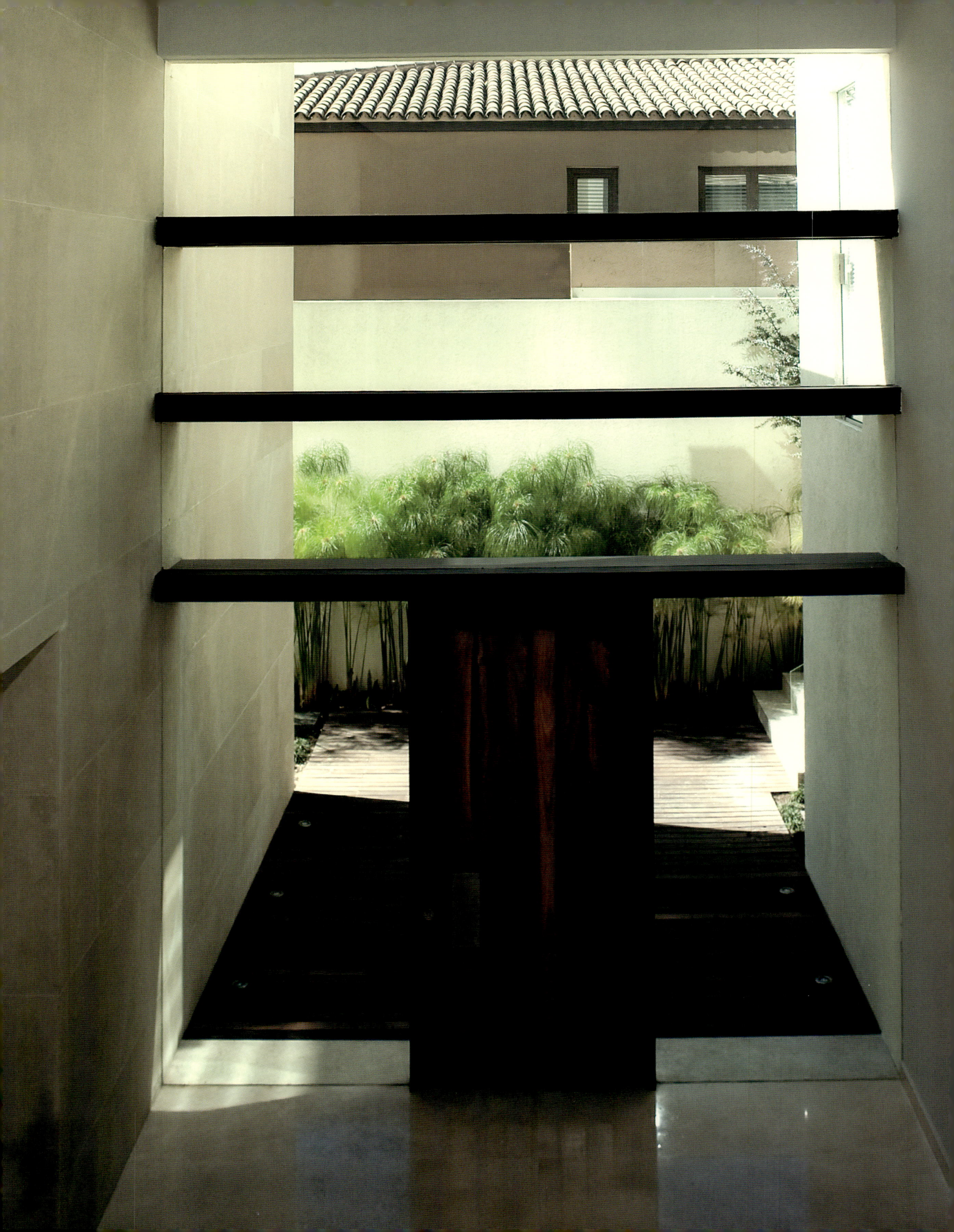

63

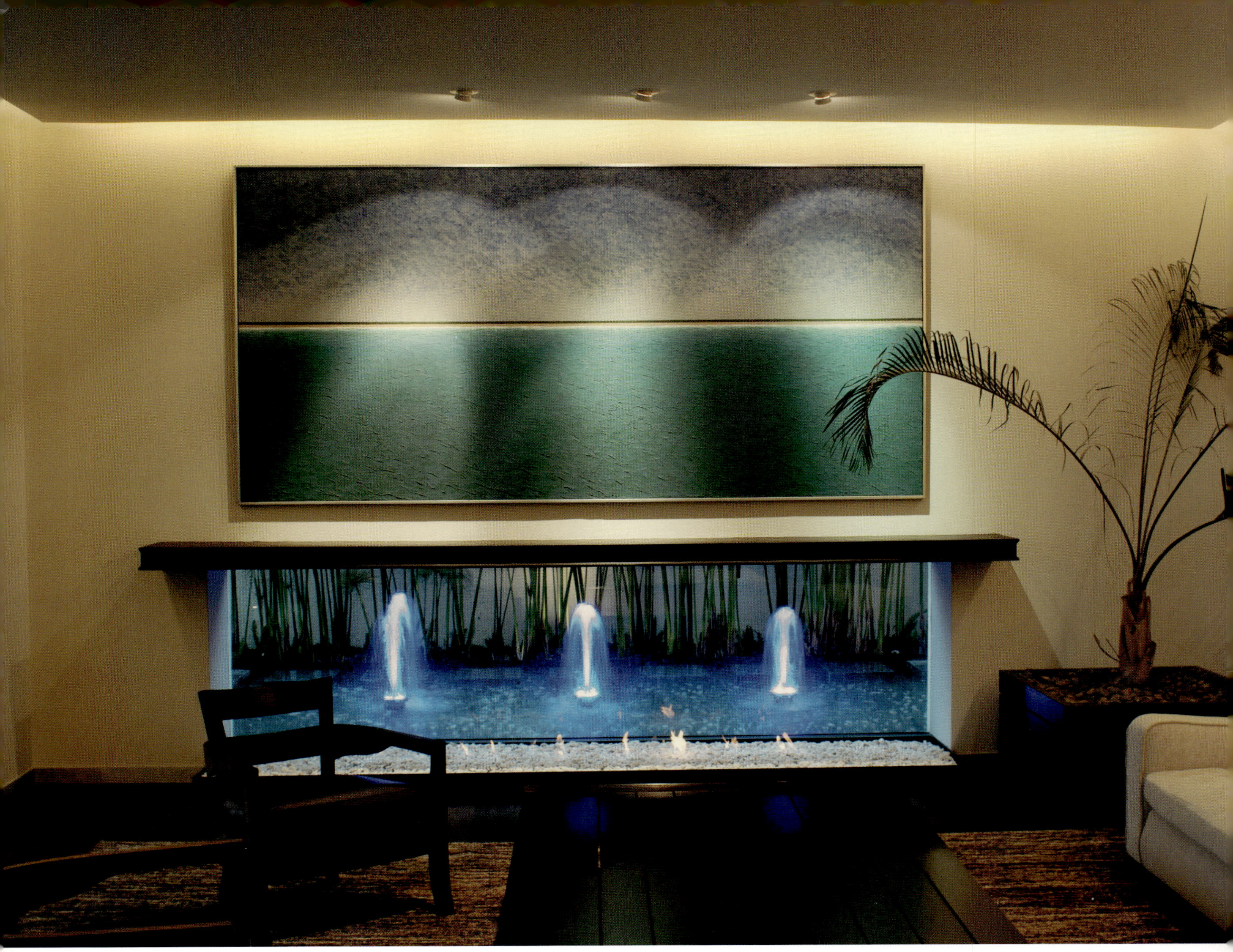

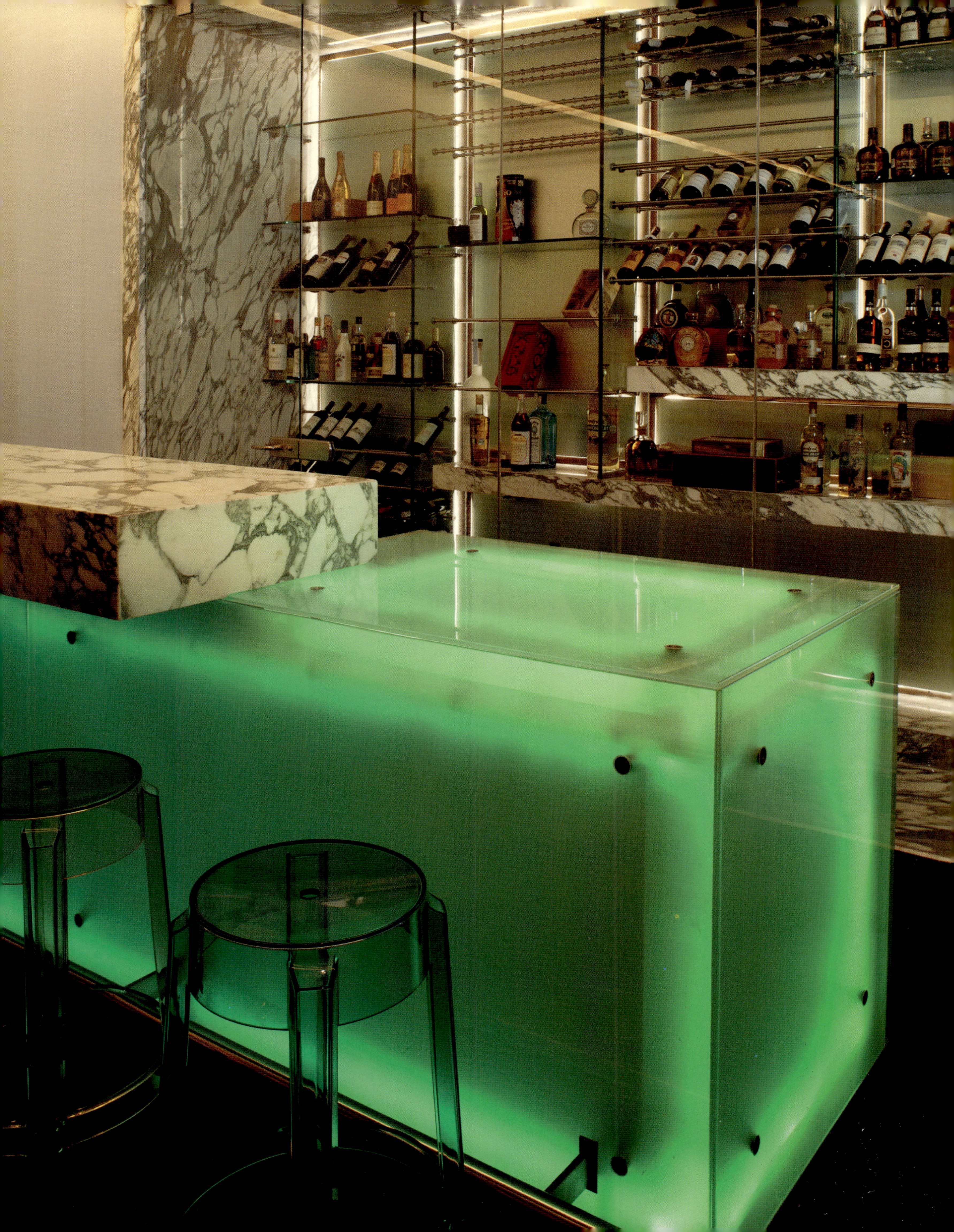

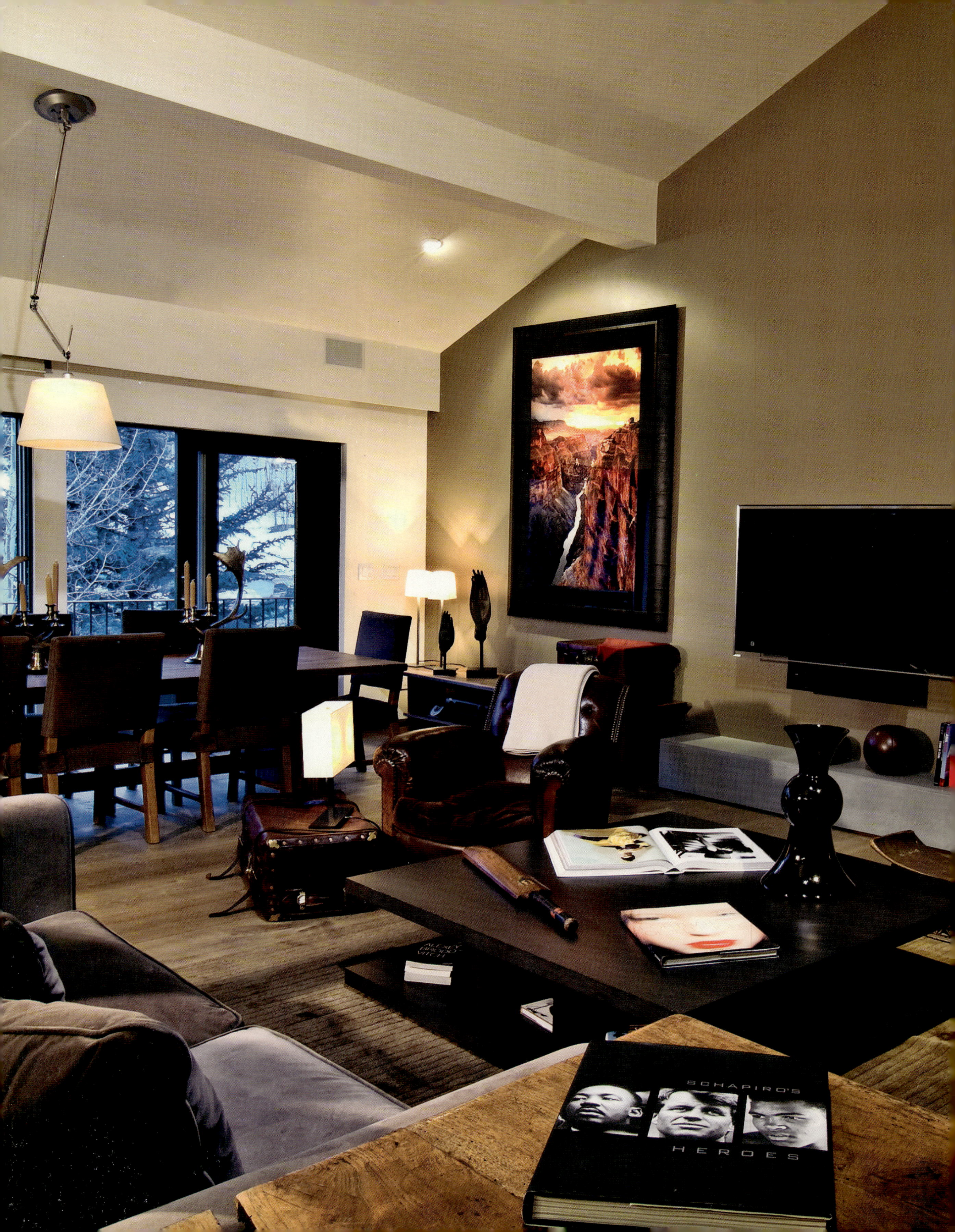
SCHAPIRO'S
HEROES

HOY SE HAN ROTO LOS LÍMITES EN EL MANEJO DE LAS TONALIDADES Y MATERIALES PARA BUSCAR CALIDÉZ EN LOS ESPACIOS.

TODAY THE BOUNDARIES HAVE BEEN BROKEN IN THE HANDLING OF COLORS AND MATERIALS TO FIND WARMTH IN THE SPACES.

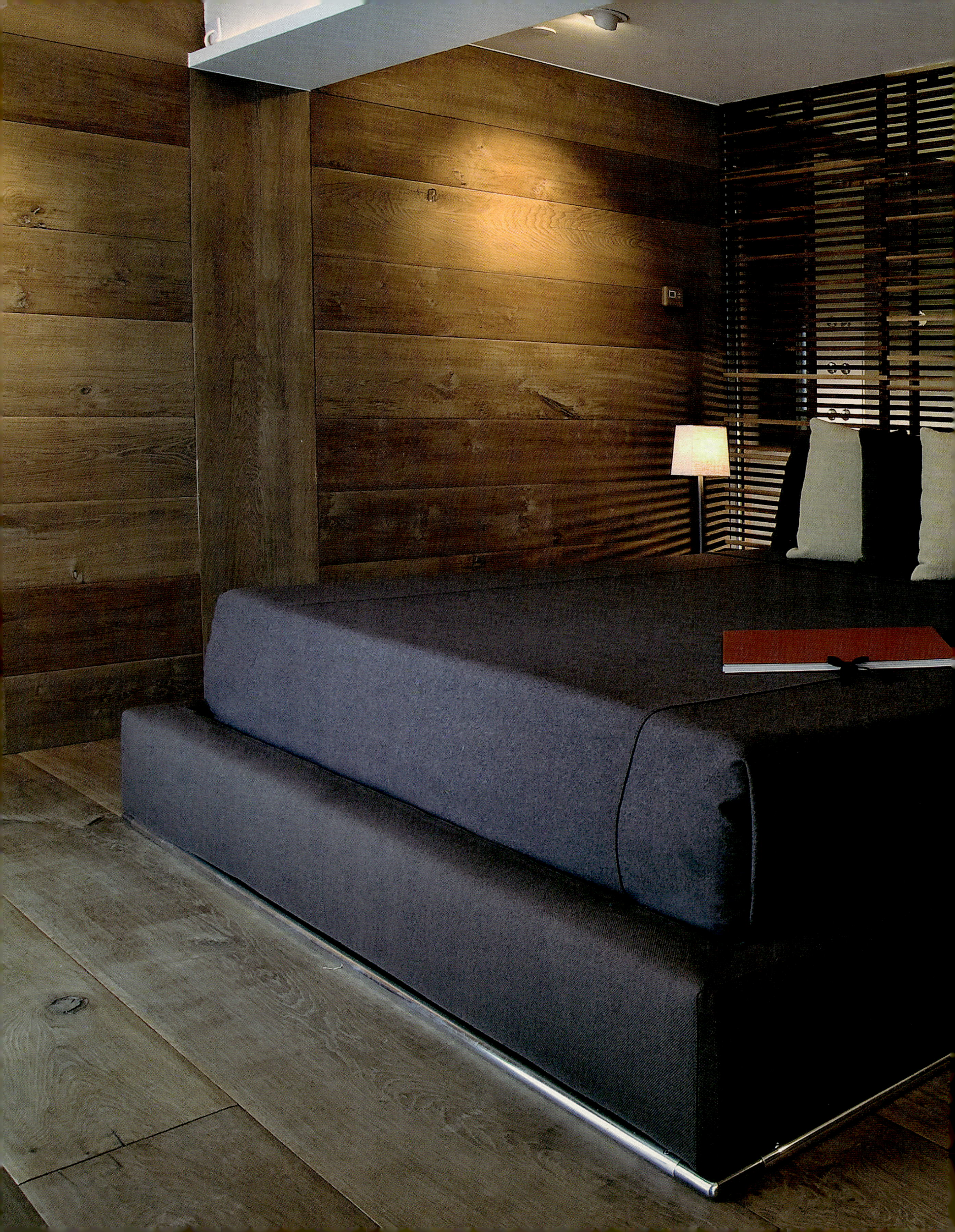

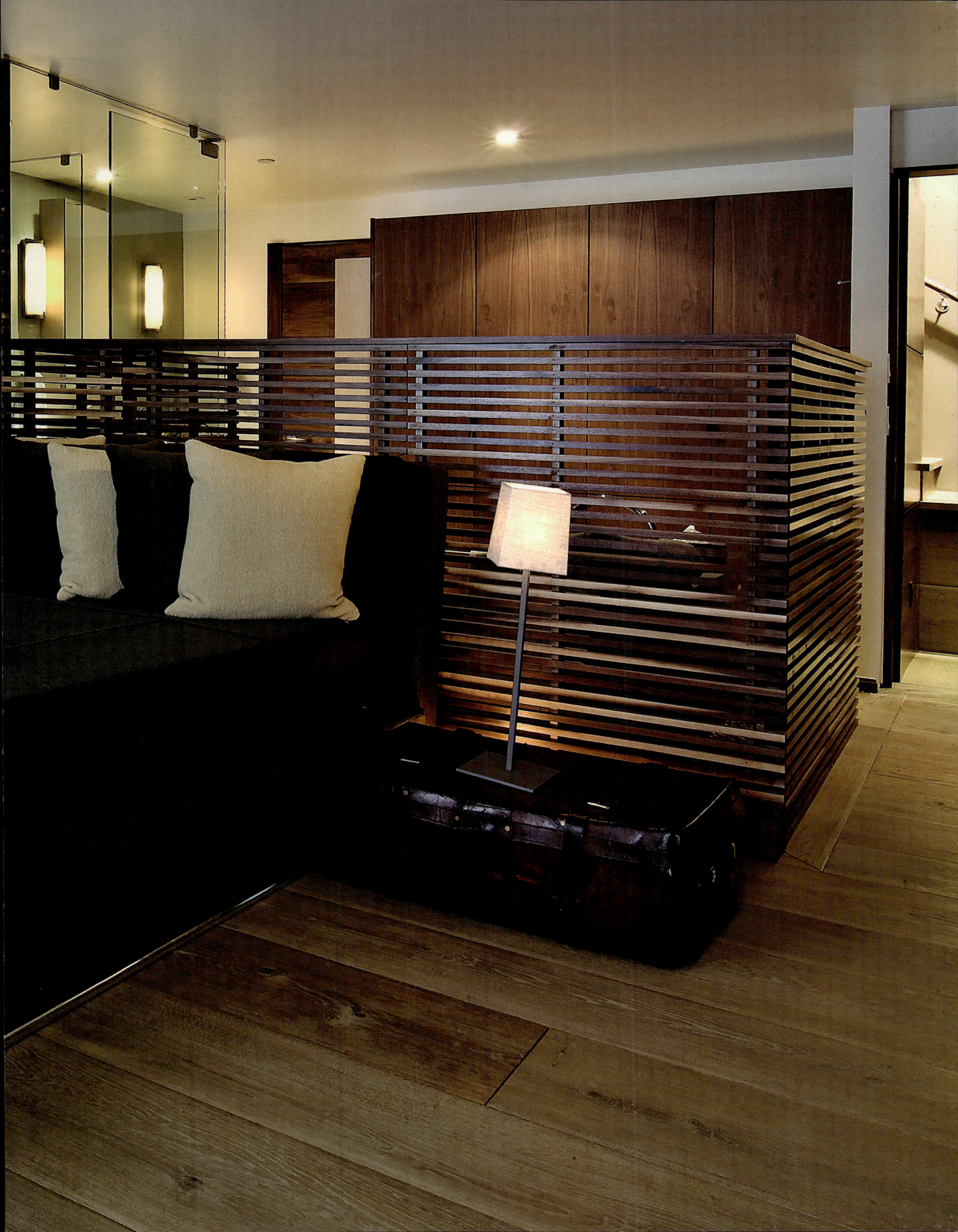

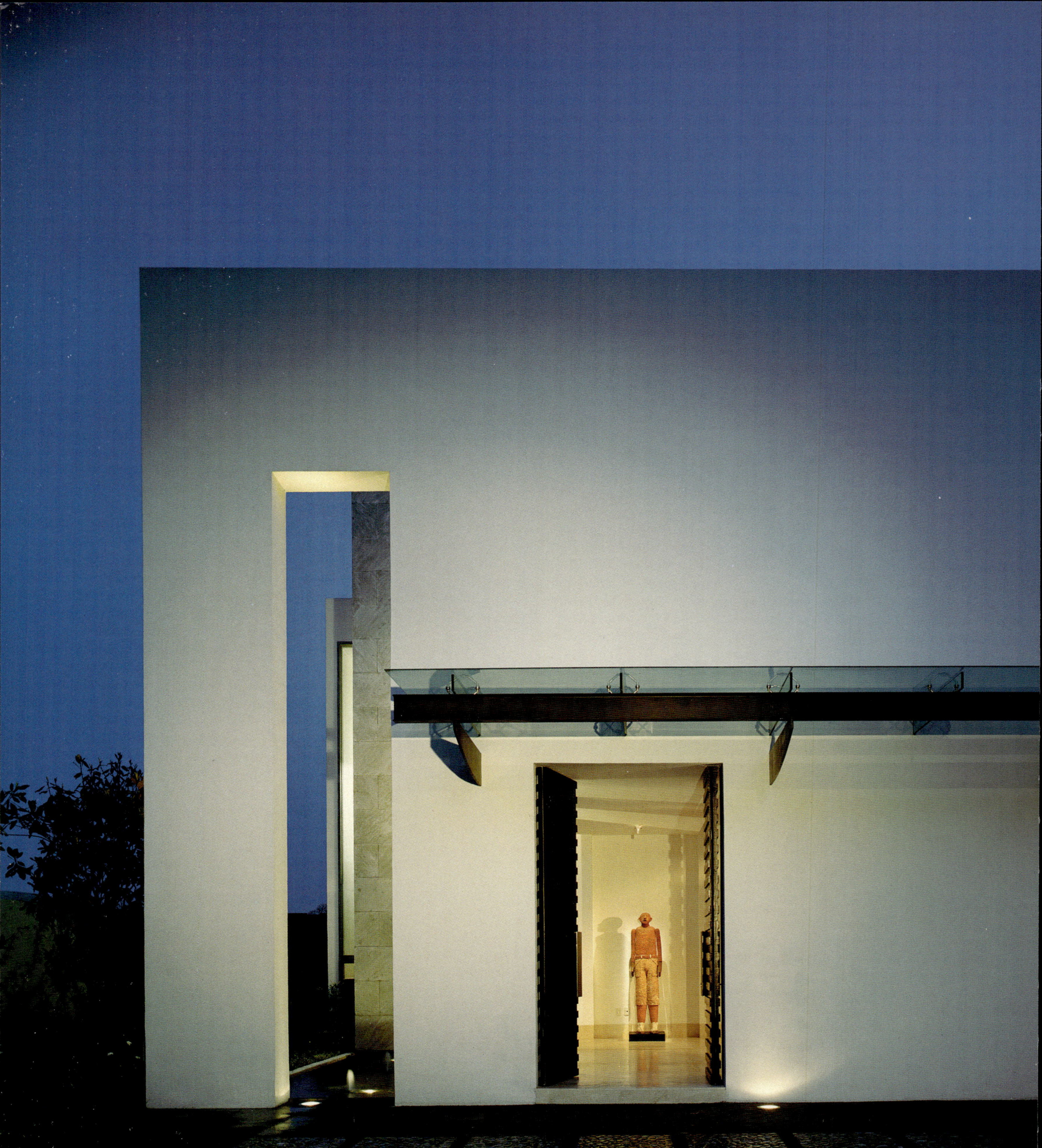

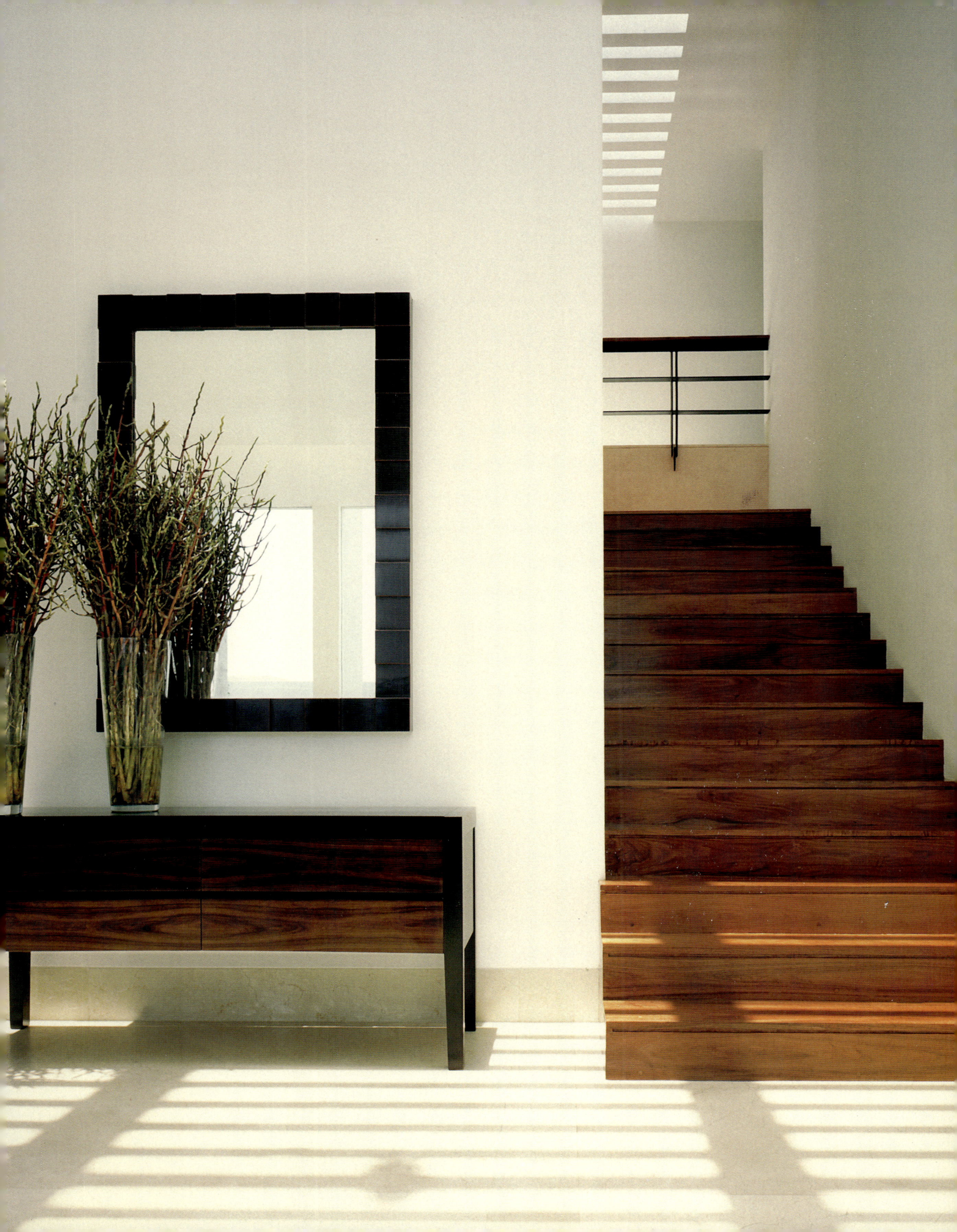

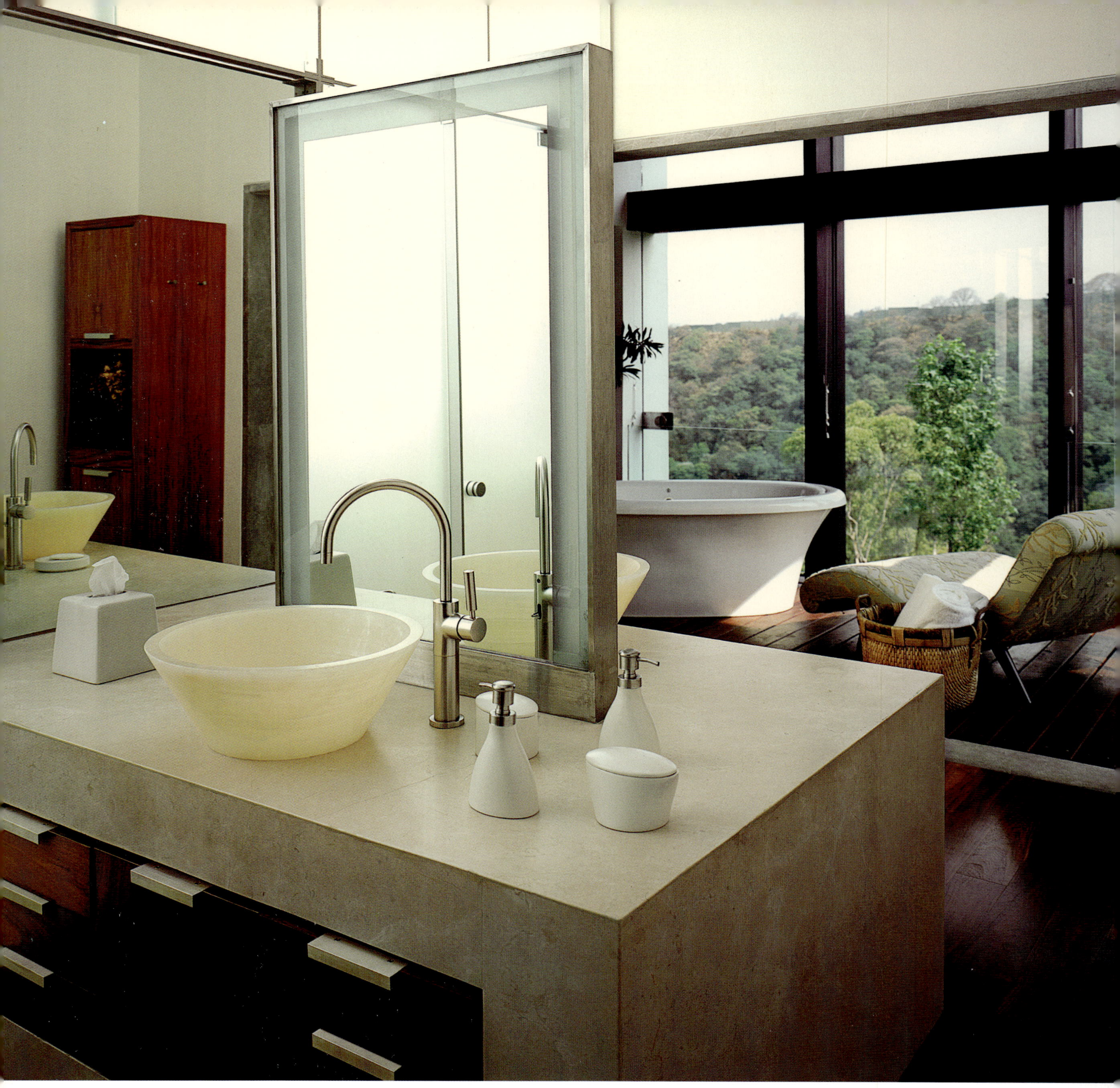

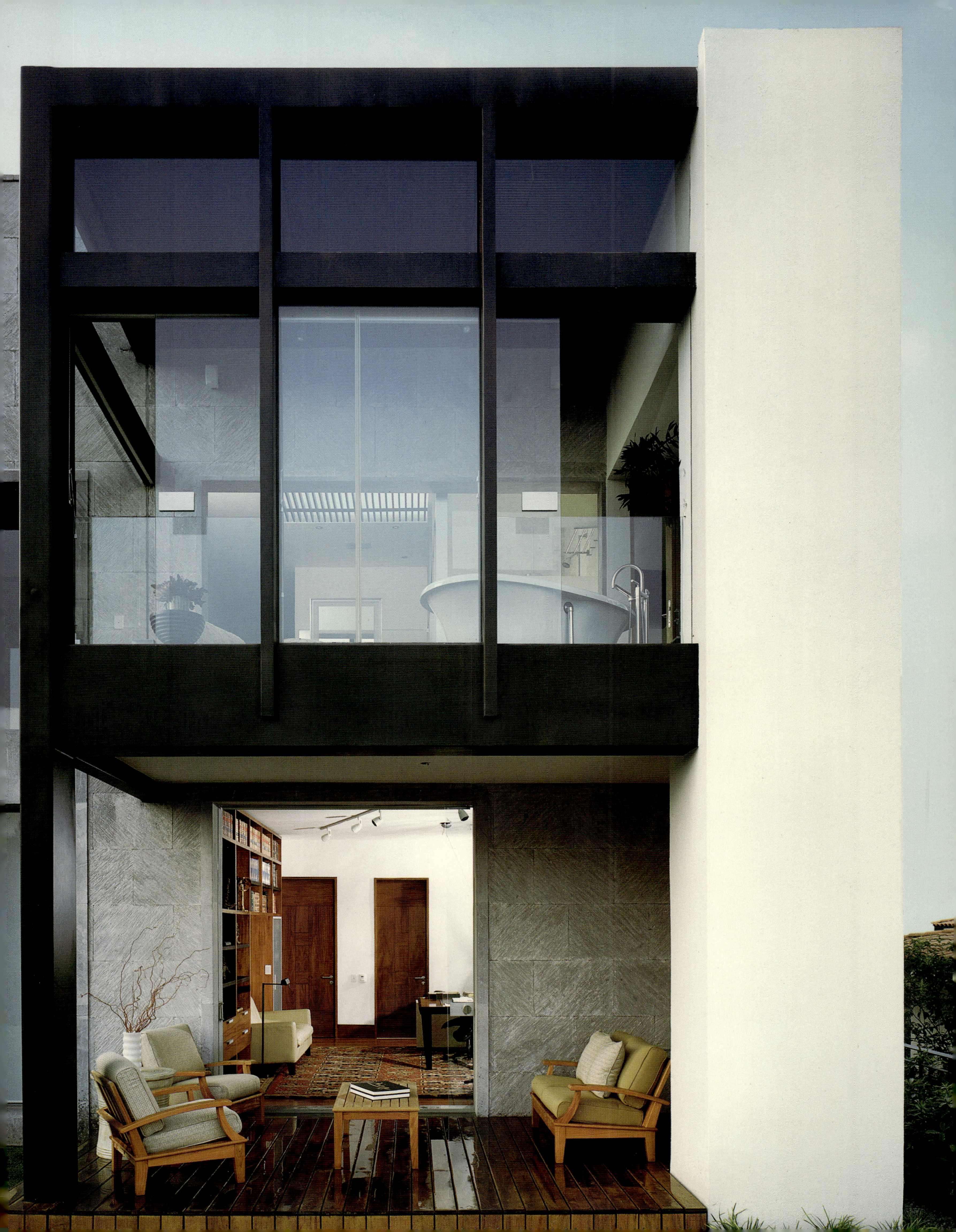

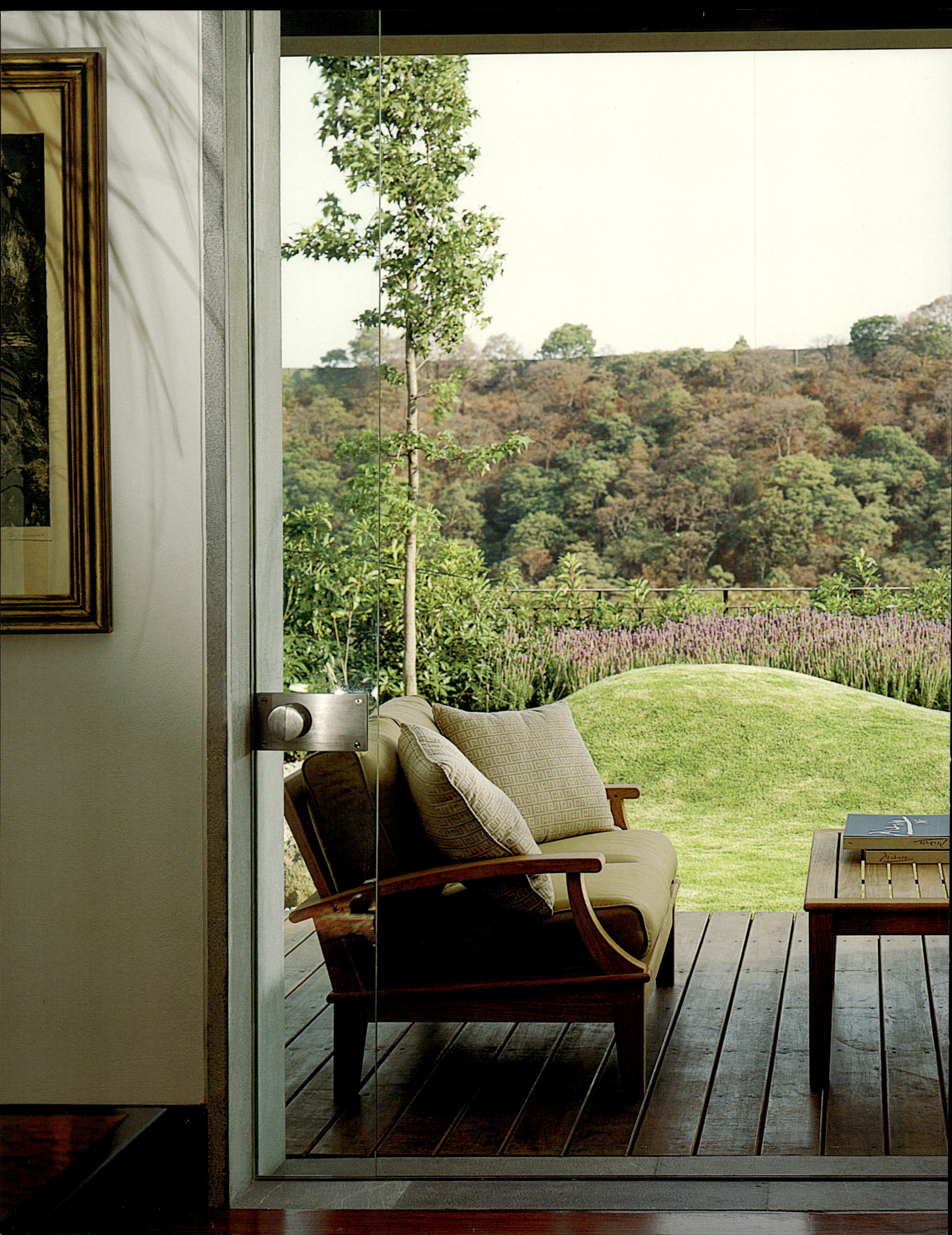

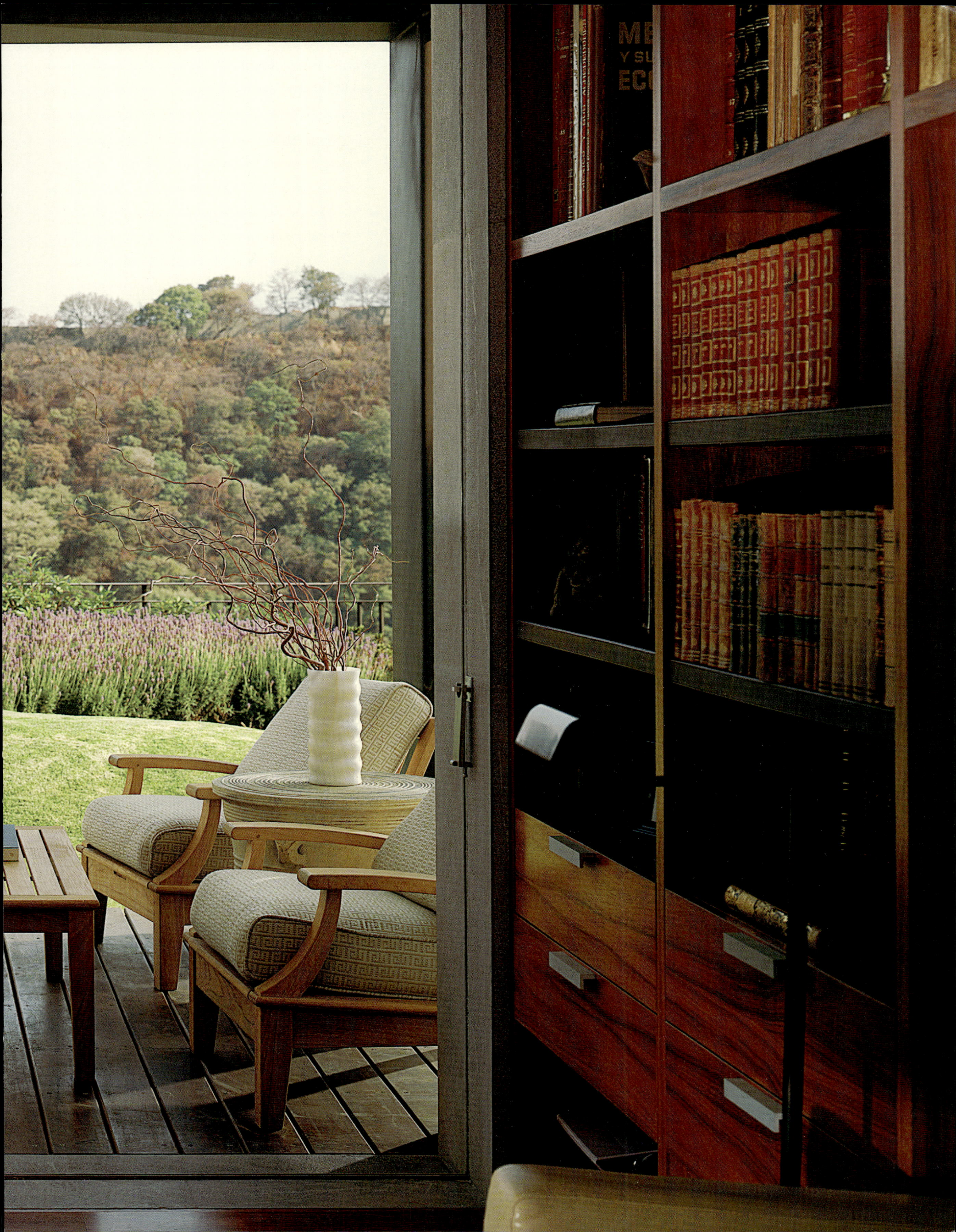

ESPACIOS SIMPLES DE PASO SON ESCAPARATE PARA QUE OTROS ARTISTAS LUZCAN SUS OBRAS.
SIMPLE WALKING SPACES ARE SHOWCASES FOR OTHER ARTISTS TO DISPLAY THEIR ARTWORK.

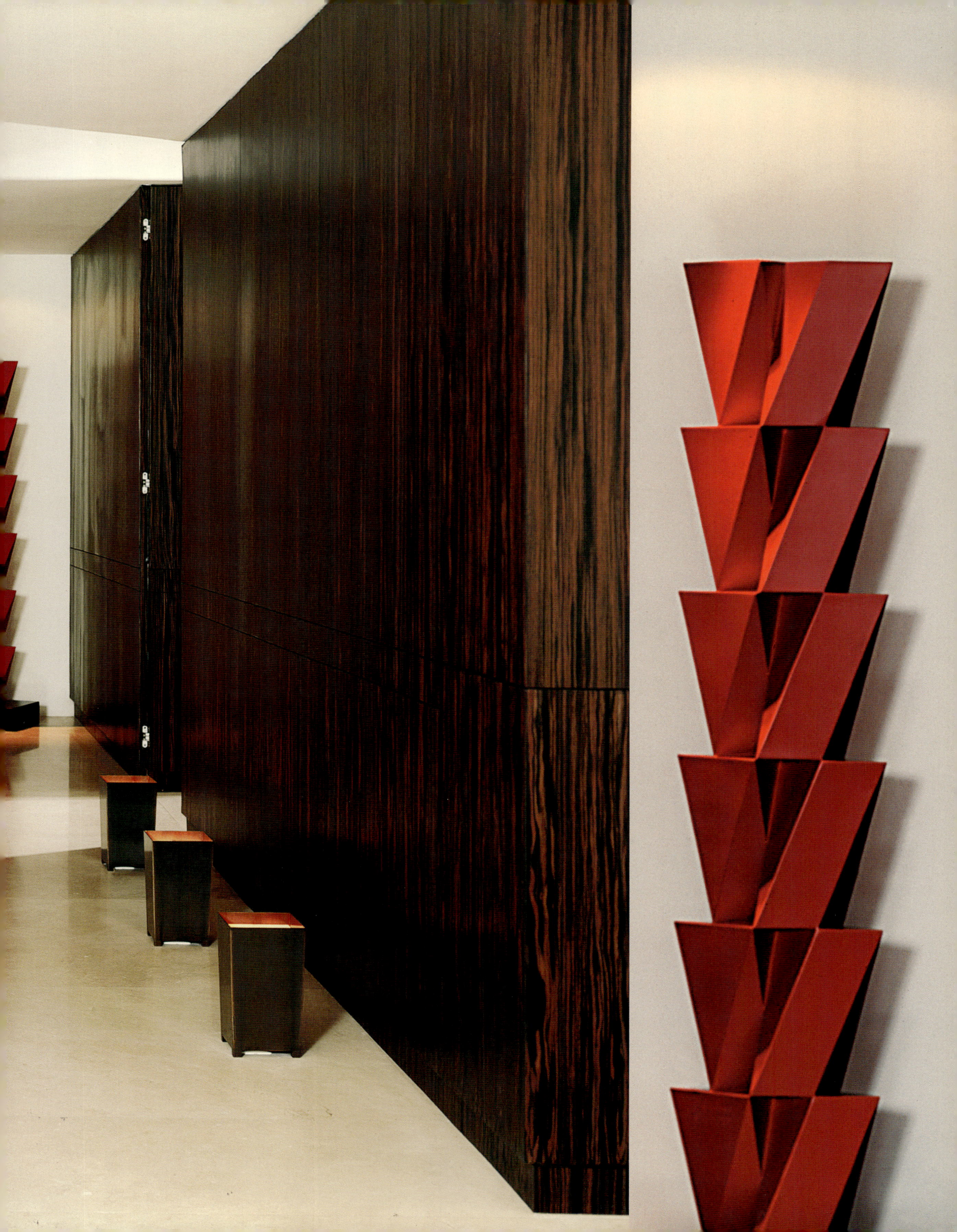

SIEMPRE BUSCAMOS HACER A LA NATURALEZA
PARTÍCIPE DE LA VIDA DE CIUDAD.

*WE ARE ALWAYS SEARCHING NATURE TO
PARTICIPATE IN THE CITY LIFE.*

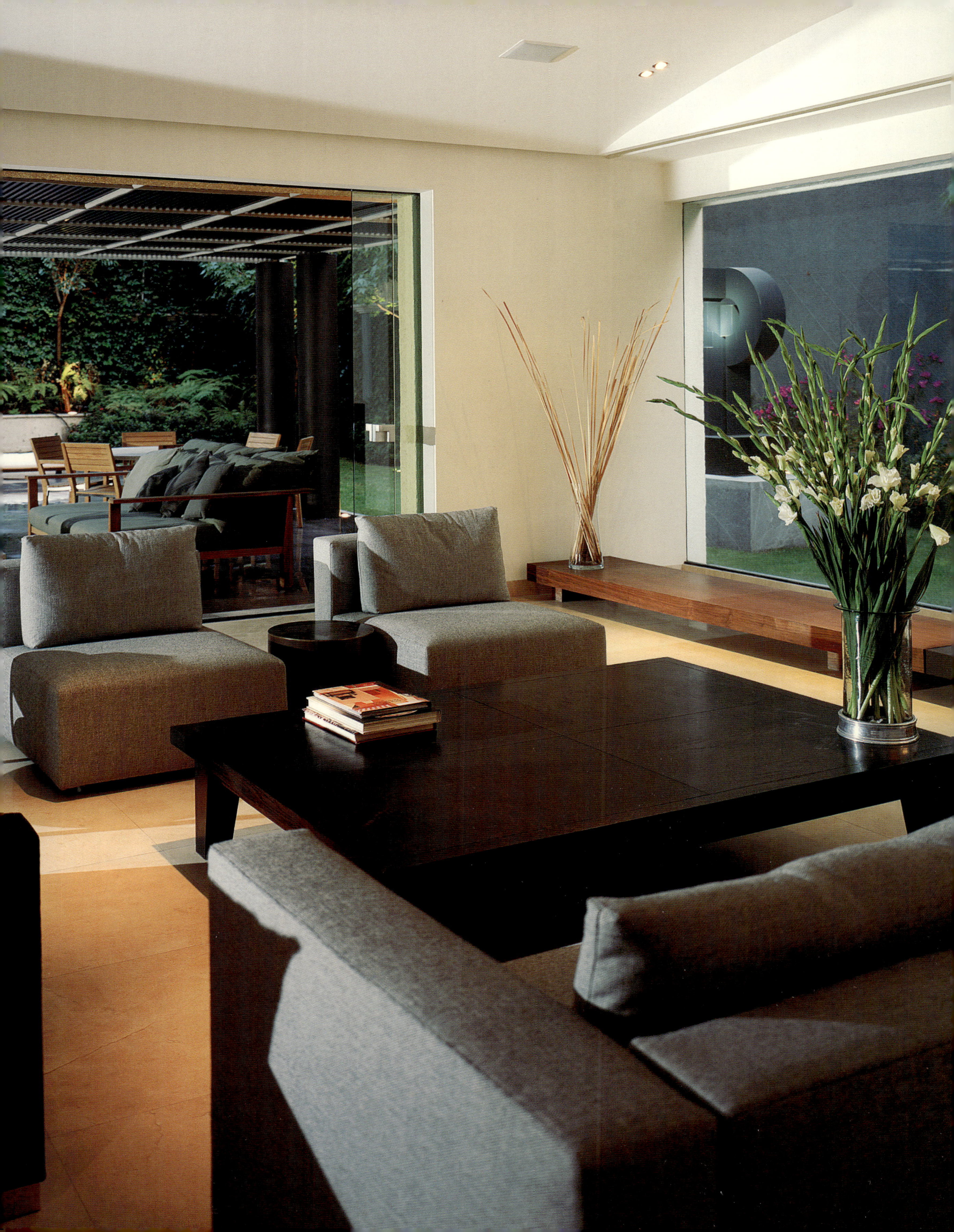

FRANCISCO CORZAS
FRIDA KAHLO
TAMAYO
SEBASTIAN
ZARRAGA
O'GORMAN
PEDRO CORONEL
HERRAN
DESDE LA OSCURIDAD
Arquitectos Mexicanos
At Home in Buenos Aires
ROSTROS DE COLOMBIA
ARTE COLOMBIANO
Pabellones y Museos
López Baz y Calleja
CASA POBLANA
HACIENDAS de MÉXICO
Culinaria
THE EPICUREAN

LIBROS, **LIBROS**, LIBROS DÓNDE ESTÁN?

BOOKS, BOOKS, BOOKS, WHERE ARE YOU?

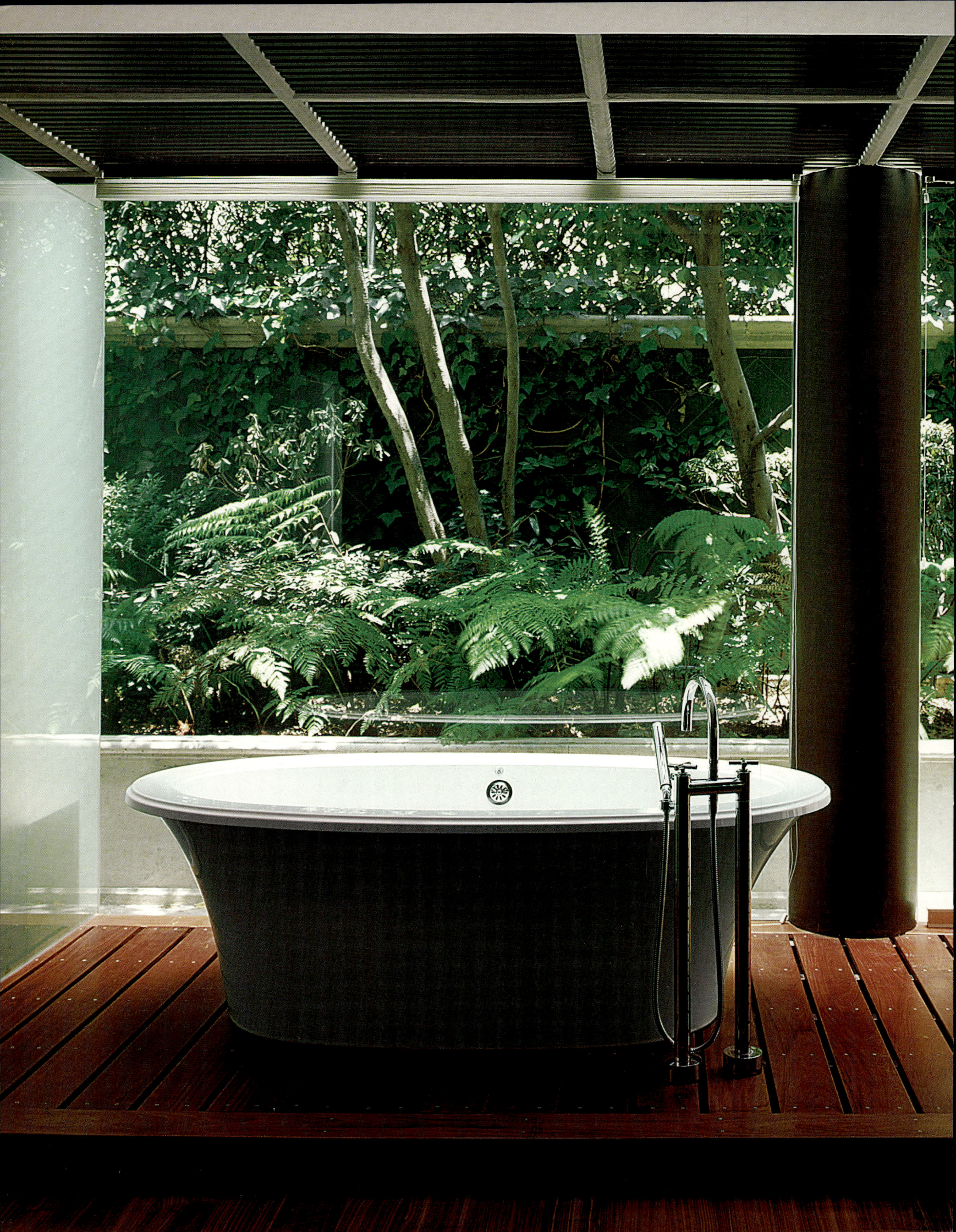

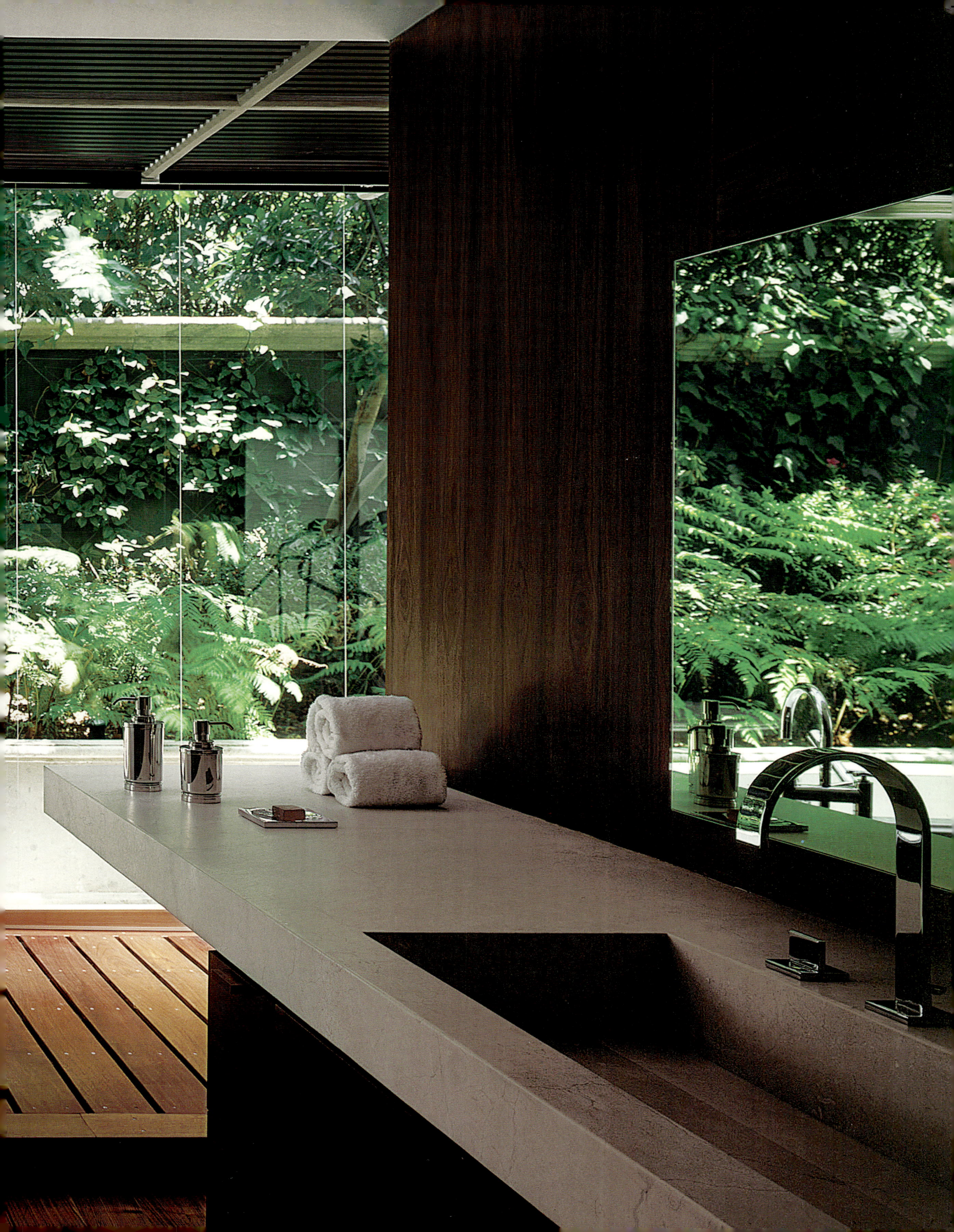

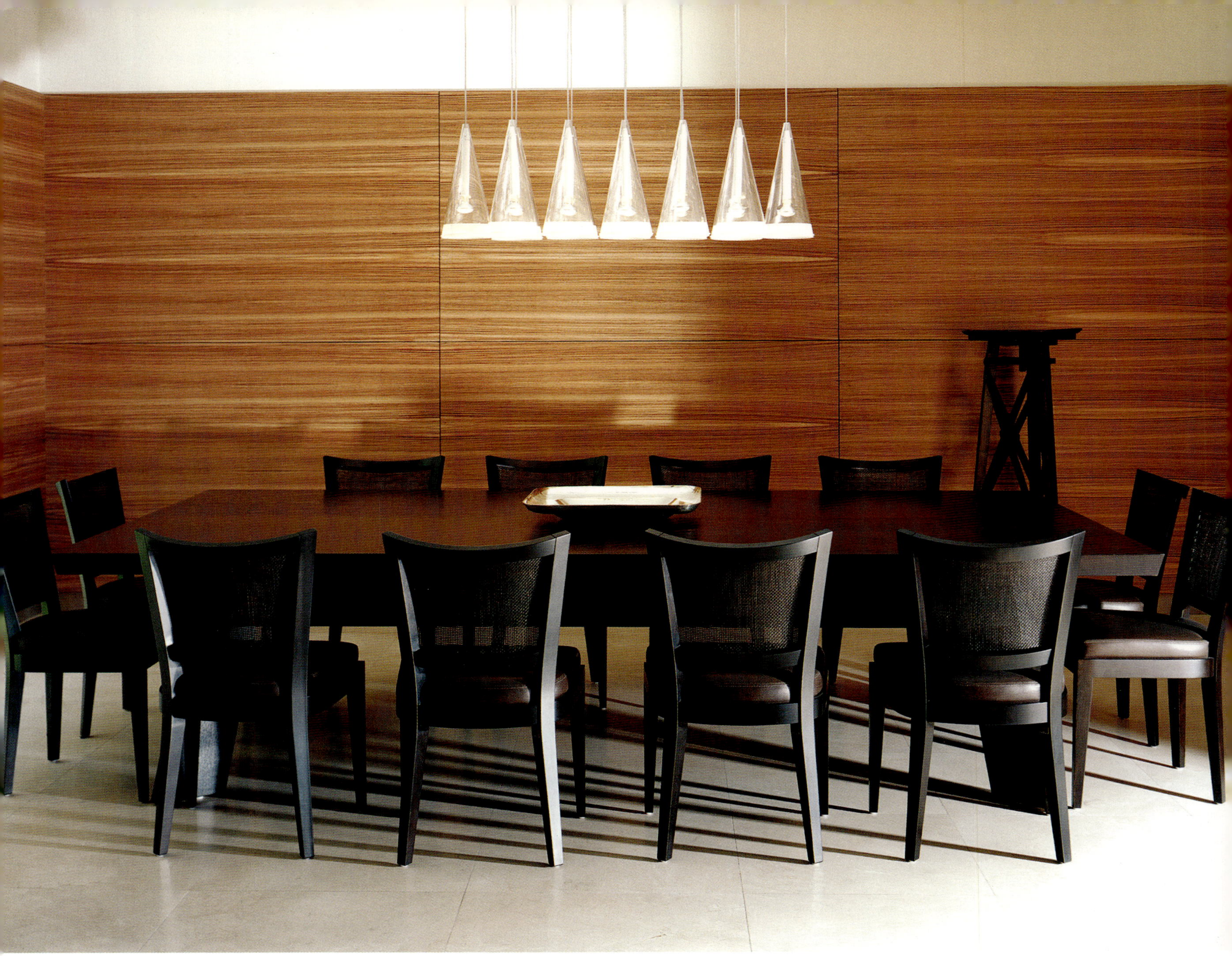

85

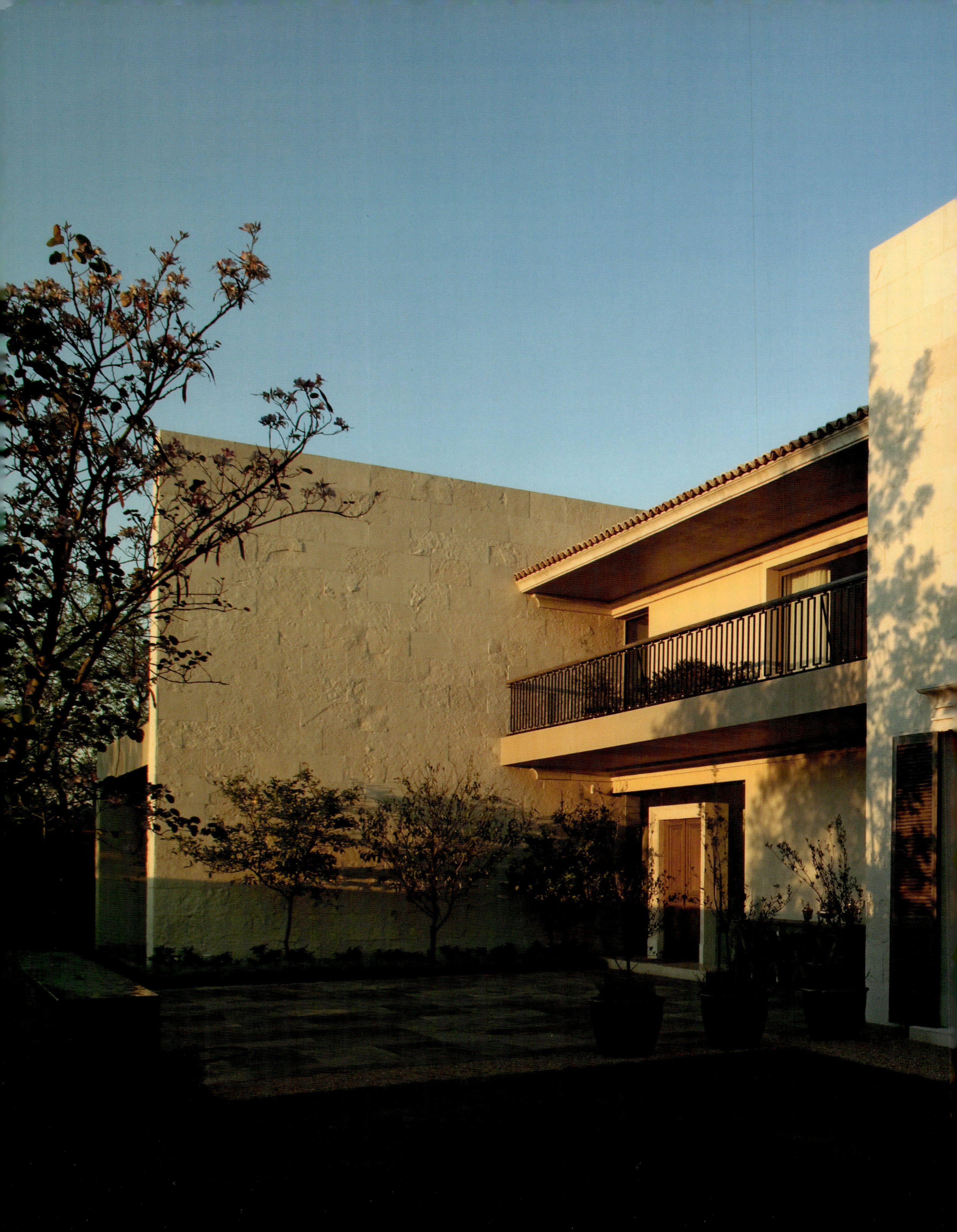

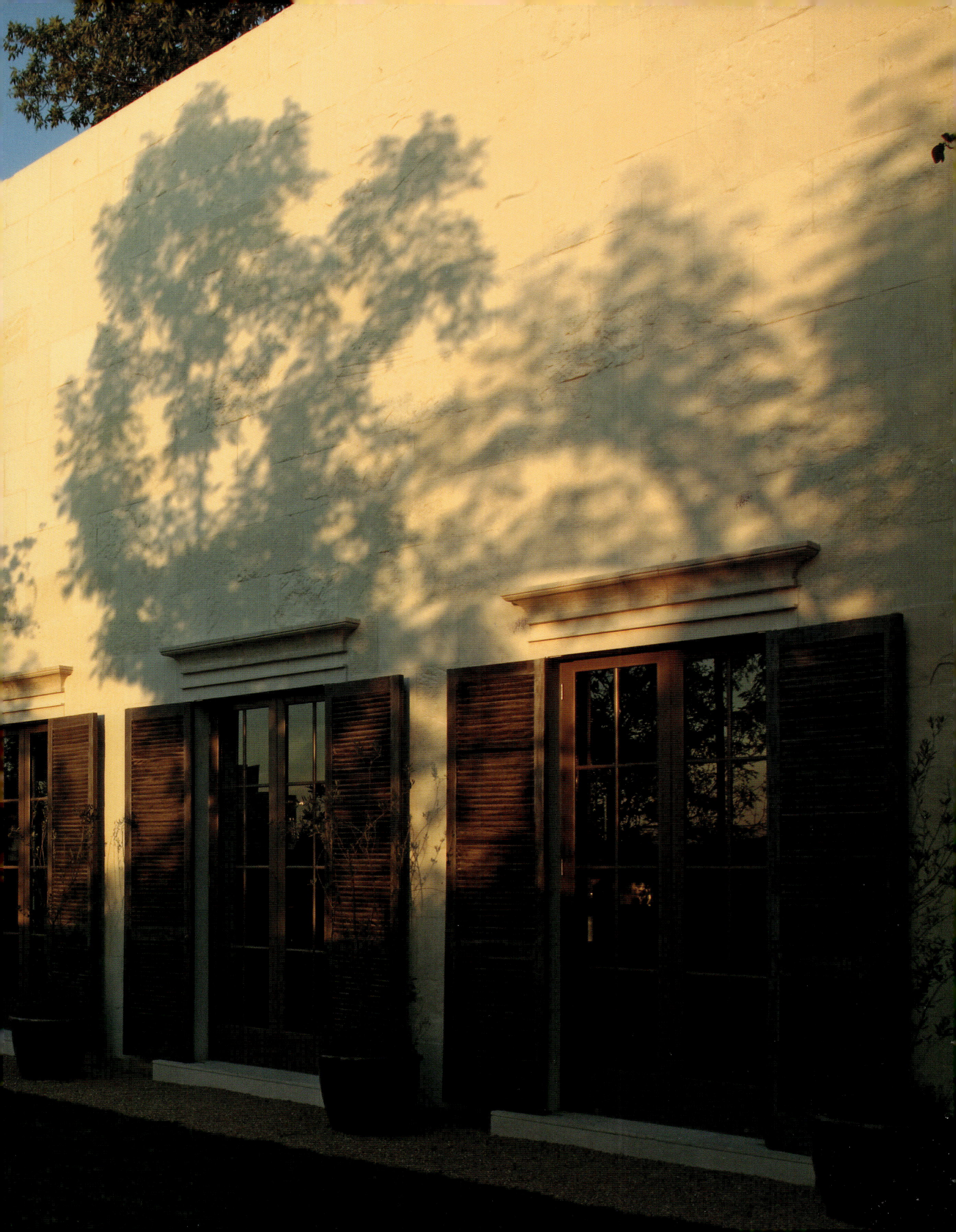

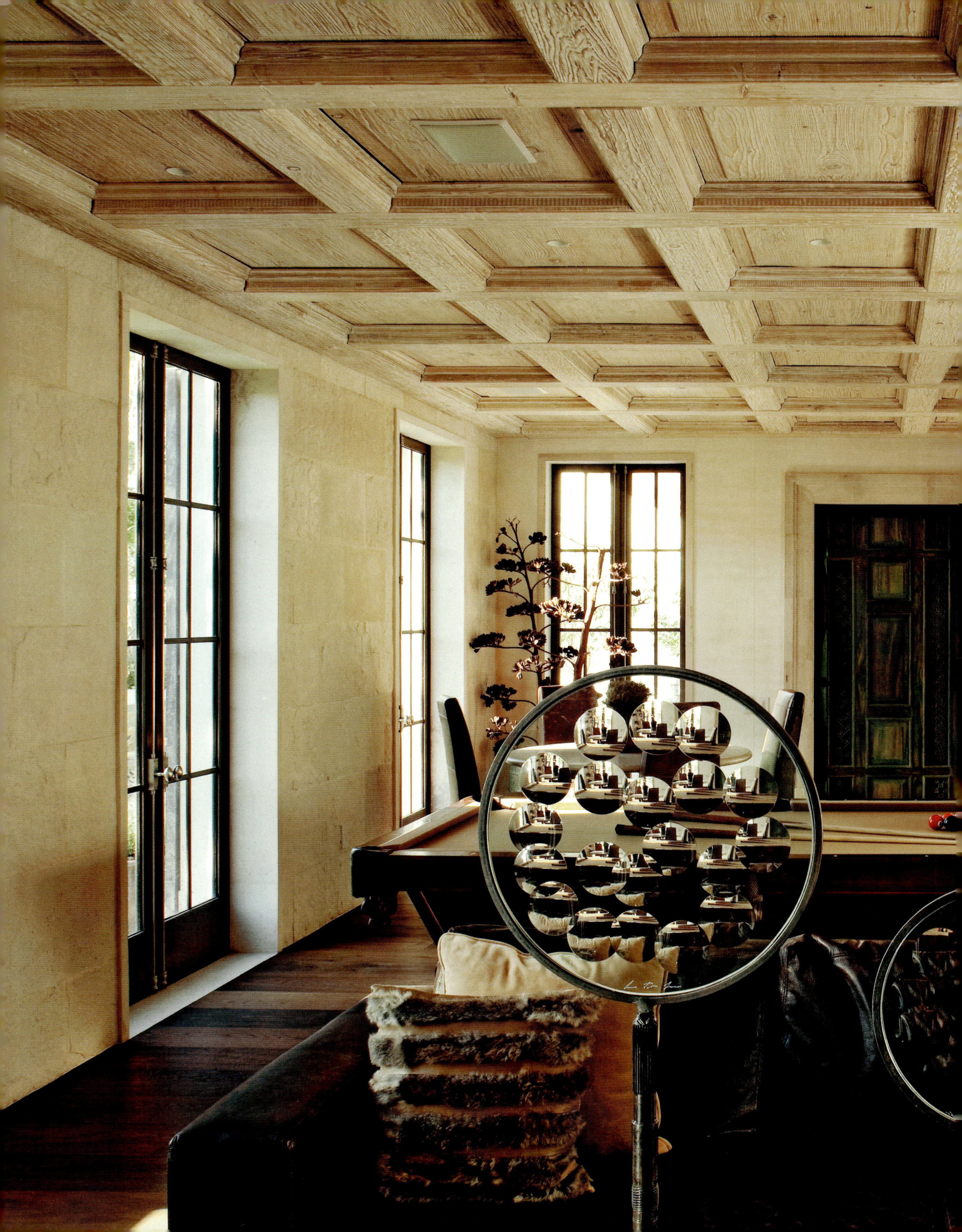

CIUDAD CON ESPÍRITU CAMPESTRE.

CITY WITH COUNTRY SPIRIT.

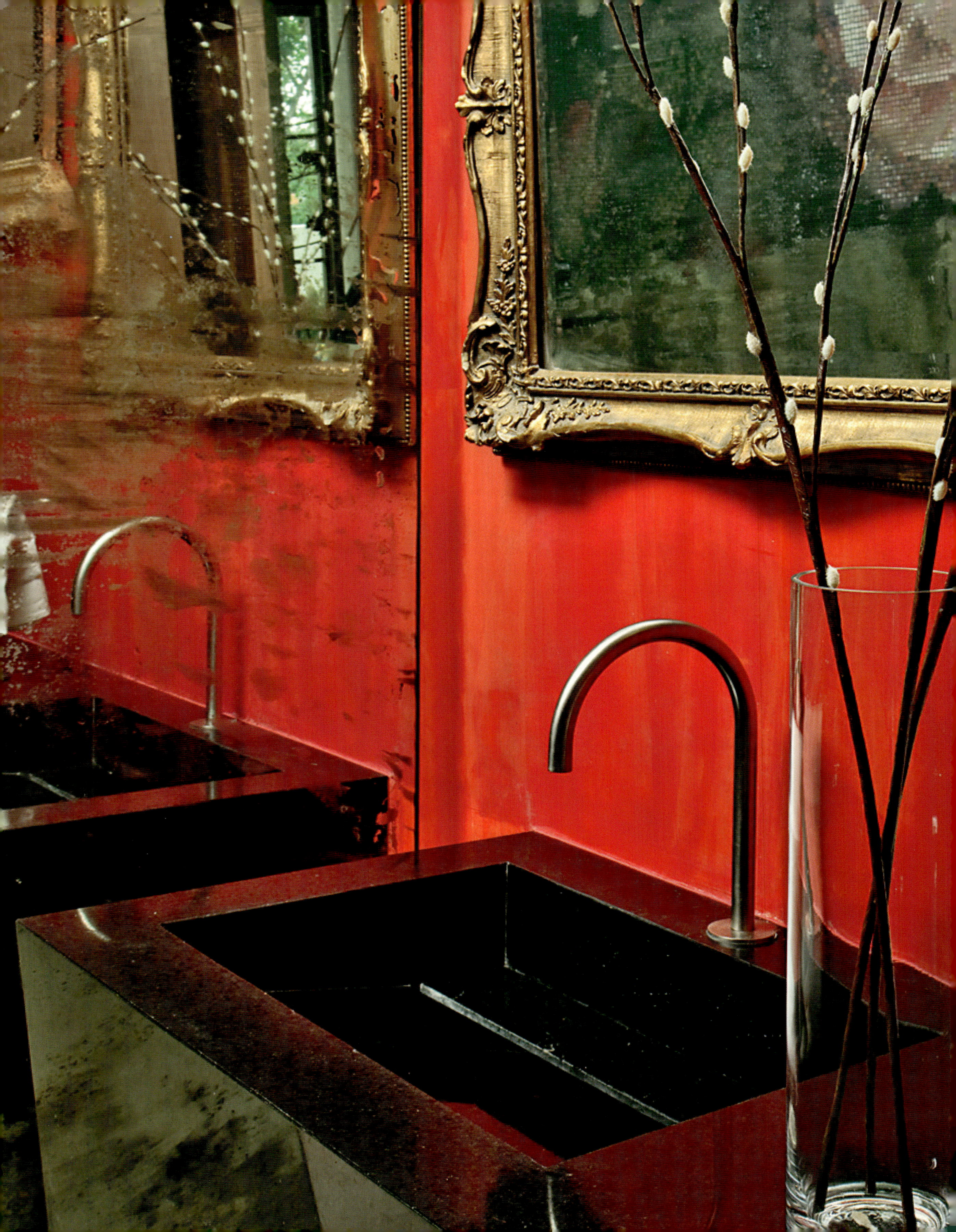

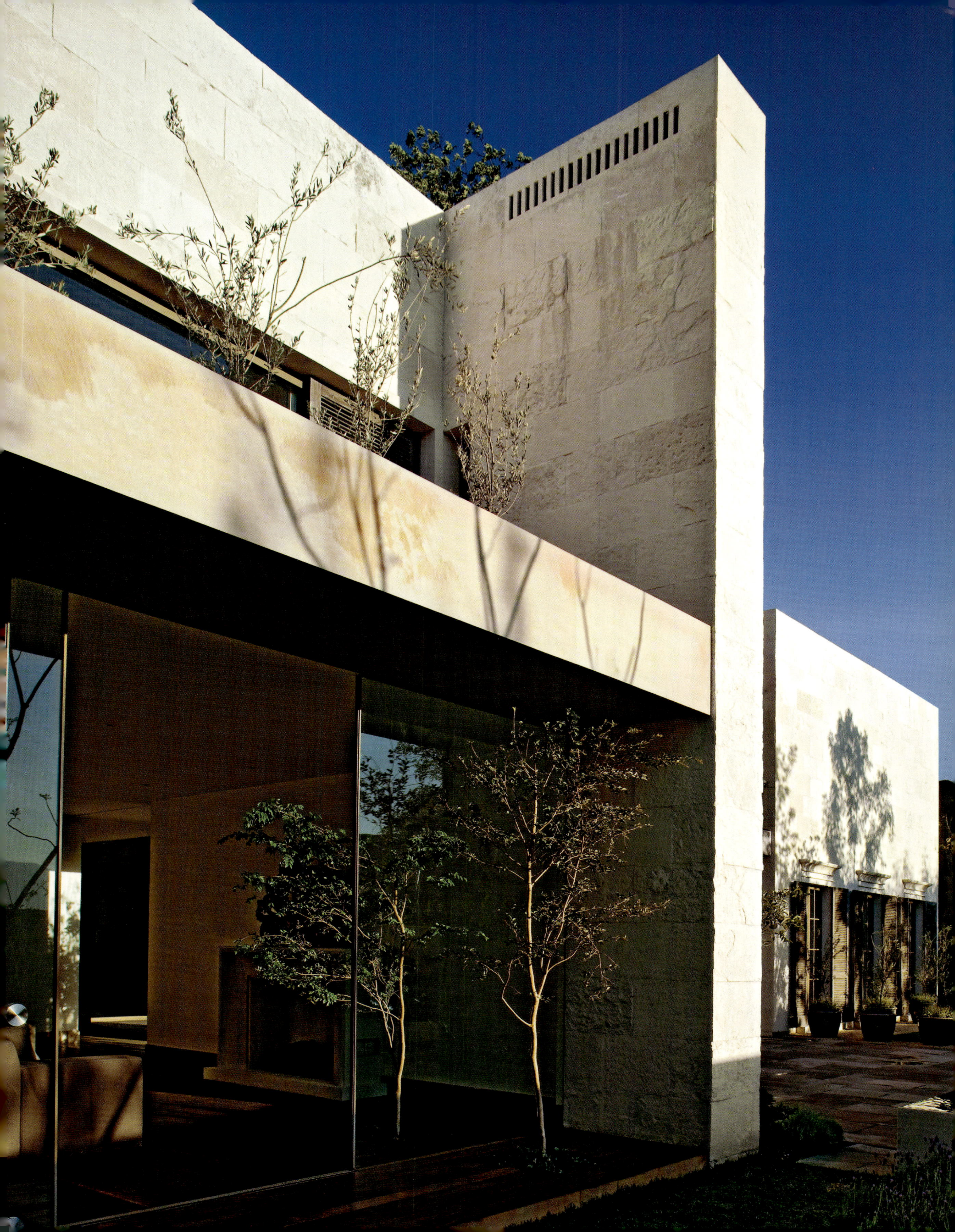

ÁRBOL AMIGO QUE VINE A TU TIERRA, DÉJAME ACOMPAÑARTE Y COBIJARTE EL RESTO DE TU VIDA.

DEAR TREE THAT I CAME TO YOUR LAND, LET ME ACOMPANY AND SHELTER YOU THE REST OF YOUR LIFE.

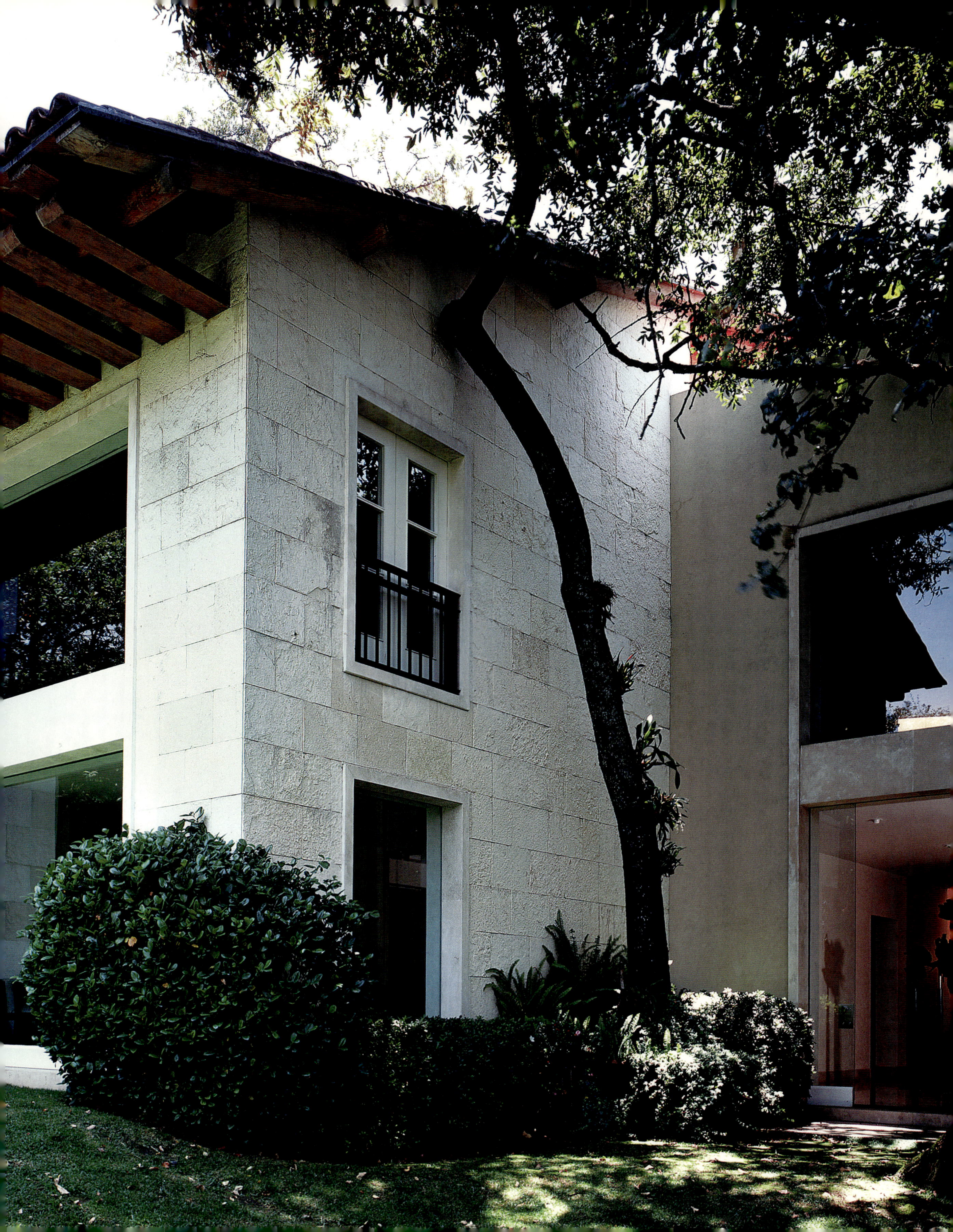

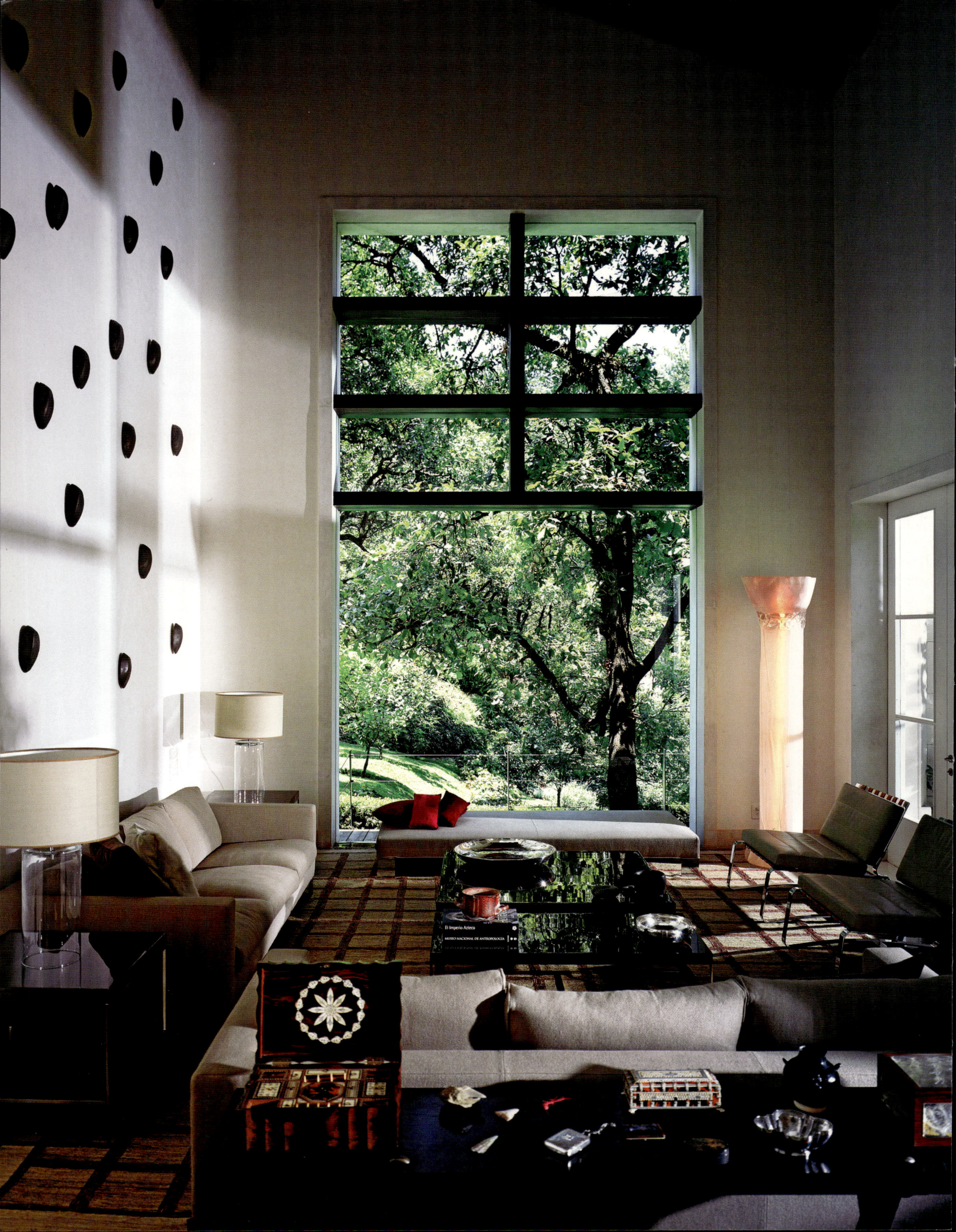
El Imperio Azteca
MUSEO NACIONAL DE ANTROPOLOGIA

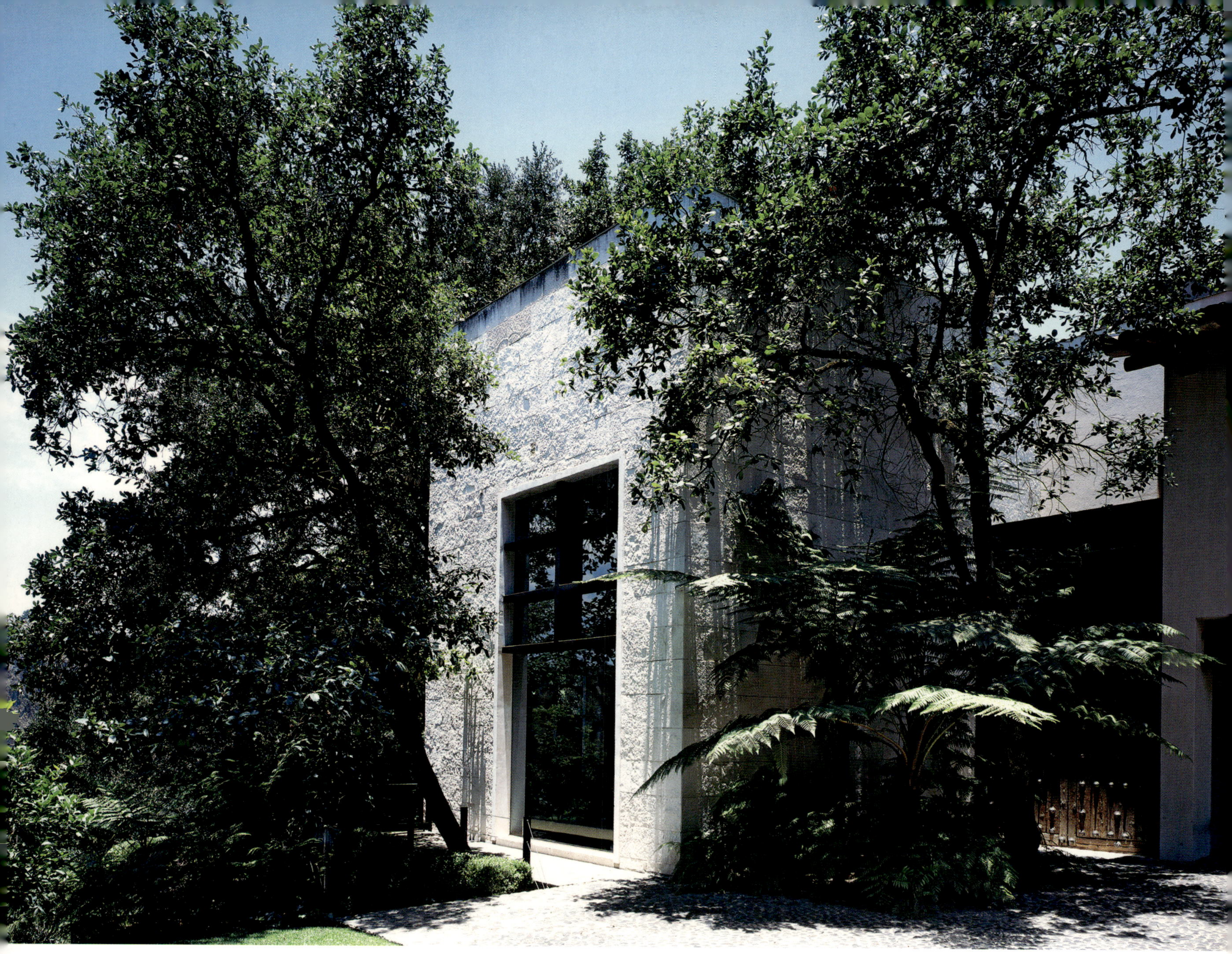

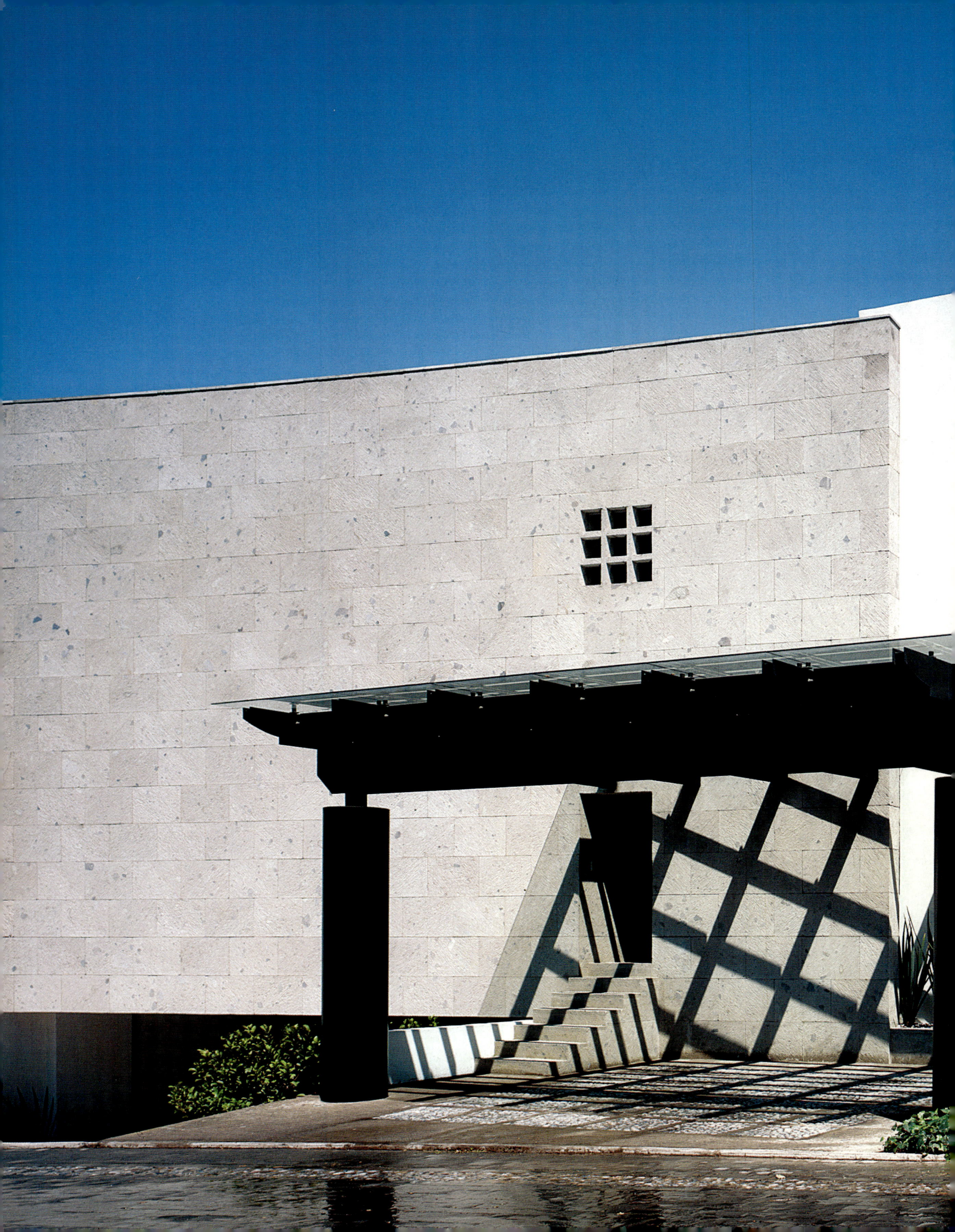

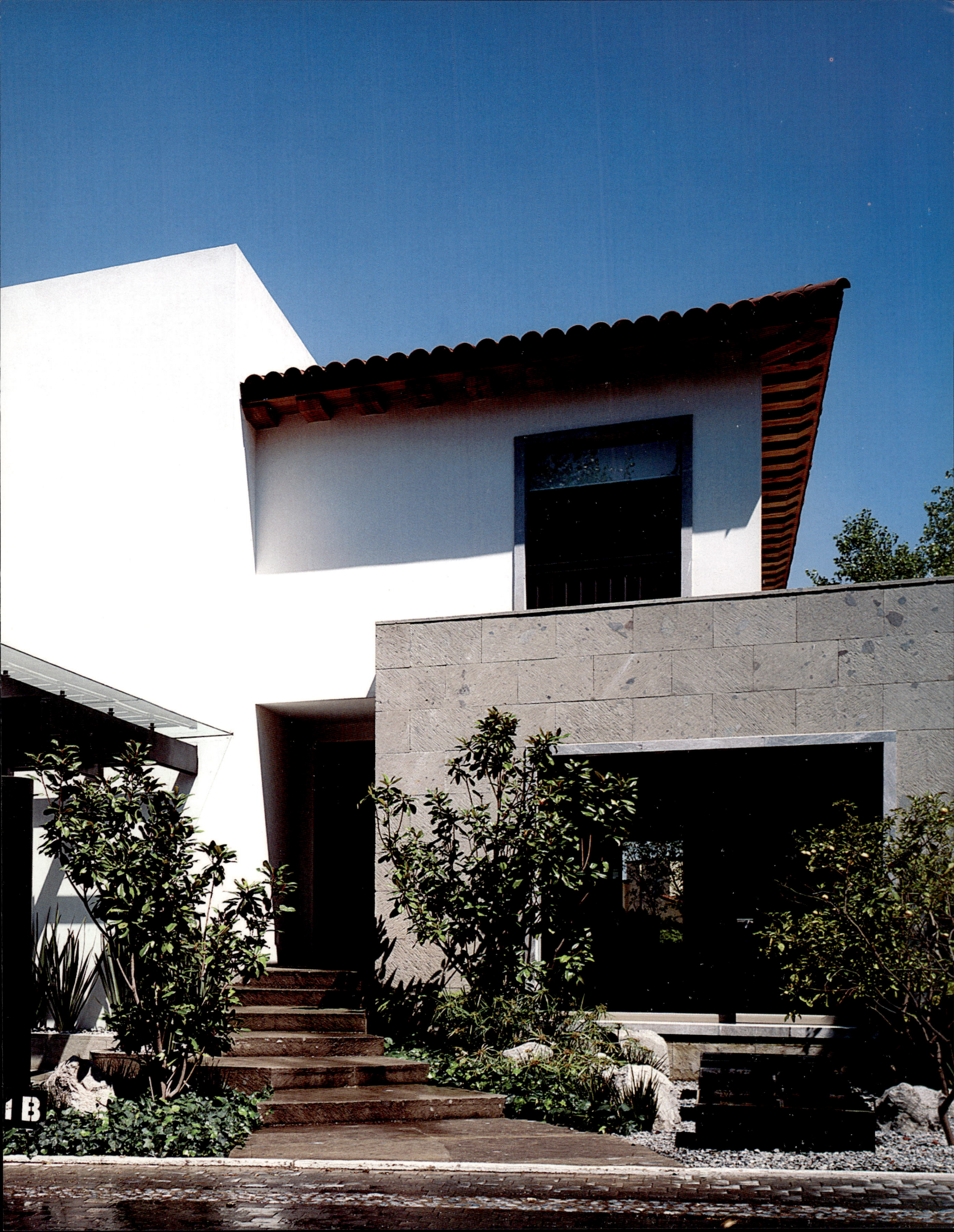
1B

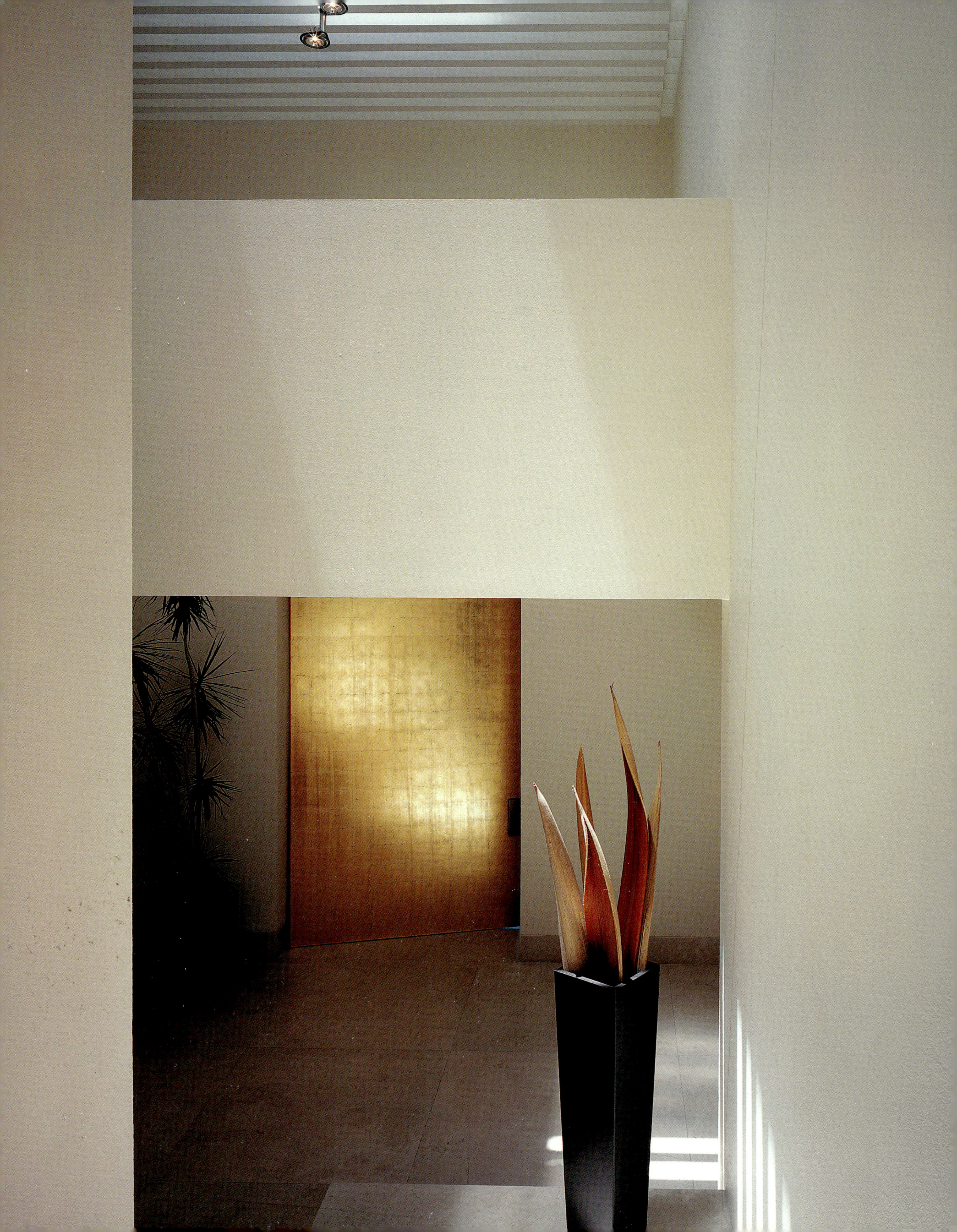

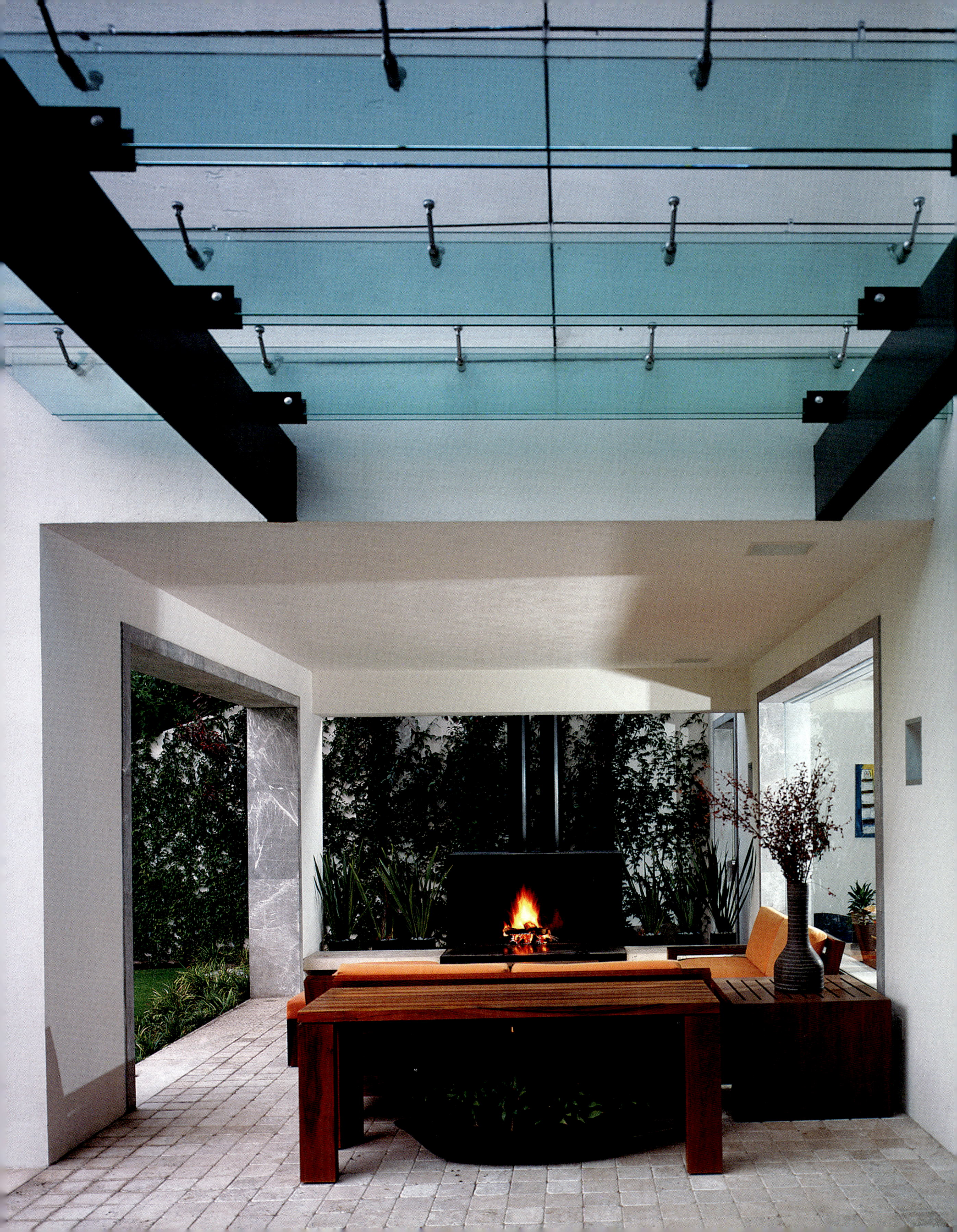

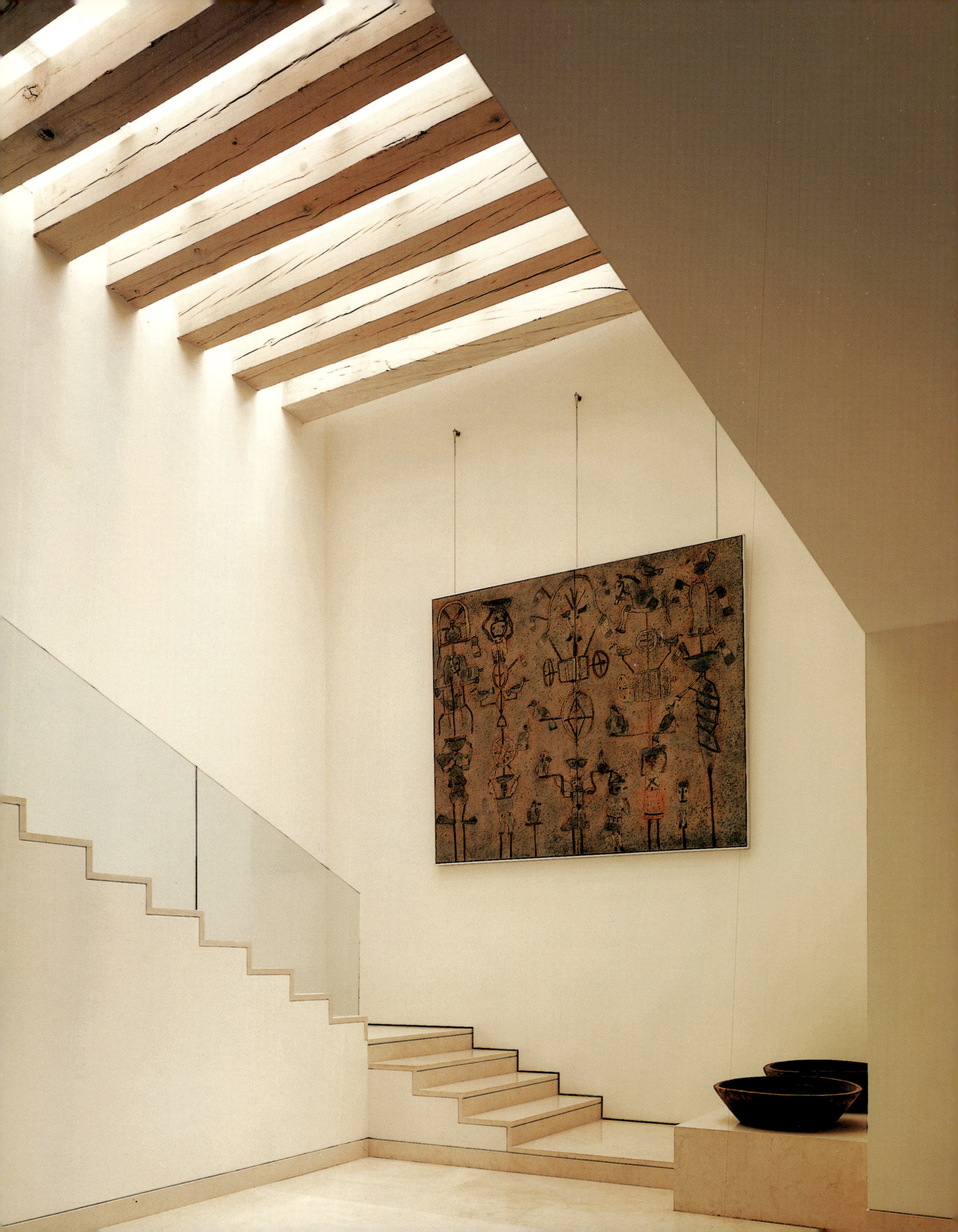

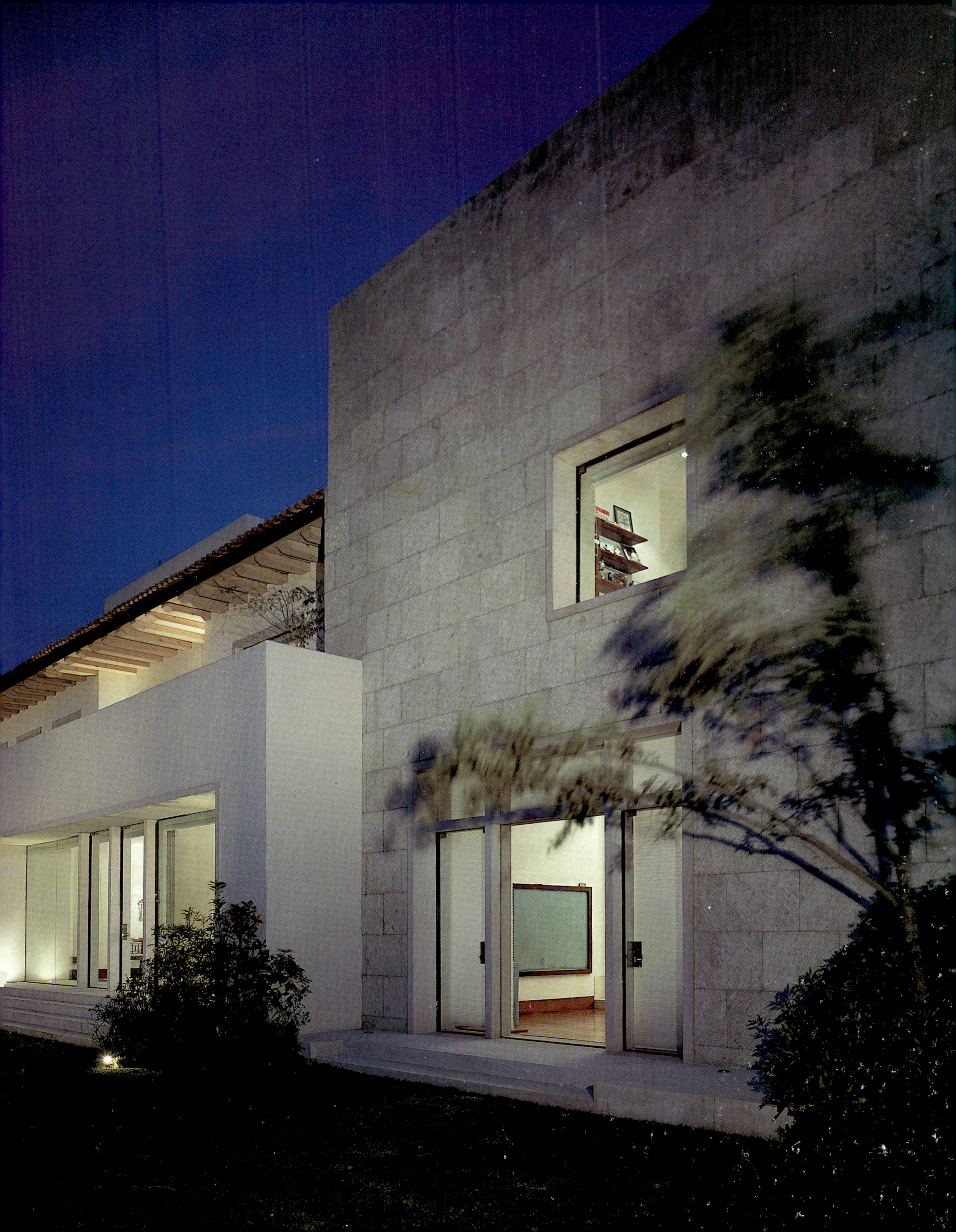

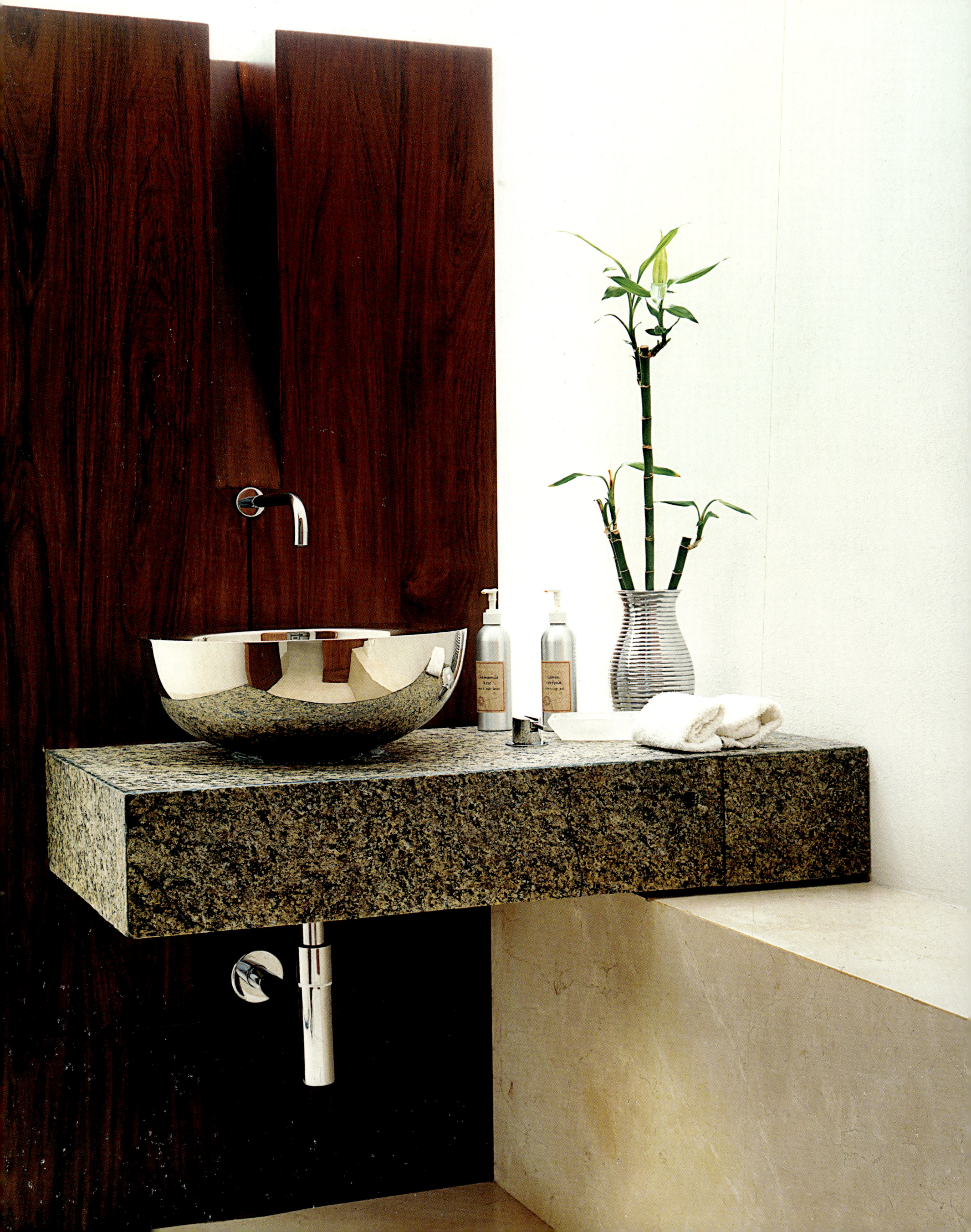

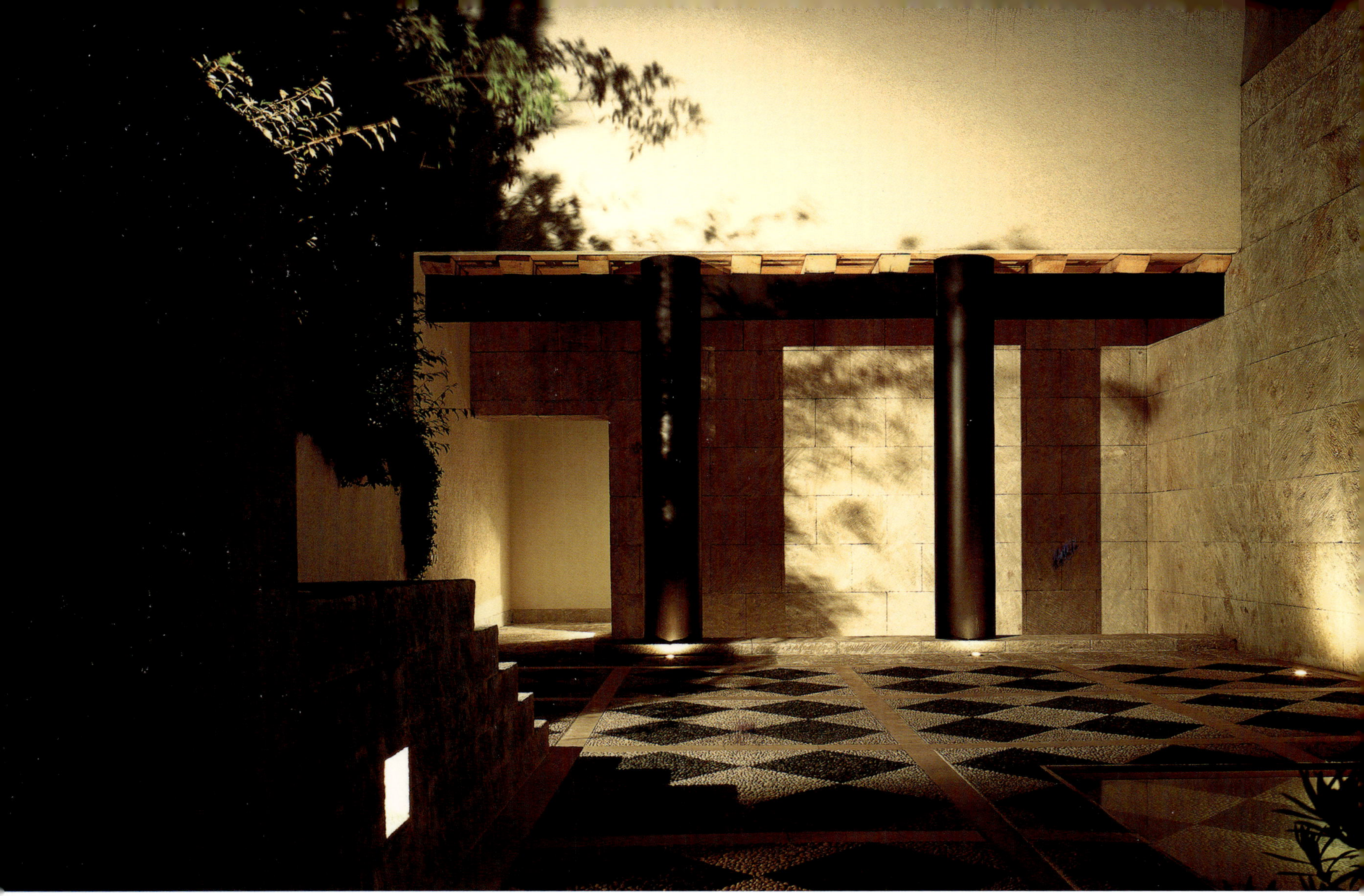

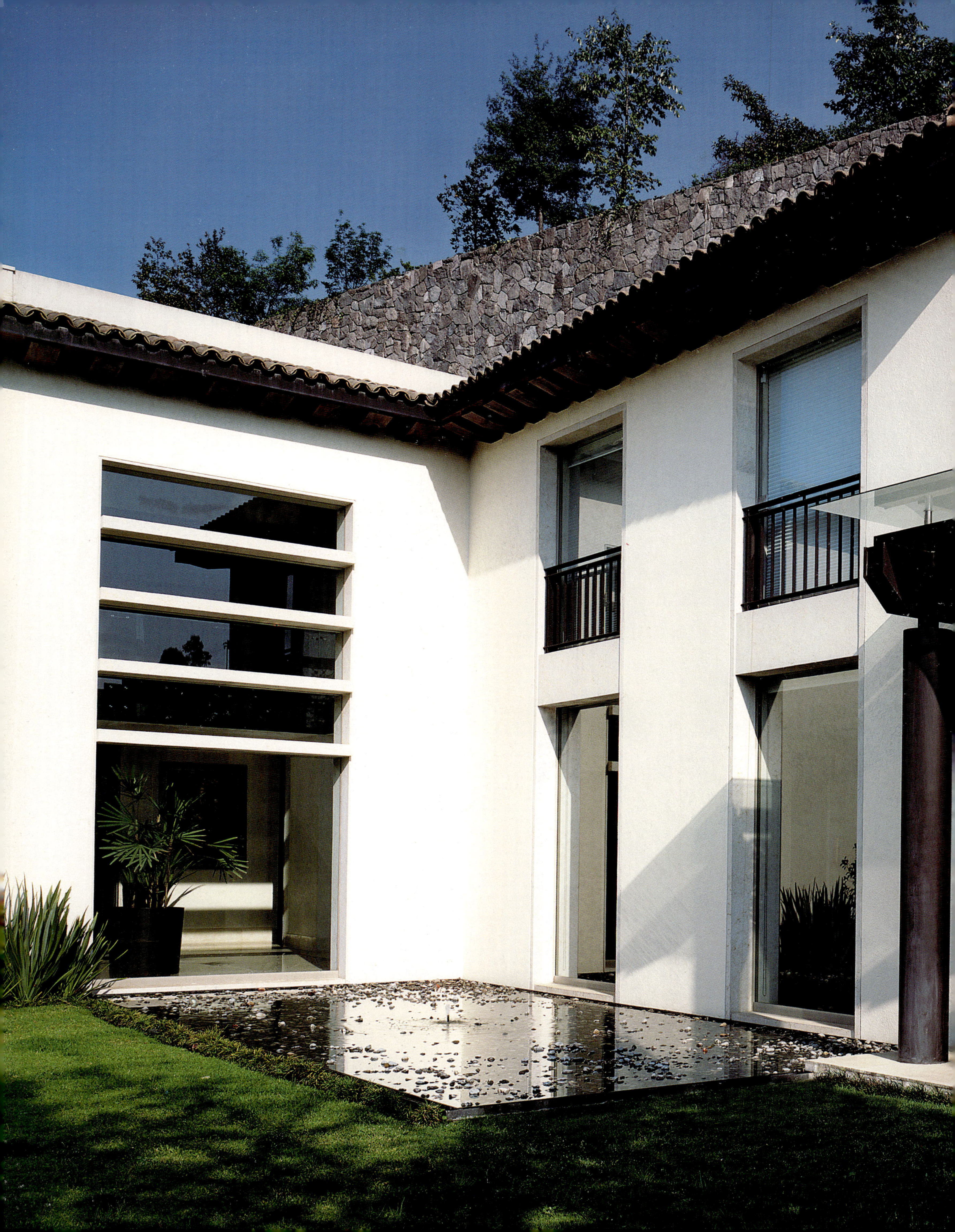

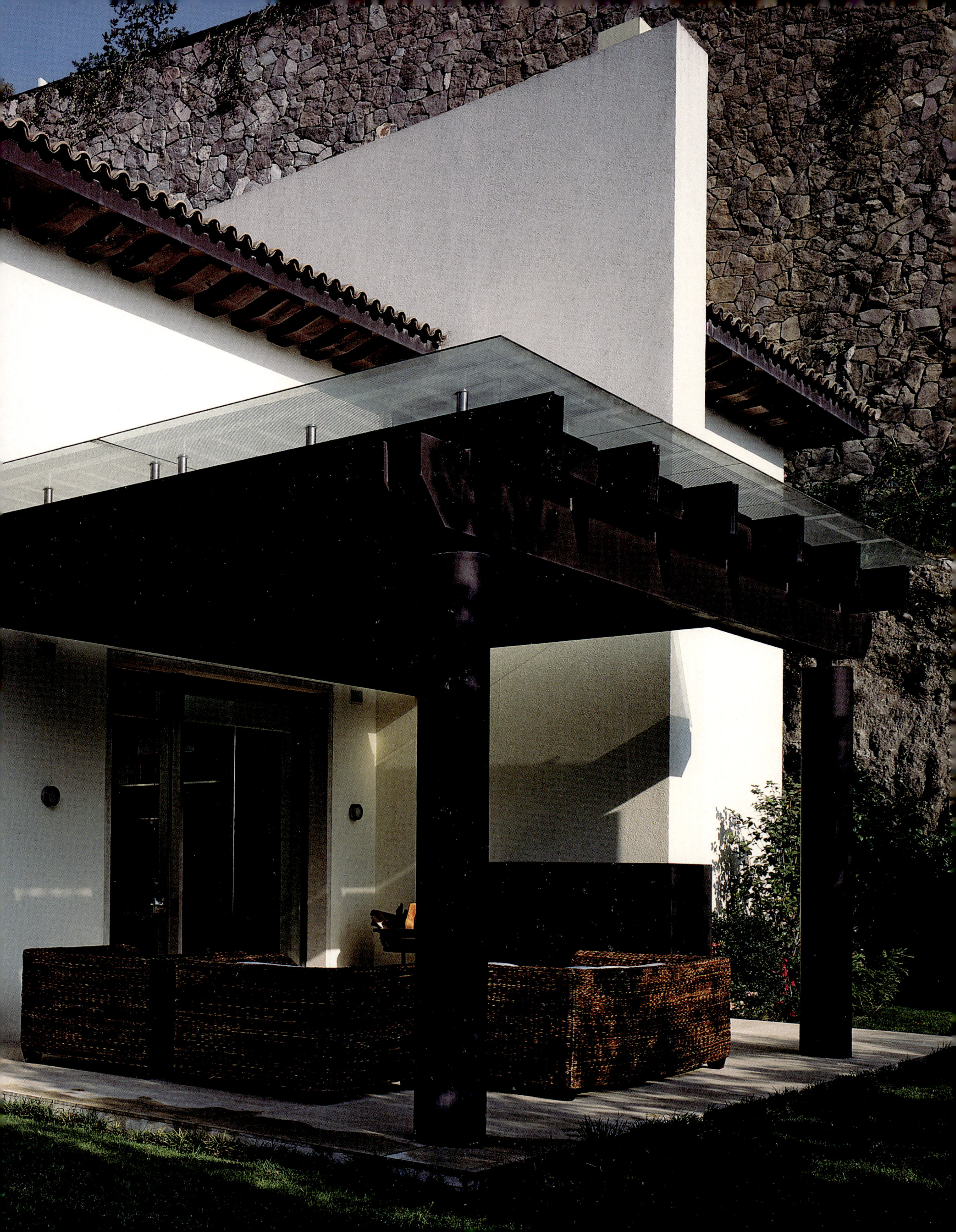

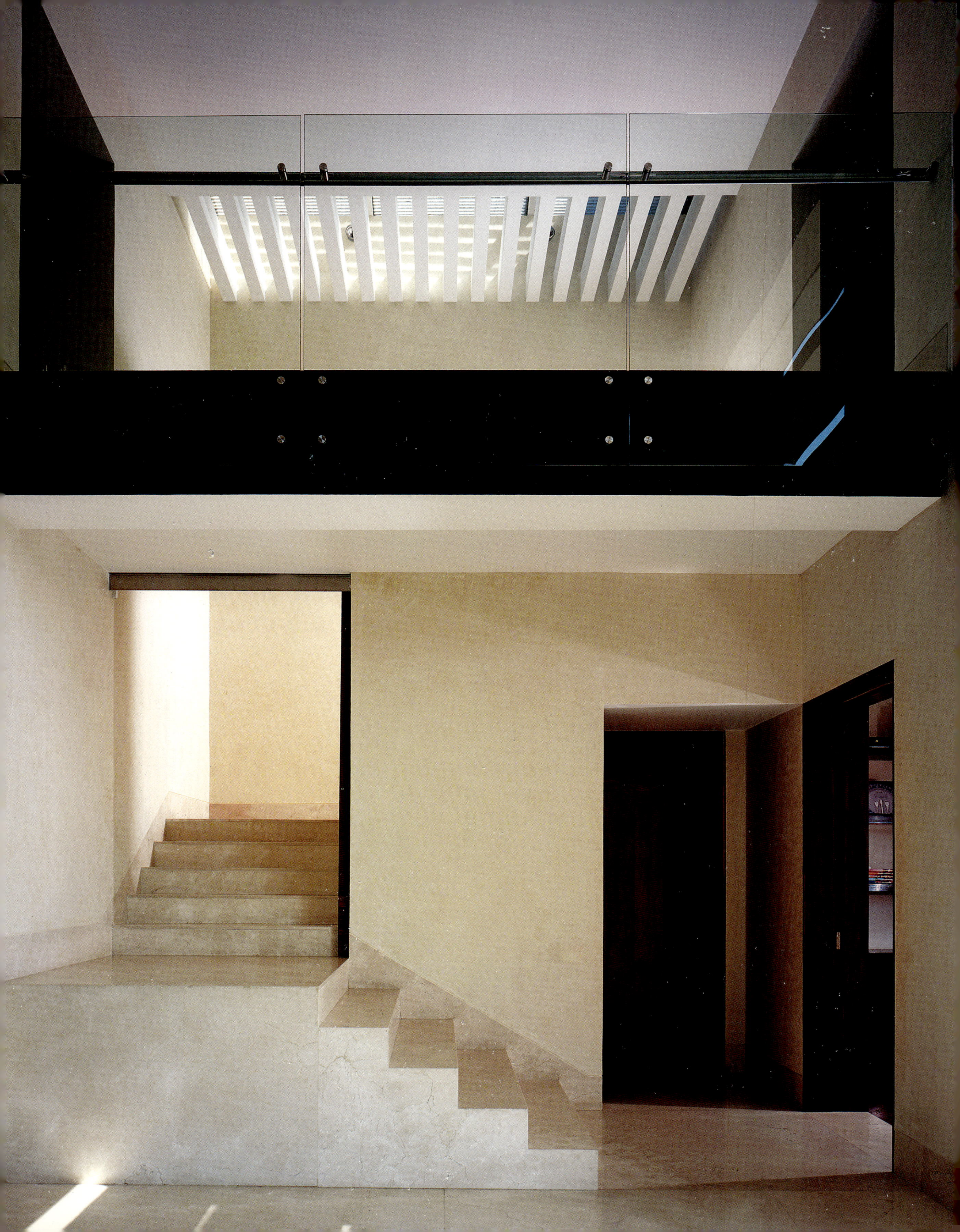

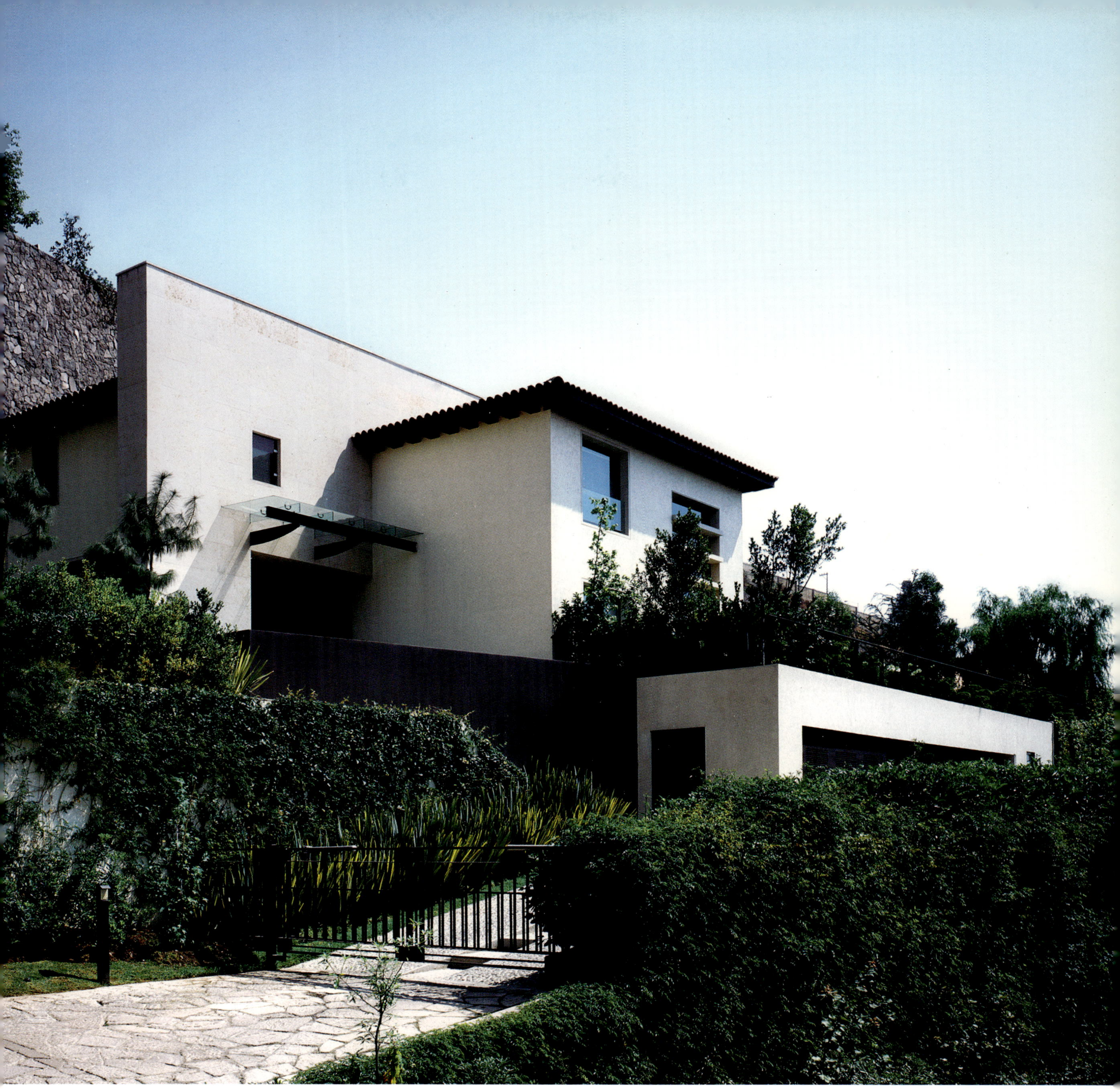

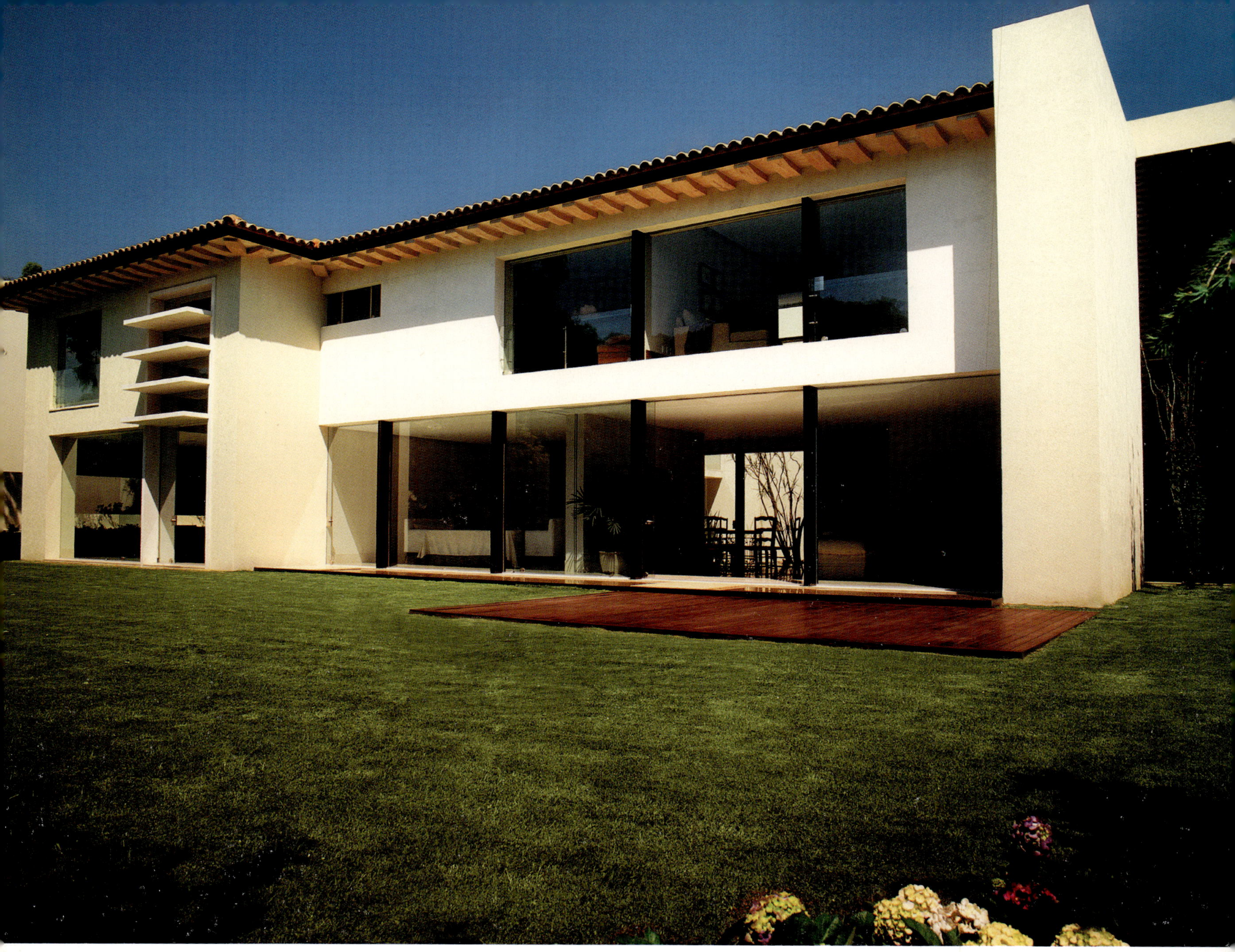

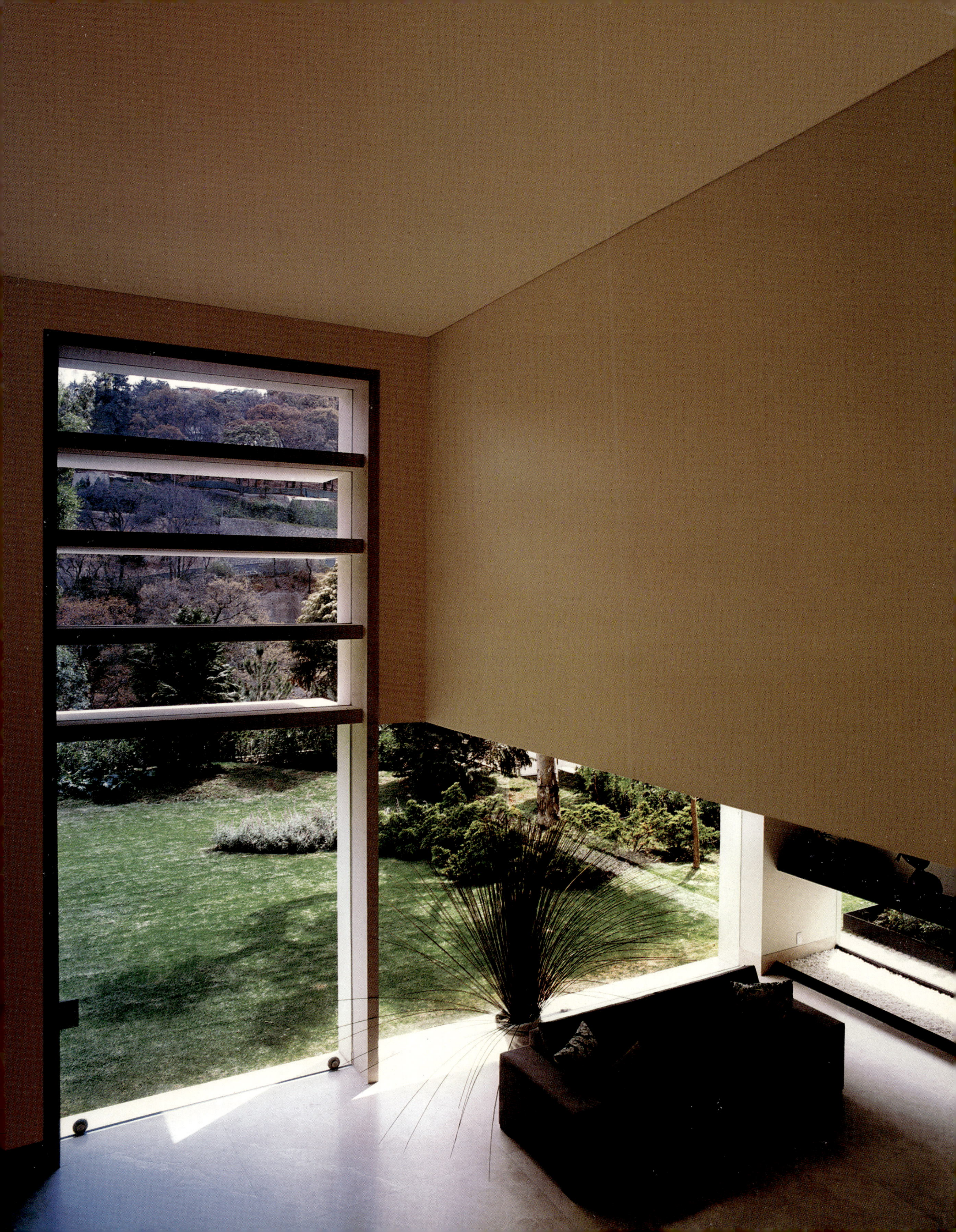

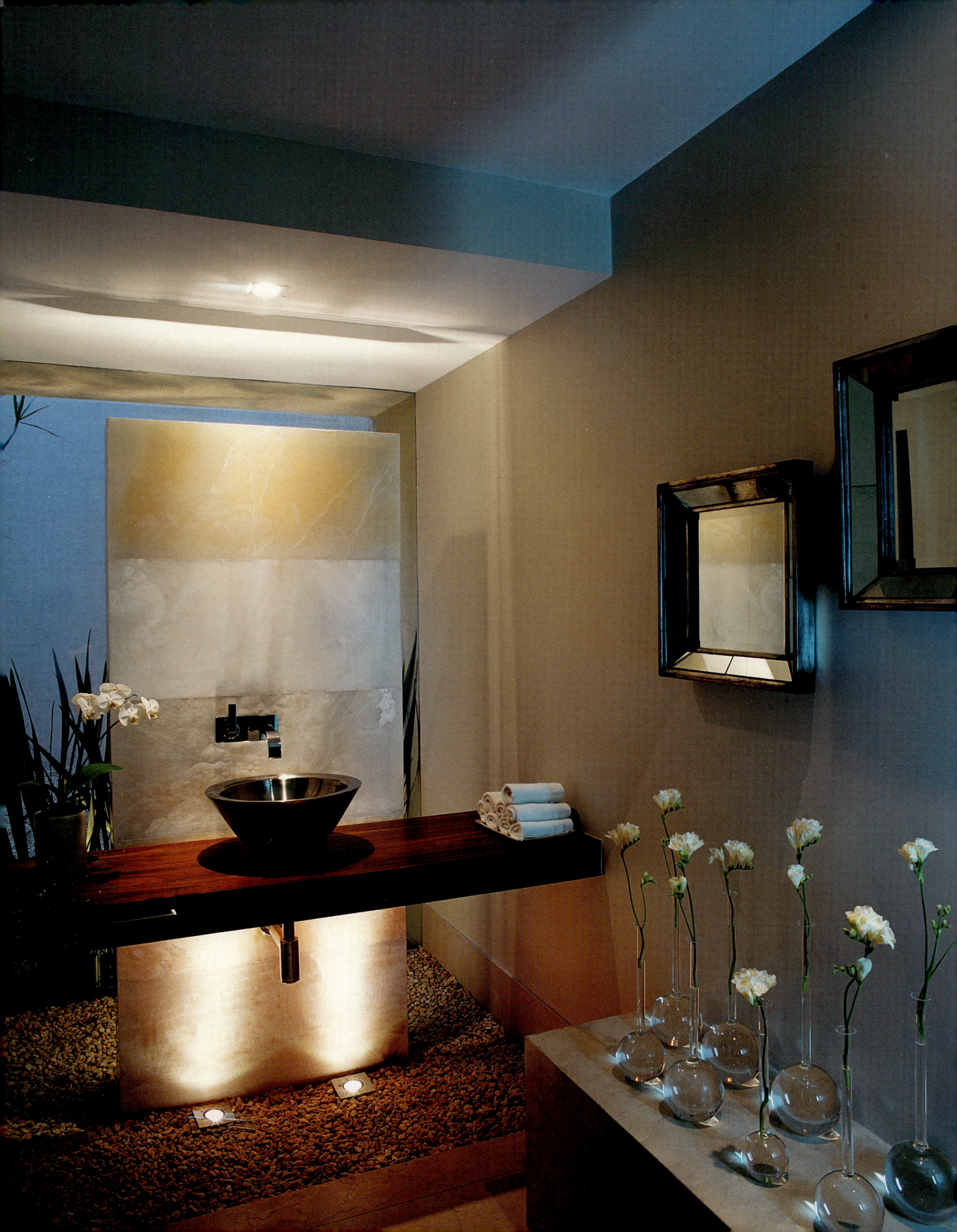

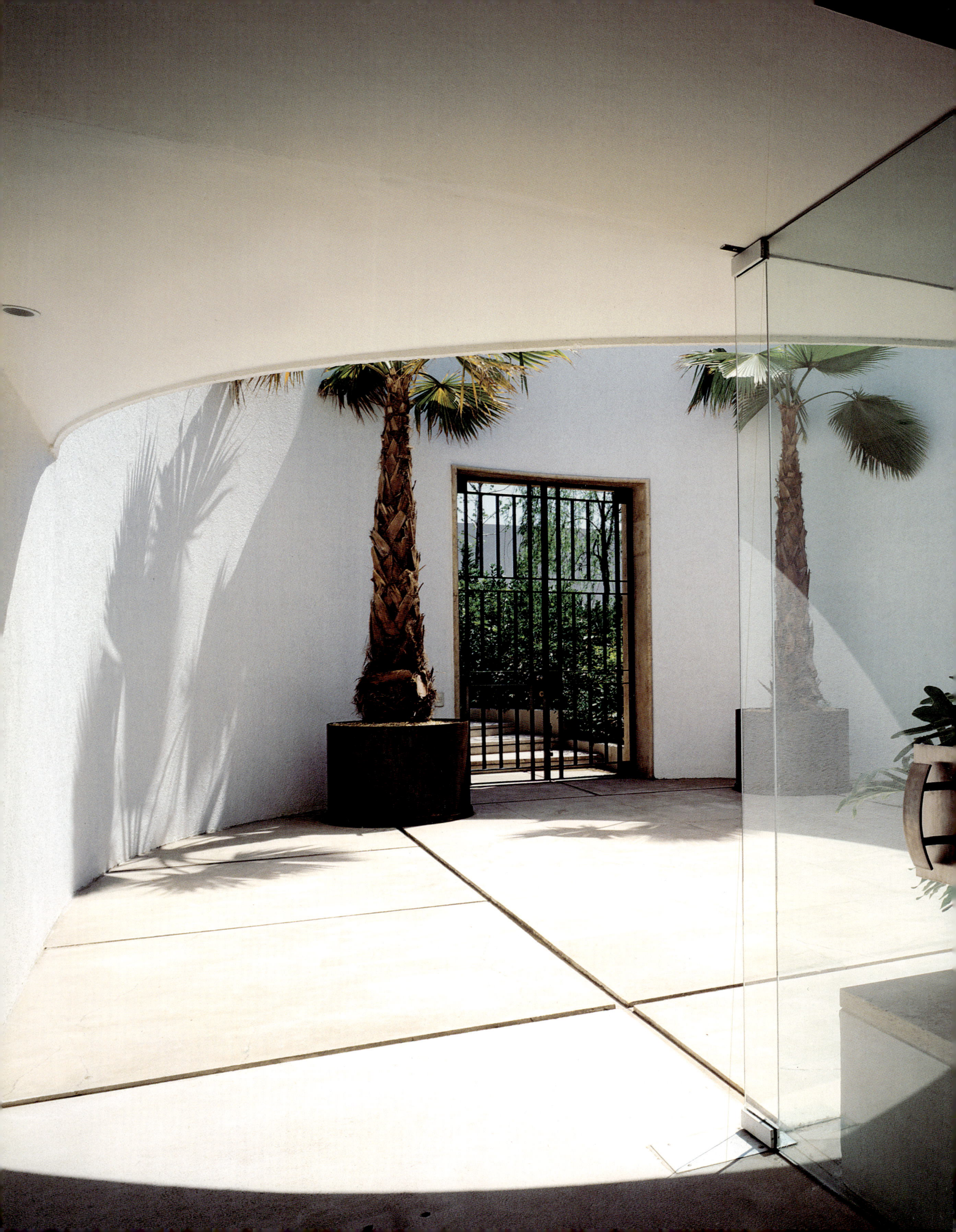

AMIGO SOL QUE TODOS TE ENCUADRAN, REGÁLAME UNA SOMBRA REDONDA PARA RECORDAR TU CARA.

DEAR SUN WHICH ALL FRAMED YOU, GIVE ME A ROUNDED SHADOW TO REMEMBER YOUR FACE.

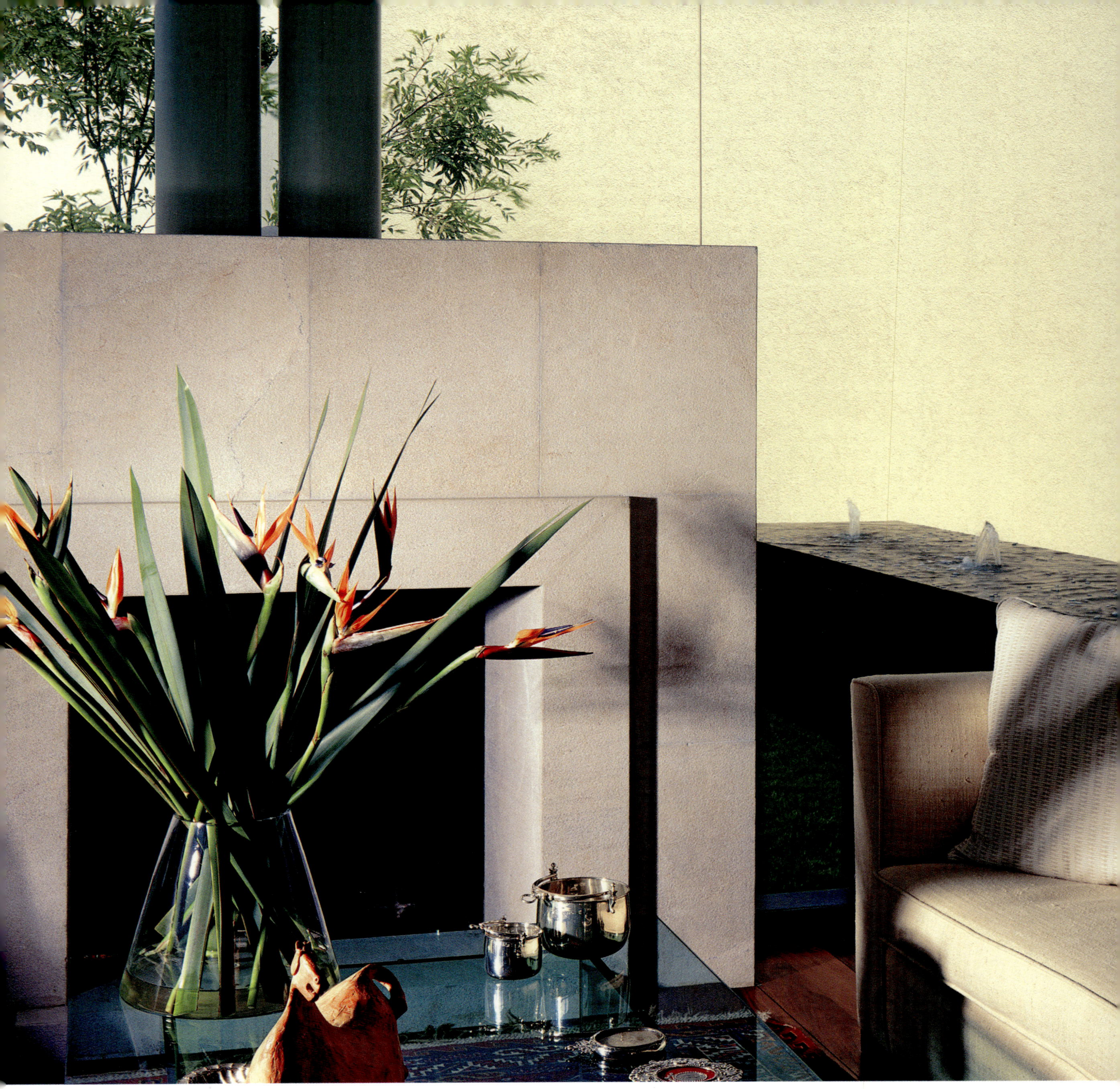

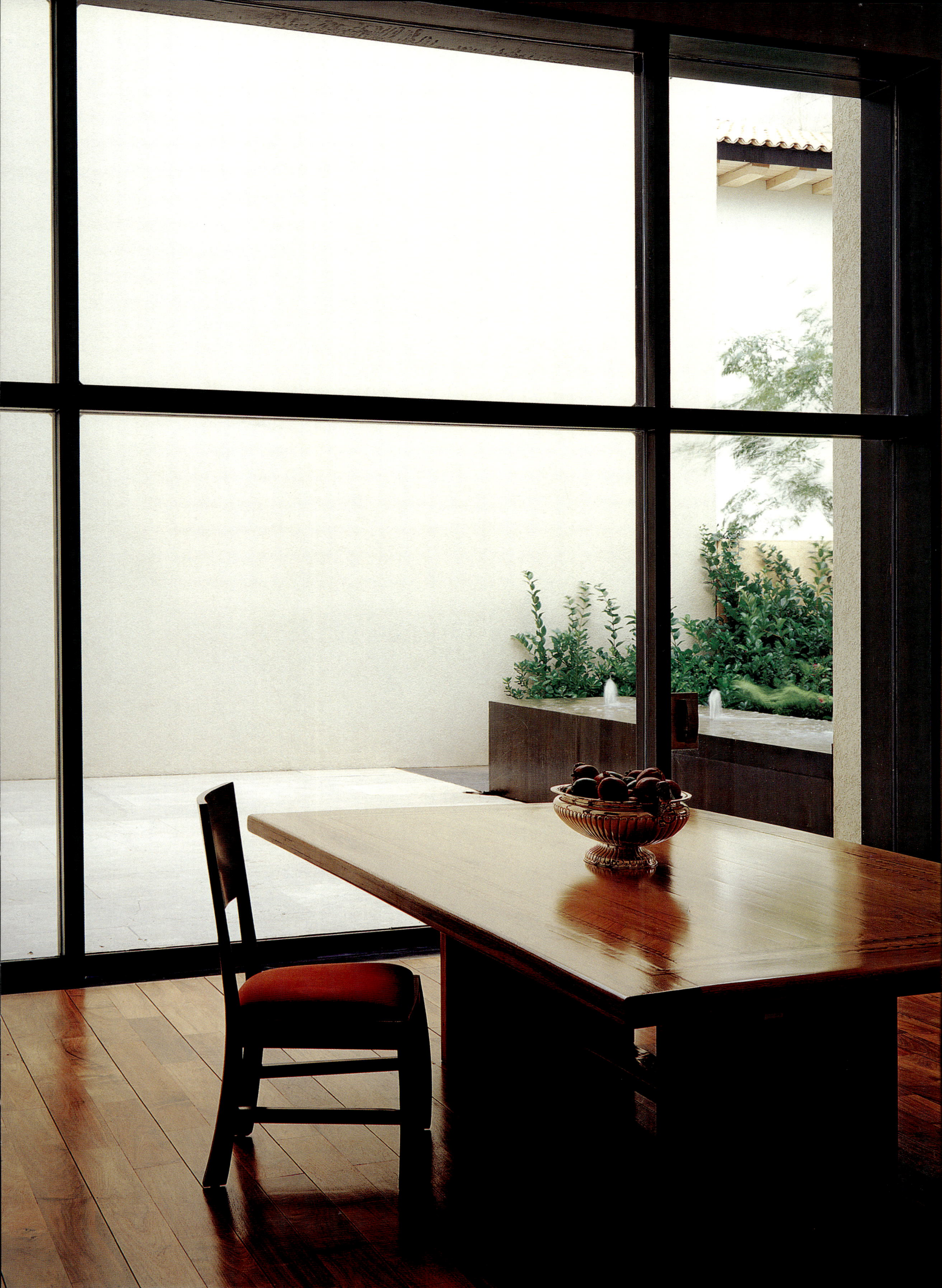

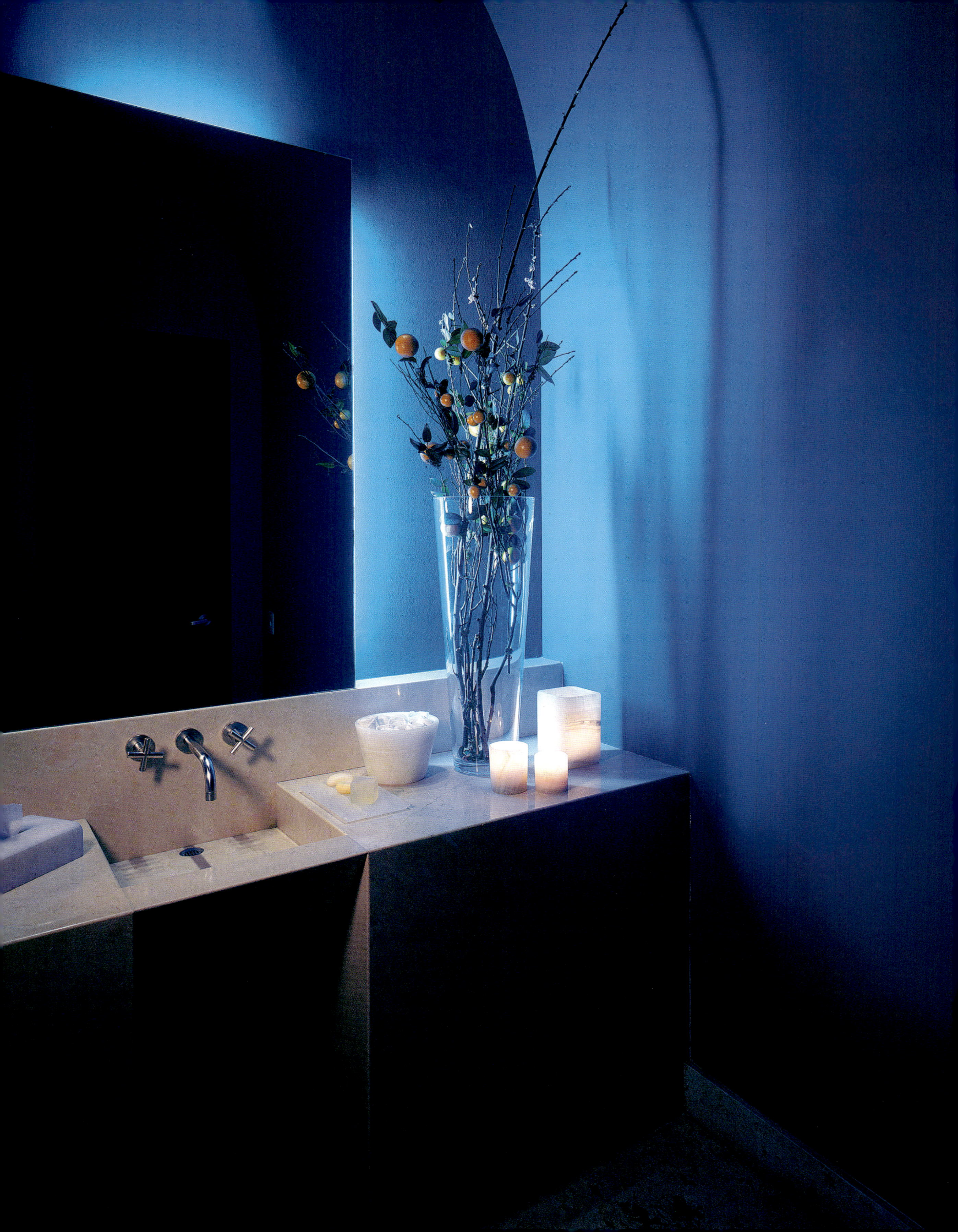

DÉJAME ILUMINAR TU ESPACIO Y VERME EN TU **AZÚL ESPEJO.**

LET ME LIGHT UP YOUR SPACE AND SEE MYSELF IN YOUR BLUE MIRROR.

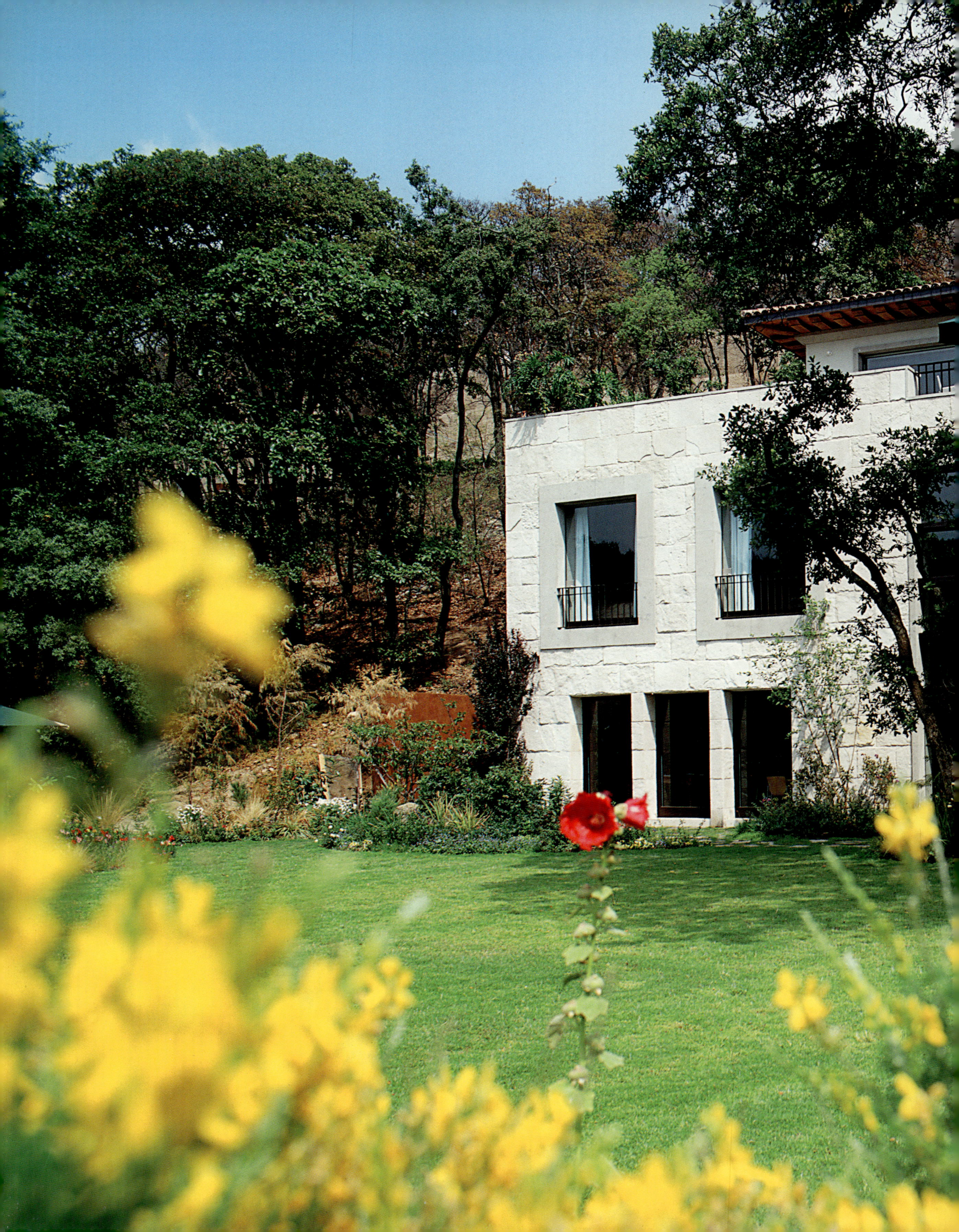

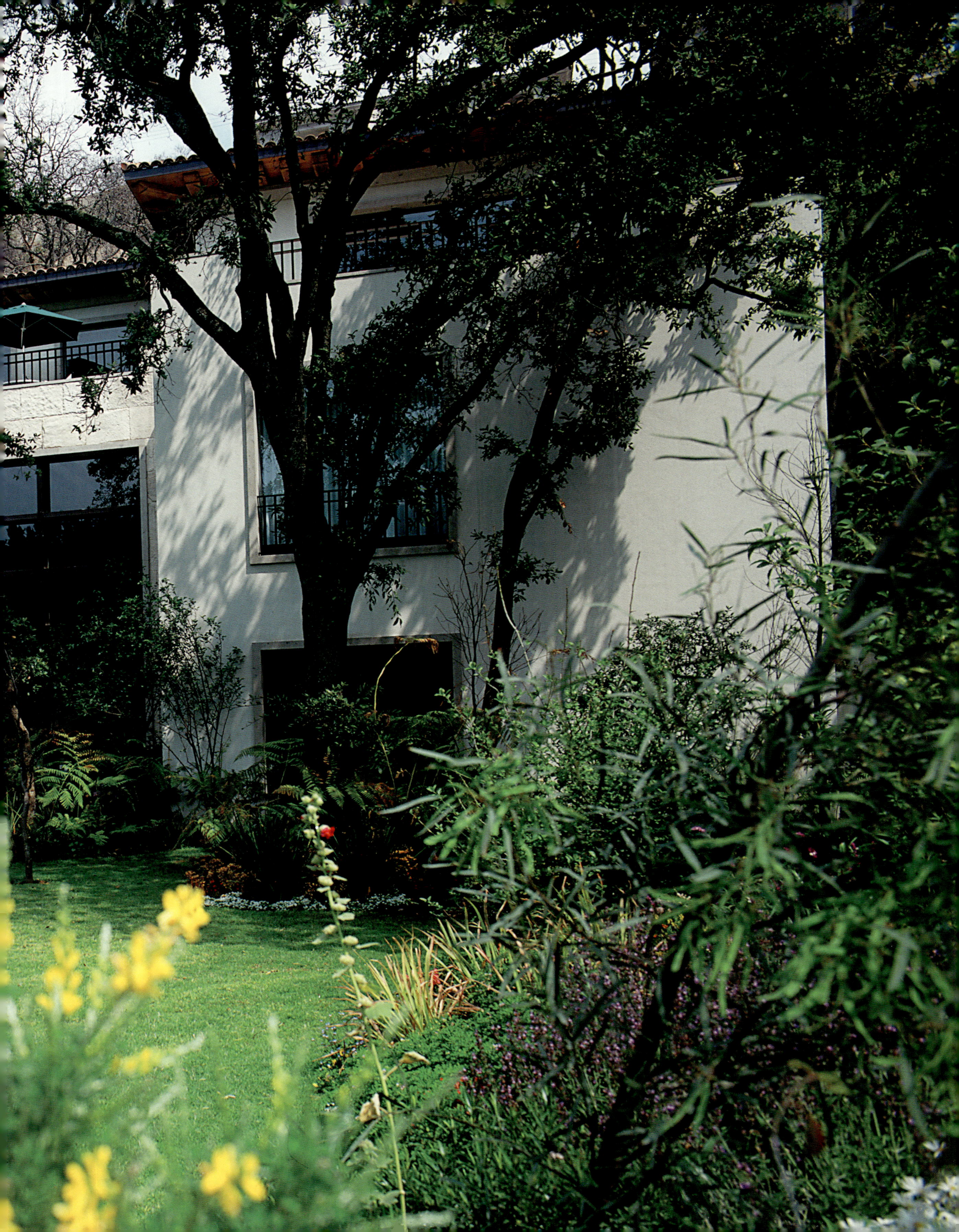

MATERIALES CON OLOR A TIERRA… LUZ DE LUNA. SOY PARTE DEL PAISAJE.
EARTH SMELLING MATERIALS… MOON LIGHTING. I'M PART OF THE LANDSCAPE.

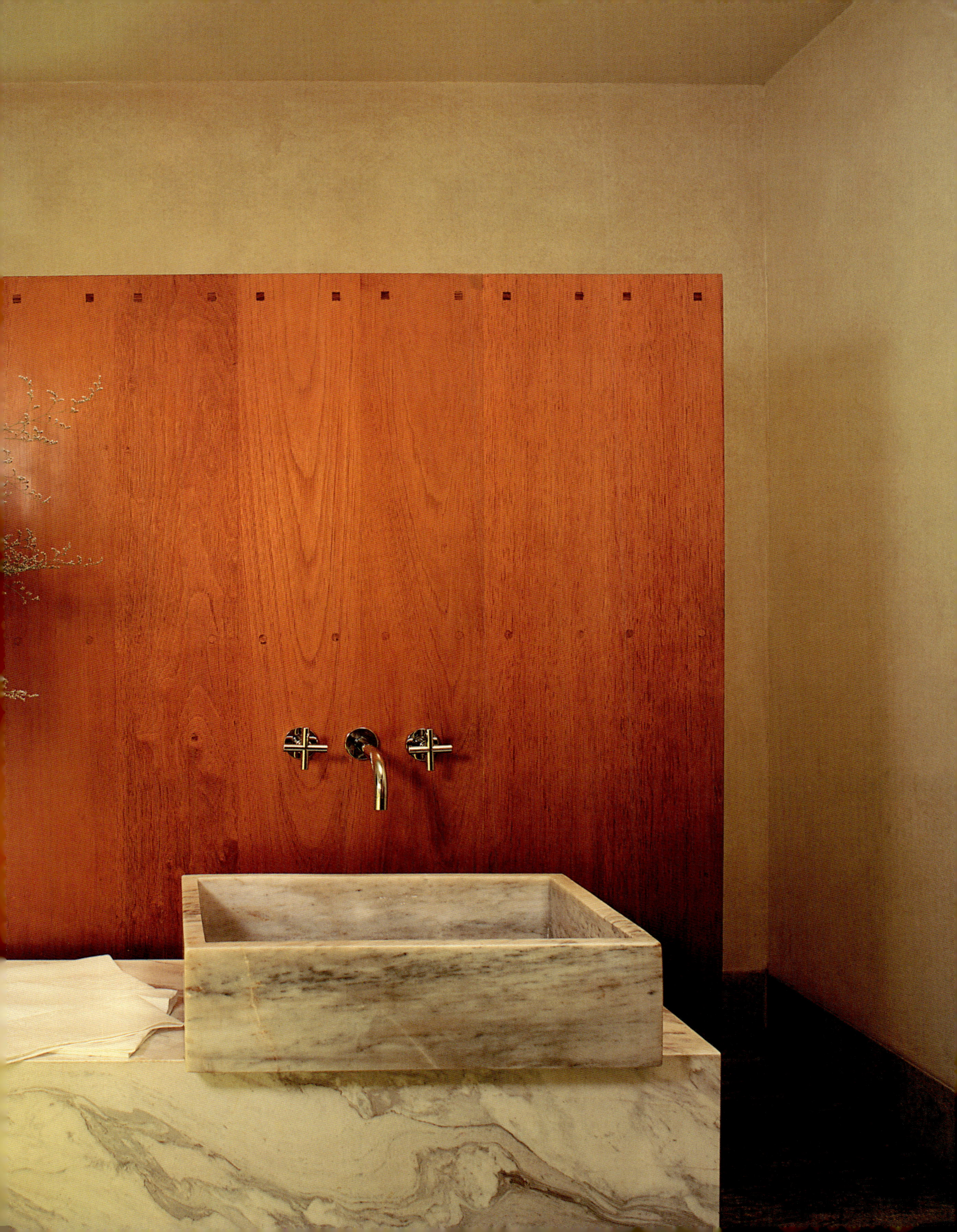

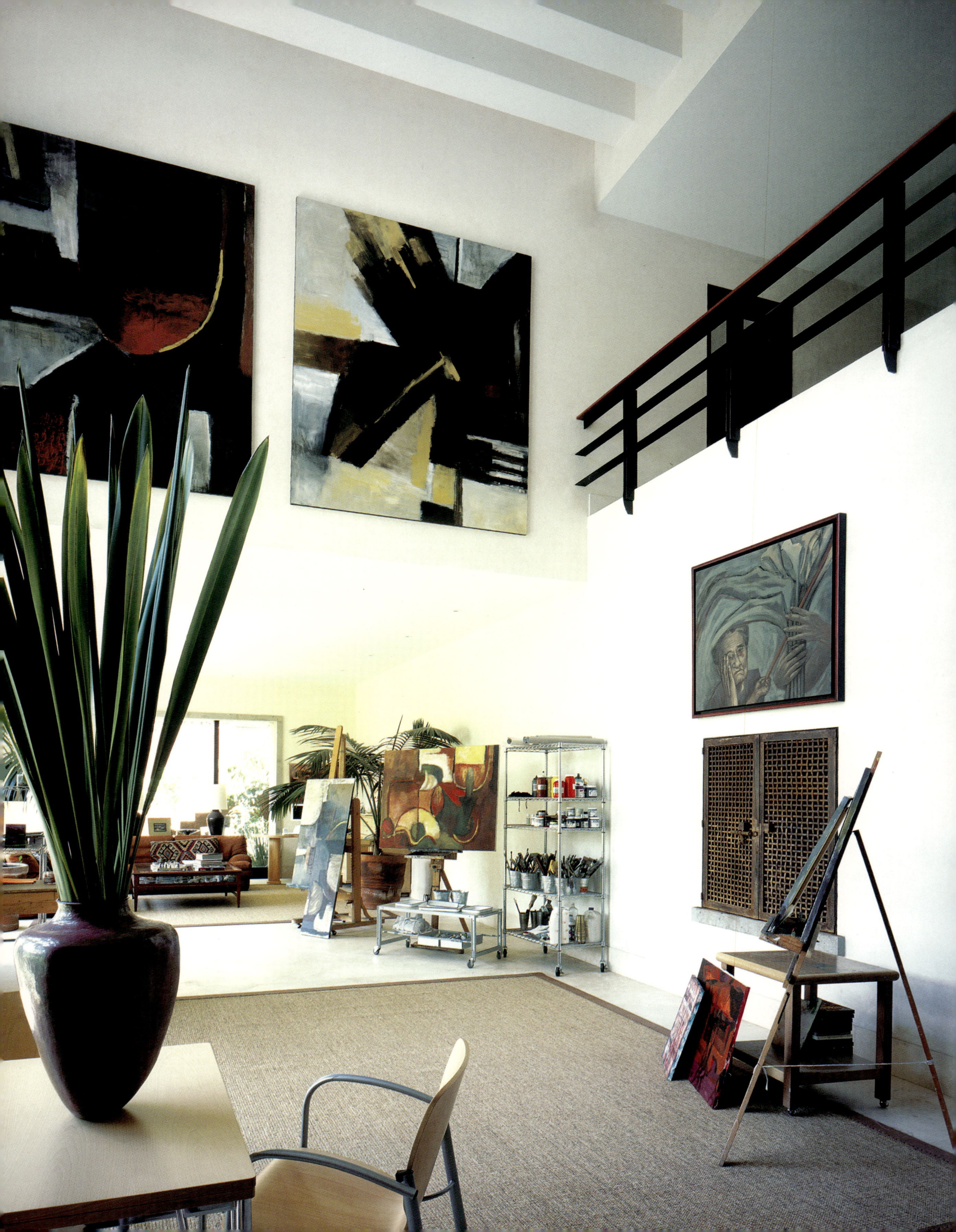

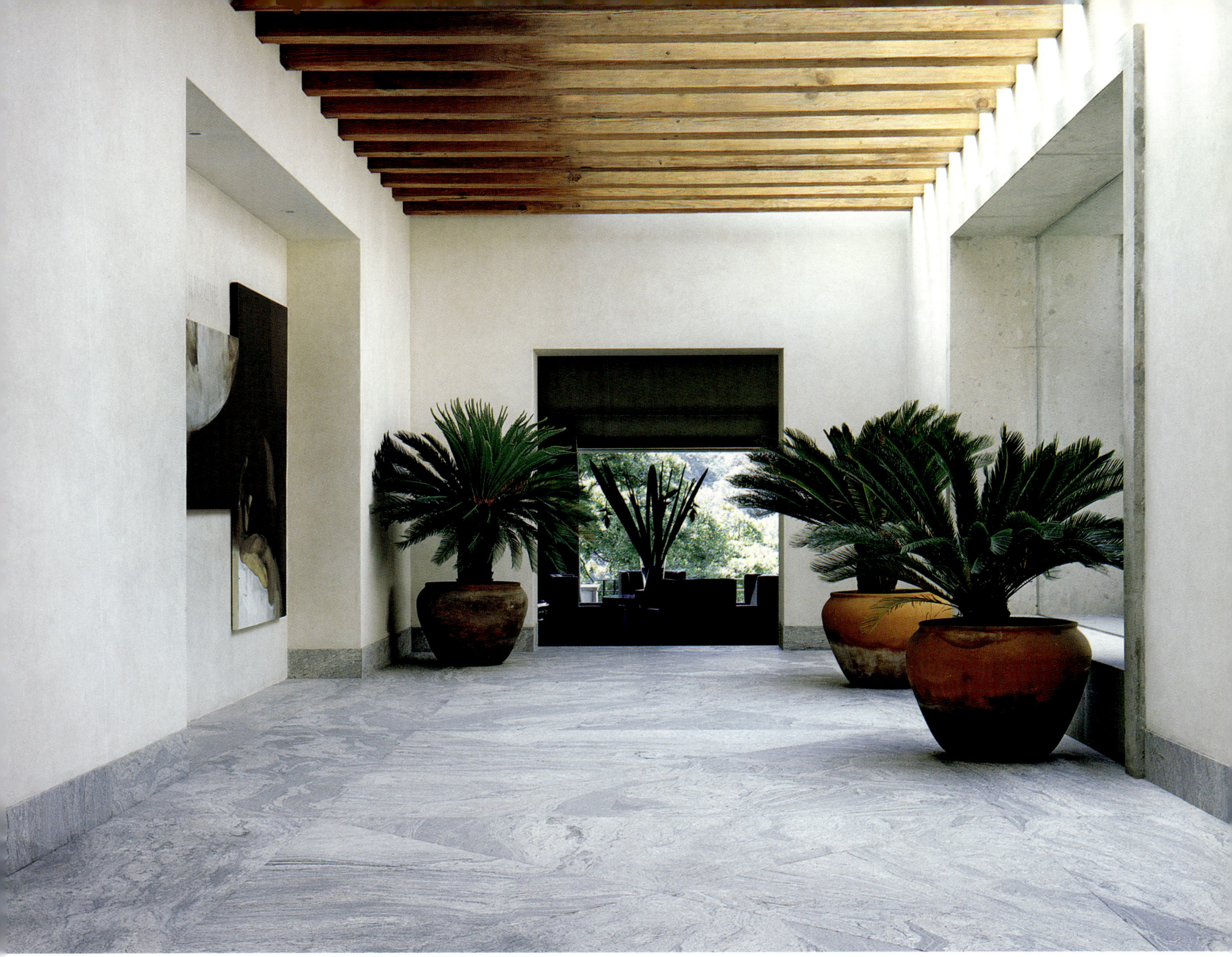

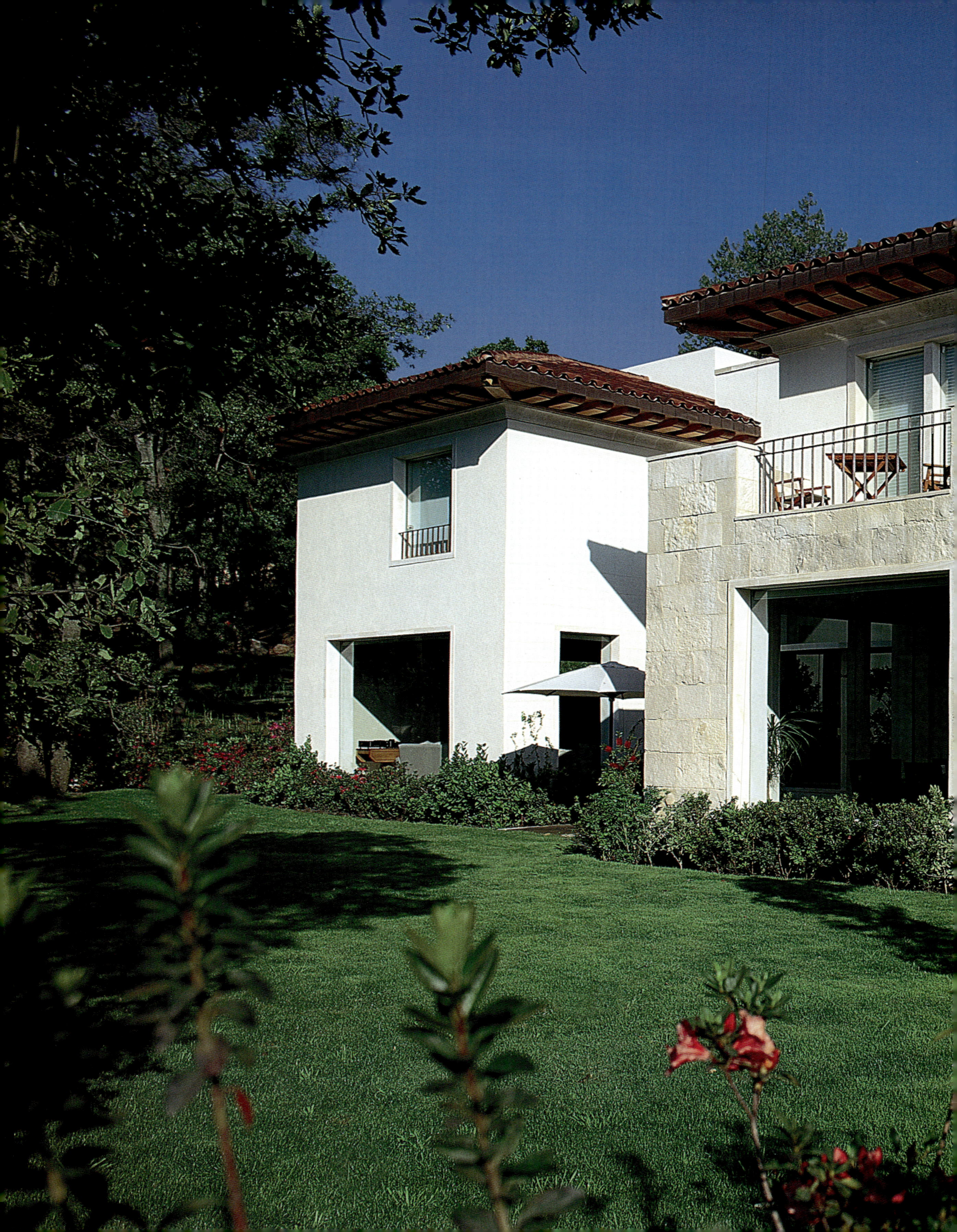

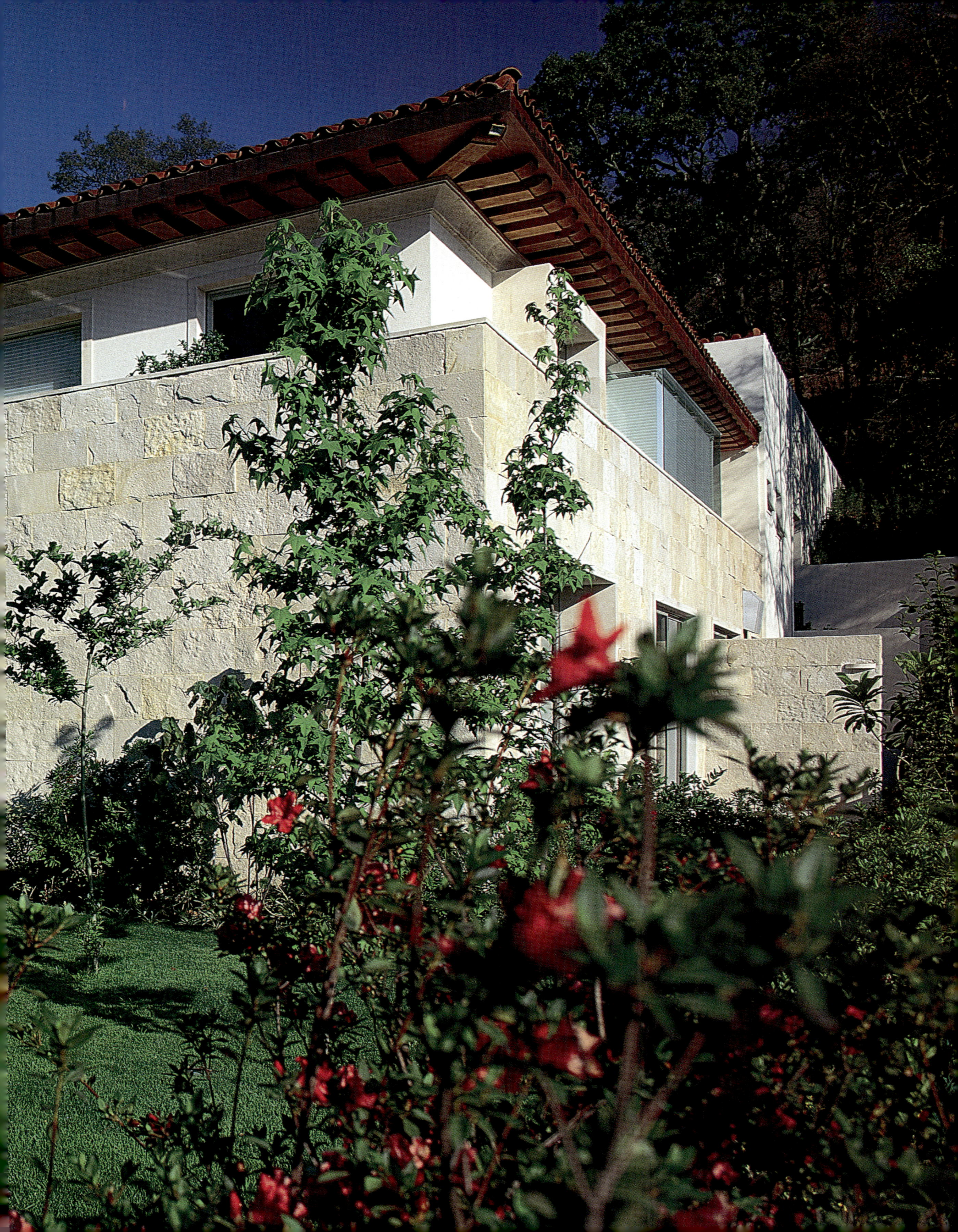

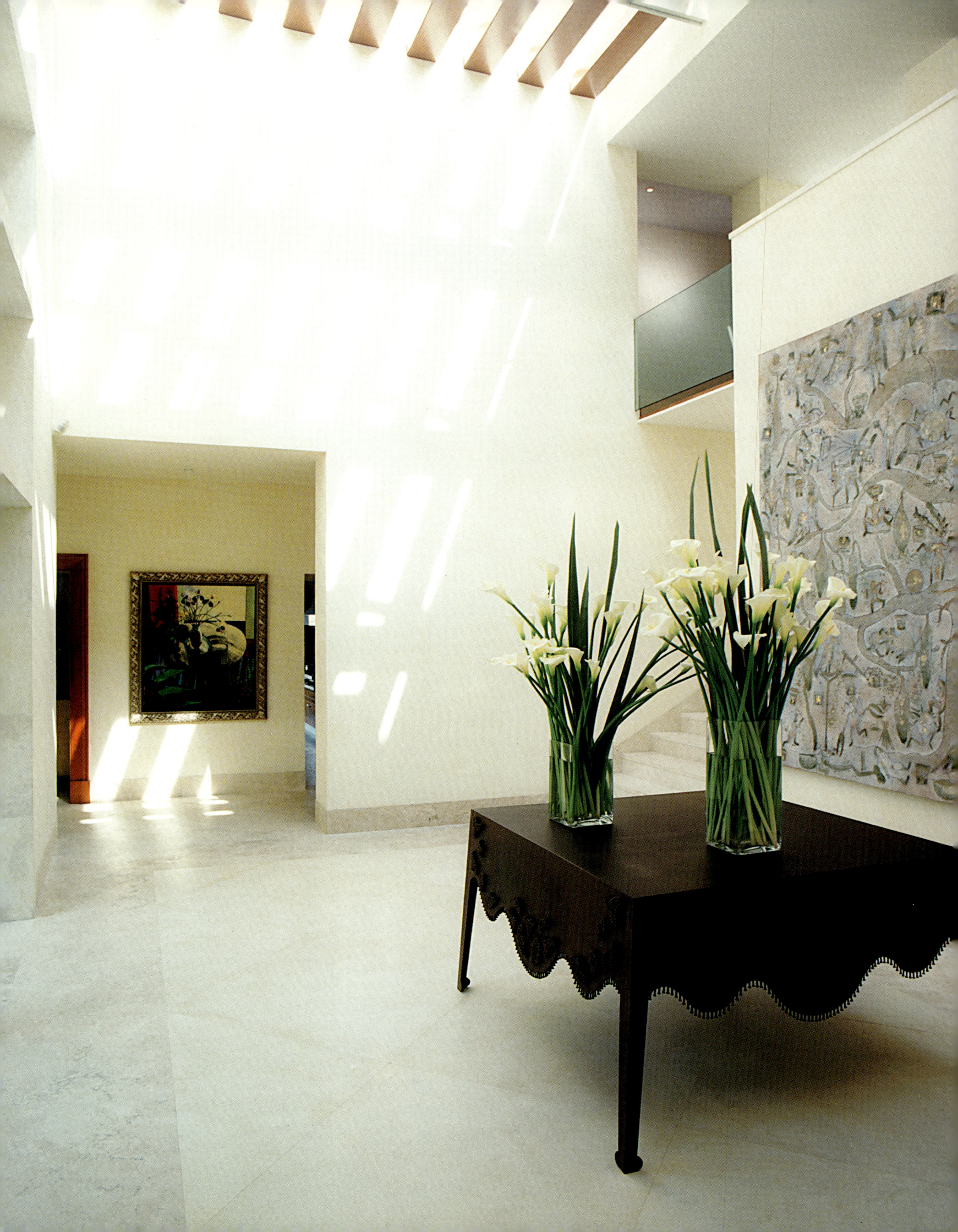

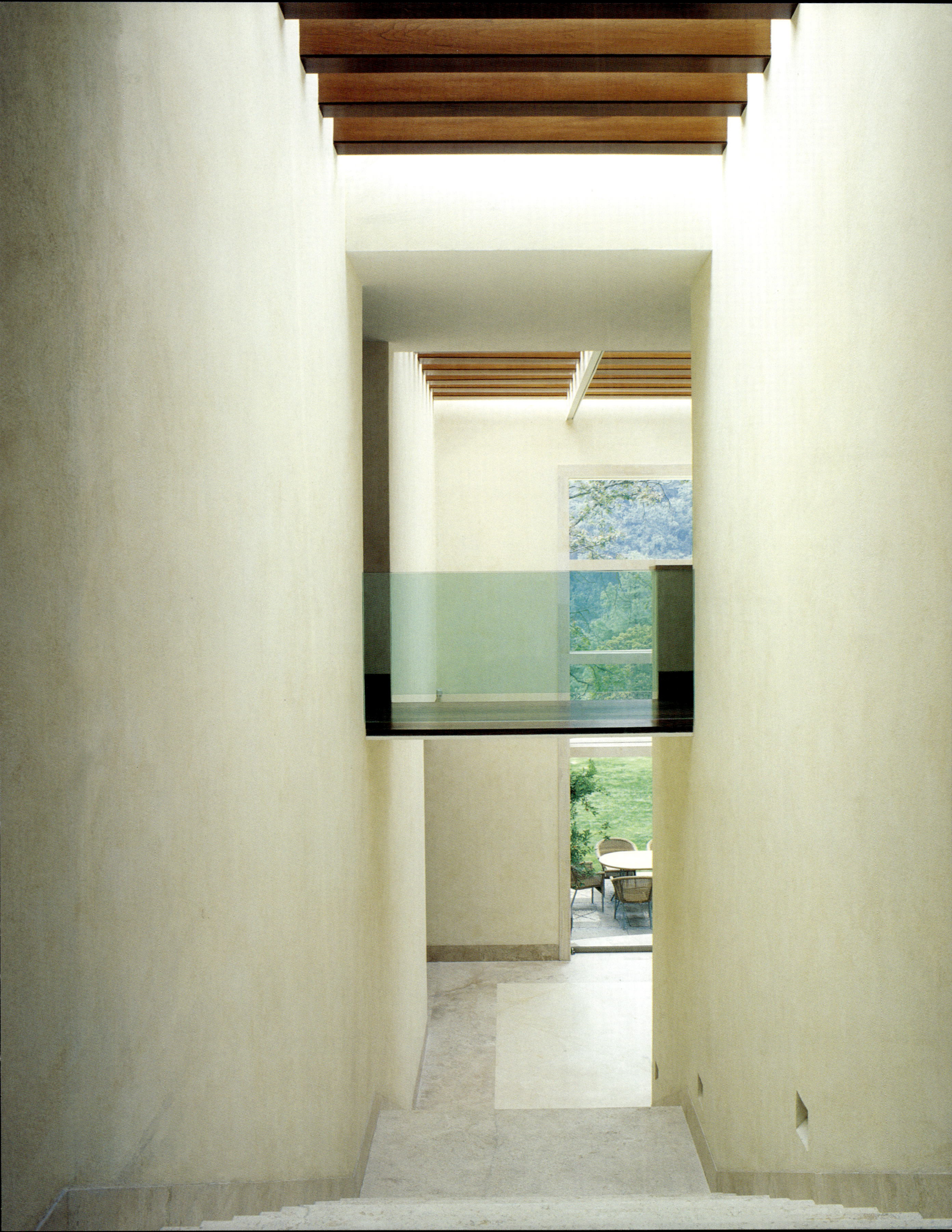

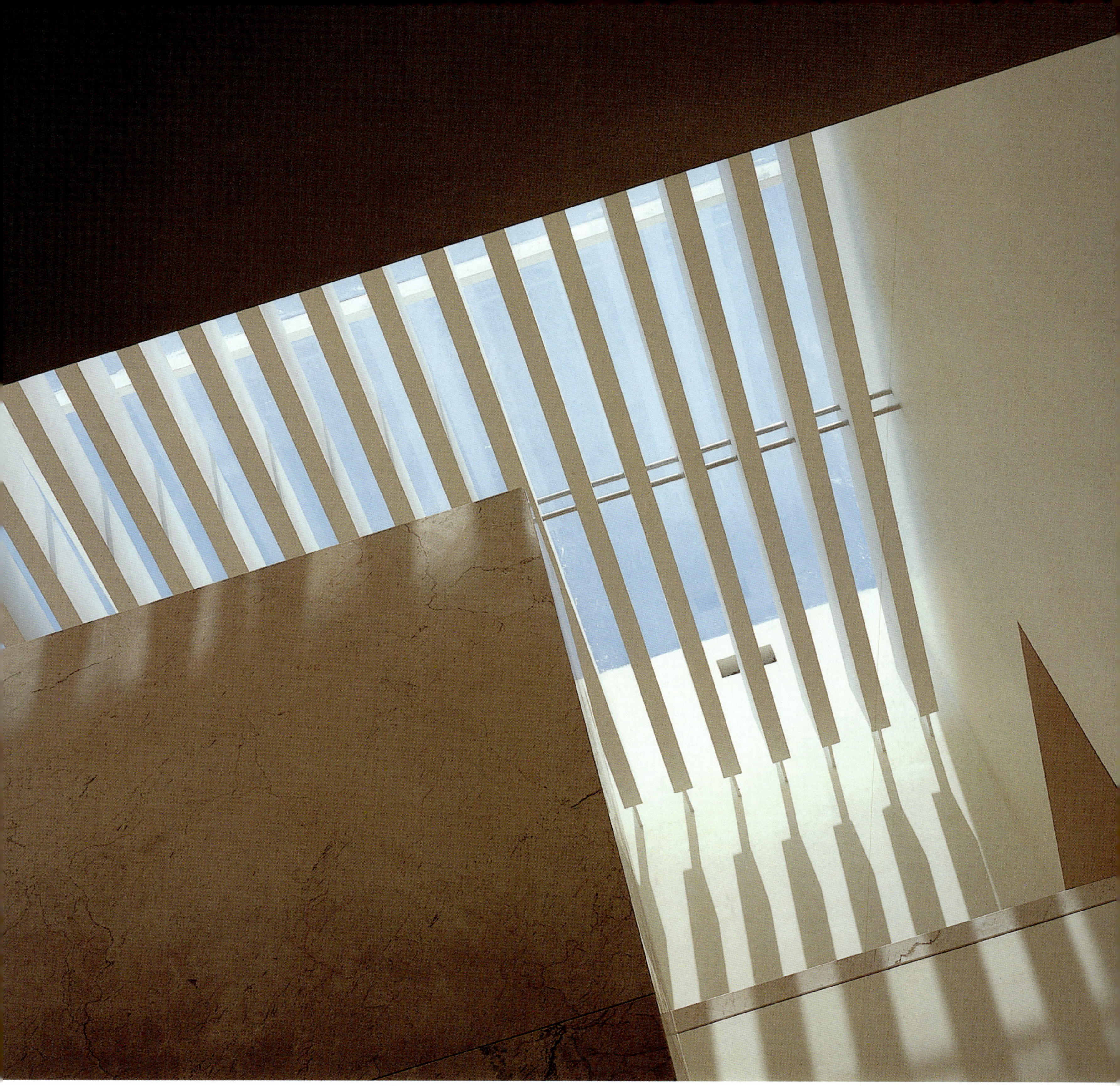

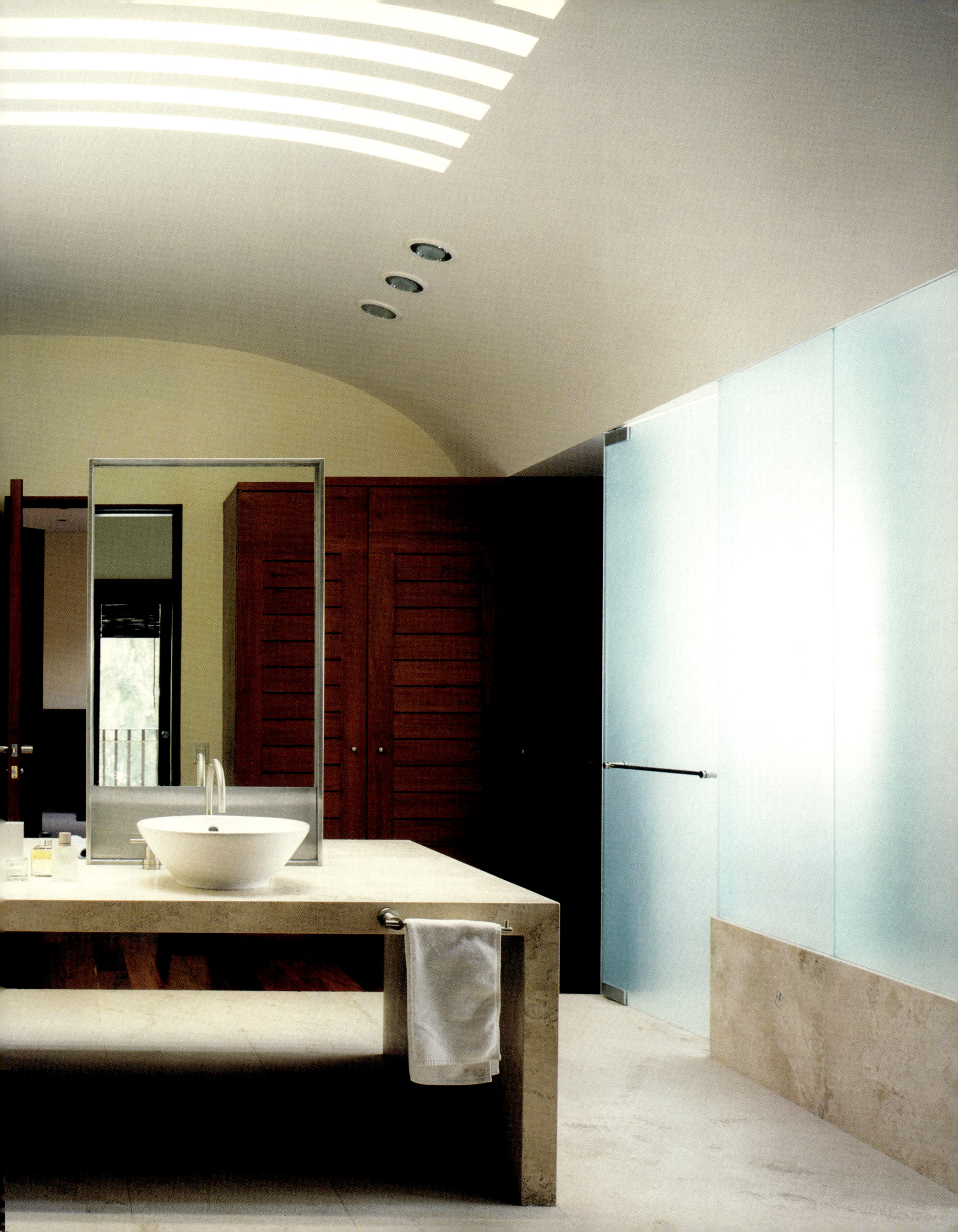

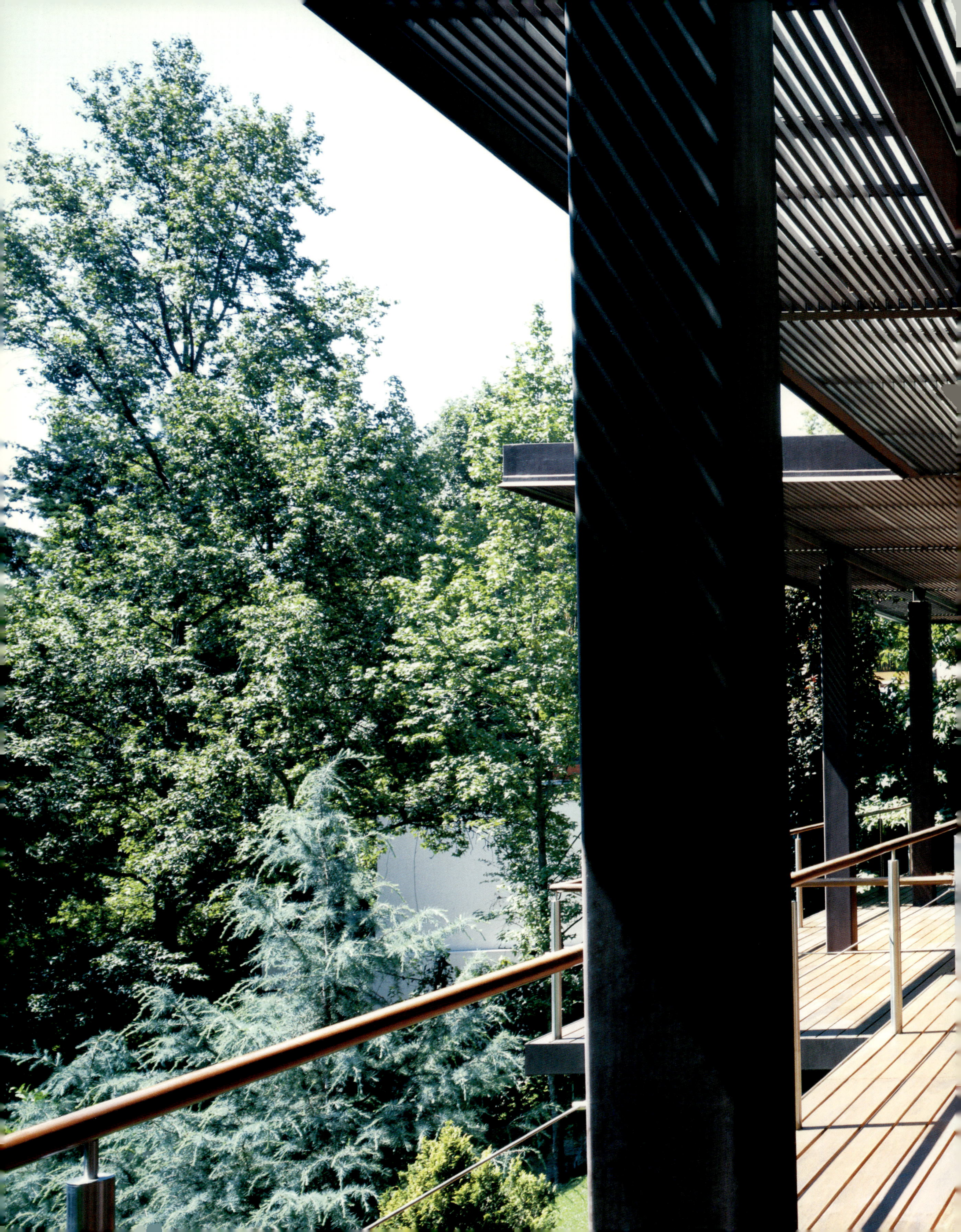

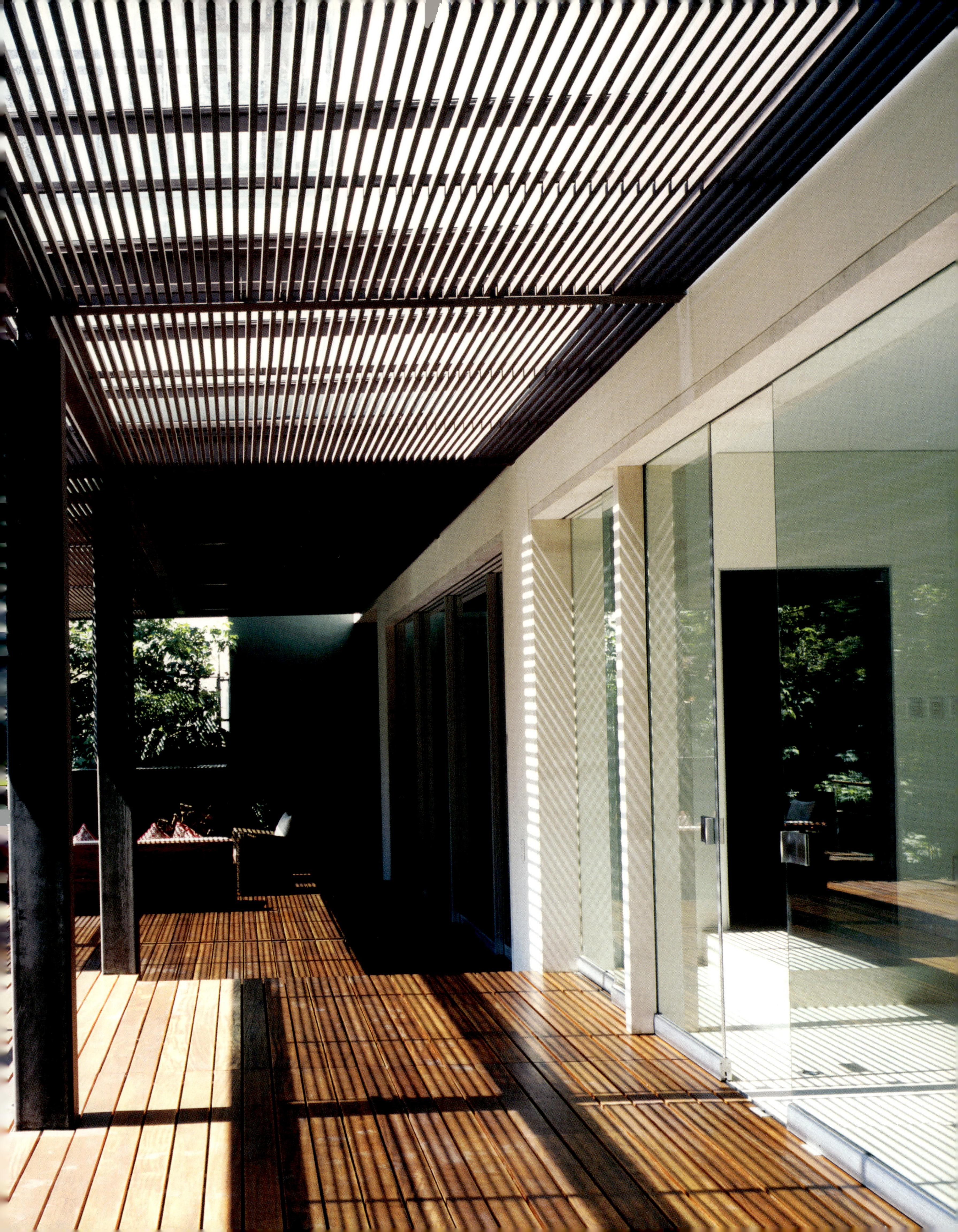

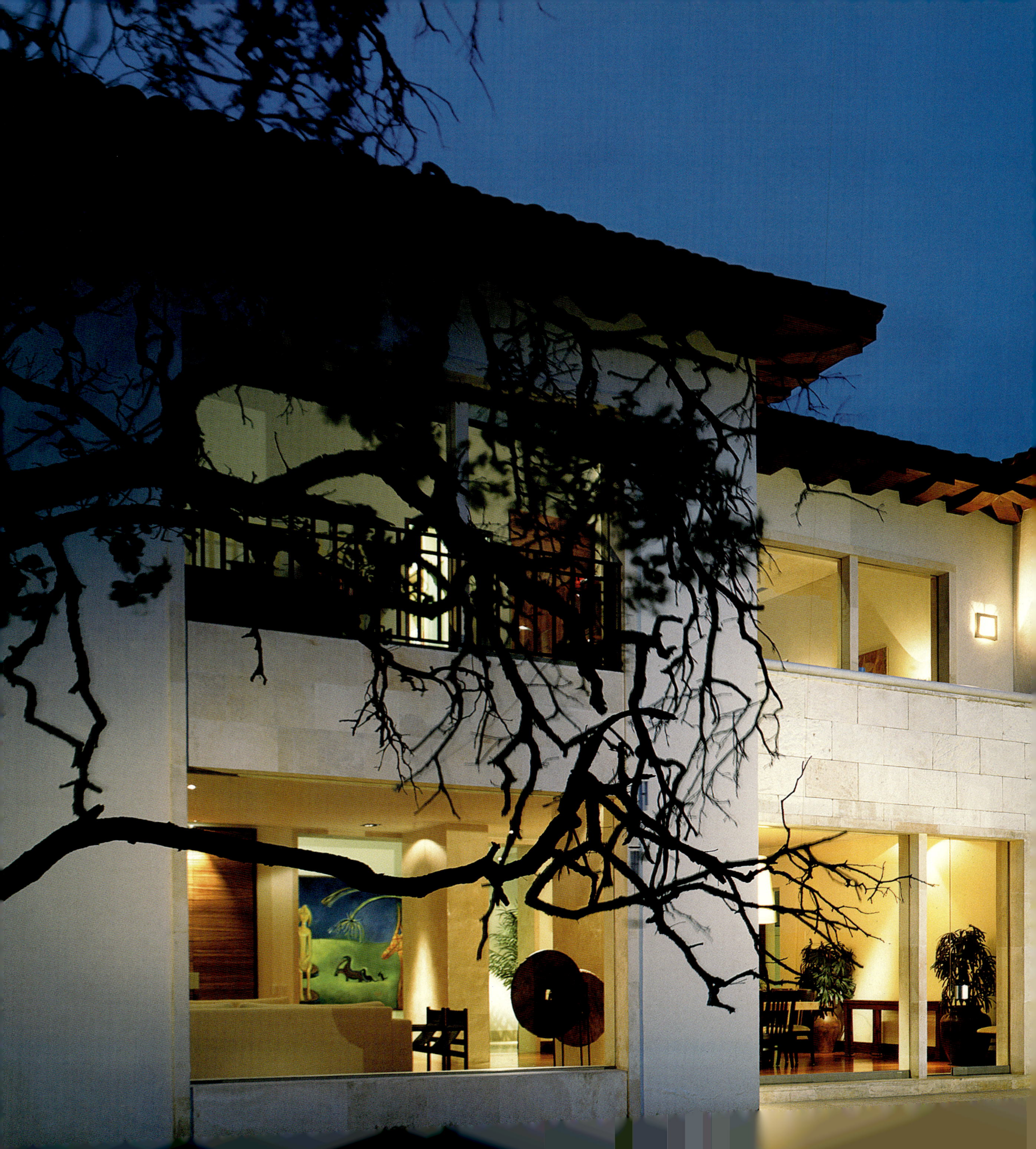

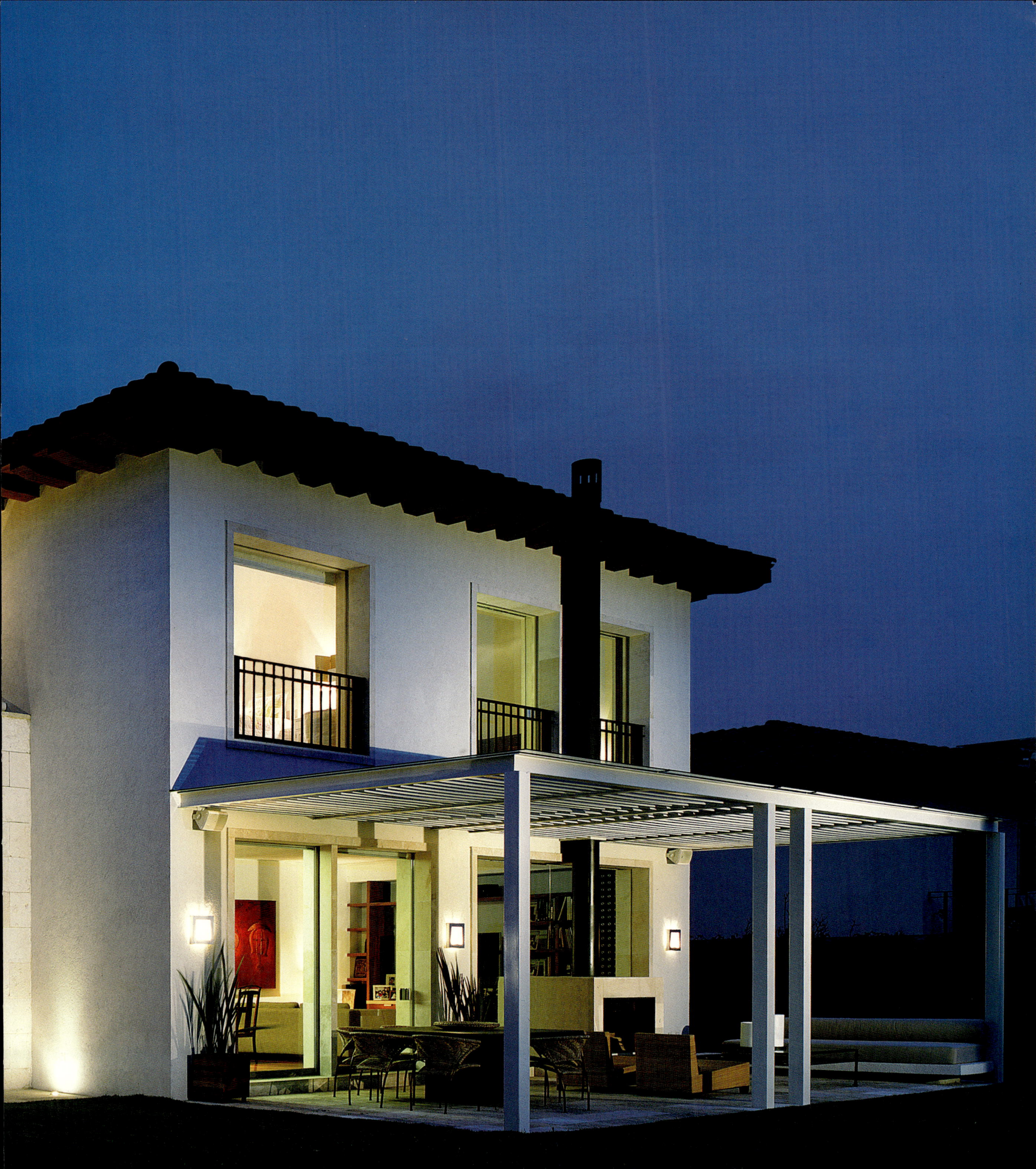

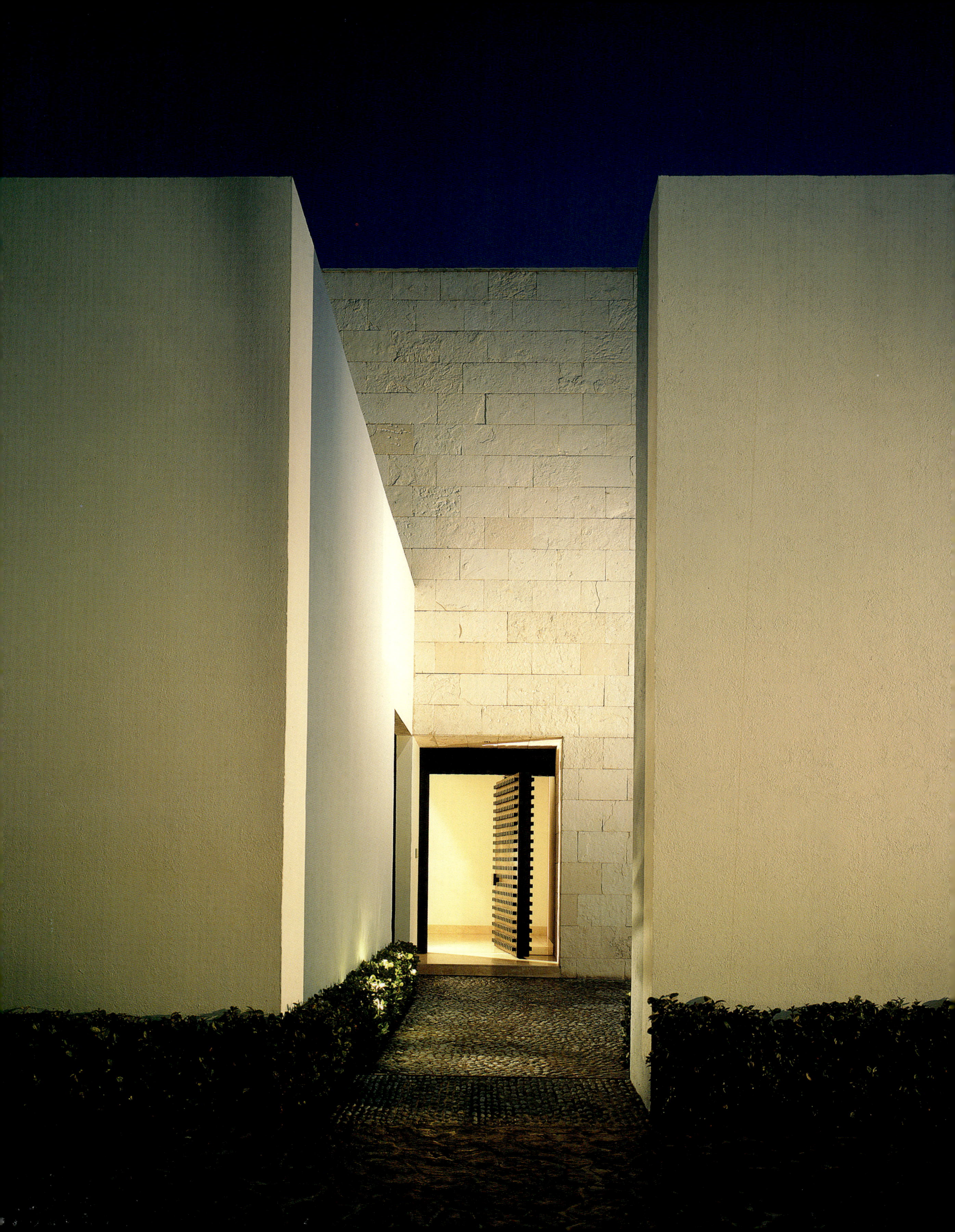

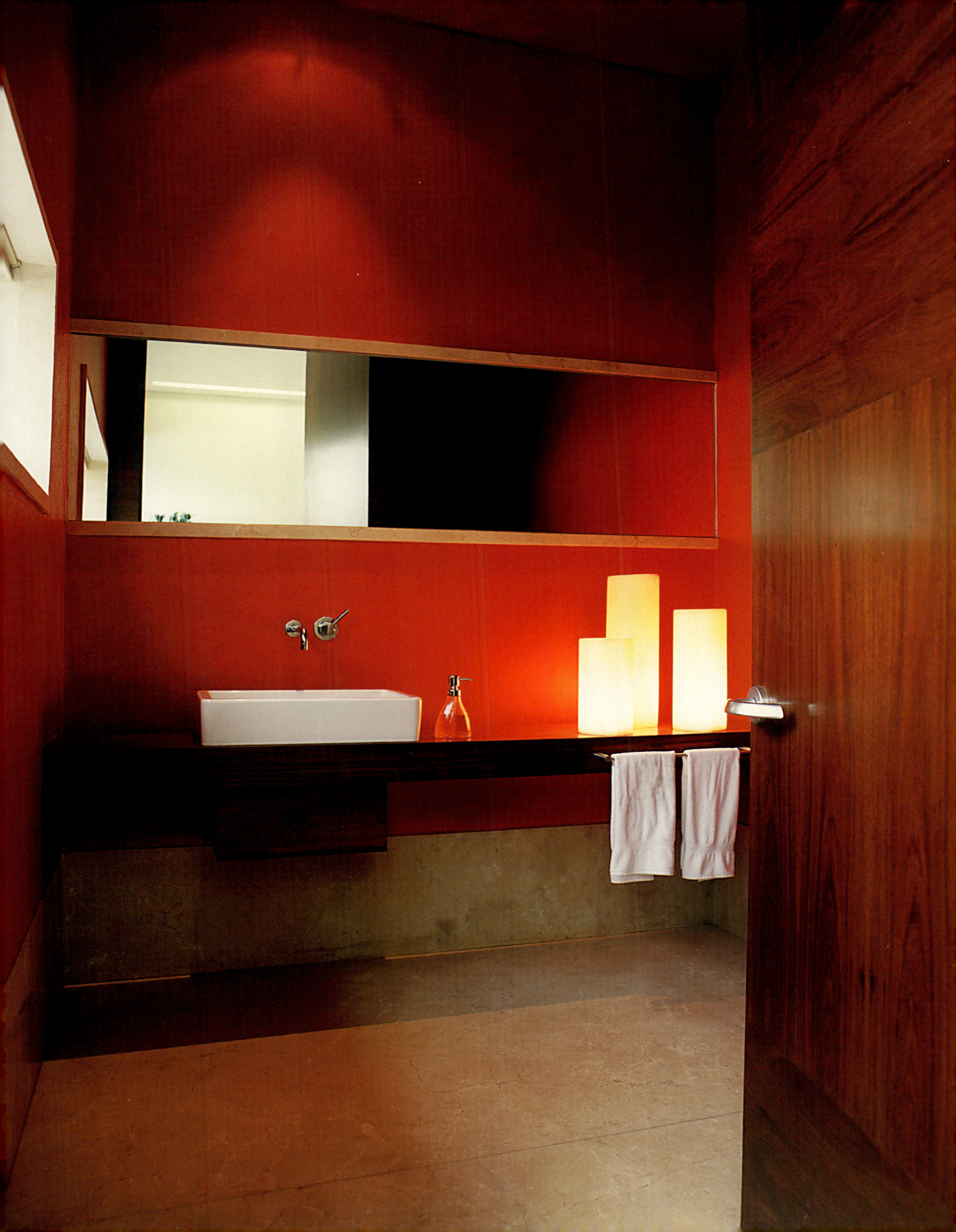

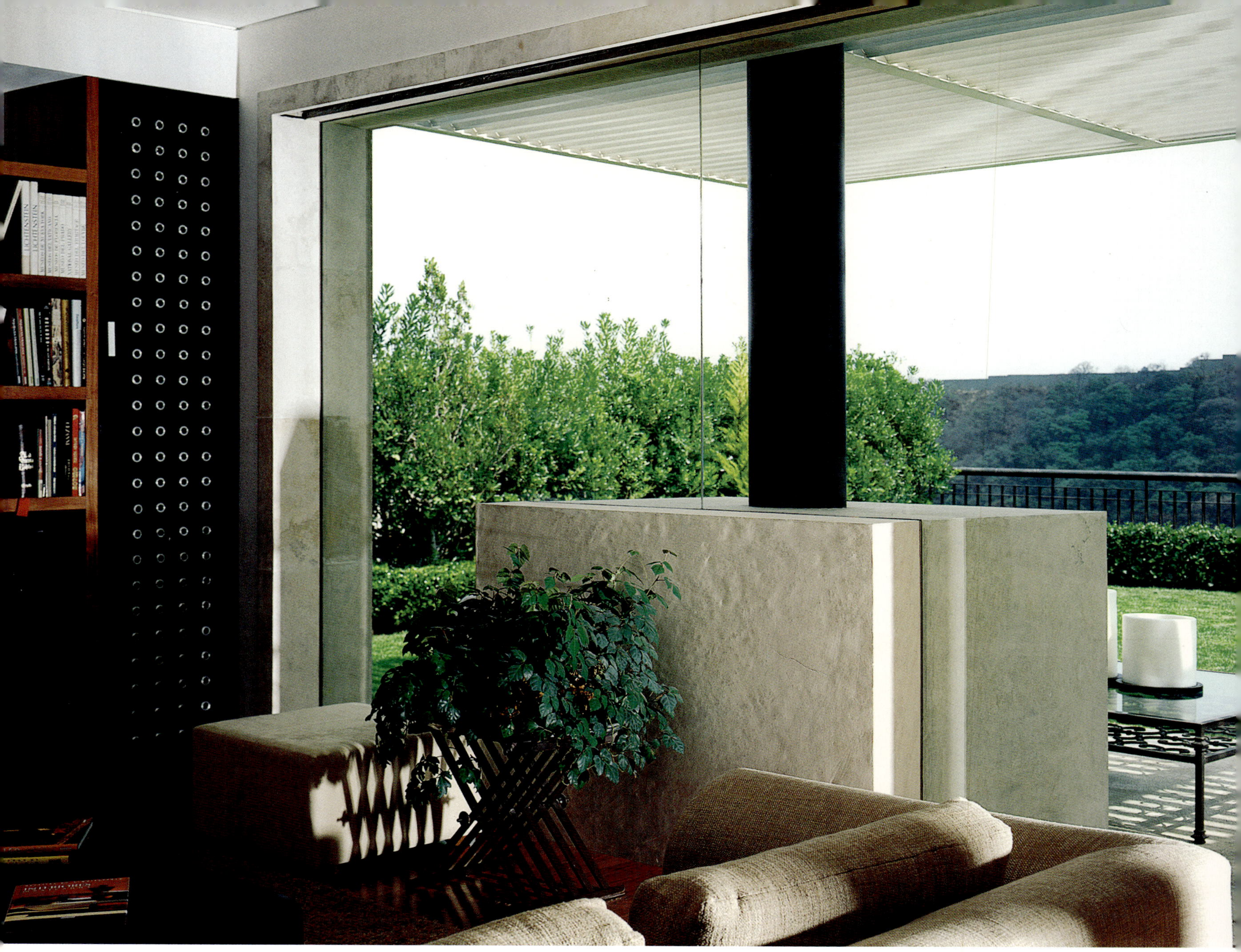

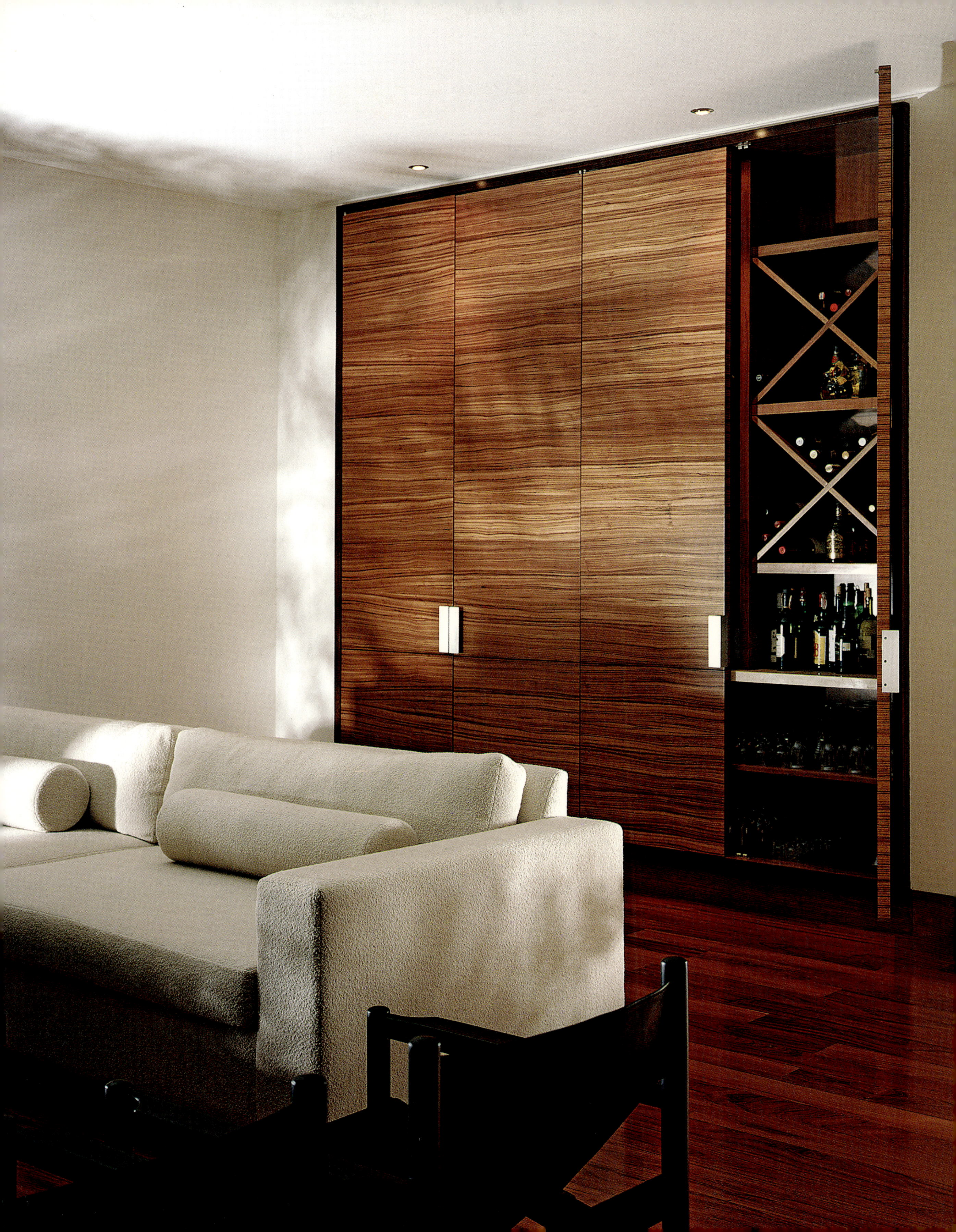

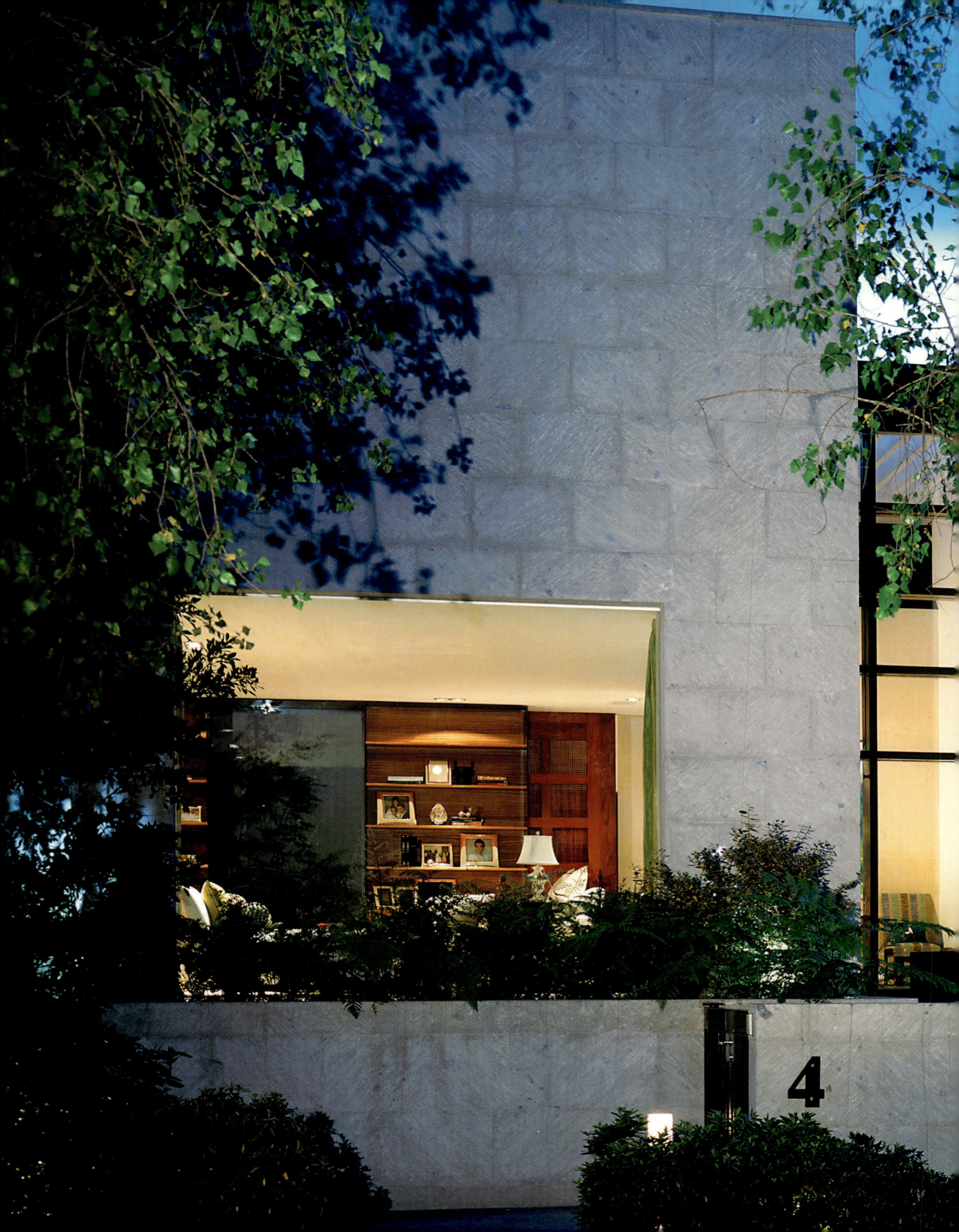
4

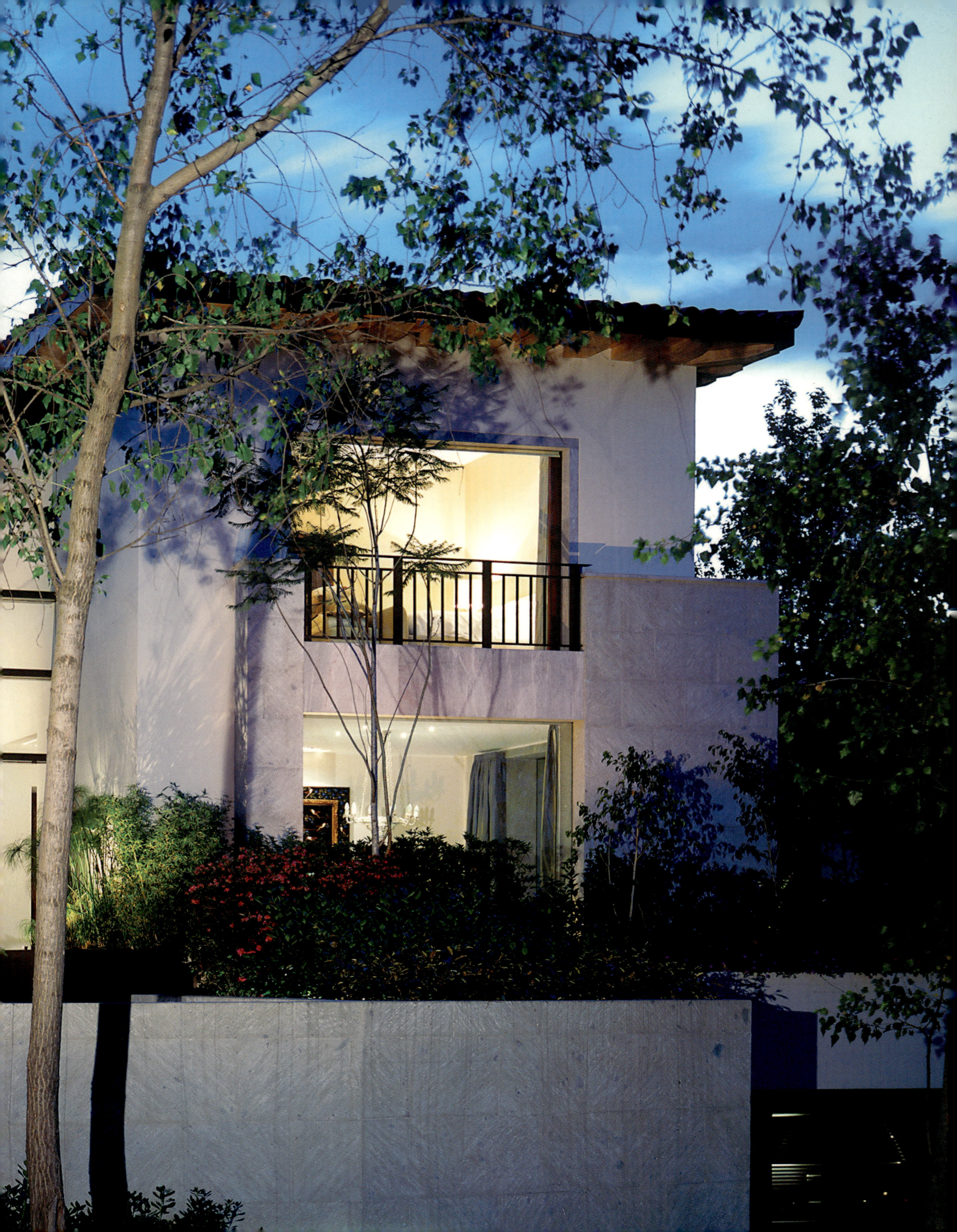

GUARIDA DE LA VIDA URBANA, ESPACIO DE RECUERDOS Y SENSACIONES.

DEN OF URBAN LIFE, MEMORIES AND SENSATIONS SPACE.

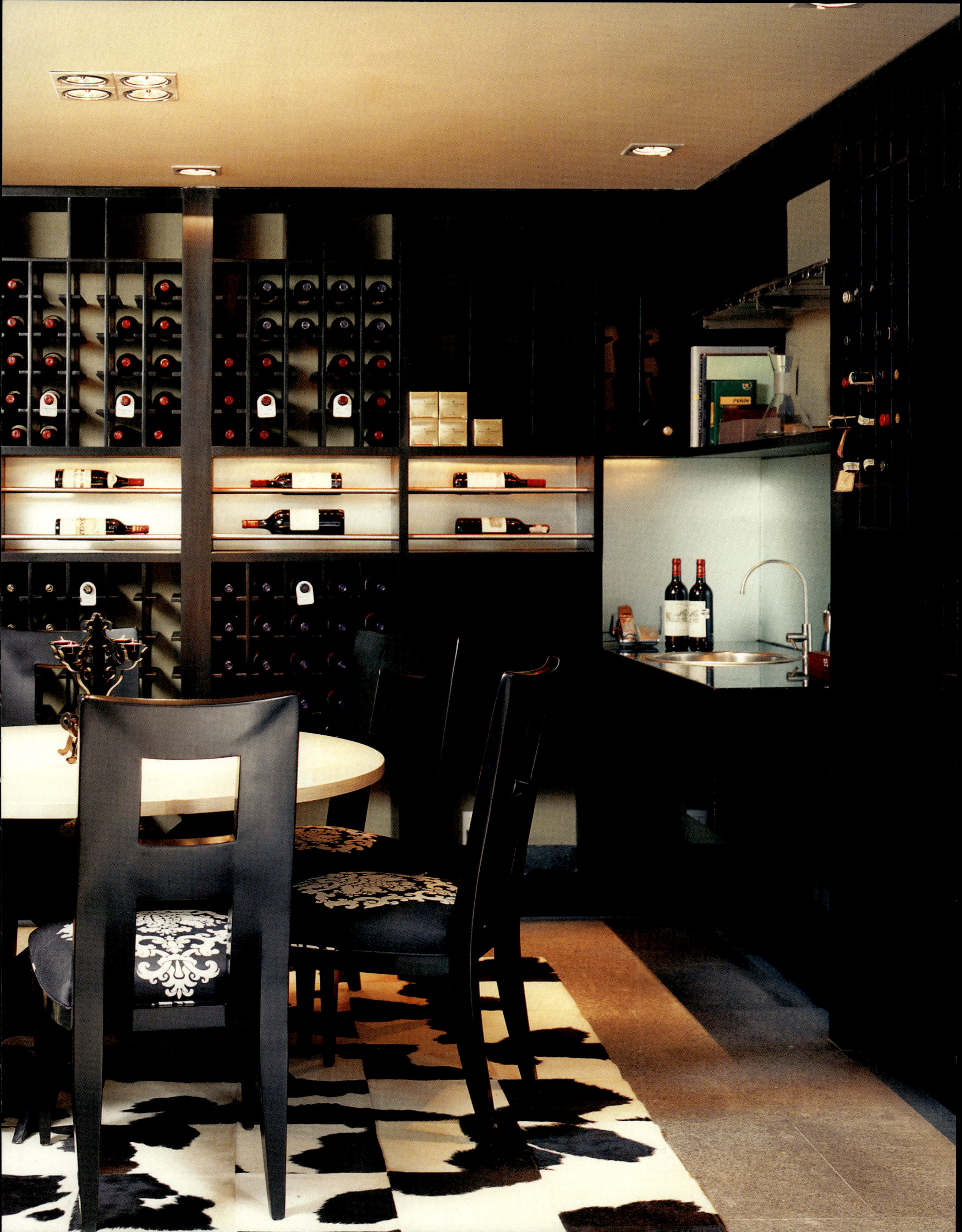

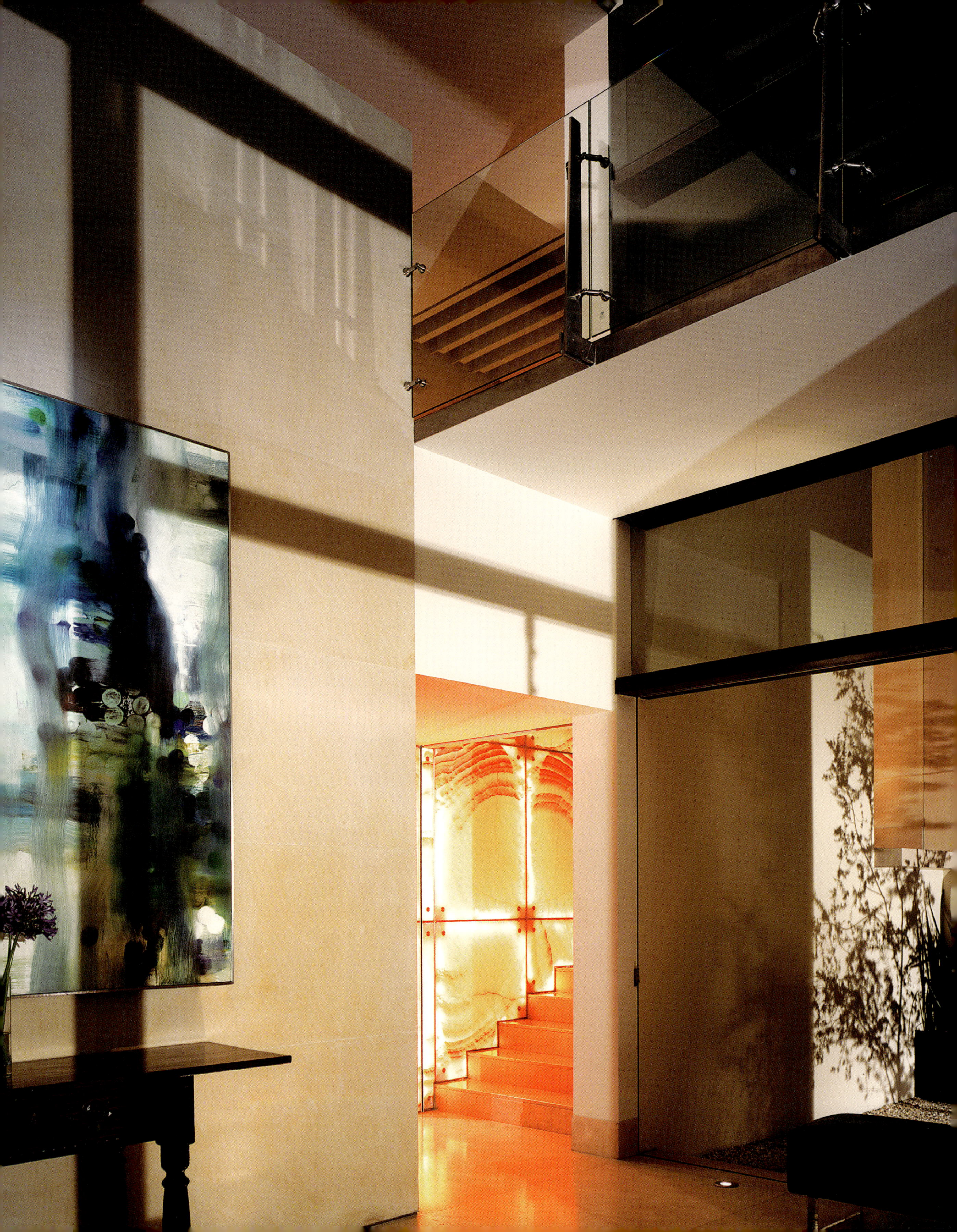

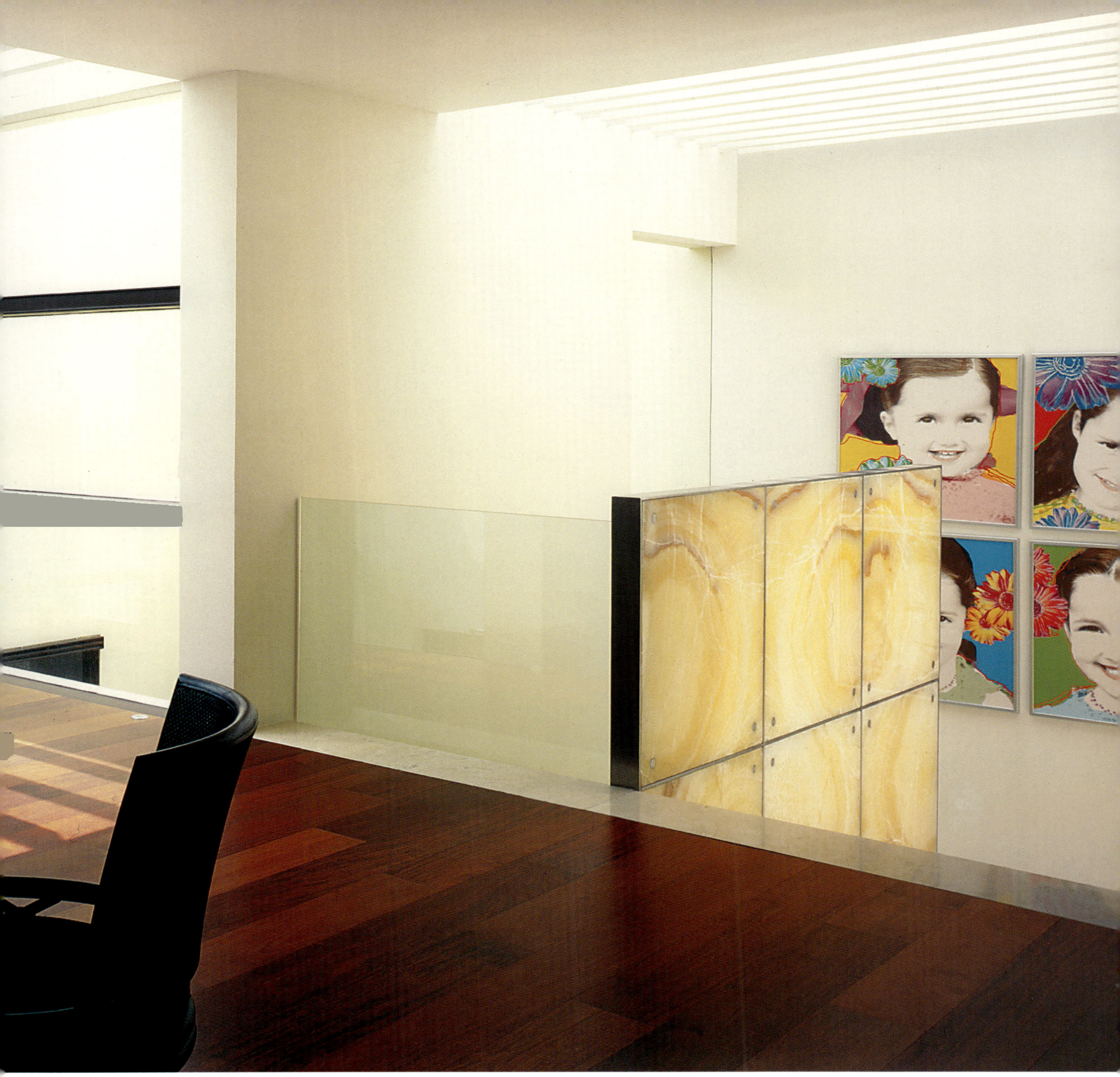

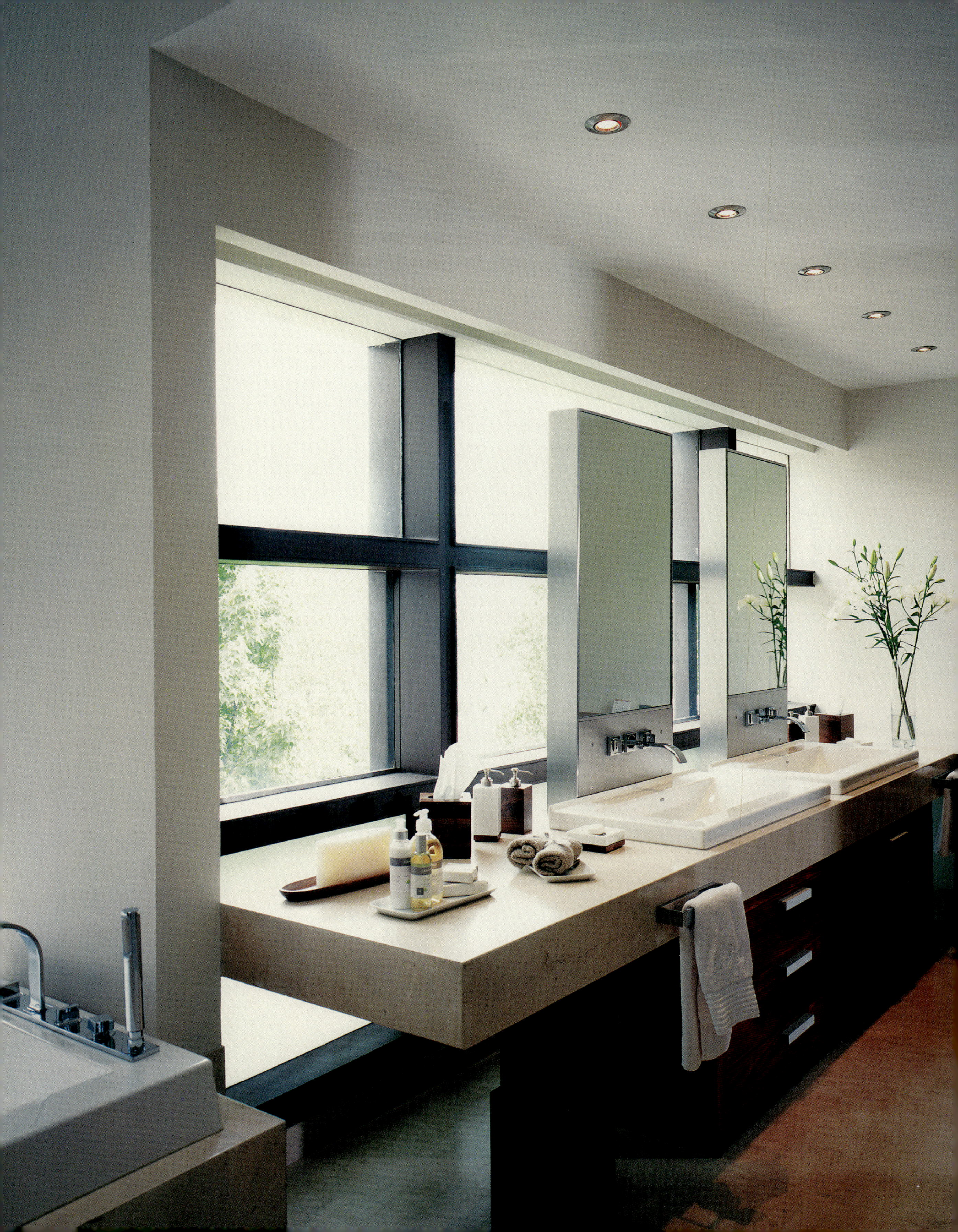

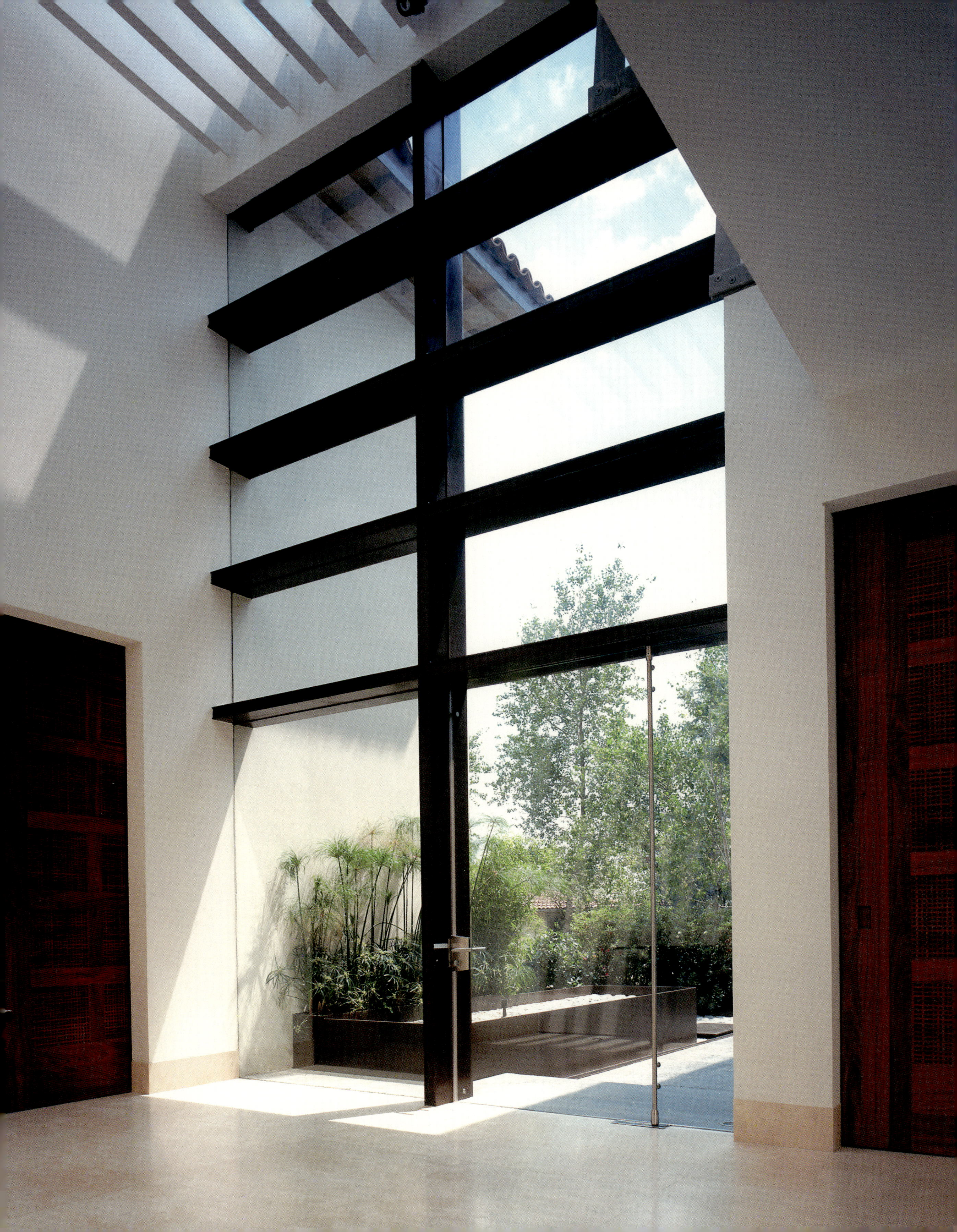

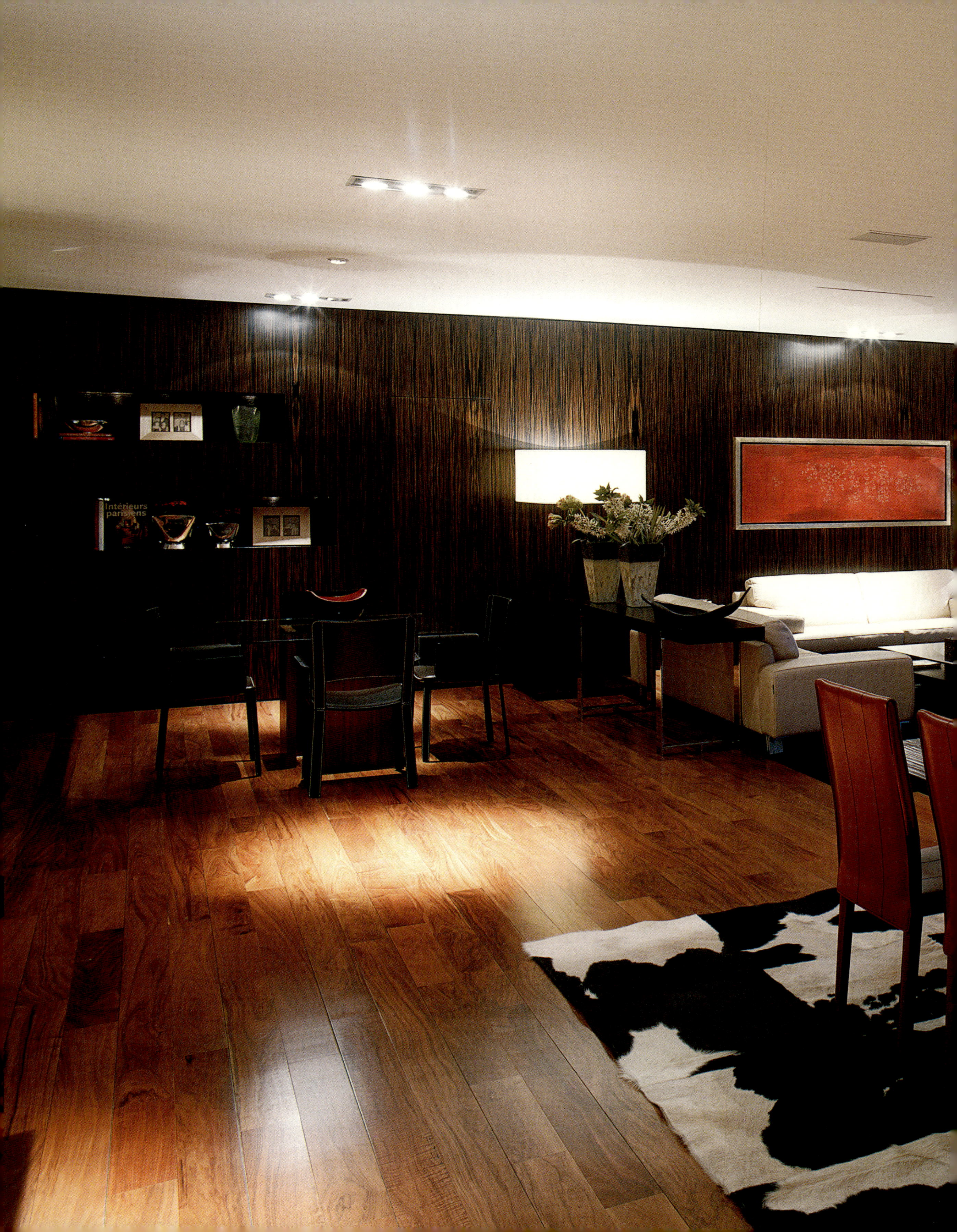
Intérieurs
parisiens

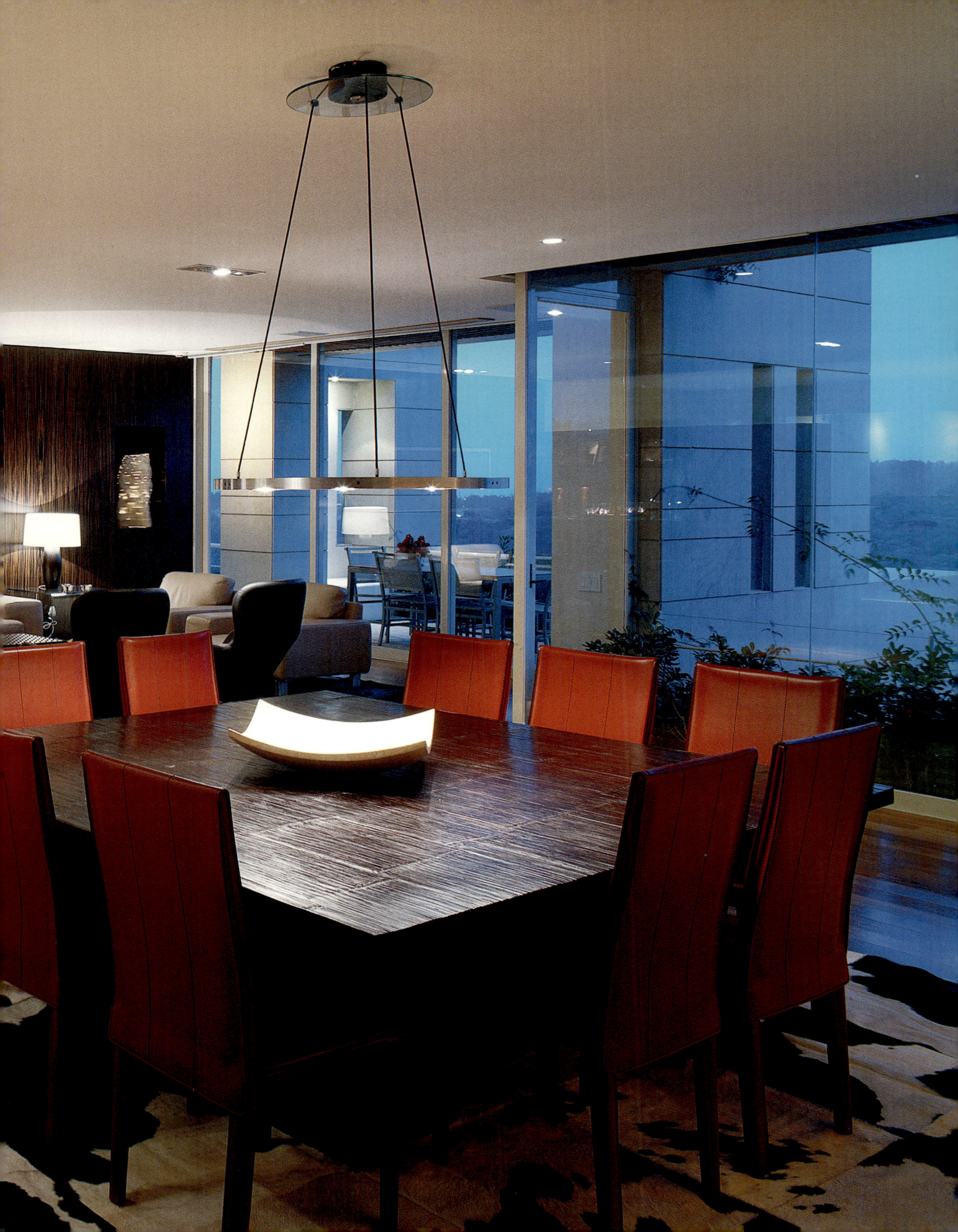

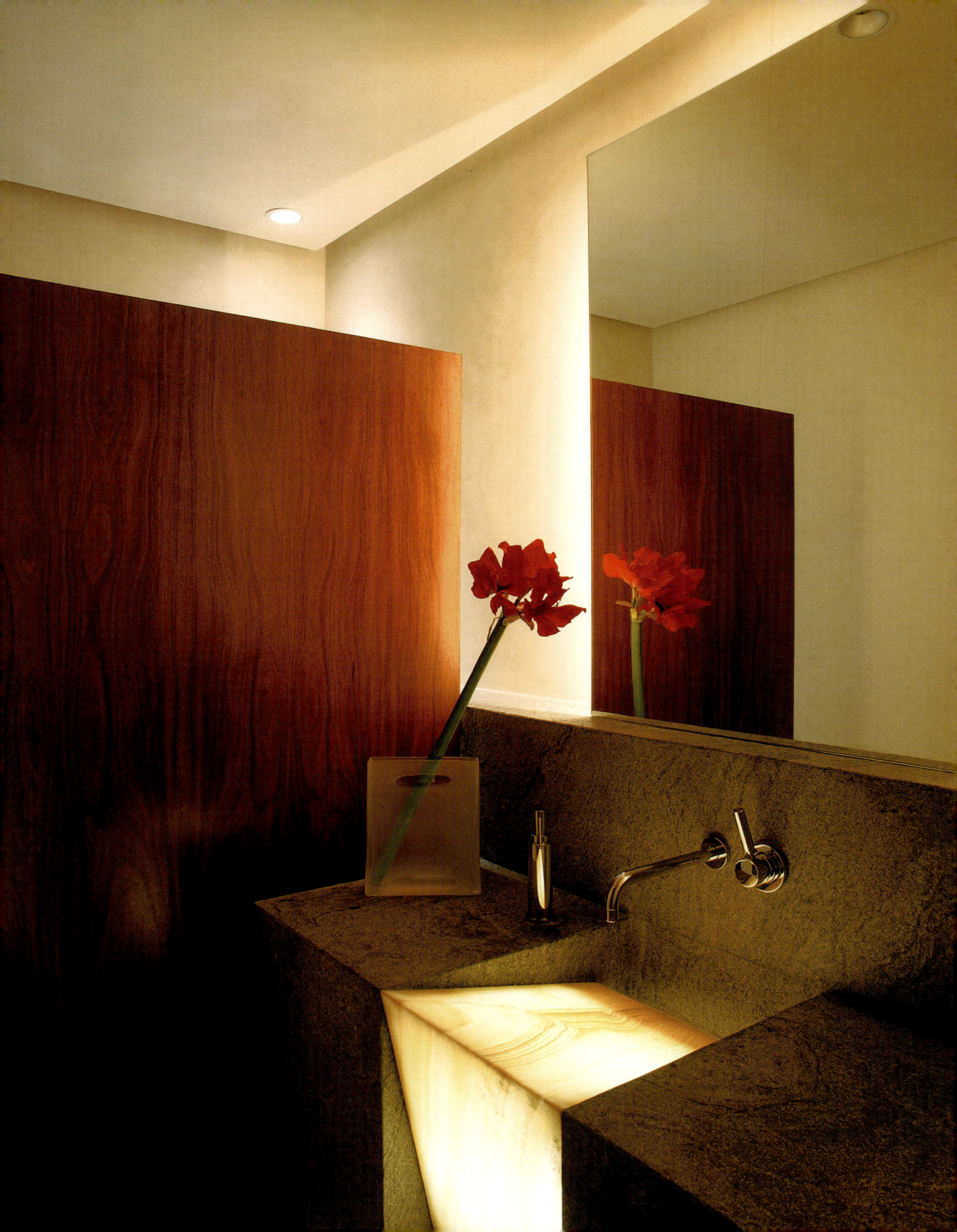

SACAR LUZ DE LAS PIEDRAS ES LABOR DEL ARQUITECTO.

SQUEEZING LIGHT FROM ROCKS IS AN ARCHITECT'S JOB.

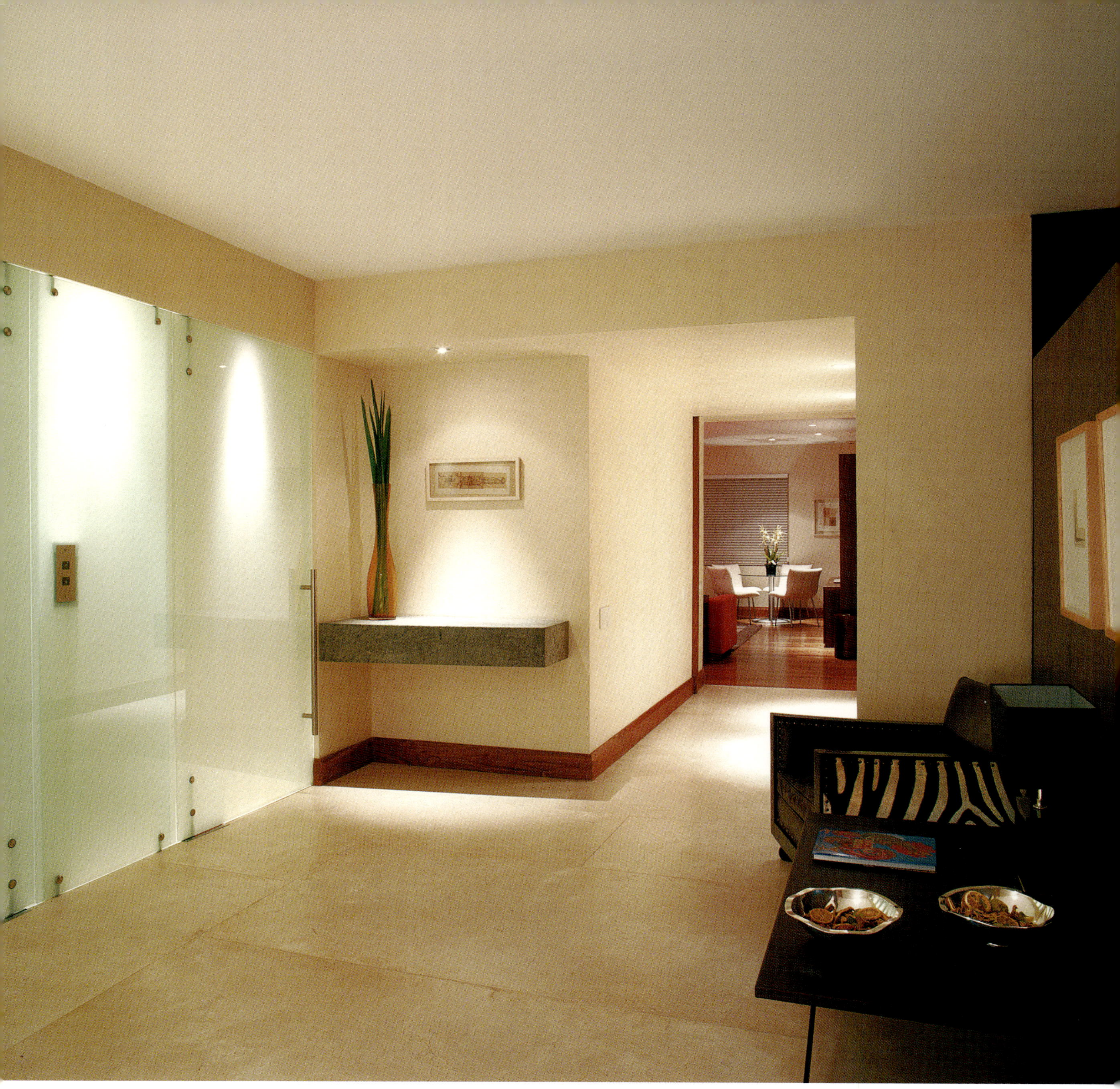

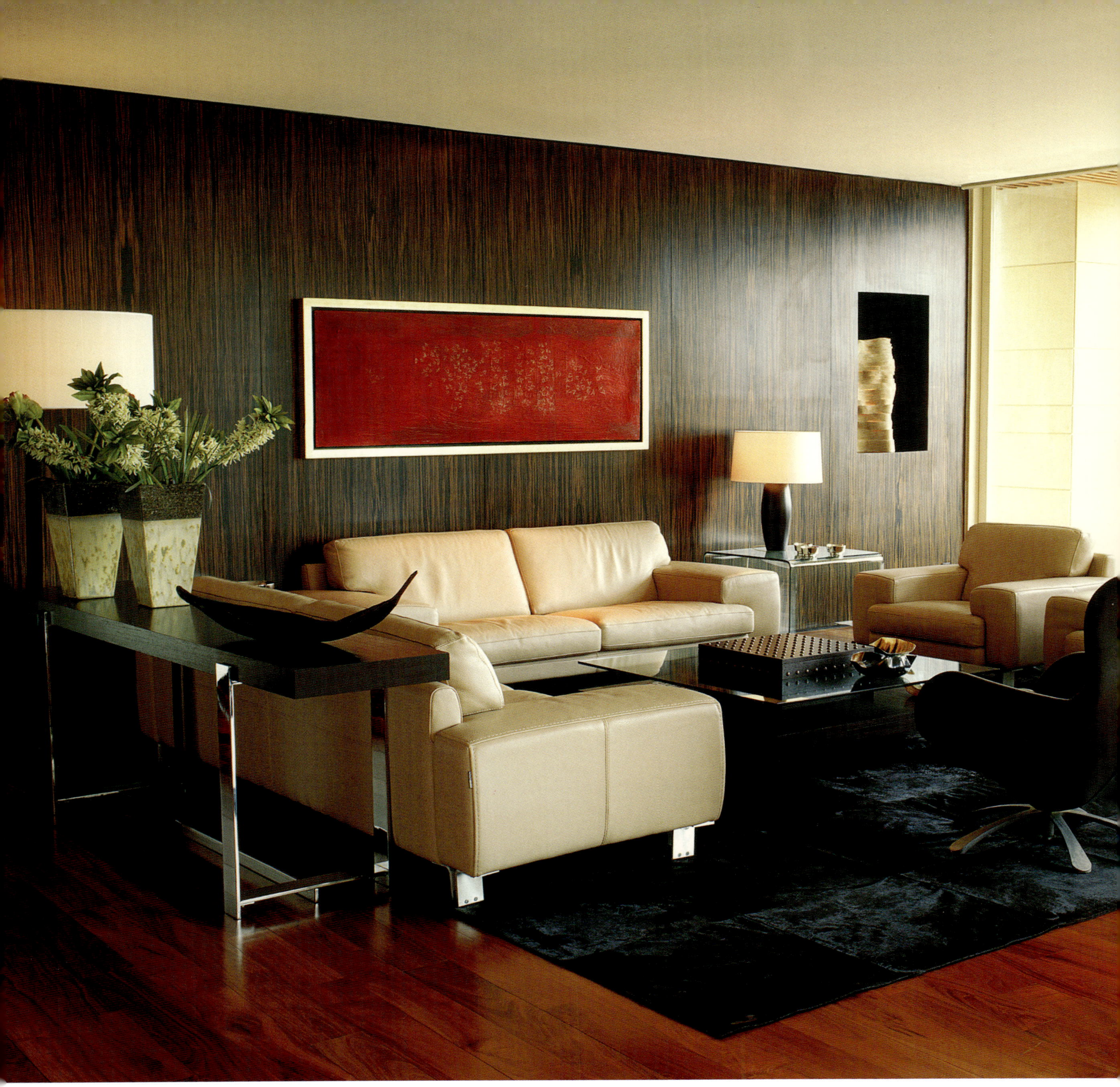

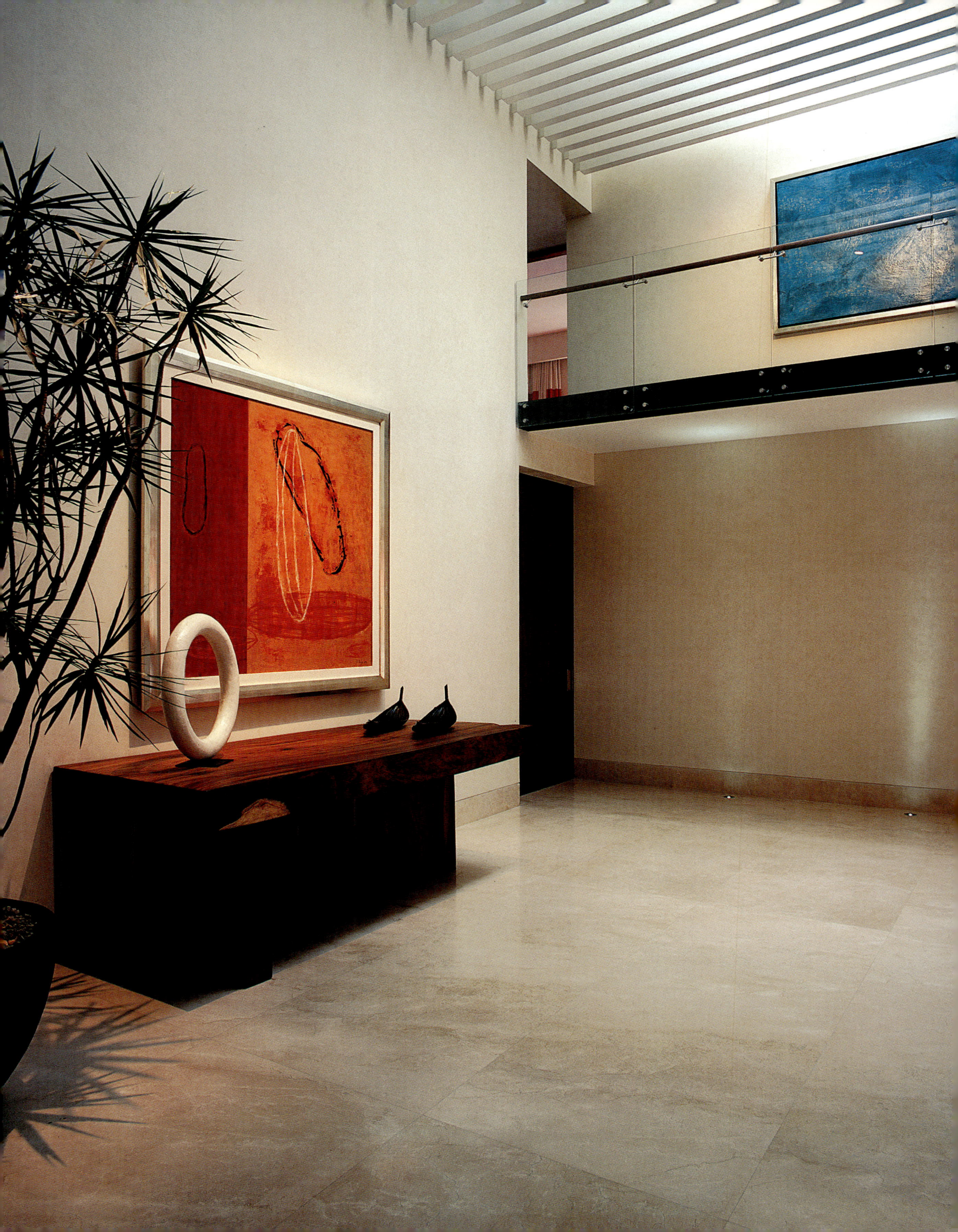

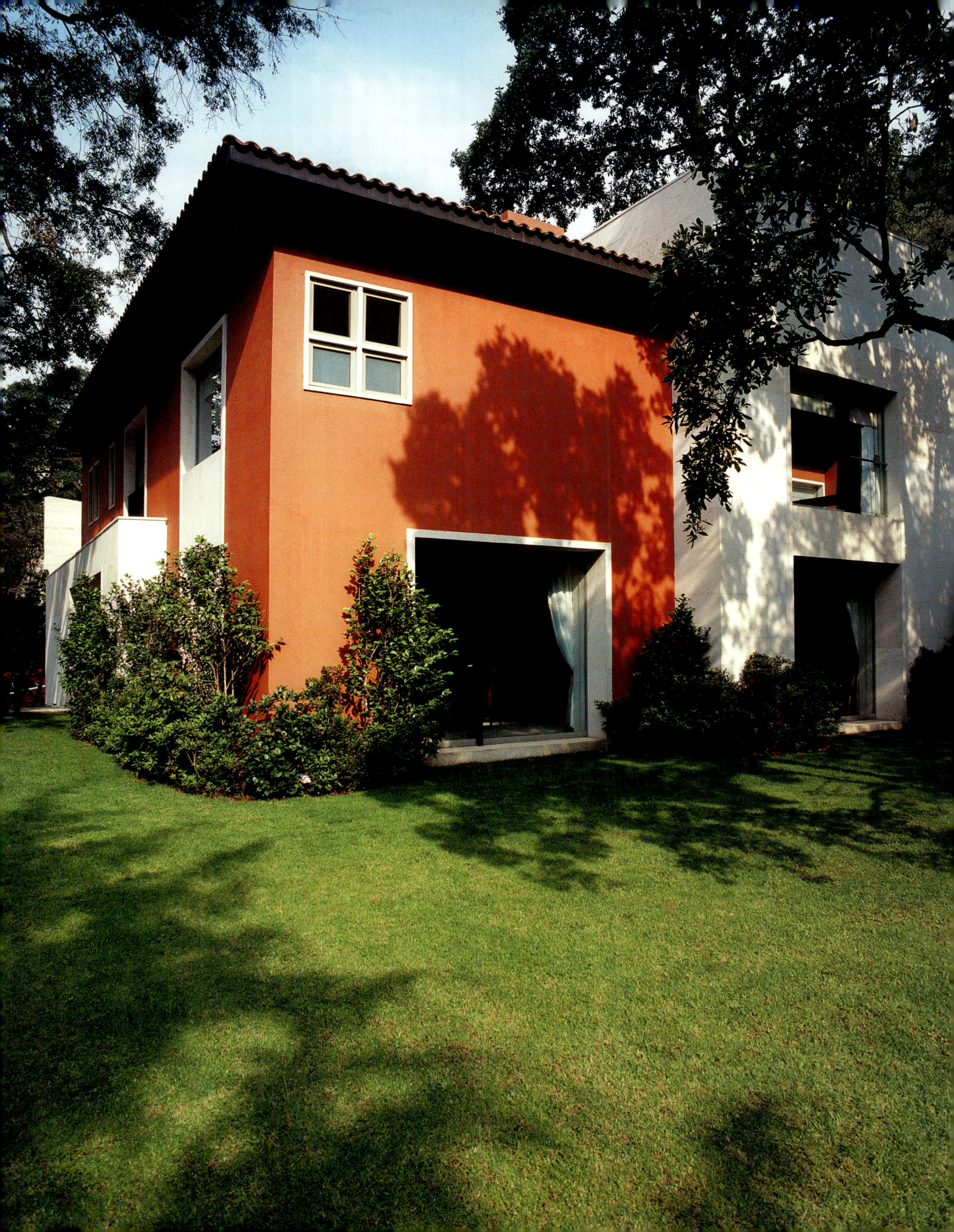

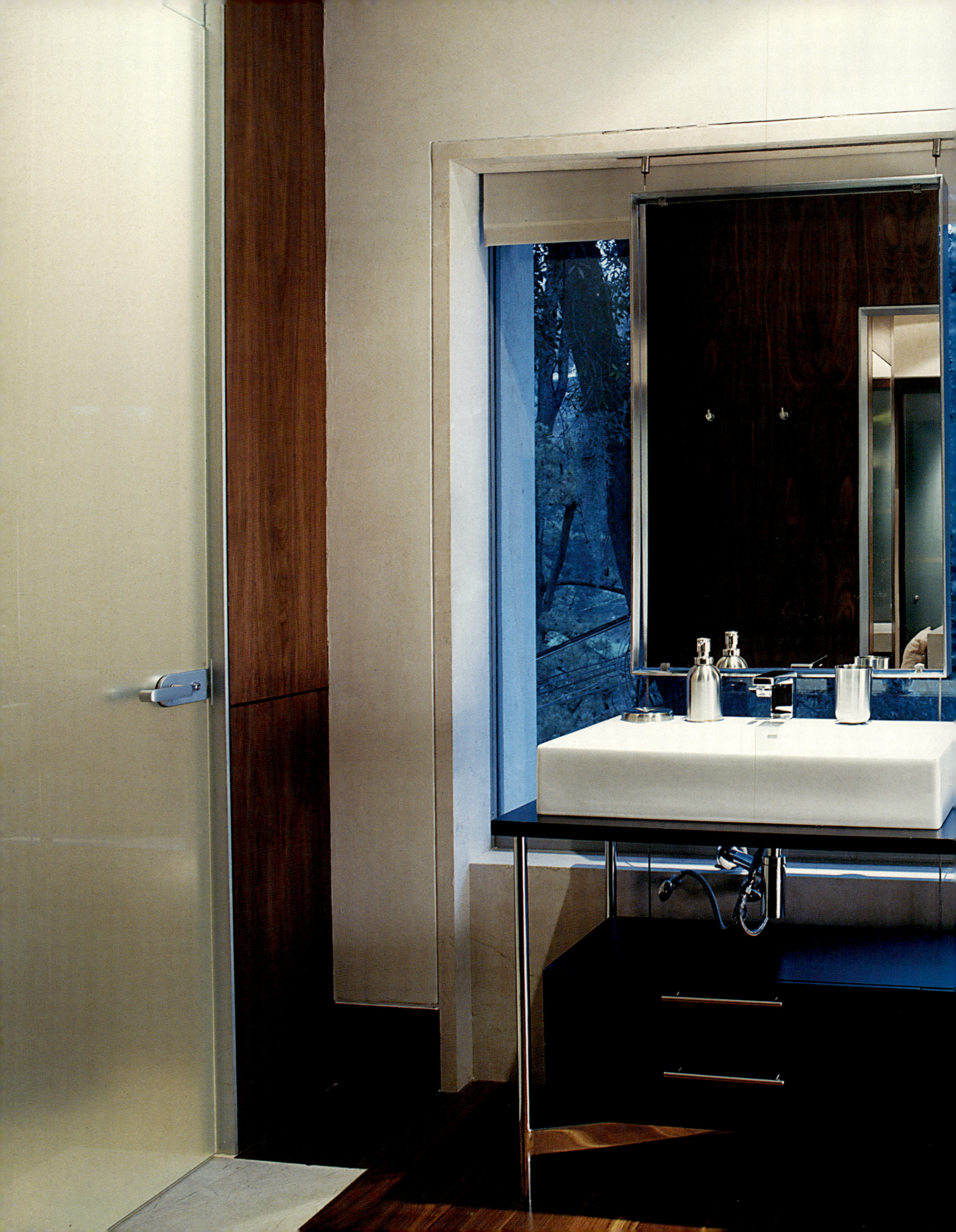

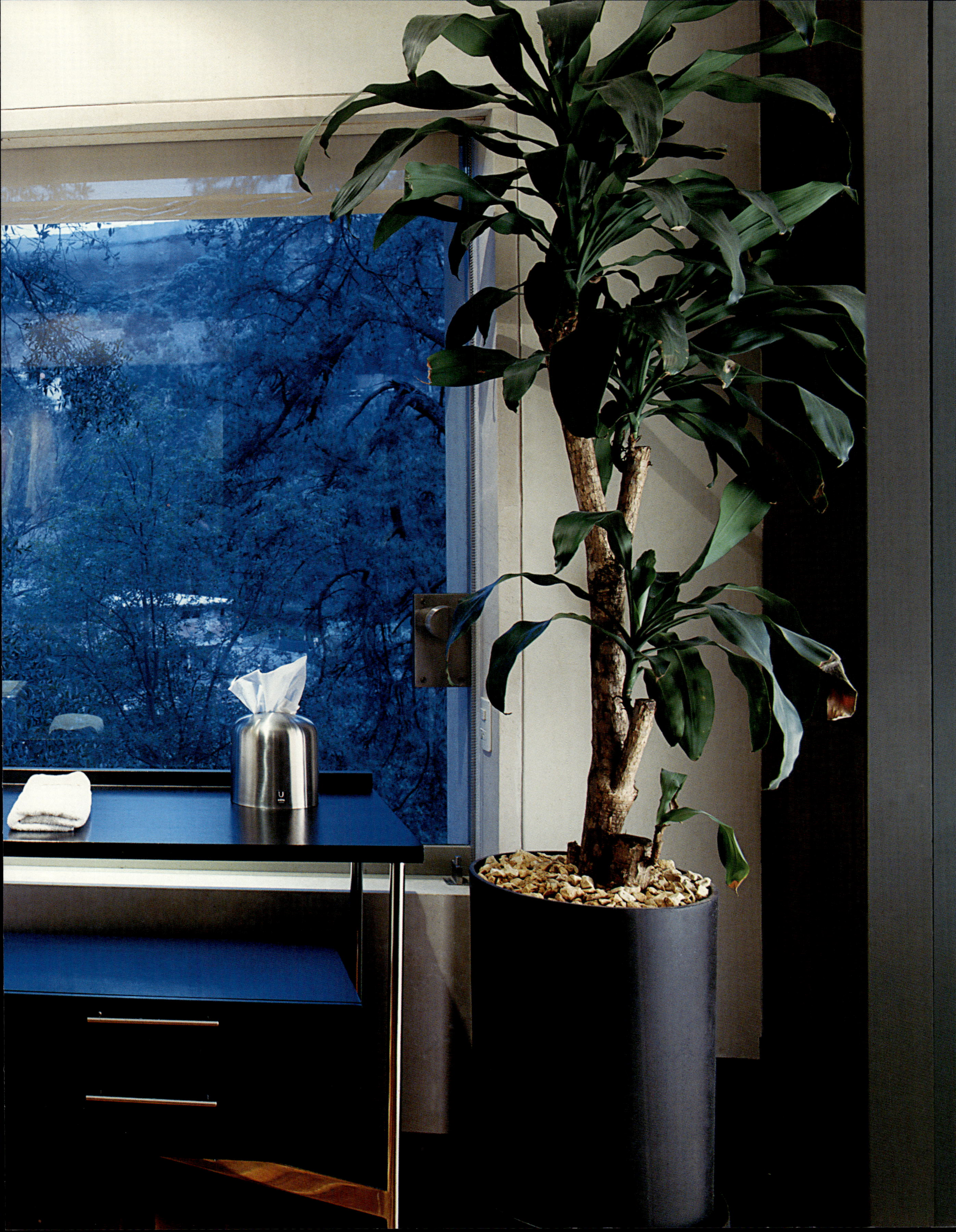

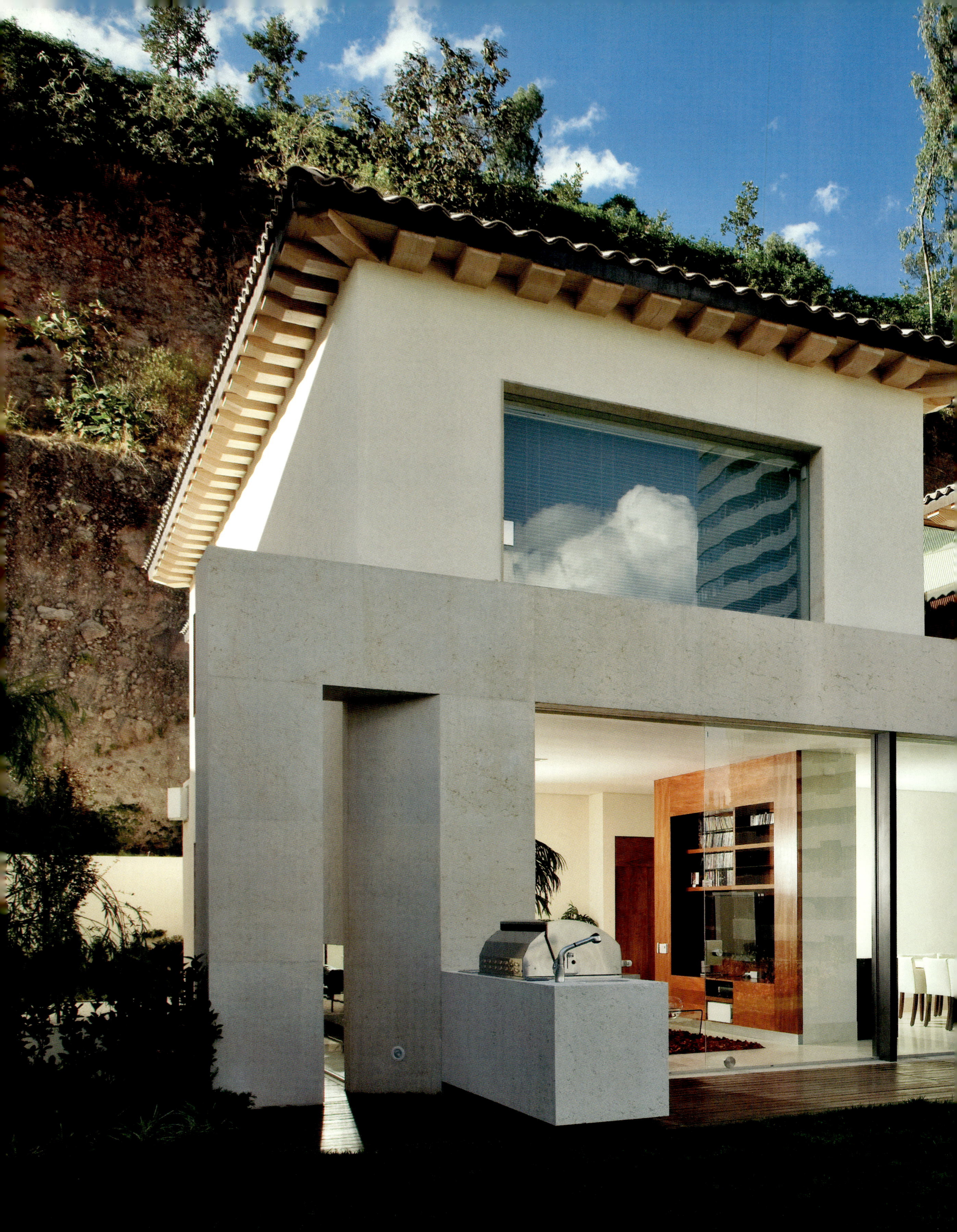

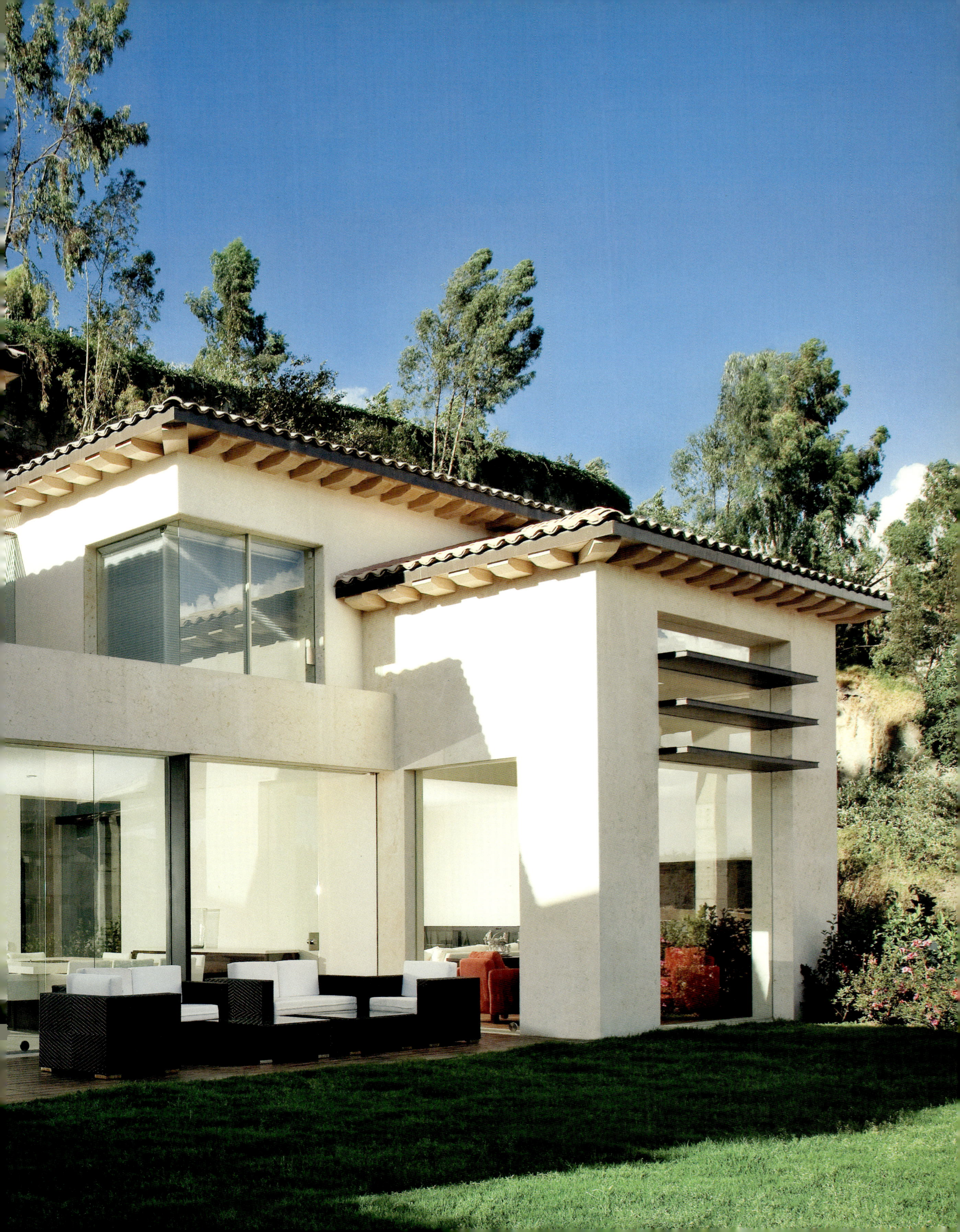

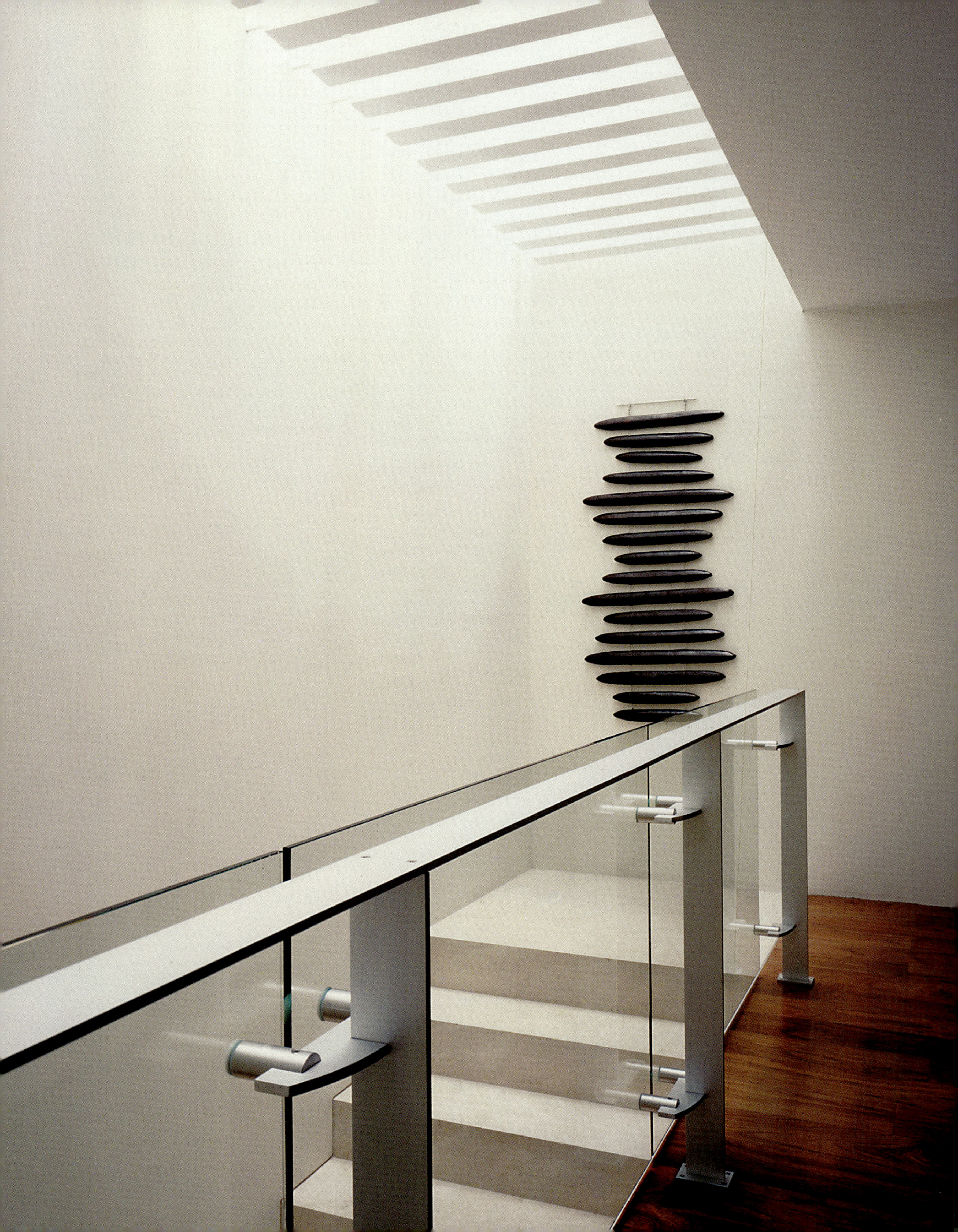

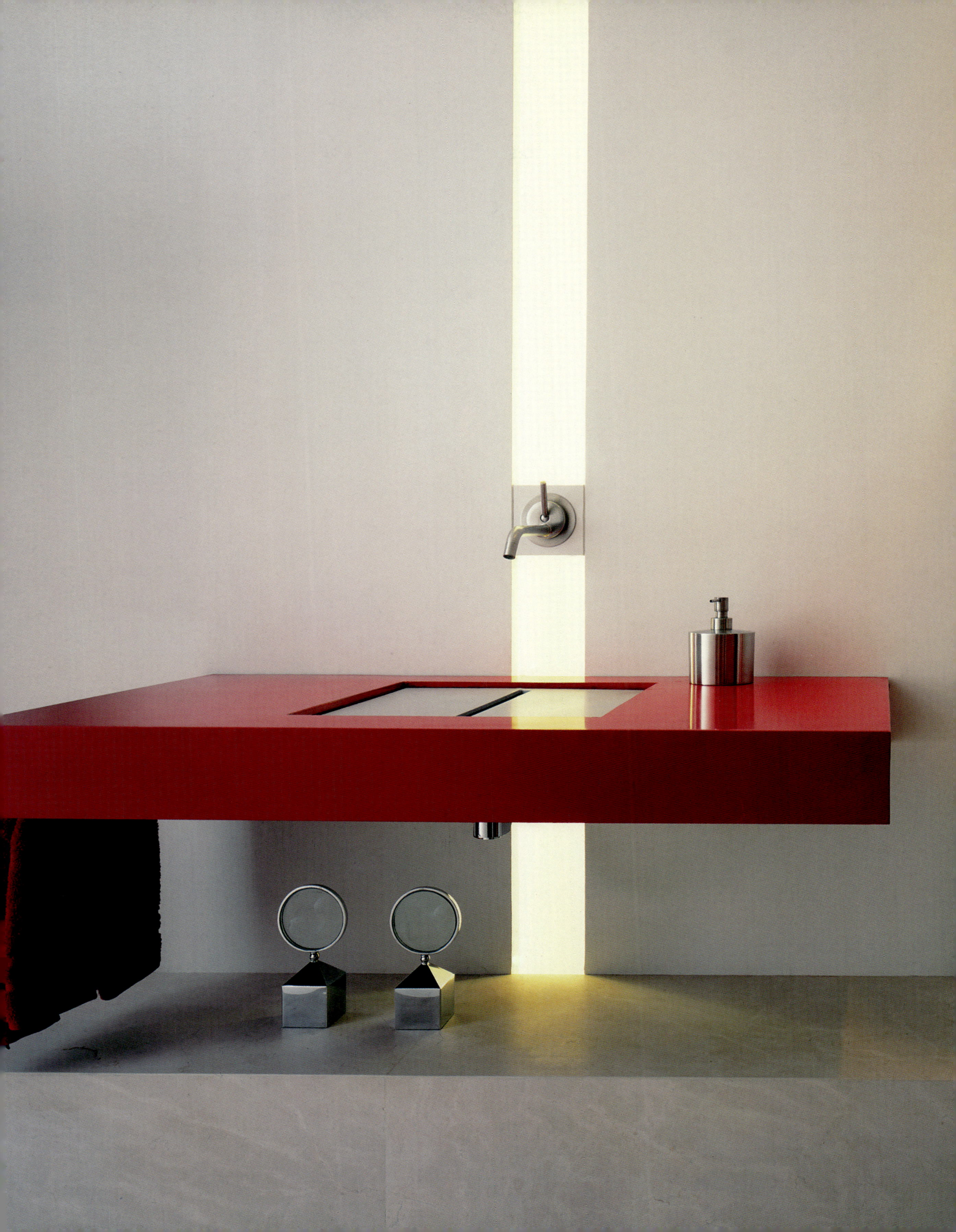

PROYECTAR UNA CASA DE DESCANSO EN LA PLAYA, ES CREATIVAMENTE, DISEÑAR A TRAVÉS DE TUS CINCO SENTIDOS, PUESTO QUE LA INTEGRACIÓN DEL CONTEXTO Y LA PERCEPCIÓN DEL MISMO, SE TORNA FUNDAMENTAL. ESTOS PROYECTOS SON DE ALGUNA FORMA ÚNICOS, YA QUE CASI EN NINGÚN OTRO SITIO EL HOMBRE EXPERIMENTA DE UNA MANERA TAN IMPONENTE LA FUERZA, LA GRANDEZA Y LA PASIÓN DE LA TIERRA. COMO CONSECUENCIA, A TRAVÉS DE UN DISEÑO REFLEXIVO, CREATIVO E INTEGRADOR, LAS CASAS DE PLAYA TIENEN LA CAPACIDAD DE HECHIZAR A SUS HABITANTES.

LAS CASAS DE PLAYA SON LUGARES MÁGICOS, DONDE SIN IMPORTAR SU UBICACIÓN, AL PIE DE UN RISCO O EN LAS BARBAS DE LA PLAYA, SIEMPRE ENCONTRAMOS ESTA COMUNIÓN ENTRE LA NATURALEZA Y EL HOMBRE, YA SEA A TRAVÉS DE UN COMEDOR SITUADO AL PIE DEL ROMPER DE LAS OLAS, SINTIENDO A TRAVÉS DEL VAIVÉN DE ÉSTAS, SU FORTALEZA O SU CALMA, ASÍ COMO SU PERSEVERANCIA; O BIEN, A TRAVÉS DE UN MIRADOR, DONDE SU SOLA FUNCIÓN DE OBSERVAR LA LUNA Y LAS ESTRELLAS, TENDIDOS EN UNA HAMACA, NOS RECUERDAN LO INFINITO DEL UNIVERSO. ES IMPORTANTE CONSIDERAR QUE LAS INCLEMENCIAS DE LA NATURALEZA, PONEN A PRUEBA LA CREATIVIDAD Y CAPACIDAD DE RESOLUCIÓN DE DETALLES DEL ARQUITECTO, YA QUE COMO EN NINGÚN OTRO LUGAR, EL AMBIENTE CORROE Y AGREDE LO EXTRAÑO, EMPUJANDO AL ARQUITECTO A UTILIZAR MATERIALES PÉTREOS, NATURALES O LOCALES. EL MAR, LA PLAYA Y SU FAUNA, DEFIENDEN SU TERRITORIO A TODA COSTA, CEDIENDONOSLOS TEMPORALMENTE, SOLO, SI LO TRATAMOS CON SU MISMO RESPETO.
EN LO PARTICULAR, SON PROYECTOS QUE ME BRINDAN UNA OPORTUNIDAD DE HACER UN EJERCICIO DE INTROSPECCIÓN PARA RECORDAR LO IMPORTANTE DE LA VIDA Y ME PRODUCEN GRAN SATISFACCIÓN, NO SOLO AL VER FELICES Y ORGULLOSOS A NUESTROS CLIENTES Y AMIGOS CON SUS PROPIEDADES, SINO POR LA SENSIBLE SENCILLEZ Y DELICADA AUSTERIDAD DE LOS MISMOS. EN NUESTRO QUEHACER COMO ARQUITECTOS, ESTÁ EL RECORDAR CON HUMILDAD Y PROFESIONALISMO, EL DEBIDO RESPETO QUE DEBEMOS TENER POR LA NATURALEZA, SU RIQUEZA Y SU INFINITA FORTALEZA.

beach

IT IS FUNDAMENTAL TO DESIGN A BEACH HOUSE USING ALL FIVE SENSES, INTEGRATING THE CONTEXT AND PERCEPTION OF SUCH.
THESE PROJECTS ARE UNIQUE IN SOME WAY, SINCE IN ALMOST NO OTHER PLACE CAN MAN EXPERIENCE IN SUCH AN IMPRESSIVE WAY THE STRENGTH, GREATNESS AND PASSION OF THE EARTH. CONSEQUENTLY, THROUGH A REFLECTIVE, CREATIVE AND INTEGRATIVE DESIGN.

BEACH HOUSES HAVE THE ABILITY TO CAPTIVATE THEIR RESIDENTS. BEACH HOUSES ARE MAGICAL PLACES WHERE, NO MATTER ITS LOCATION — AT THE FOOT OF A CLIFF OR AT THE EDGE OF A BEACH — WE ALWAYS FIND THIS COMMUNION BETWEEN NATURE AND MAN… WHETHER THROUGH A DINING ROOM AT THE FOOT OF THE BREAKING WAVES AND FEELING THOUGH THEIR COMING AND GOING THEIR STRENGTH AND THEIR CALMNESS, AS WELL AS THEIR PERSEVERANCE; OR RATHER, THROUGH A SKYLIGHT, WHOSE ONLY PURPOSE IS TO OBSERVE THE MOON AND THE STARS, WHILE LYING IN A HAMMOCK, REMIND US OF THE INFINITY OF THE UNIVERSE. IT IS IMPORTANT TO CONSIDER THAT NATURE'S INCLEMENCY PUTS THE ARCHITECT'S ABILITY TO BE CREATIVE AND MAKE DECISIONS ABOUT DETAIL TO THE TEST. NOWHERE ELSE DOES THE ENVIRONMENT CORRODE AND ATTACK THE UNFAMILIAR, FORCING THE ARCHITECT TO USE STONE, NATURAL OR LOCAL MATERIALS. THE OCEAN, THE BEACH AND ITS FAUNA DEFEND THEIR TERRITORY AT ALL COSTS LETTING US BORROW IT TEMPORARILY ONLY IF WE TREAT IT WITH THE SAME RESPECT.
FOR ME, ESPECIALLY, THESE PROJECTS GIVE ME AN OPPORTUNITY TO LOOK INWARD, TO REMEMBER WHAT IS IMPORTANT IN LIFE AND GIVE ME A SENSE OF SATISFACTION; NOT ONLY AT SEEING OUR HAPPY AND PROUD CLIENTS AND FRIENDS, BUT FOR THE CLEAR SIMPLICITY AND DELICATE AUSTERITY OF EACH PROPERTY. OUR JOB AS ARCHITECTS IS TO REMEMBER WITH HUMILITY AND PROFESSIONALISM NATURE'S RICHNESS, INFINITE STRENGTH AND THE RESPECT THAT IT DESERVES.

BERTHA FIGUEROA PACHECO

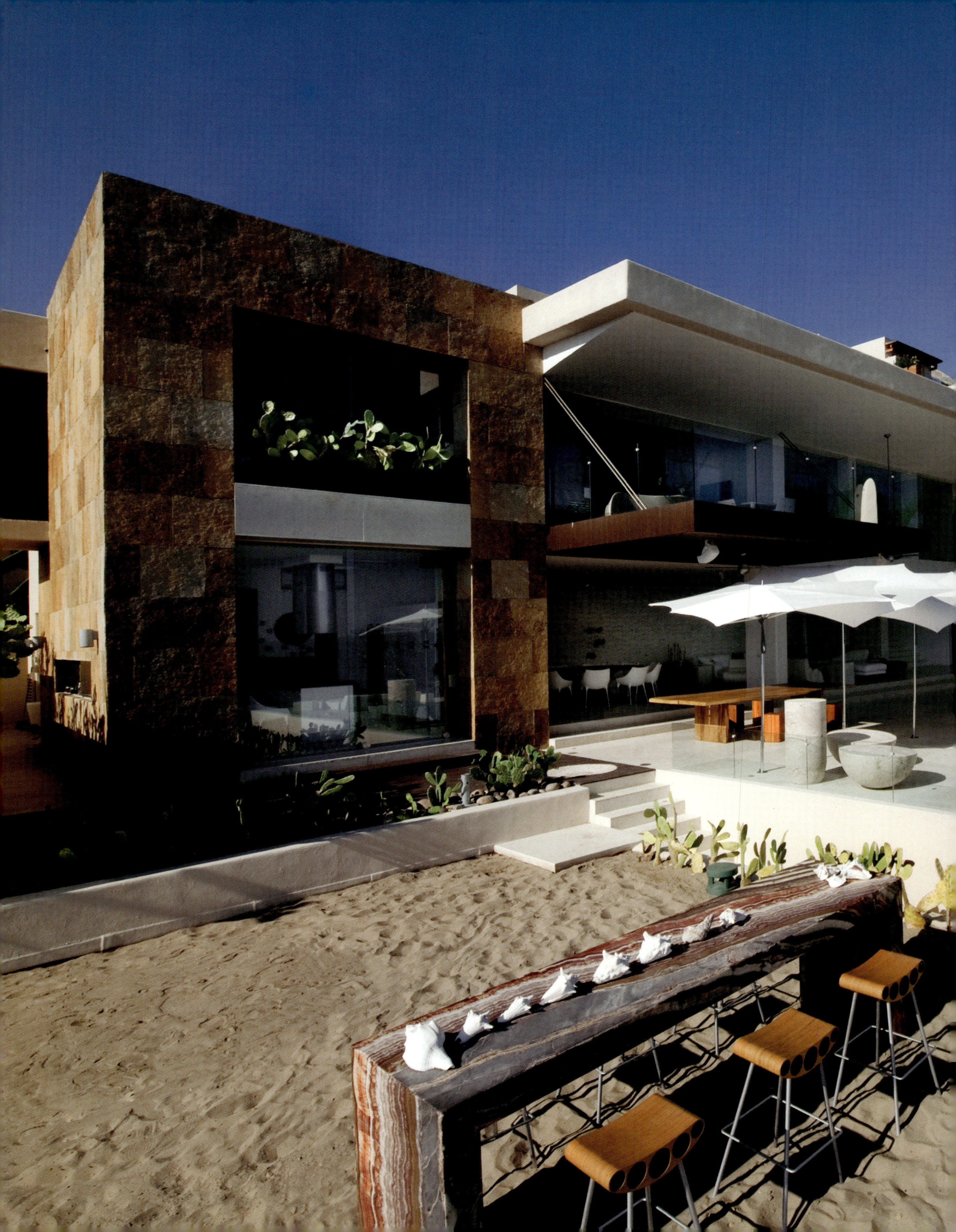

LA VIDA EN PLAYA SE RELAJA AL MÁXIMO,
VIDA ABIERTA Y SIMPLE.

*BEACH LIFE IS RELAXED TO THE MAXIMUM,
OPEN AND SIMPLE LIFE.*

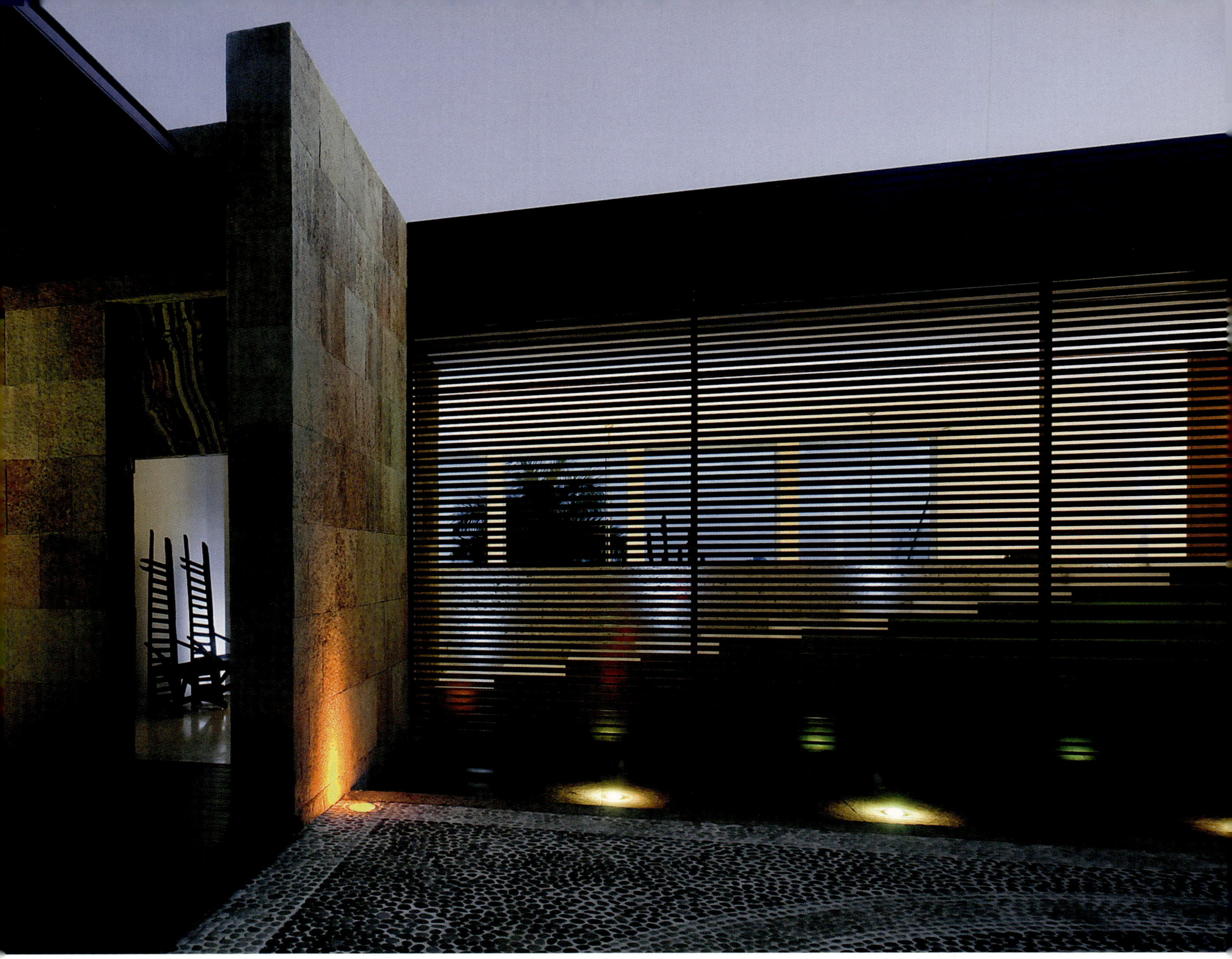

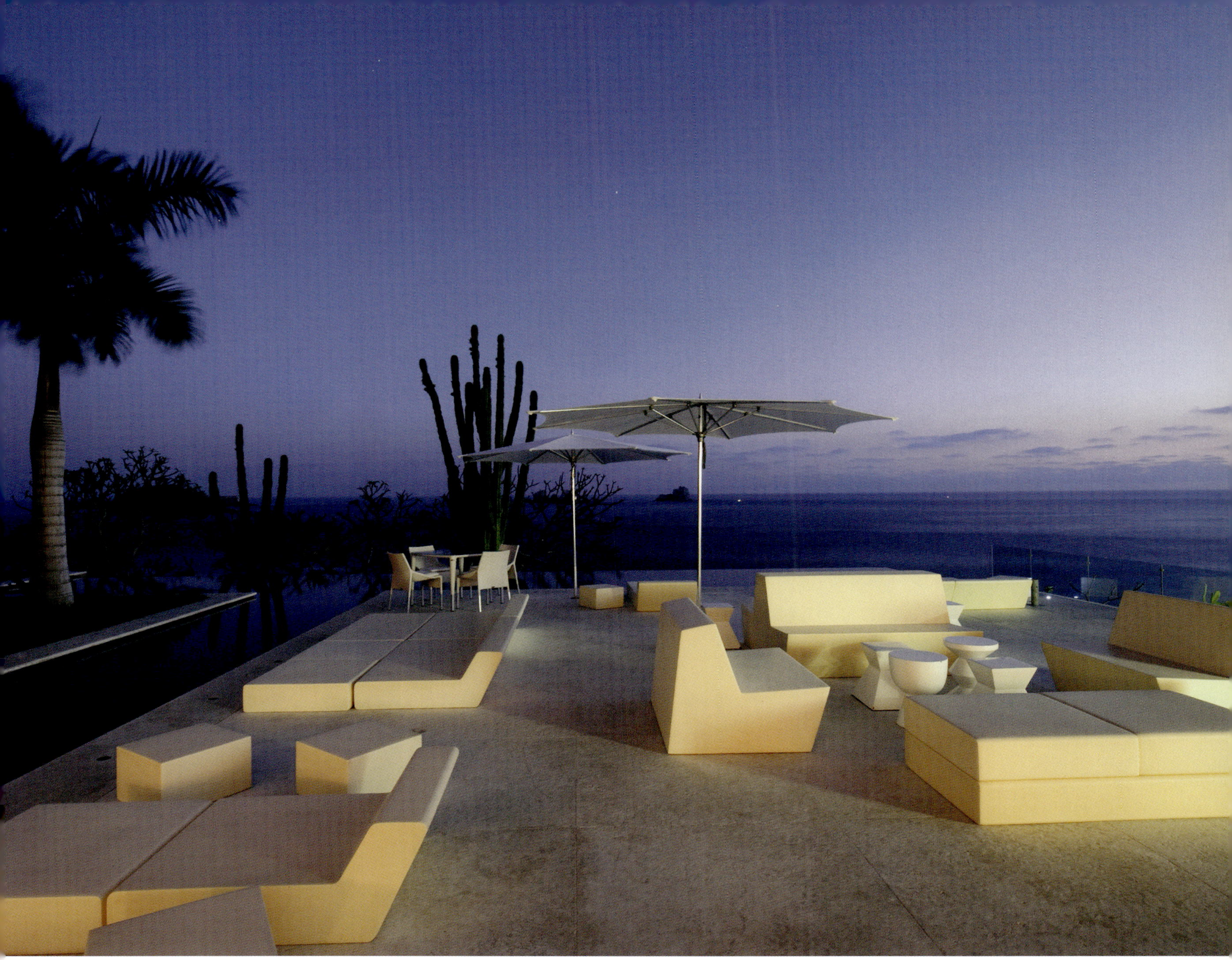

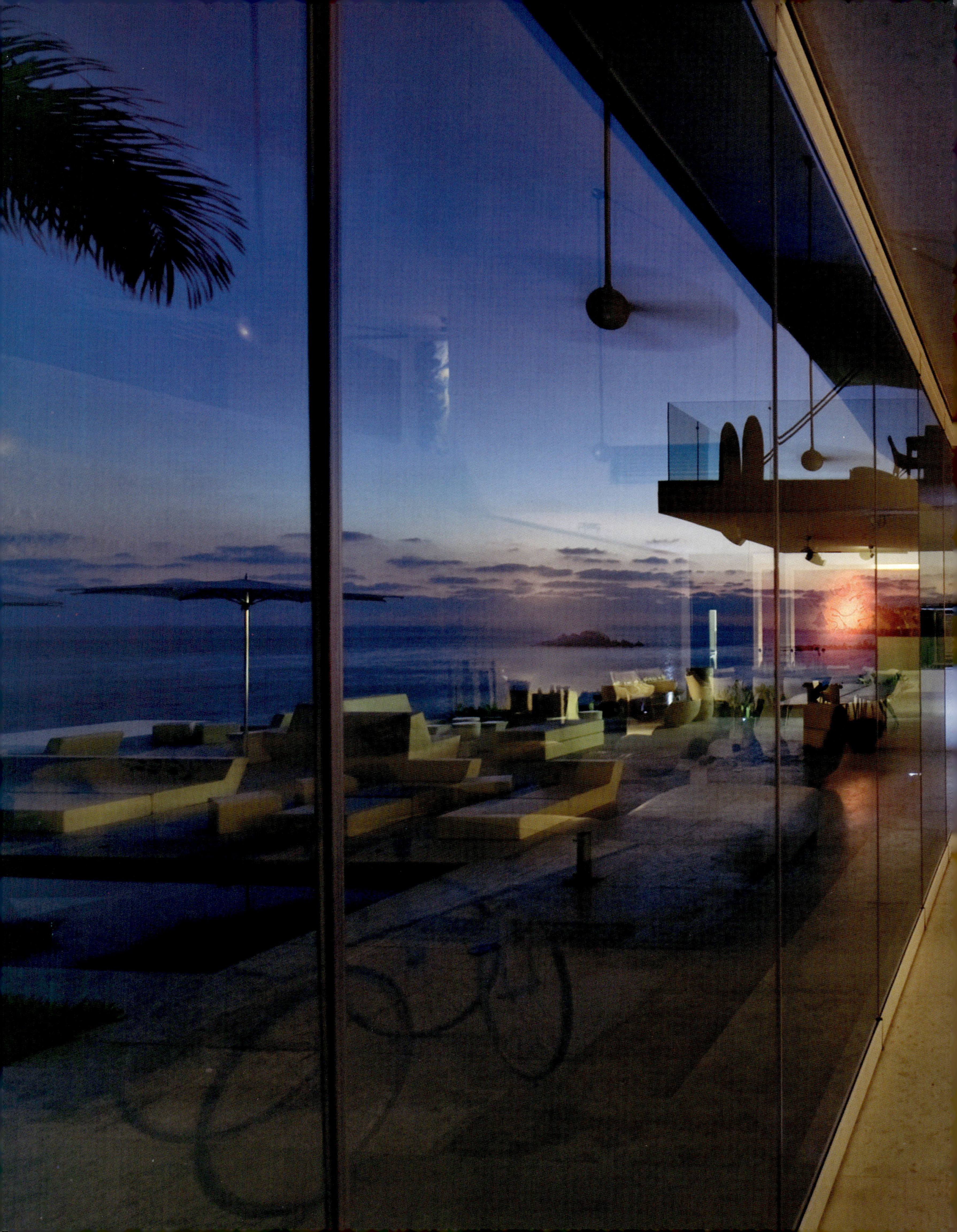

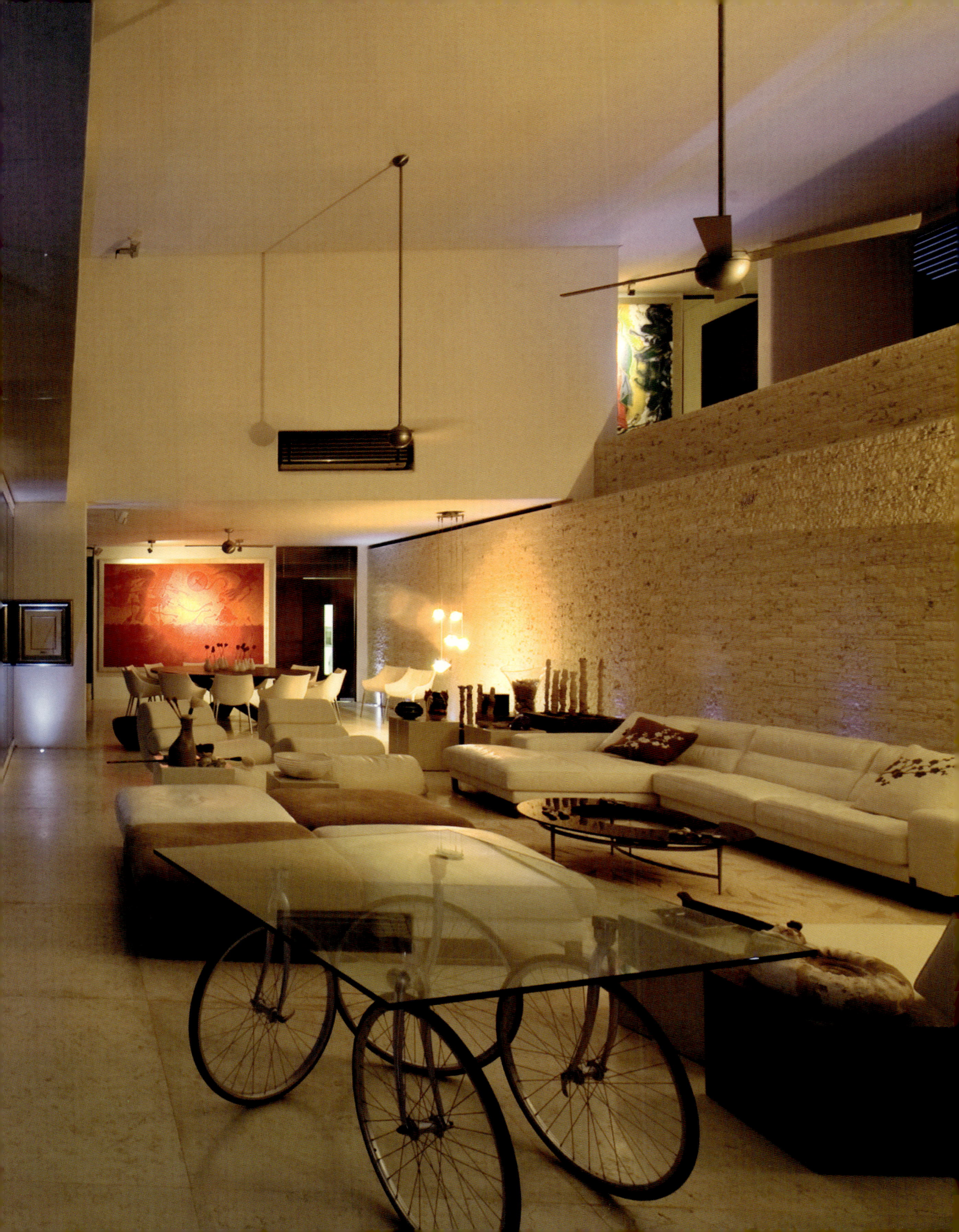

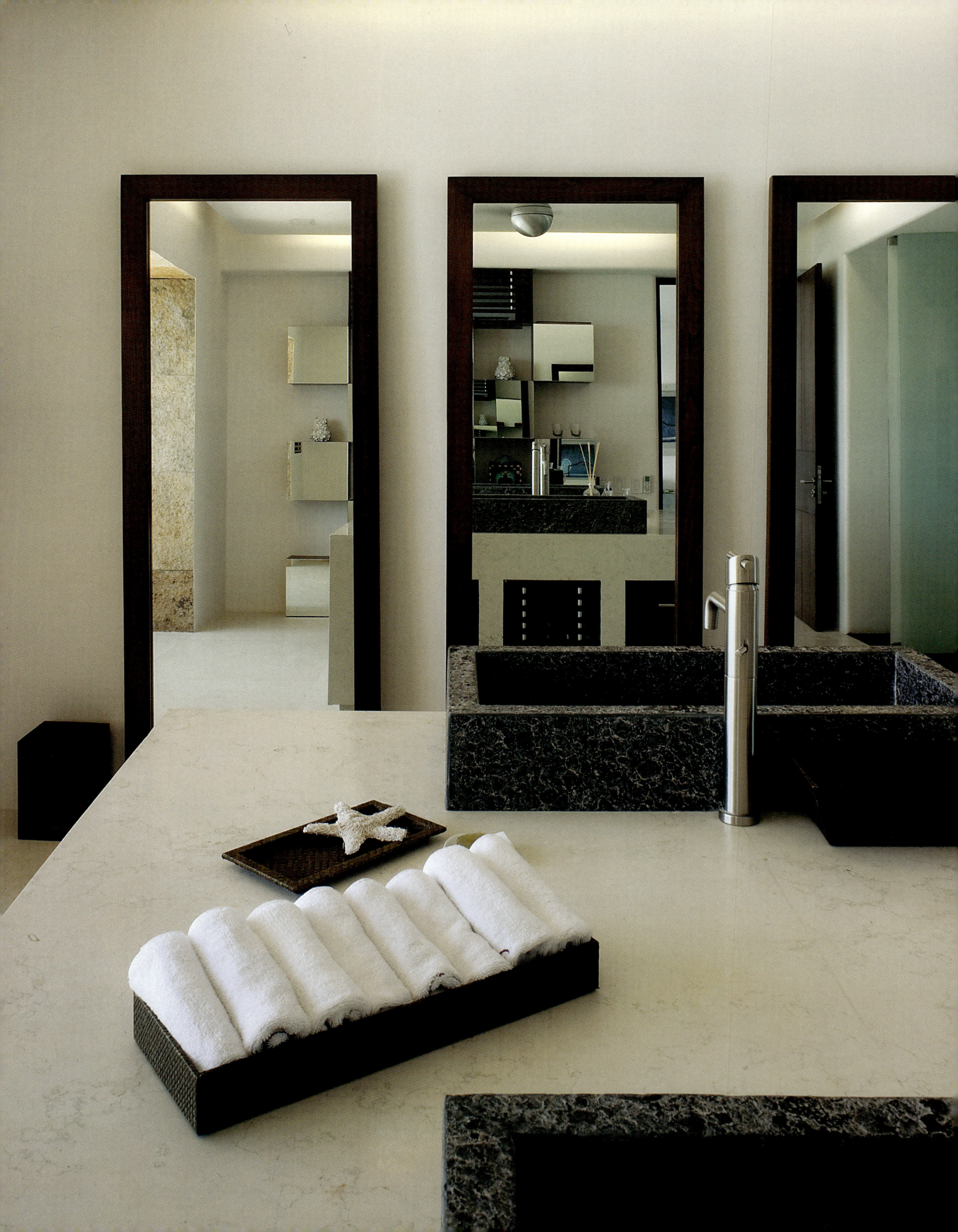

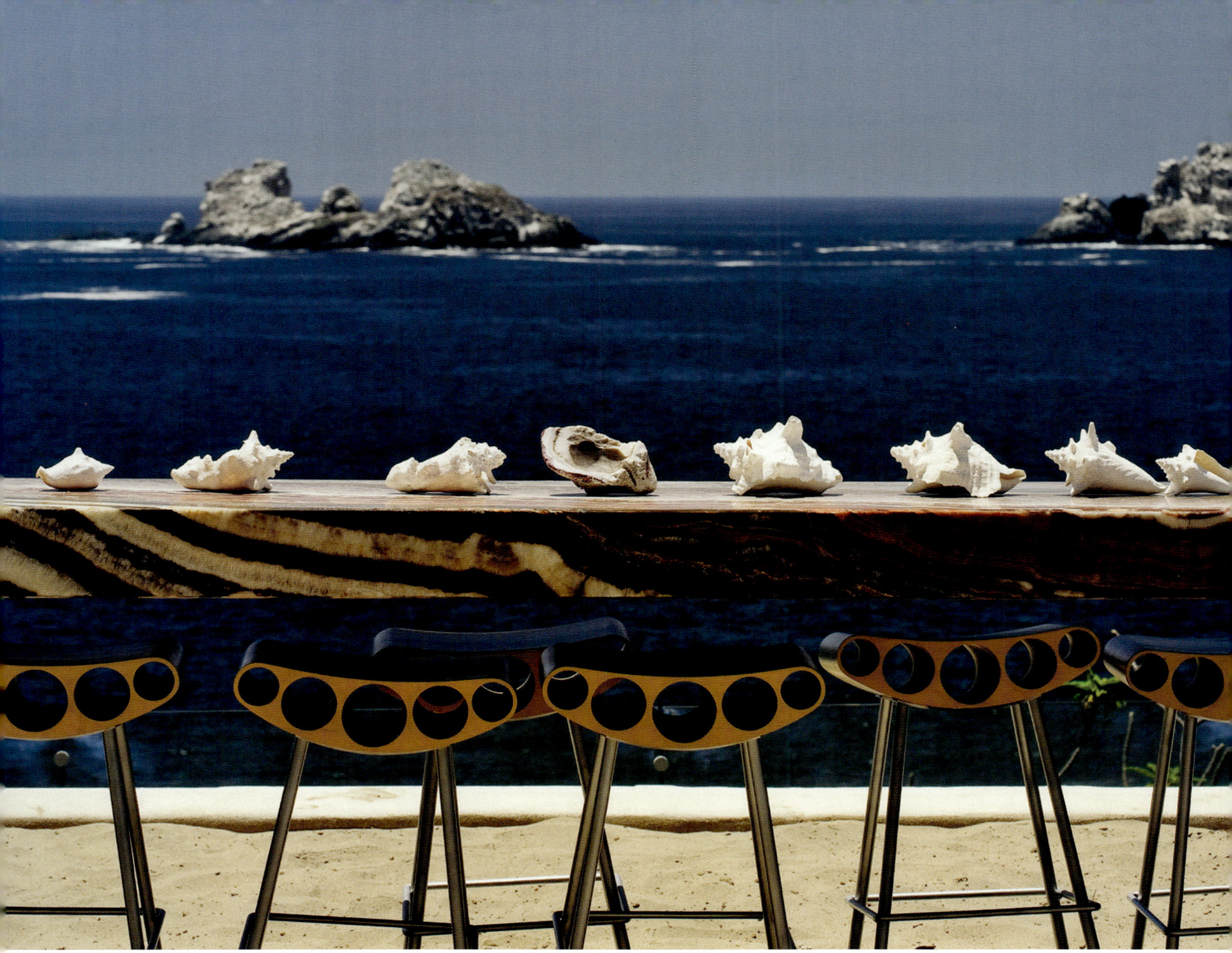

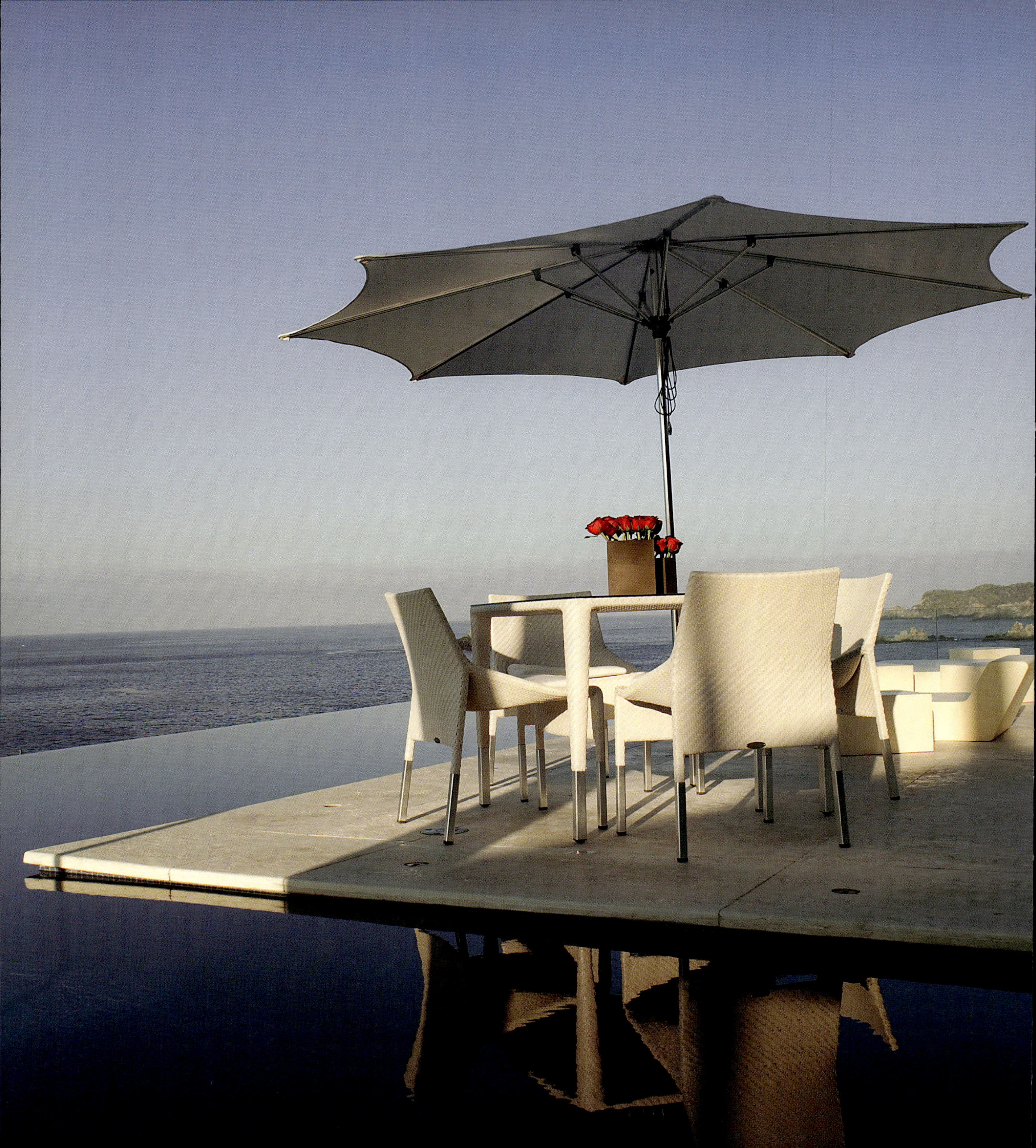

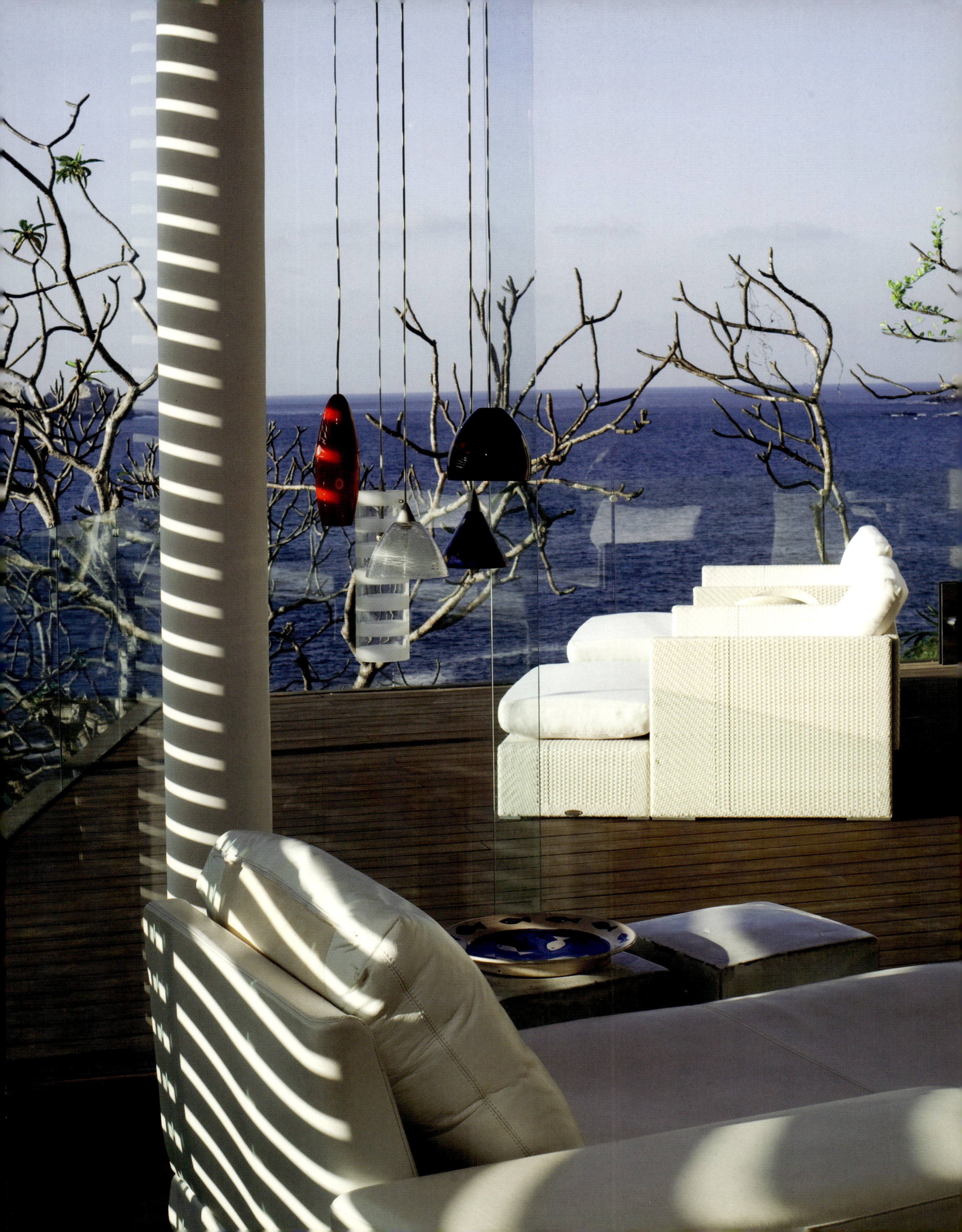

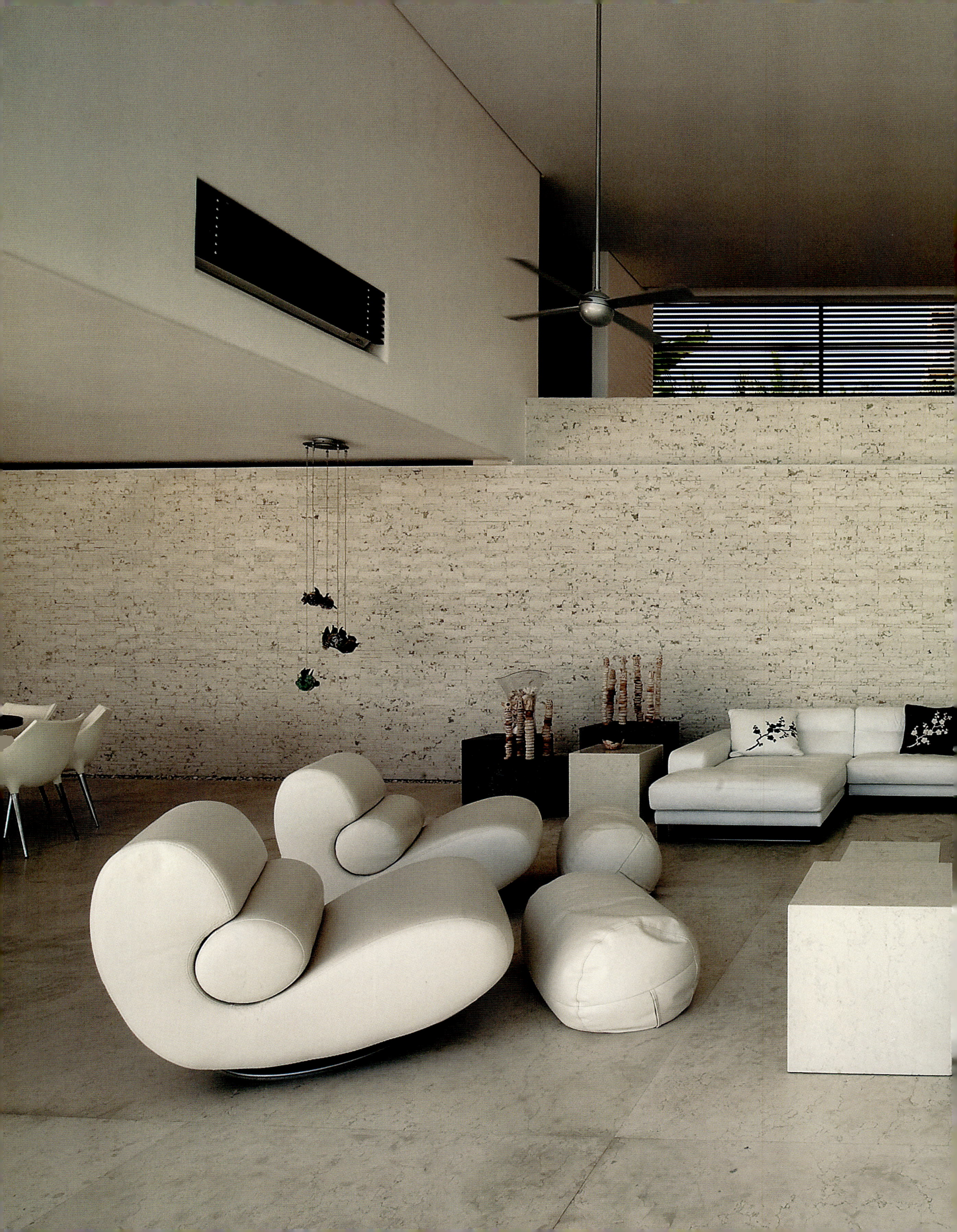

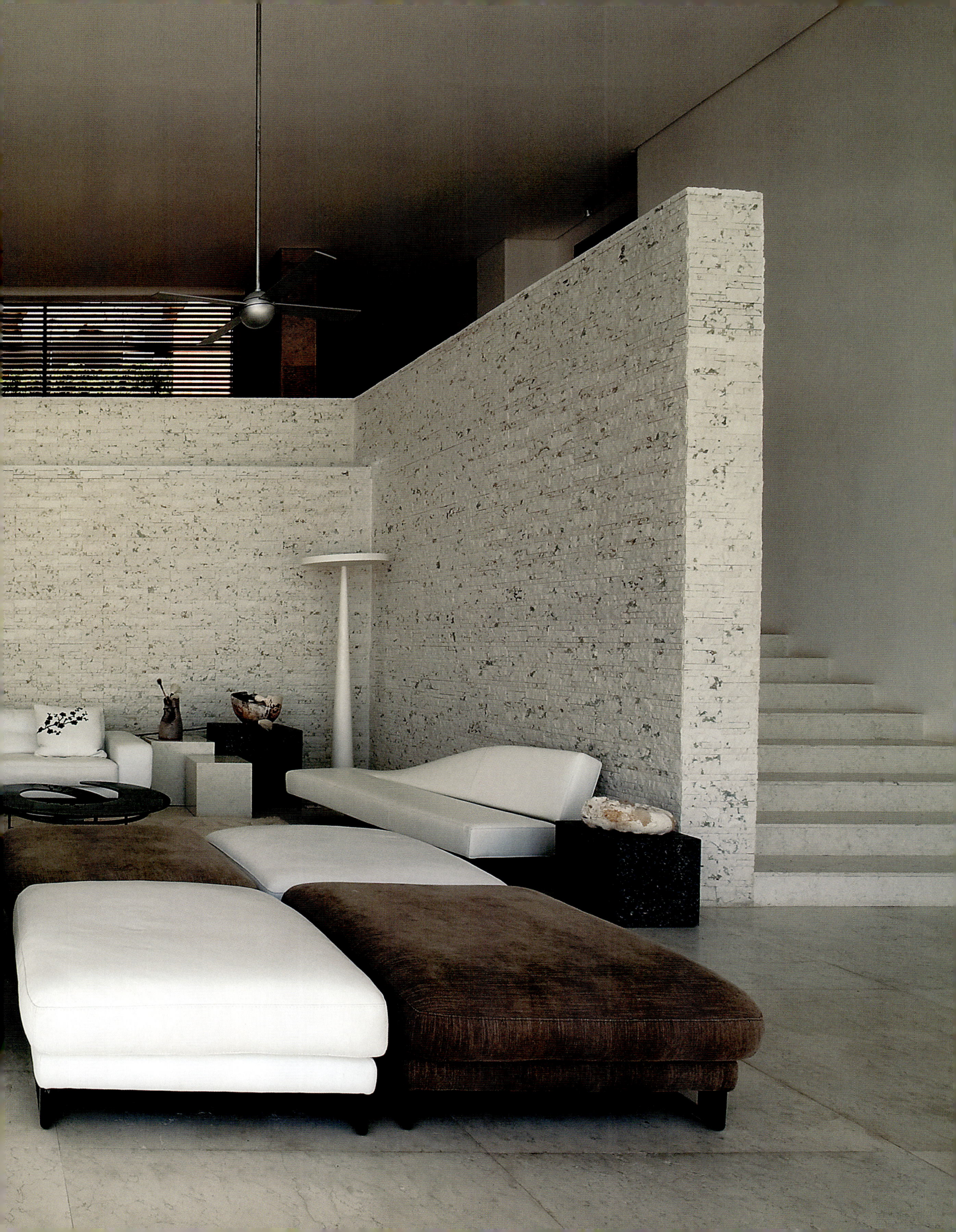

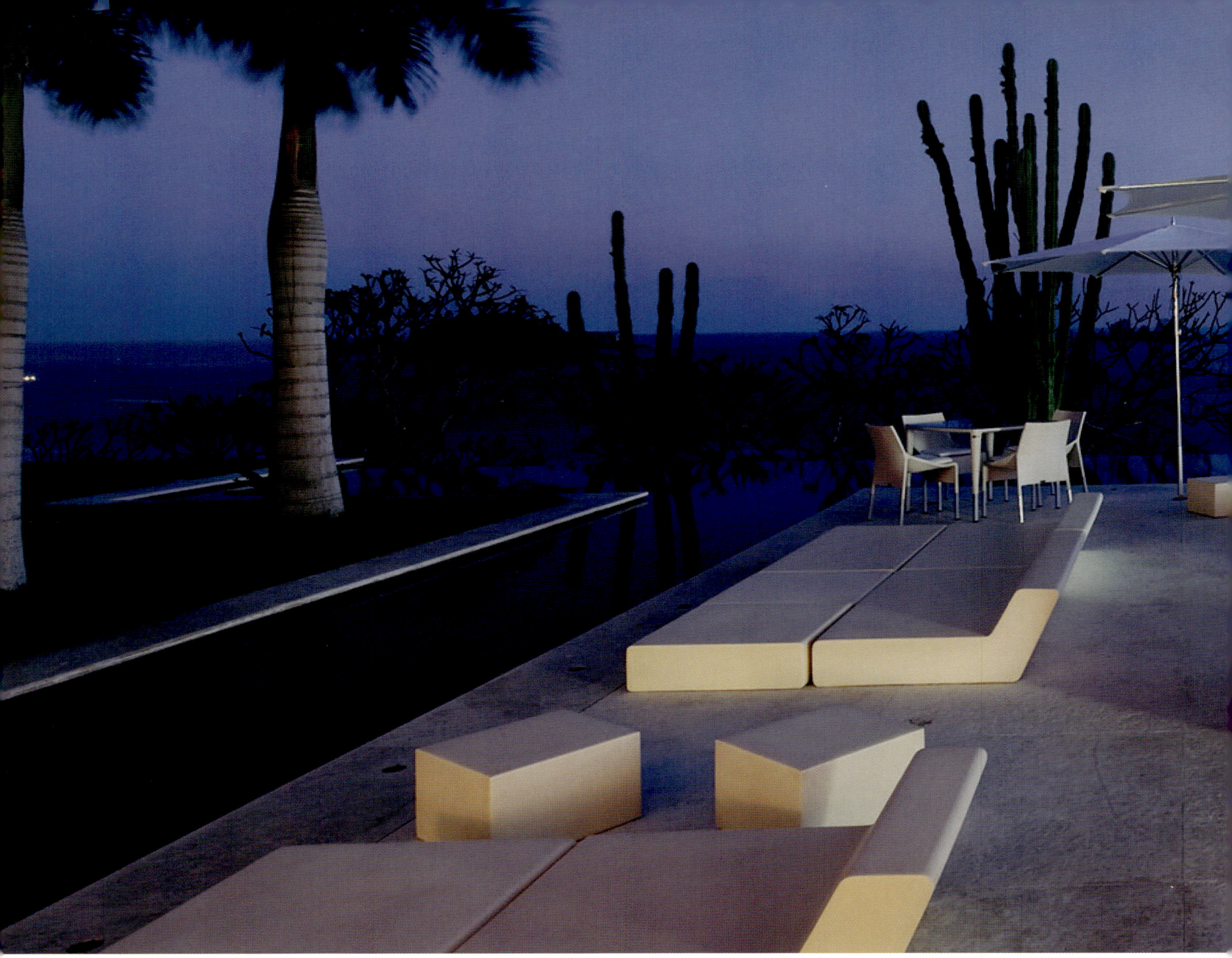

LOS ESPACIOS SE PERCIBEN DE OTRA MANERA.

SPACES ARE PERCEIVED DIFFERENTLY.

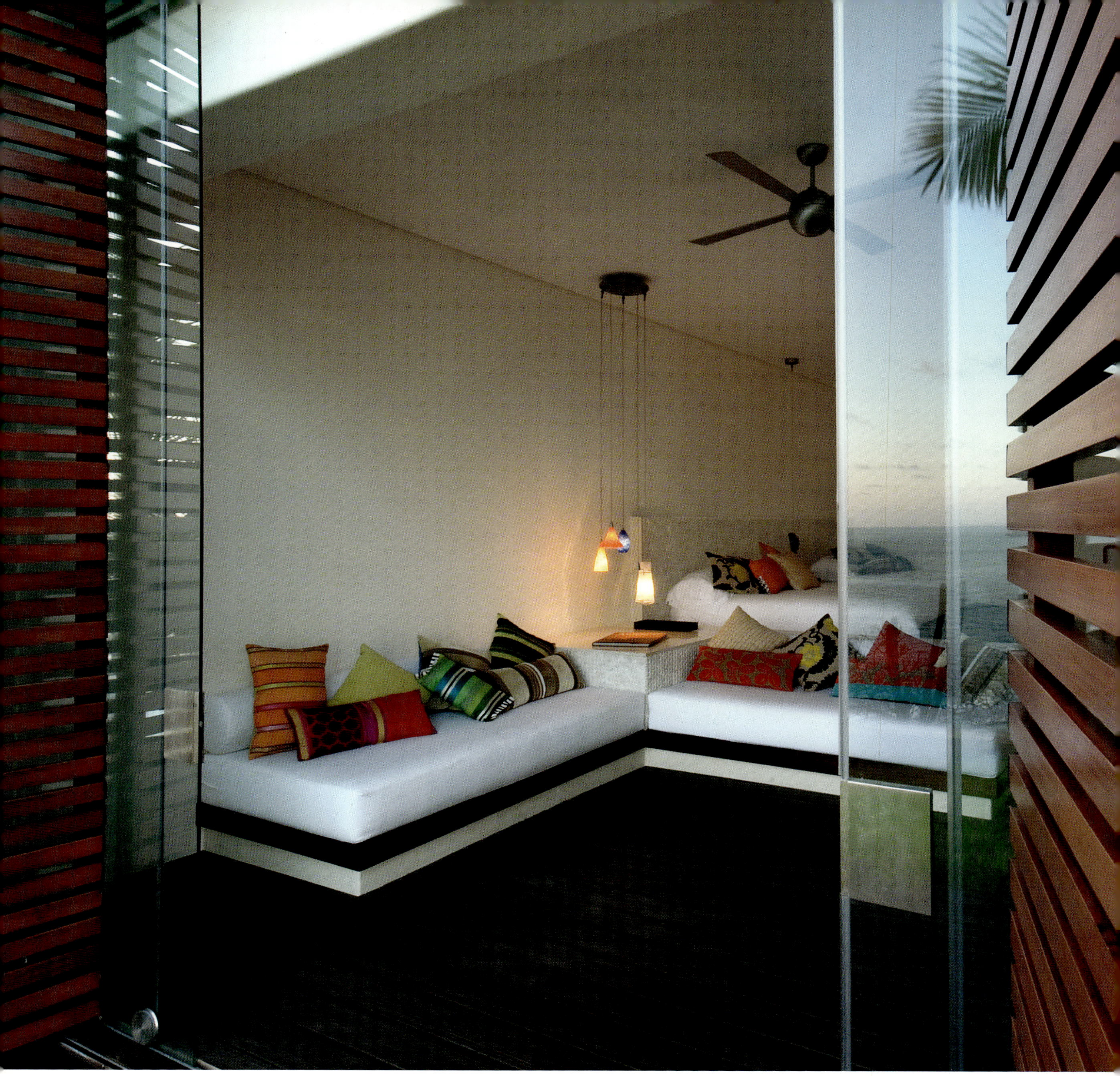

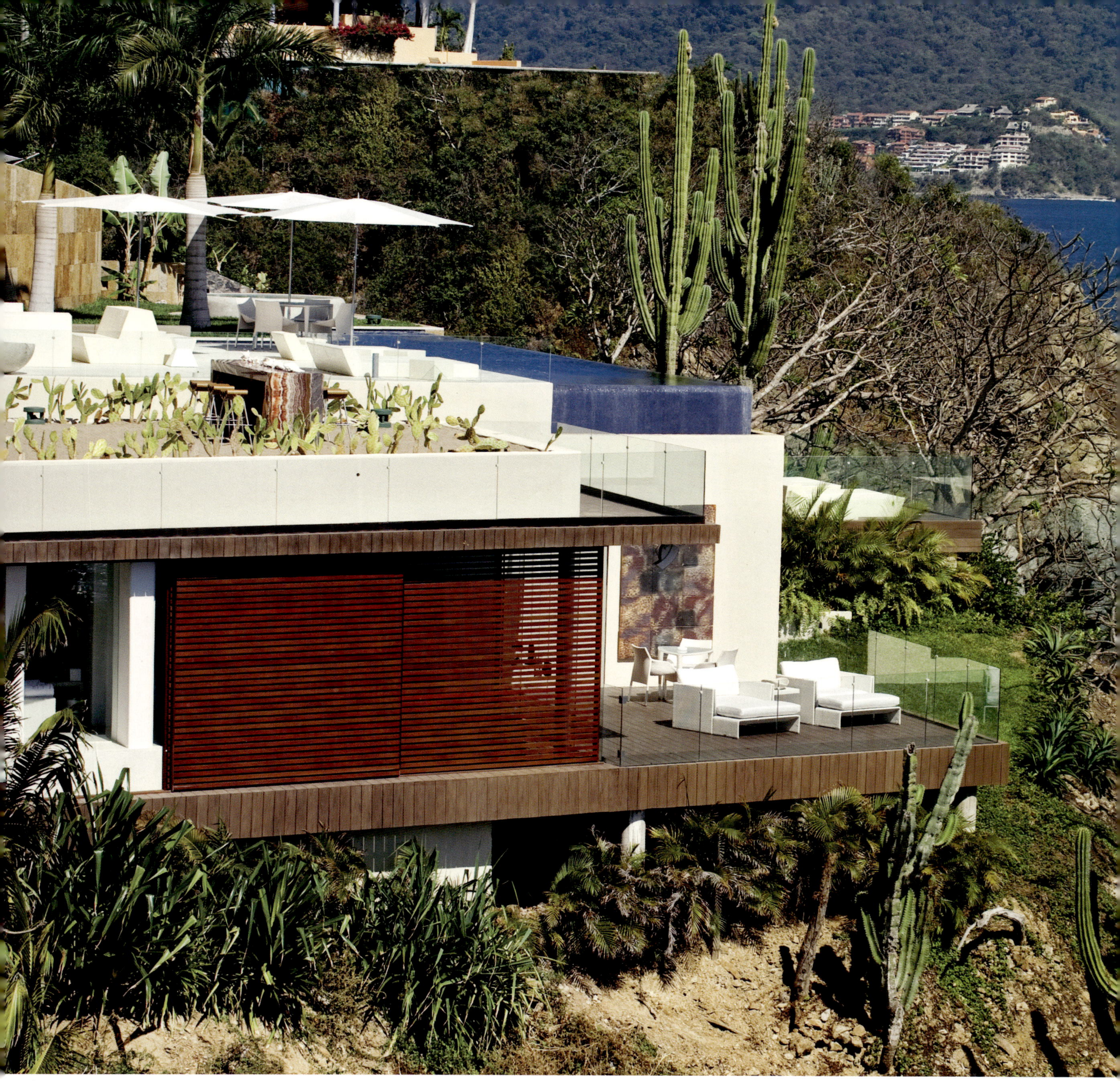

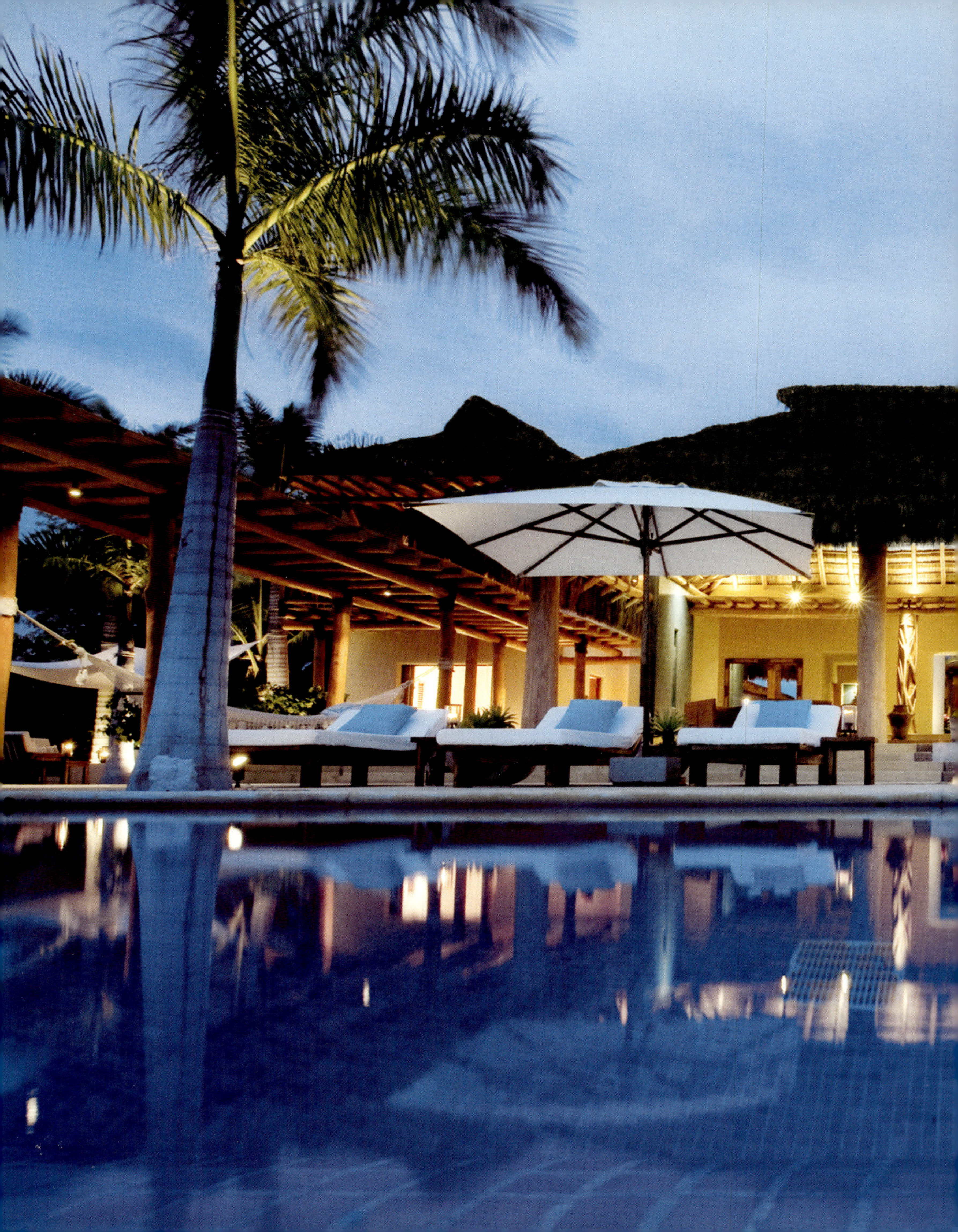

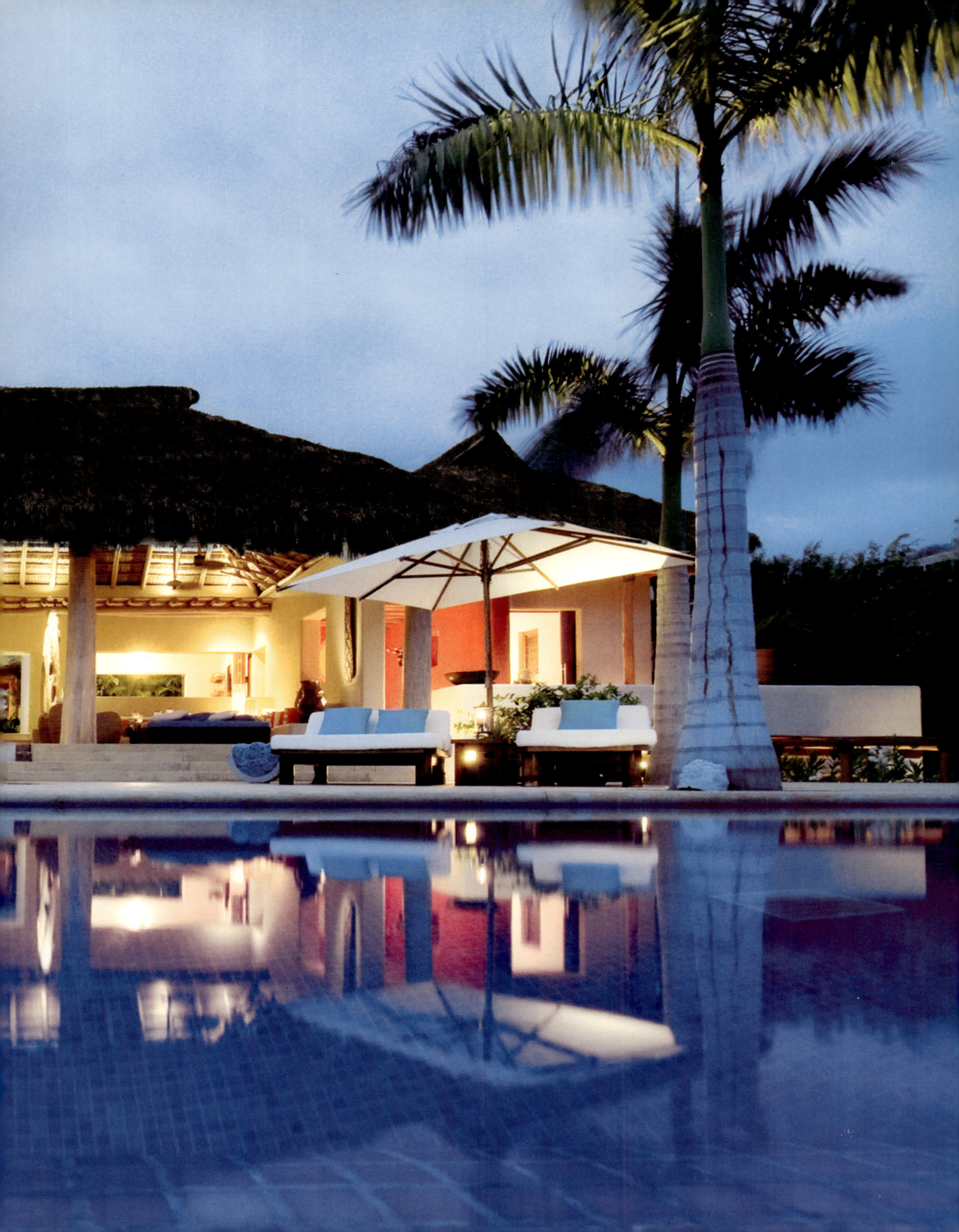

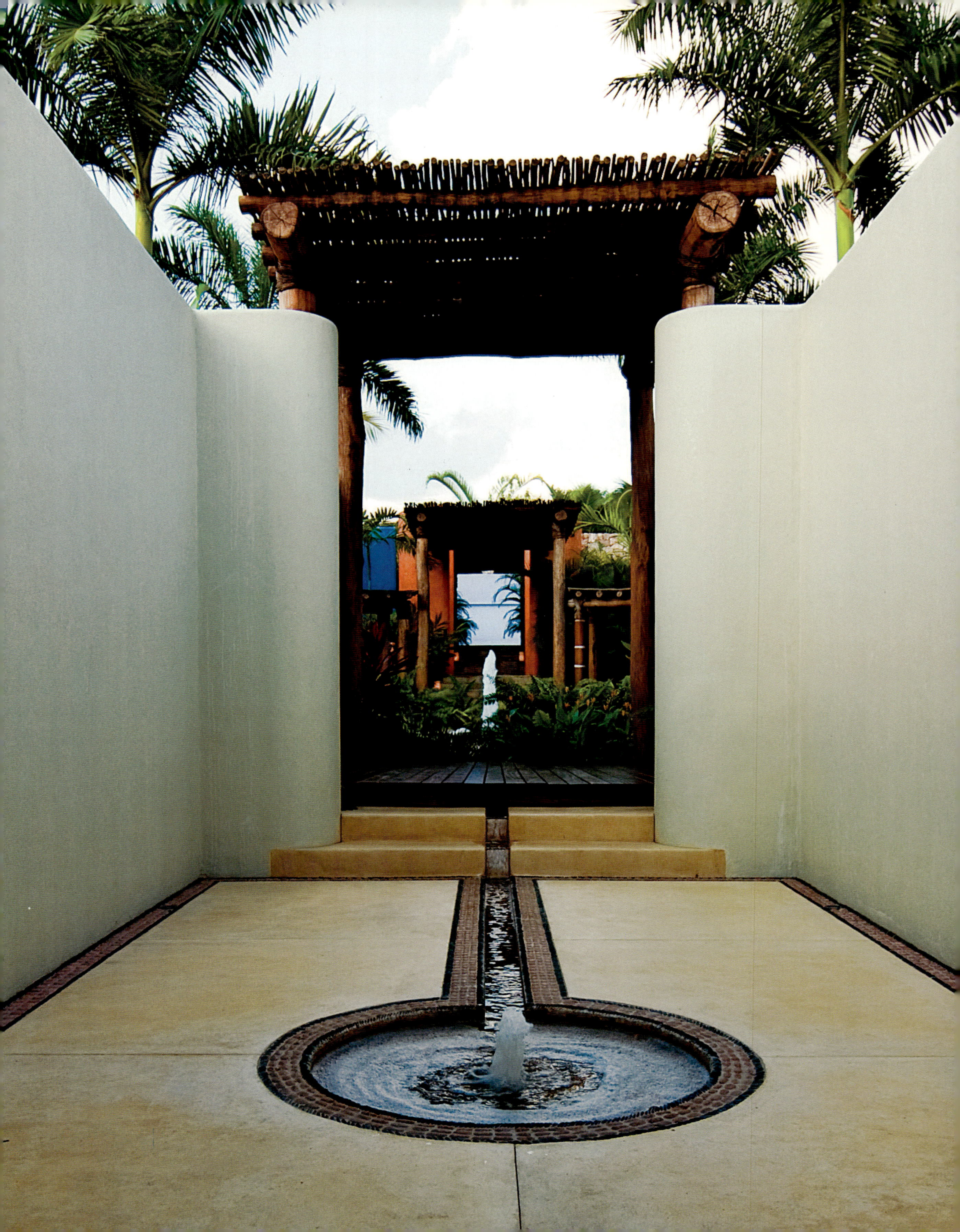

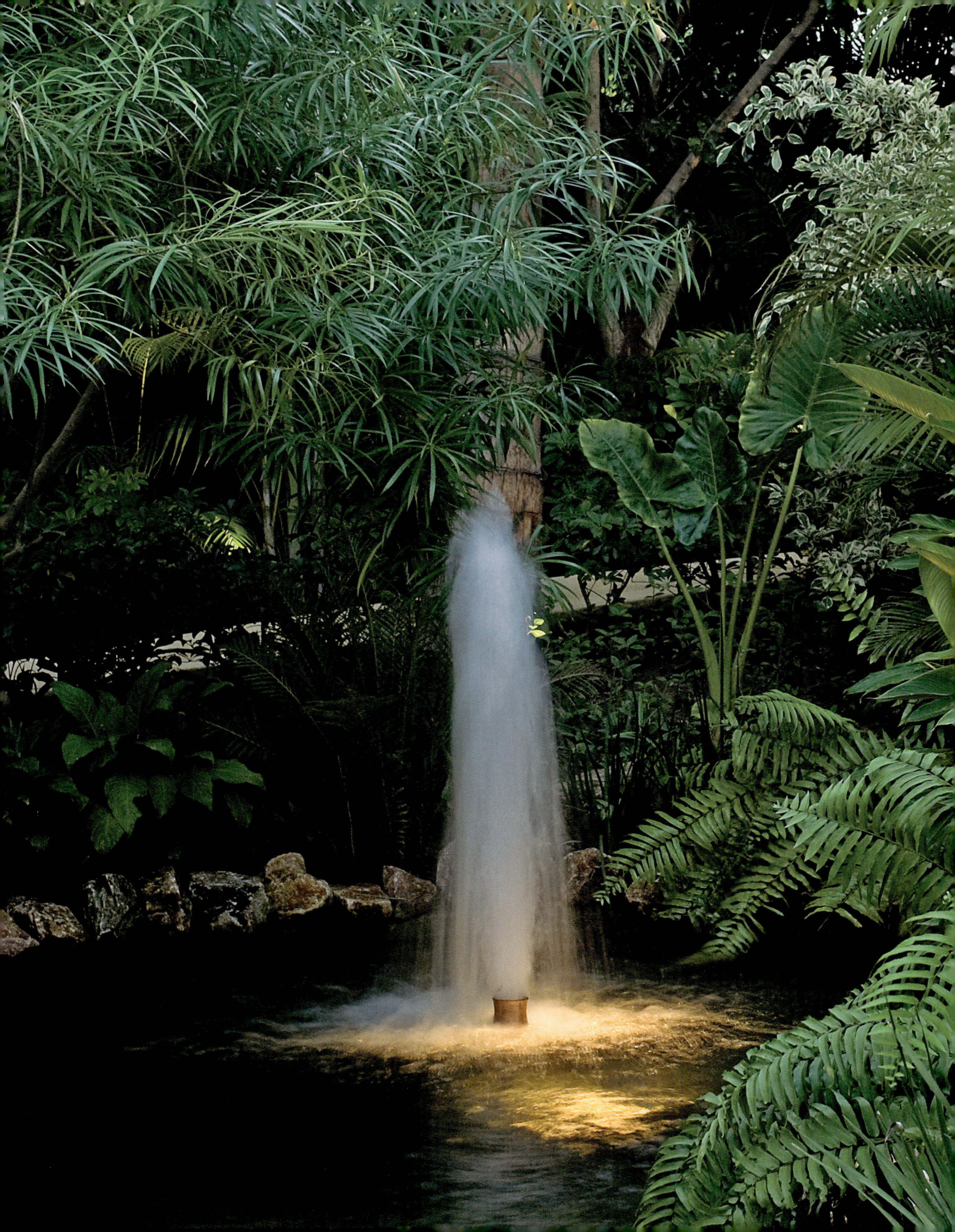

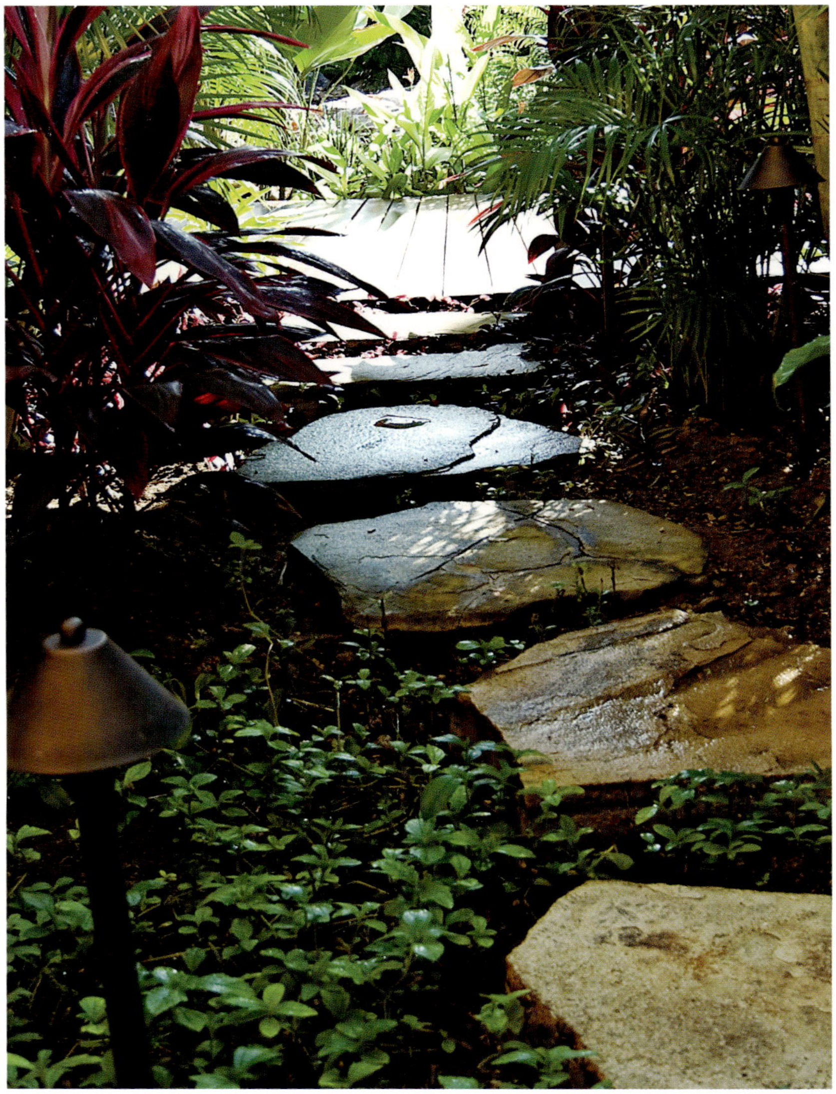

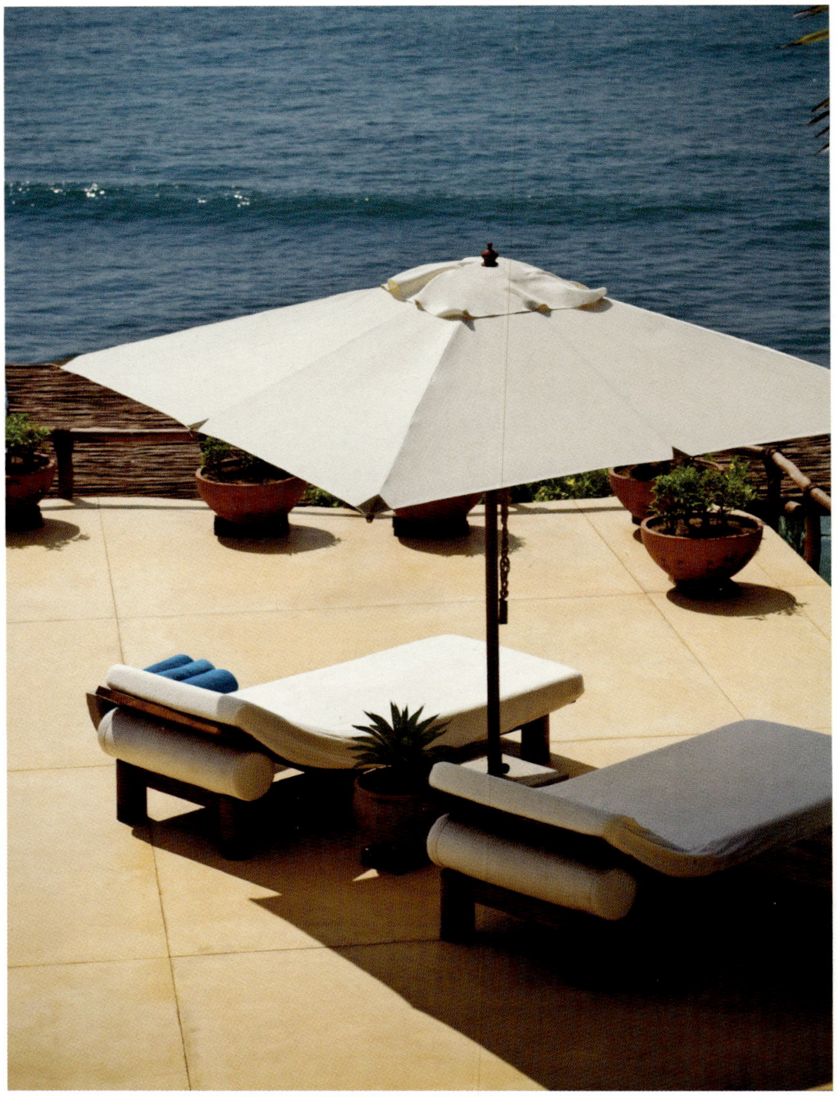

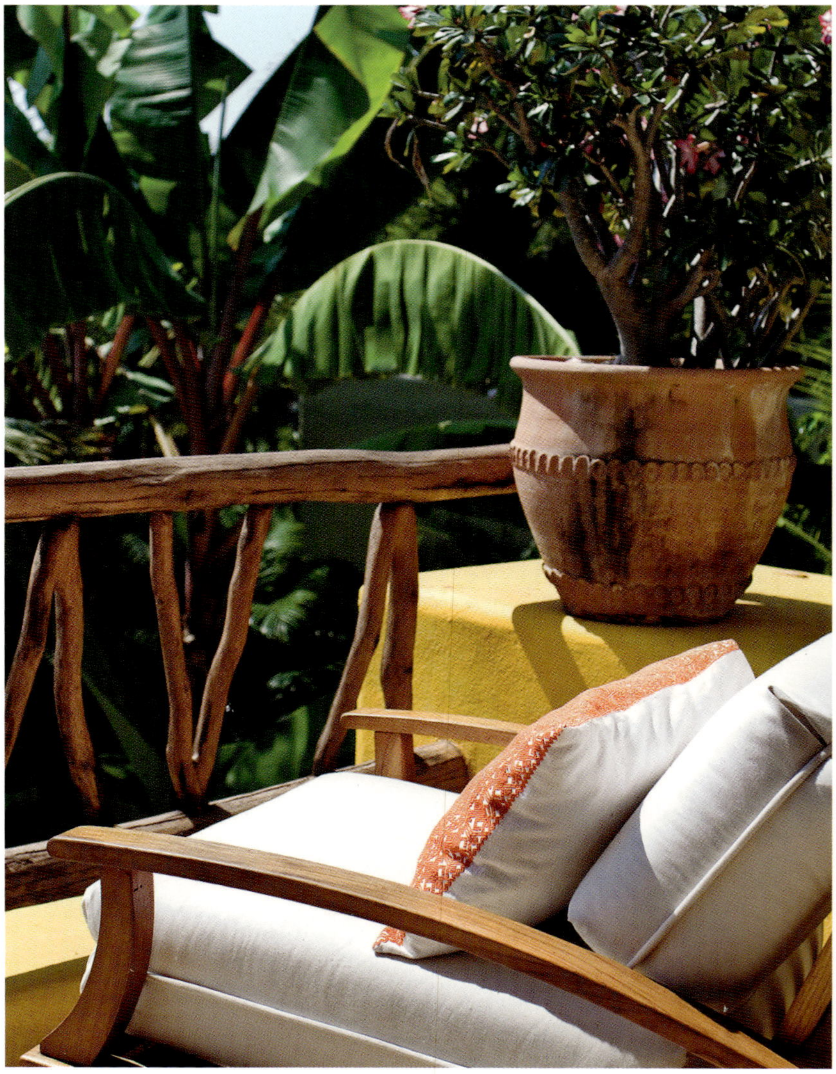

183

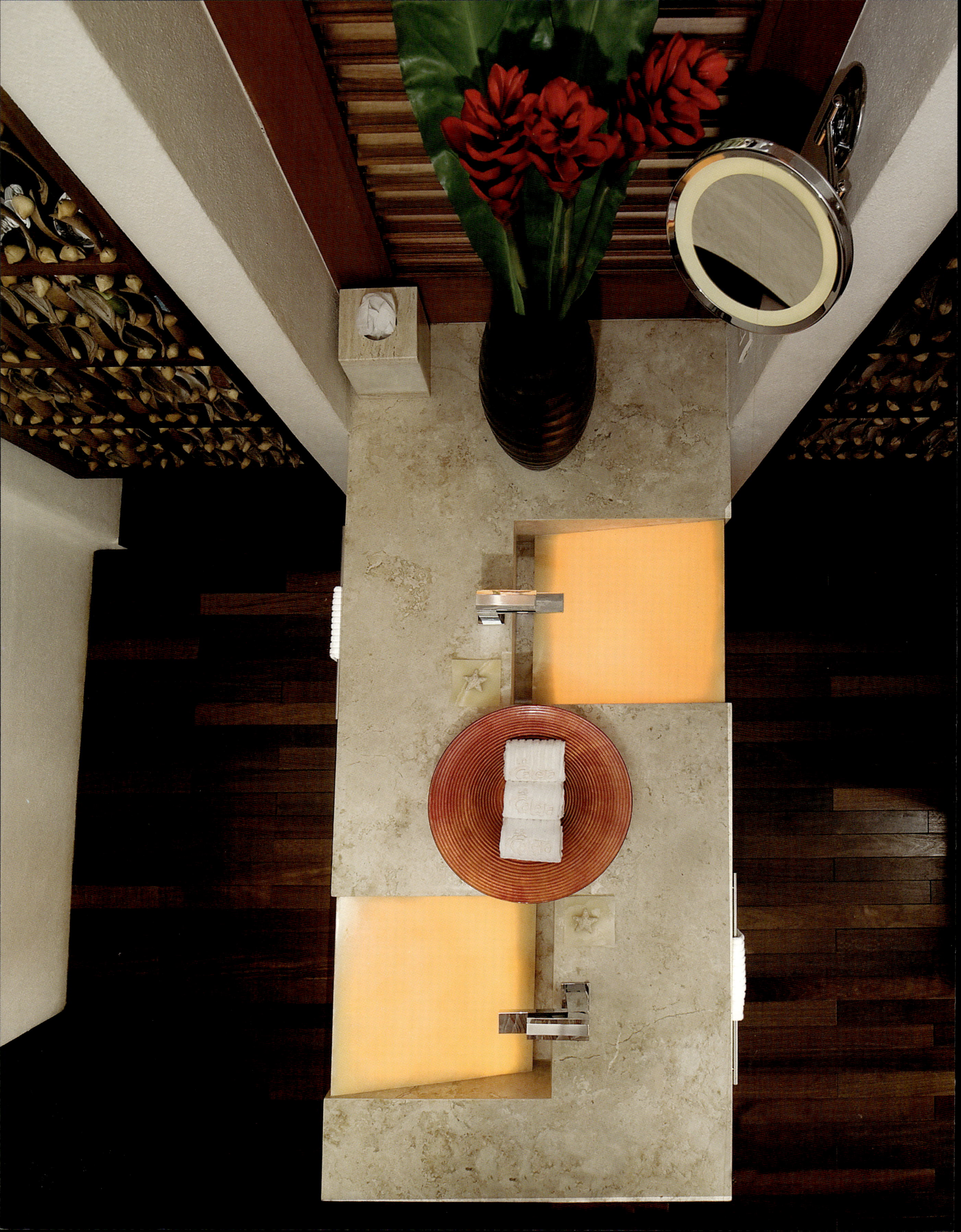

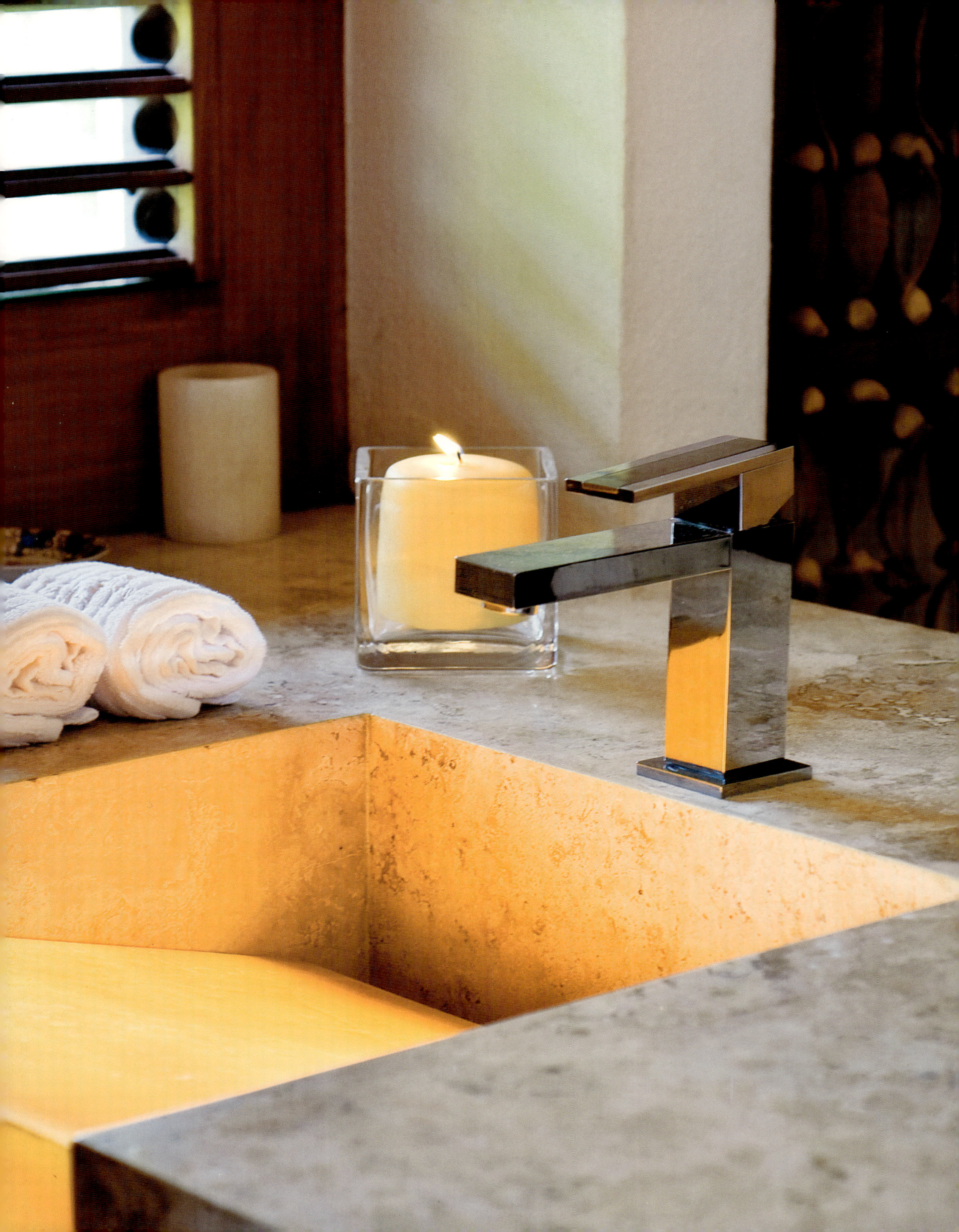

EL SOL NOS DIRIJE Y MARCA SU TERRITORIO.

THE SUN GUIDES US AND MARKS ITS TERRITORY.

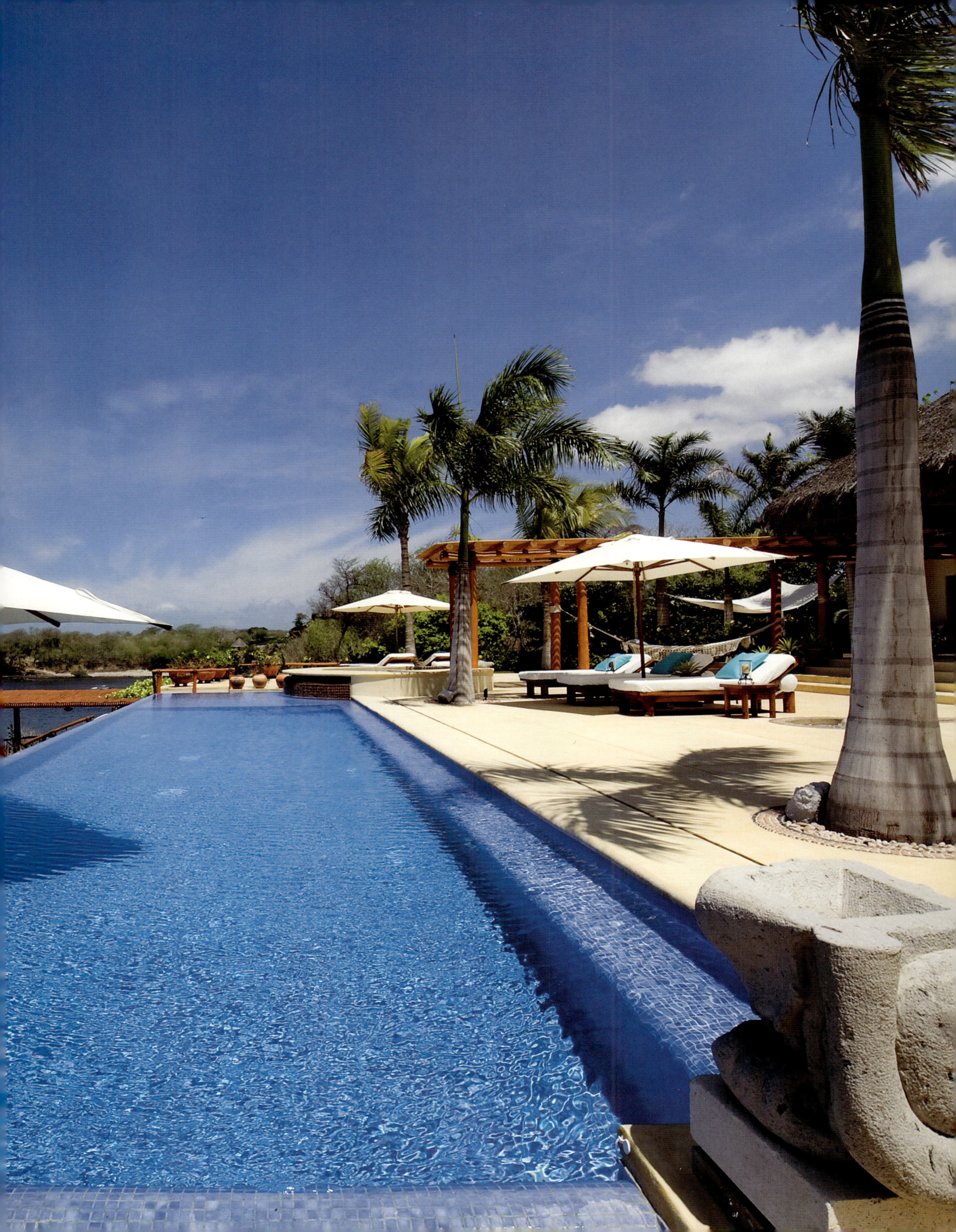

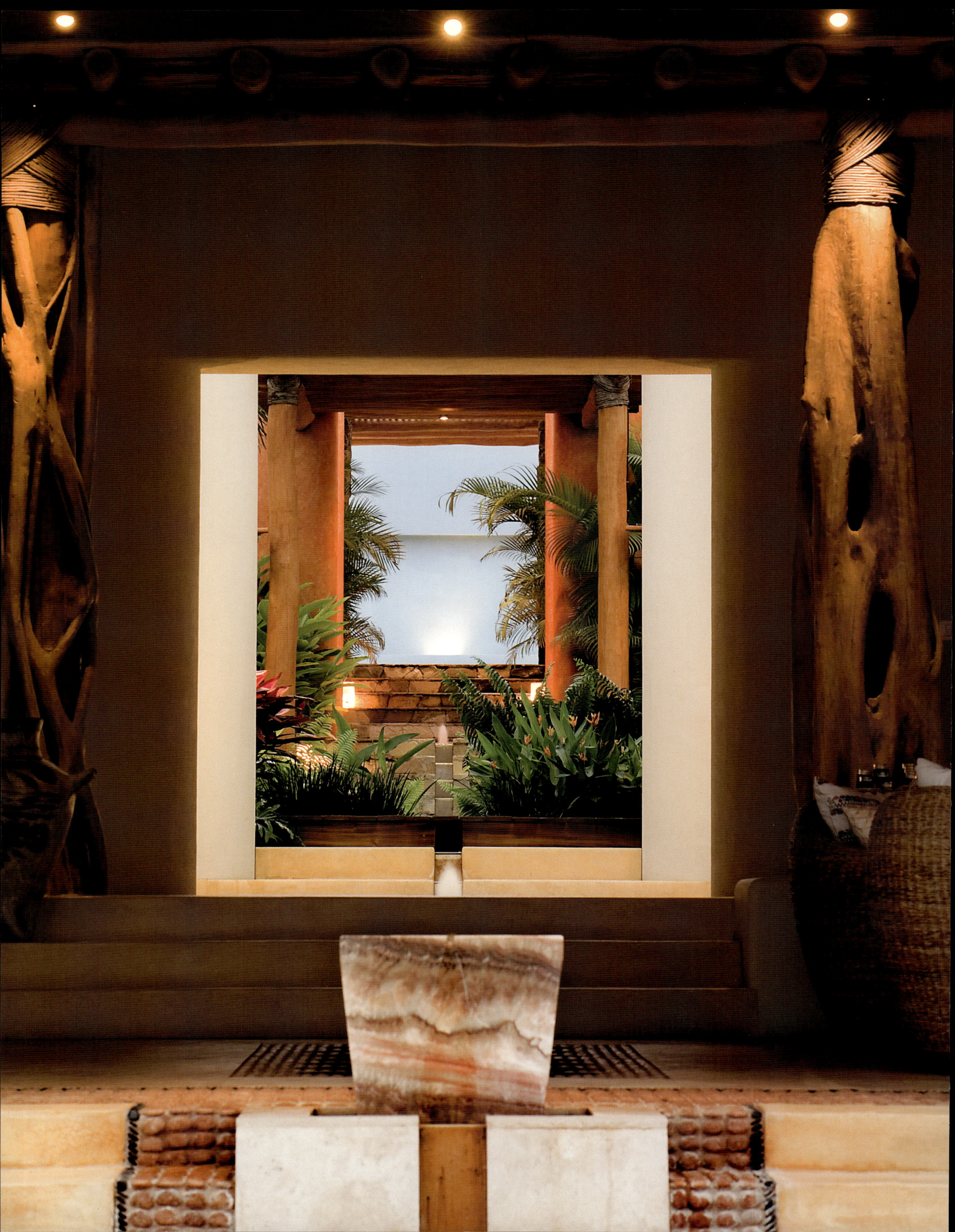

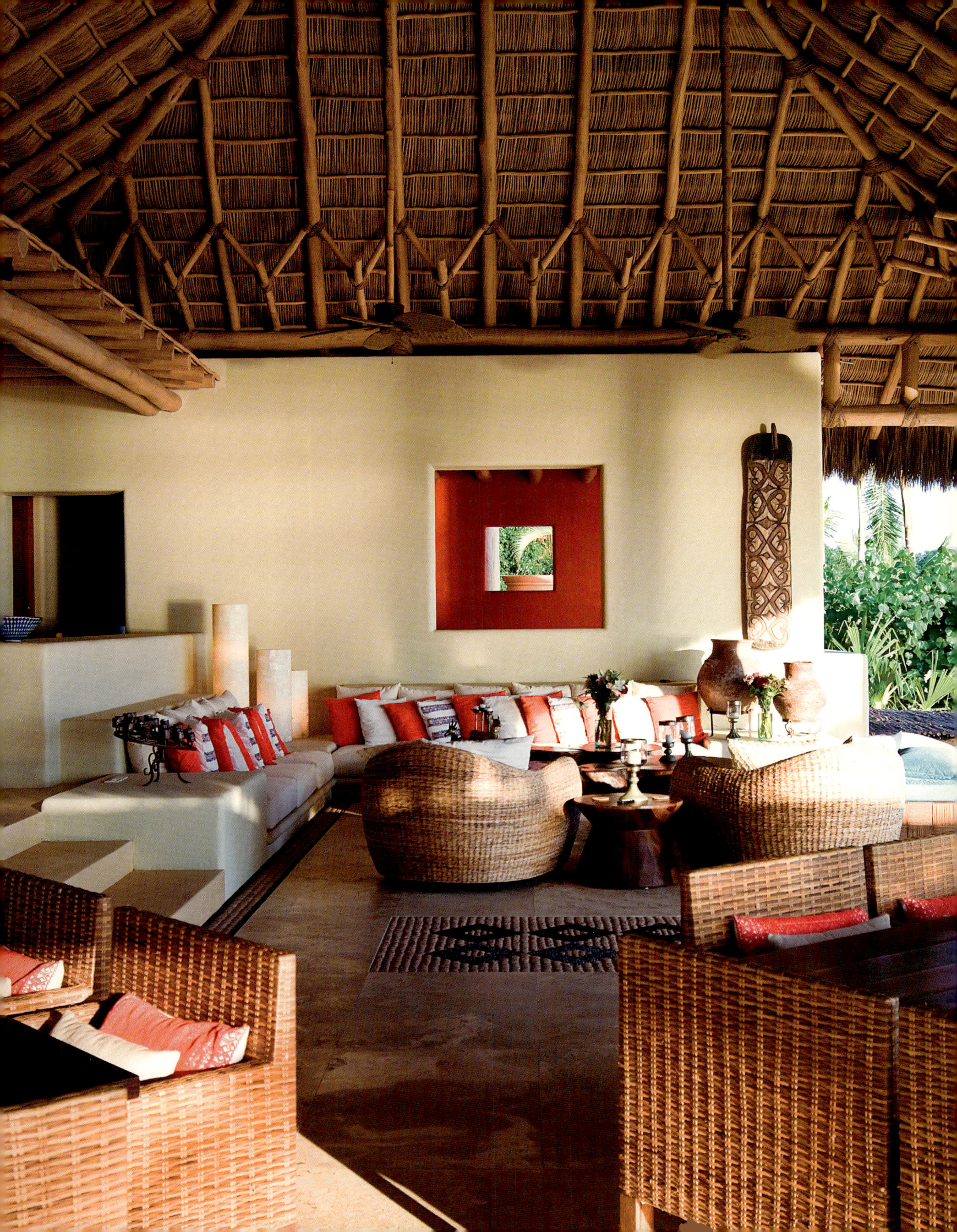

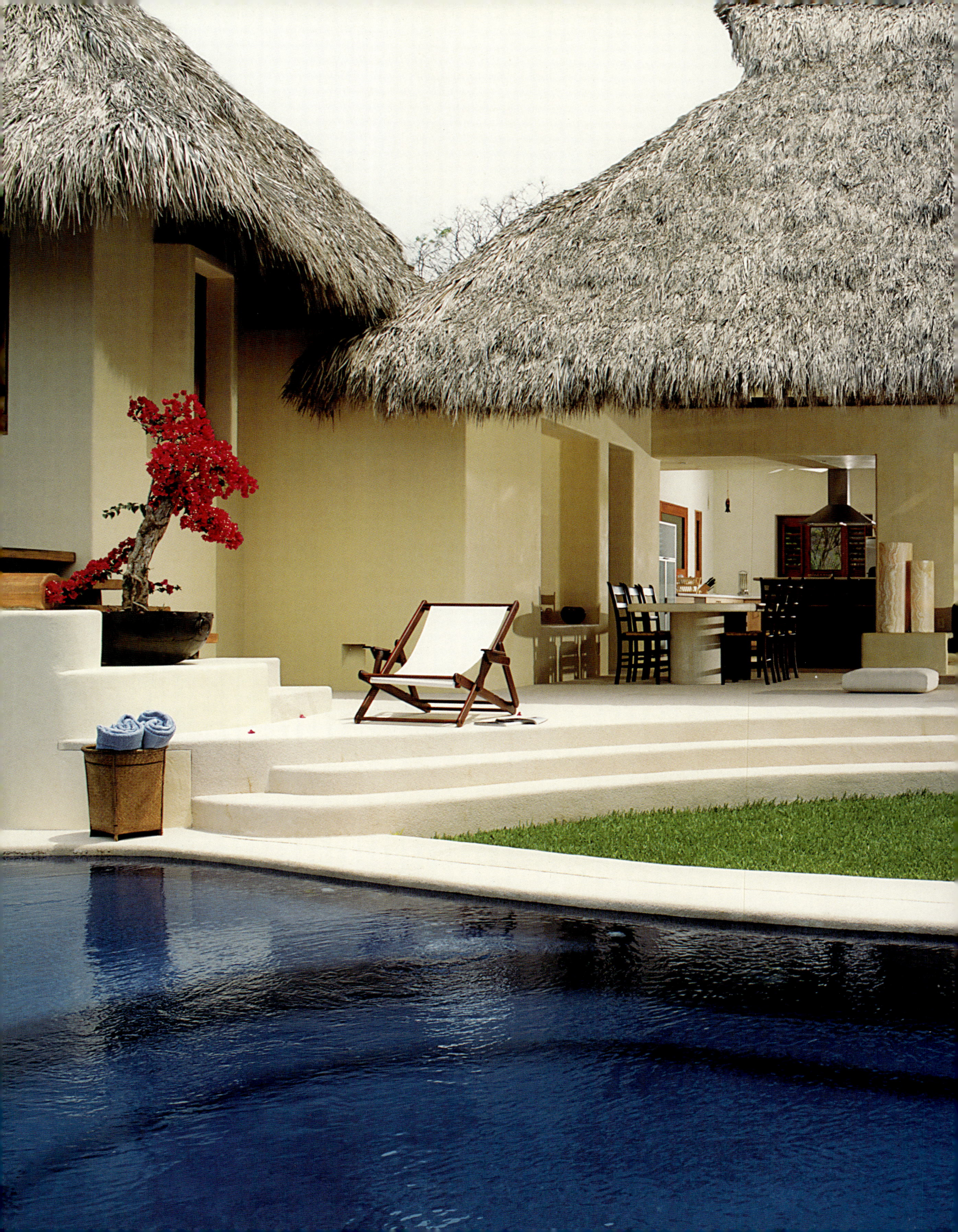

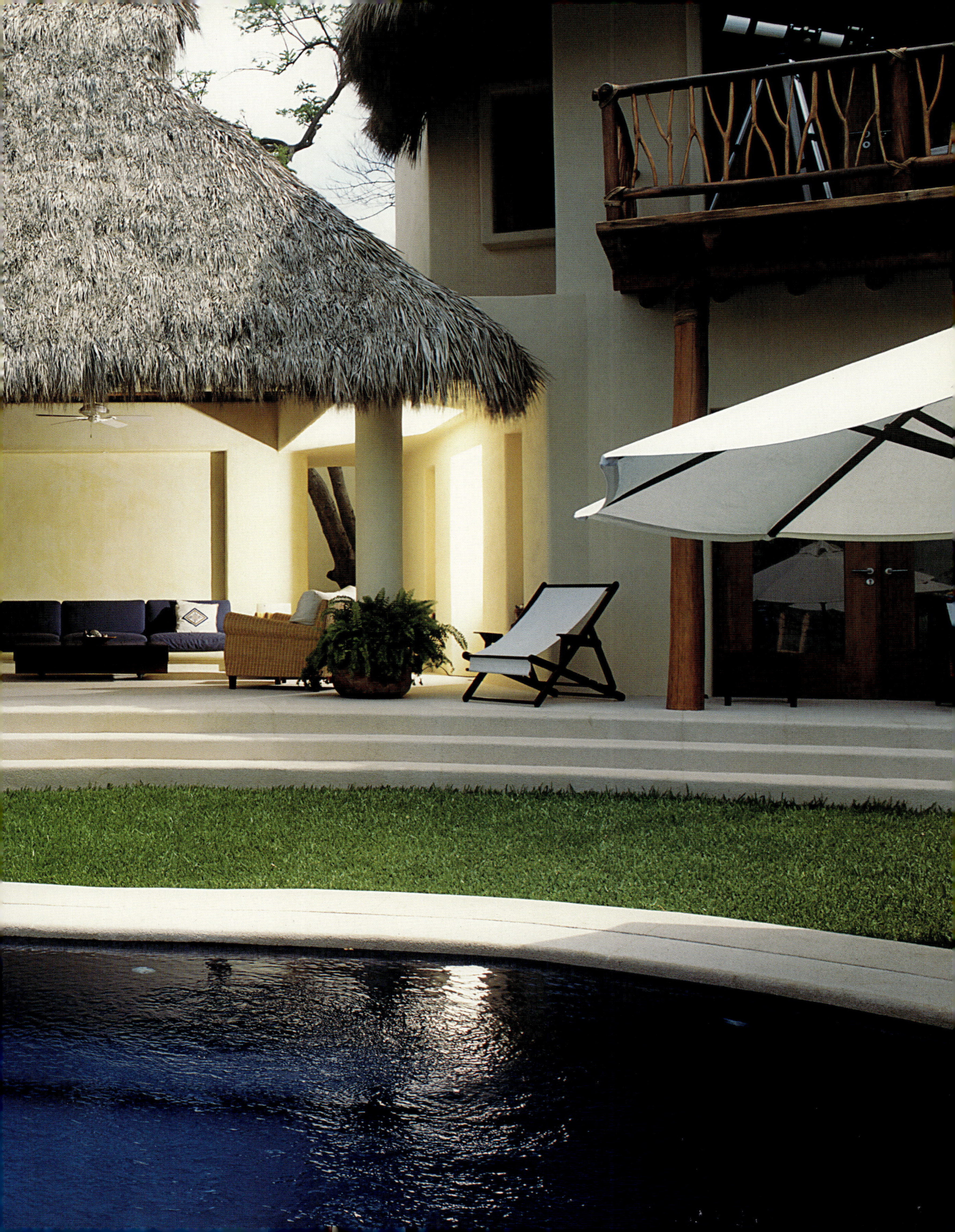

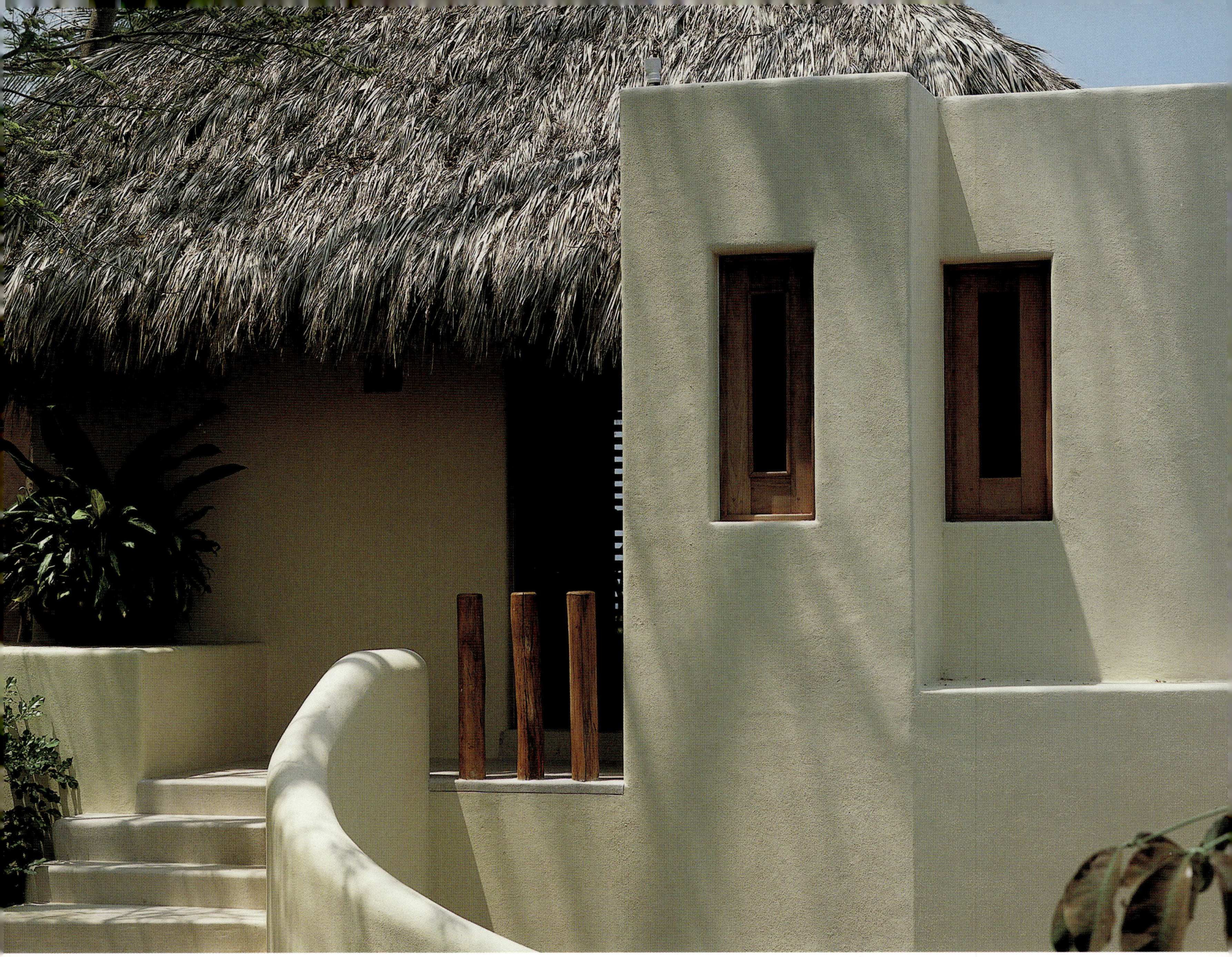

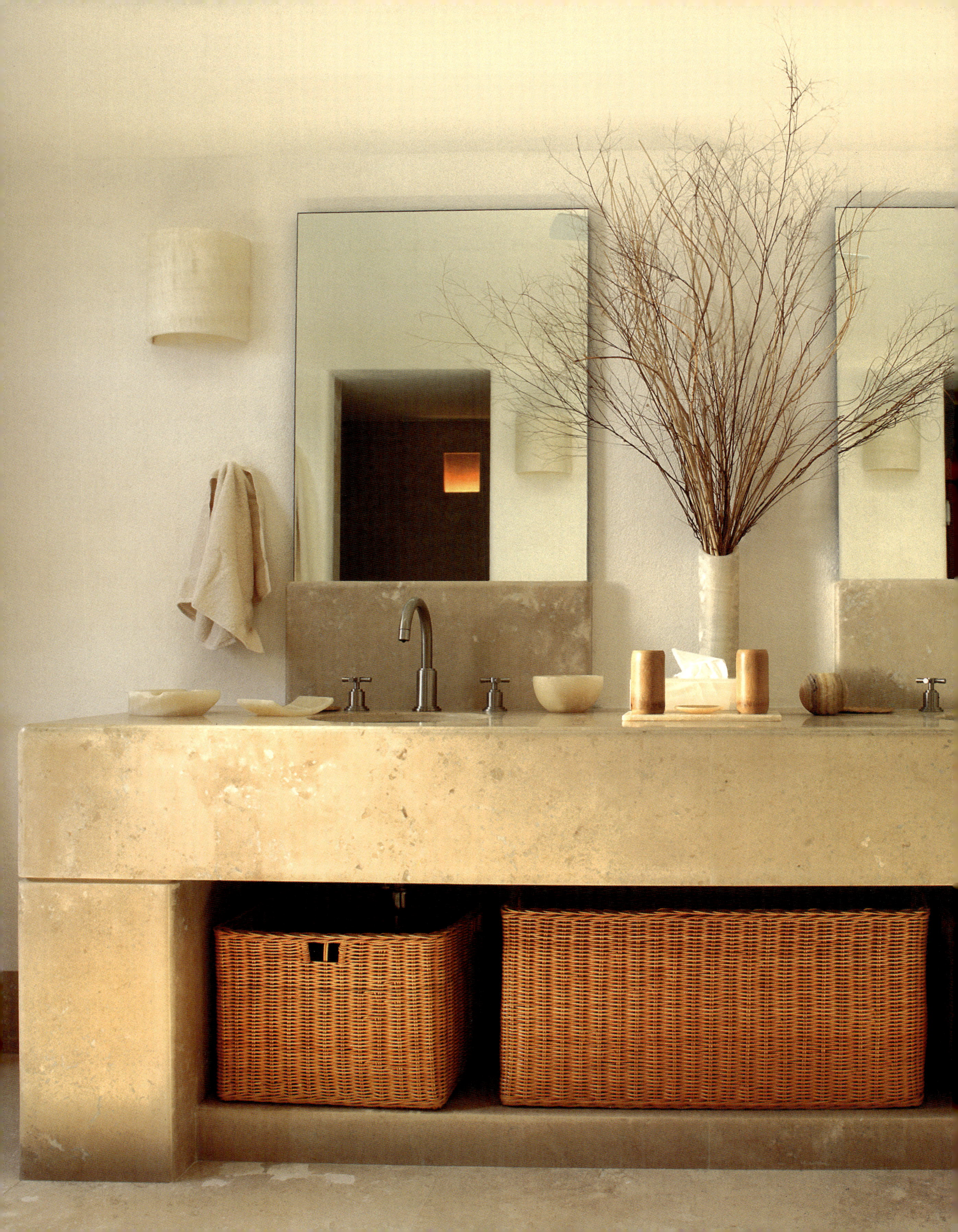

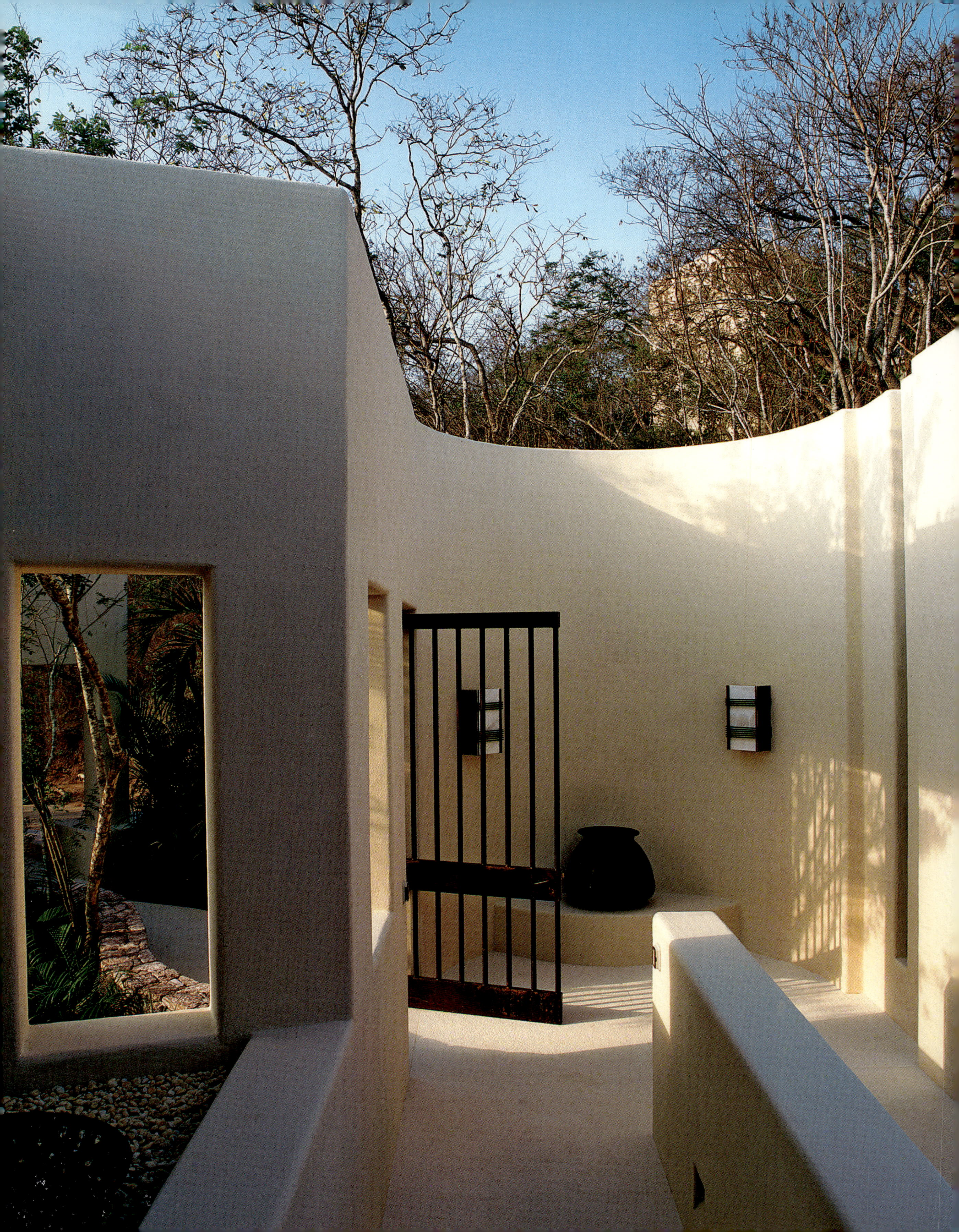

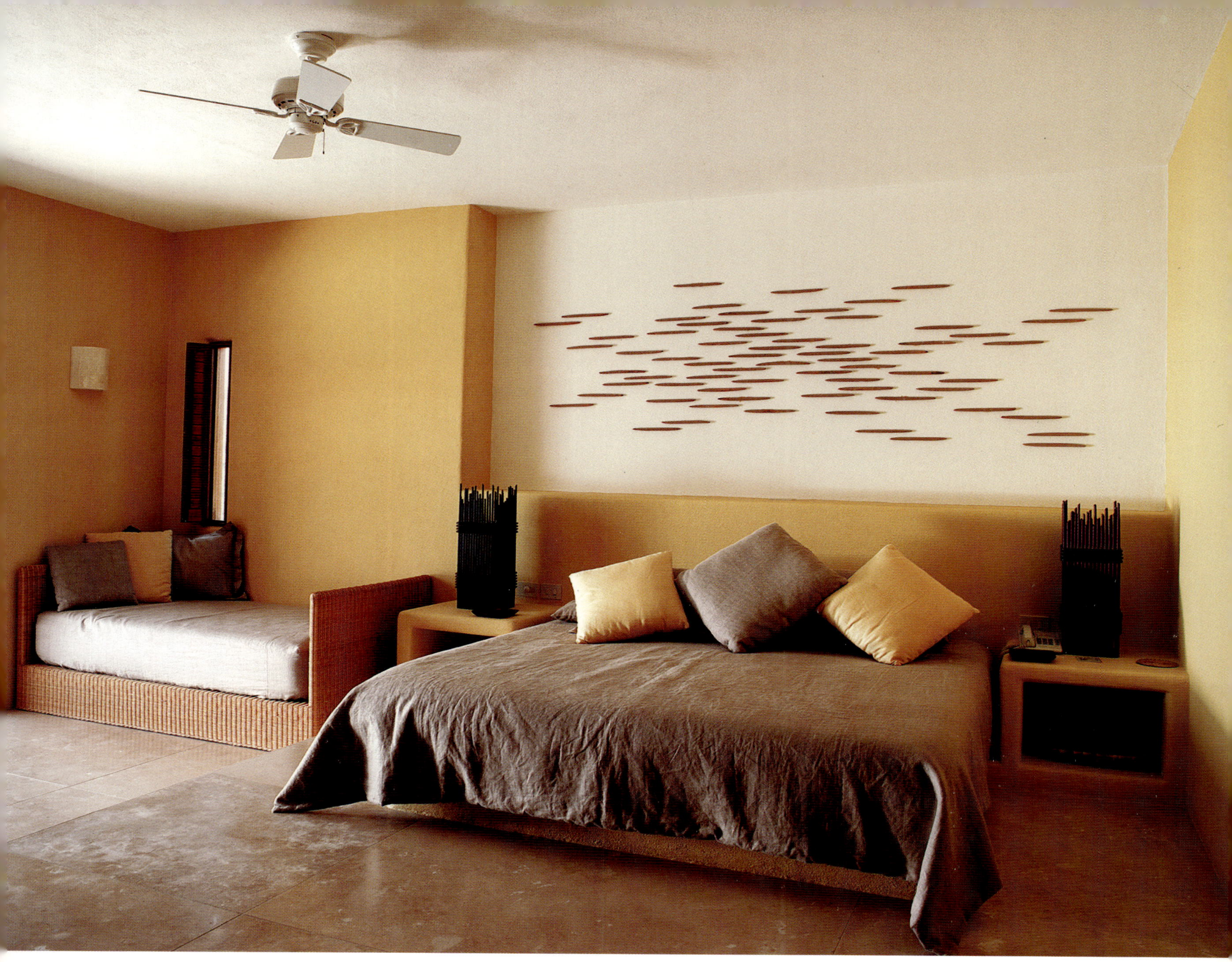

LA NOCHE NOS PERMITE JUGAR CON LA LUZ QUE EL SOL NOS ENSEÑO.
AT NIGHT WE CAN PLAY WITH THE LIGHT THAT THE SUN SHOWED US .

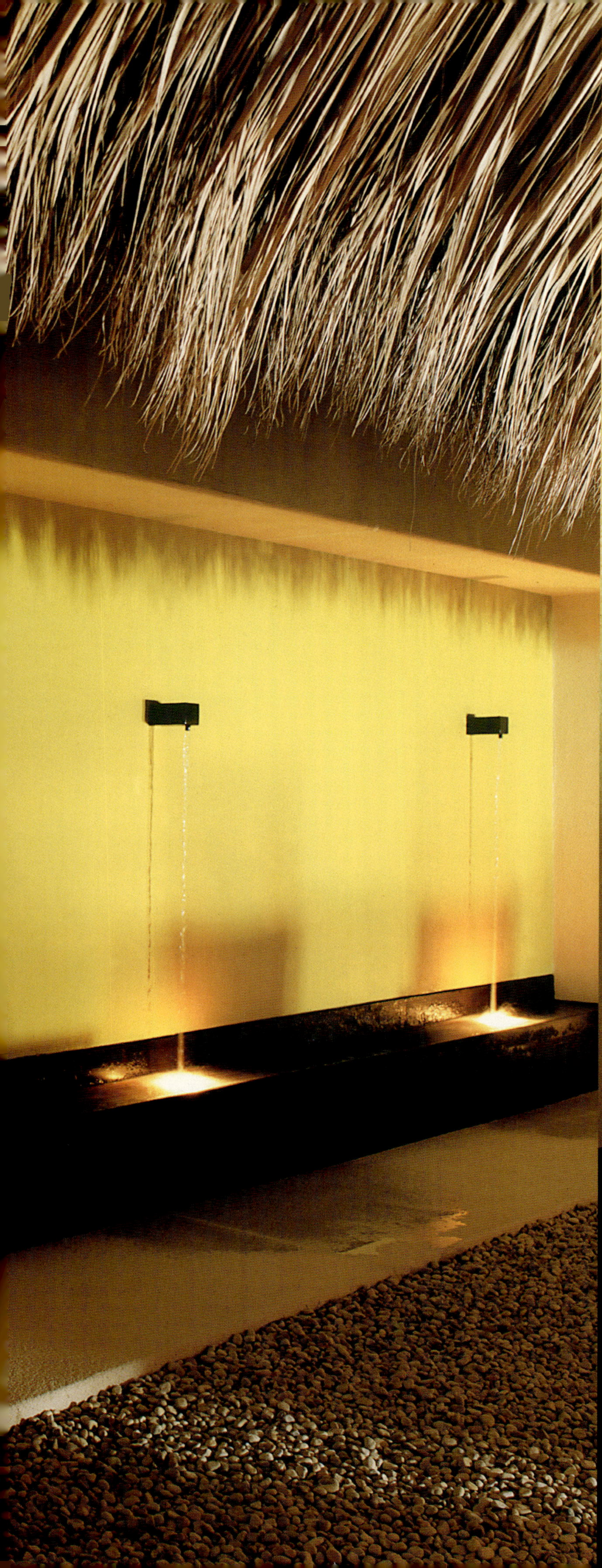

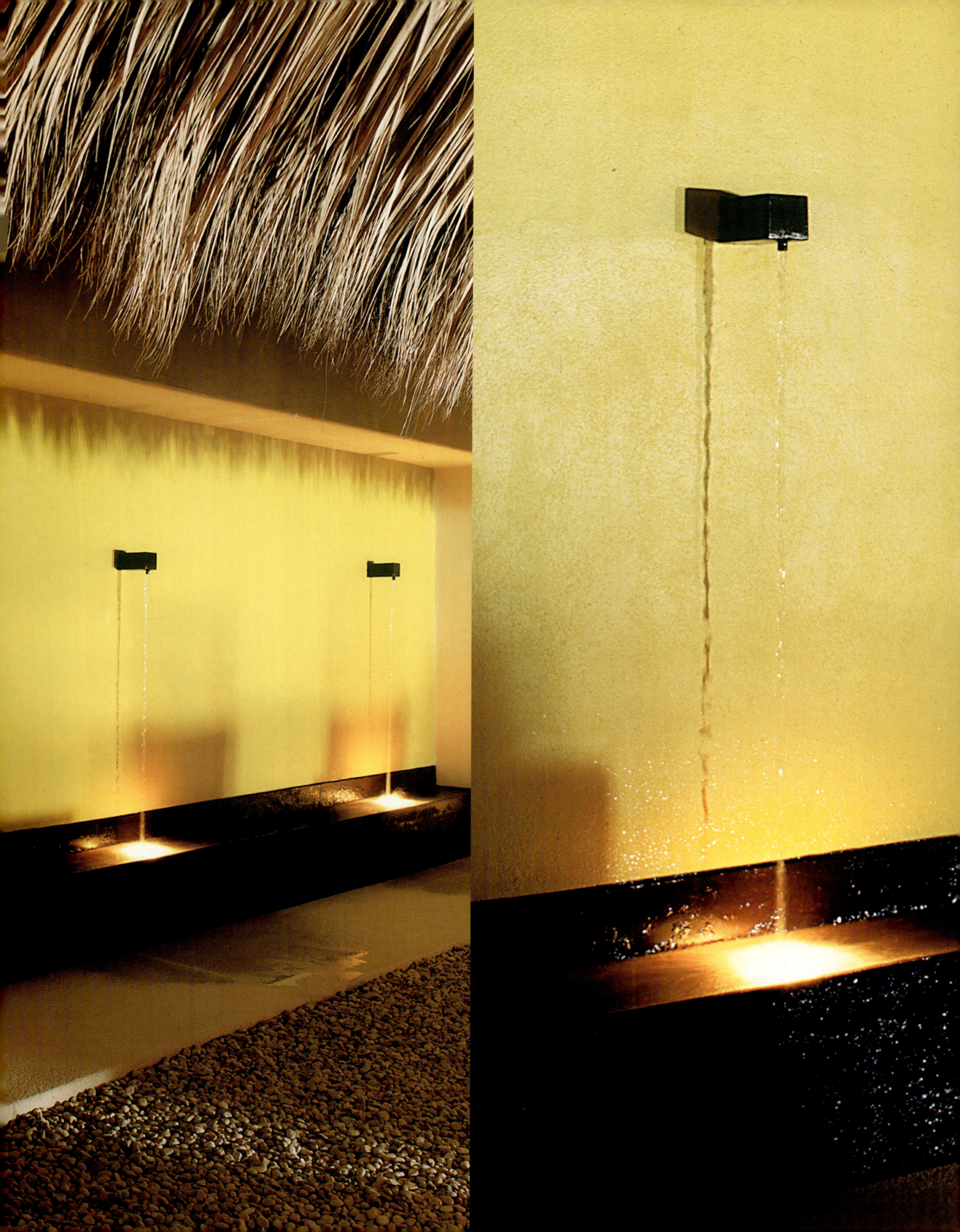

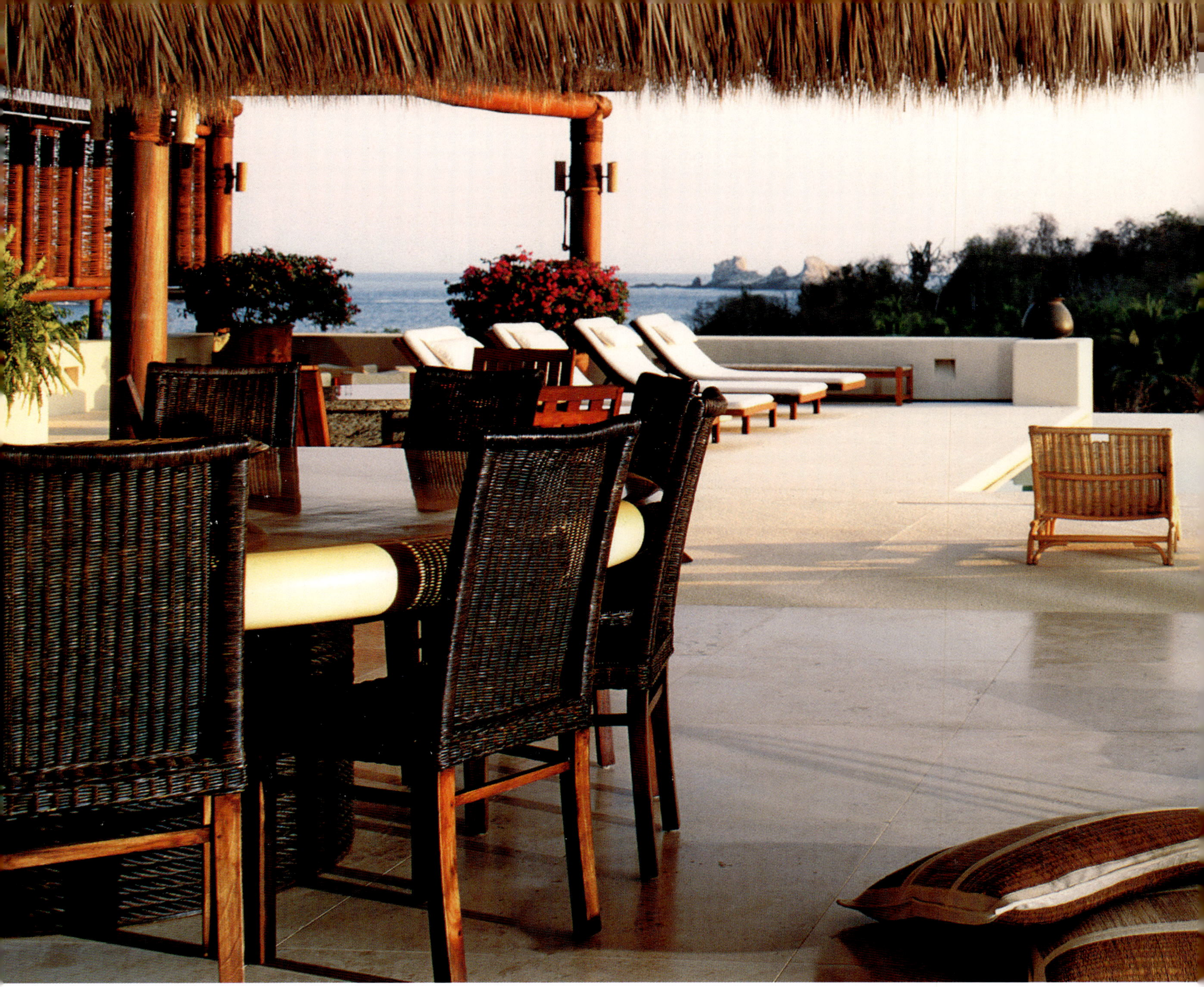

EL HOMBRE VIVE EN LA NATURALEZA.

MAN LIVES IN NATURE.

EXTERIOR-INTERIOR, INTERIOR-EXTERIOR Y **DENTRO OTRA VEZ.**

OUTSIDE-INSIDE, INSIDE-OUTSIDE AND INSIDE AGAIN.

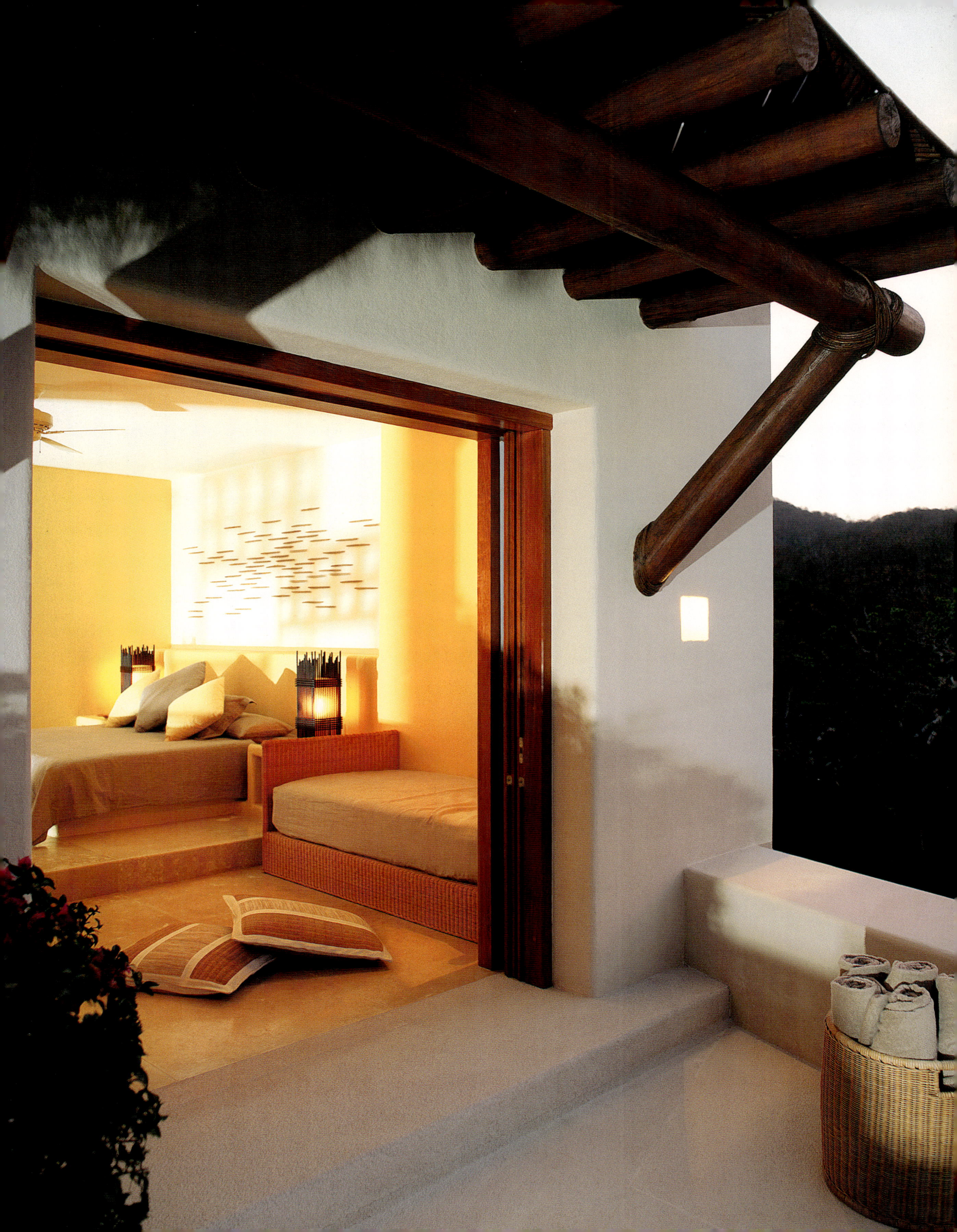

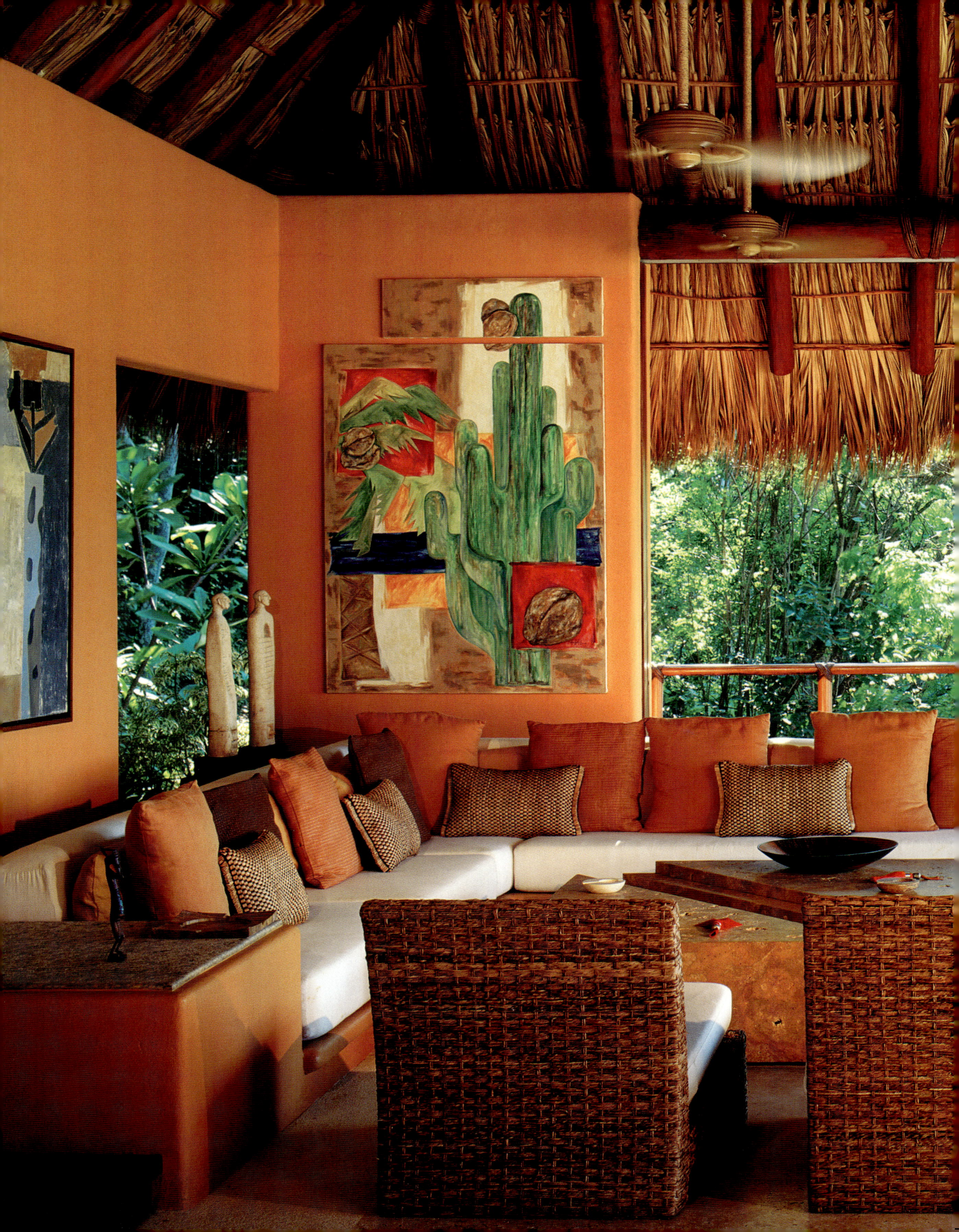

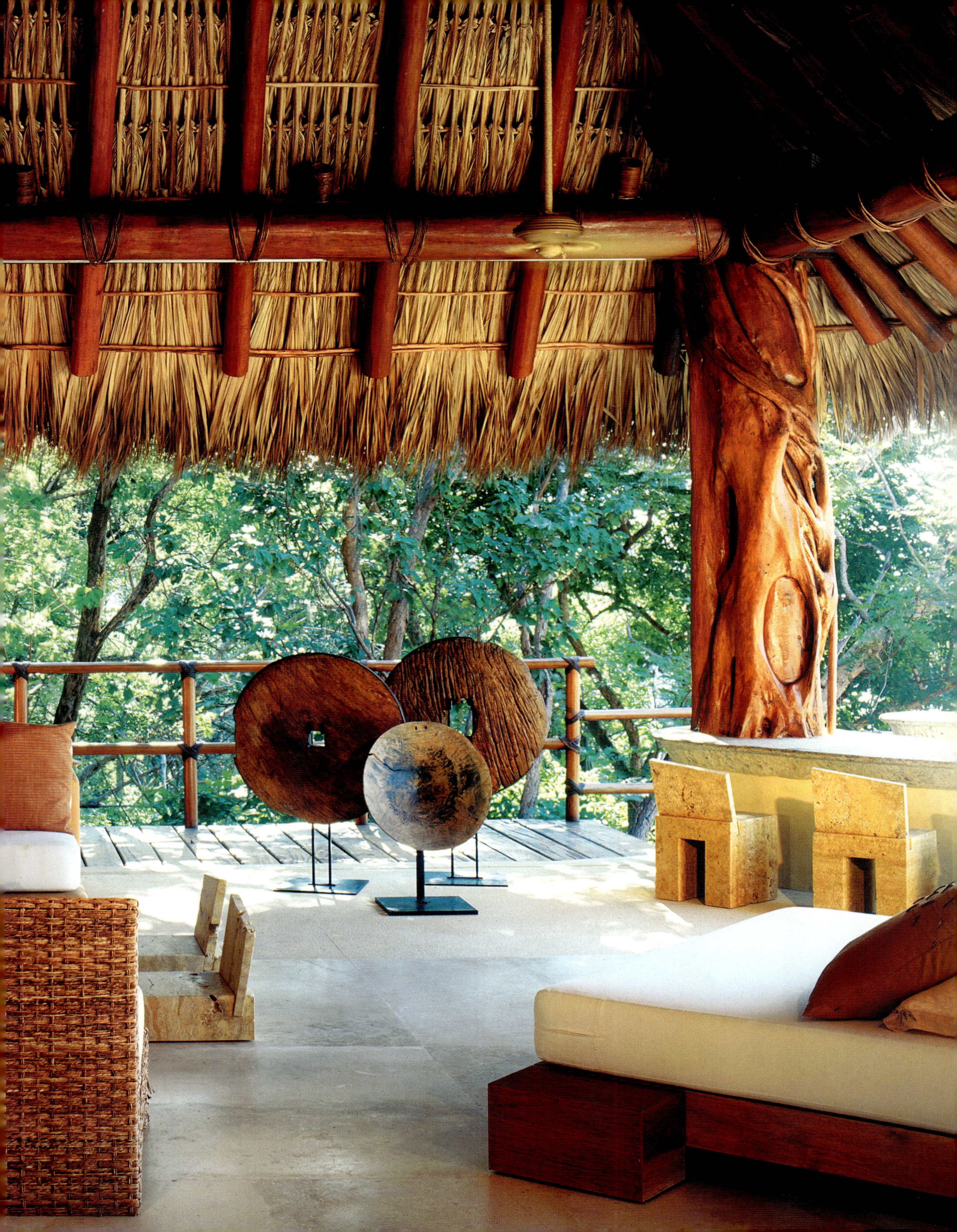

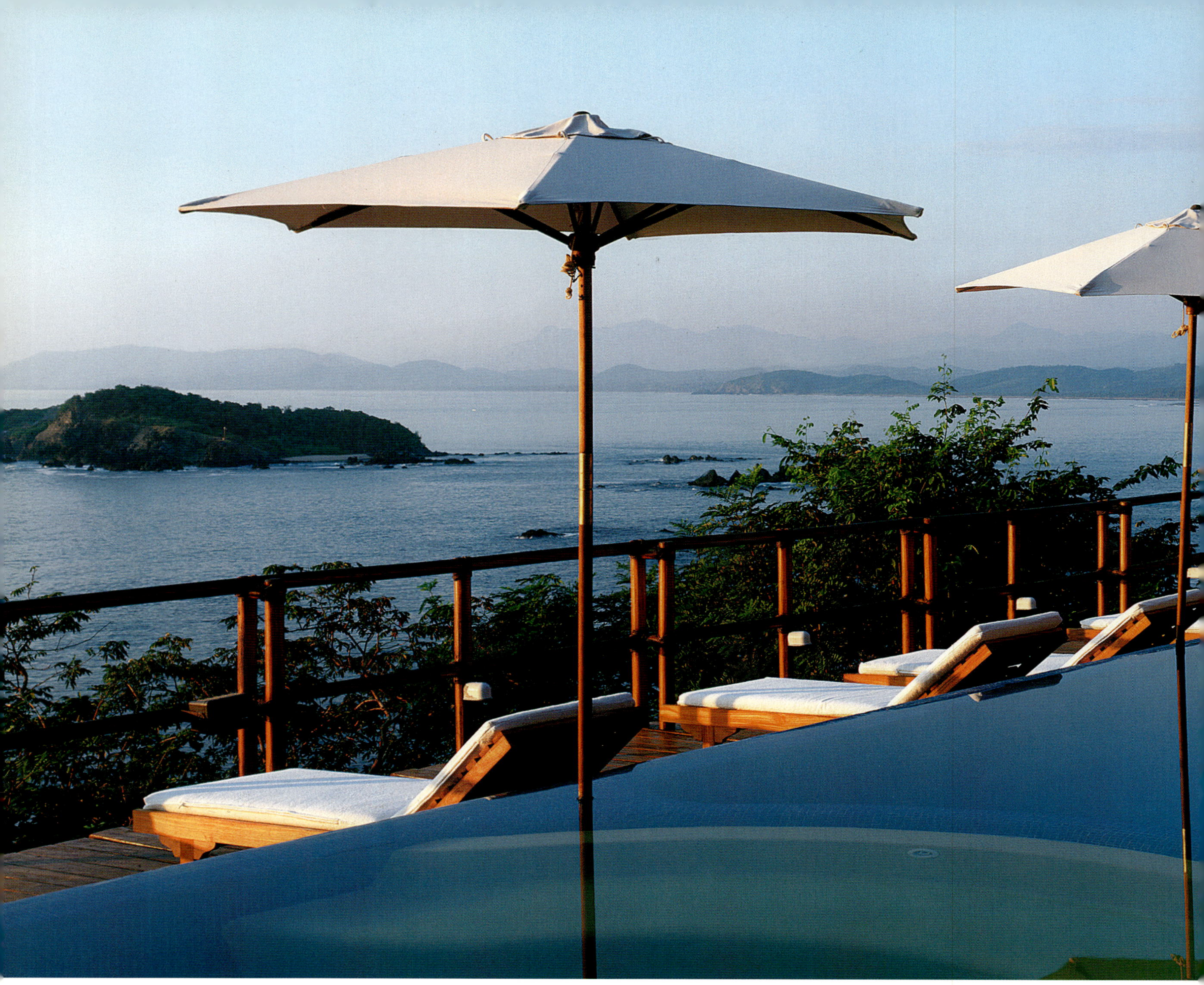

VIVO EN MI ACRÓPOLIS GOZANDO DEL REGALO DE LA NATURALEZA.

I LIVE IN MY ACROPOLIS EXPERIENCING NATURE'S GIFT .

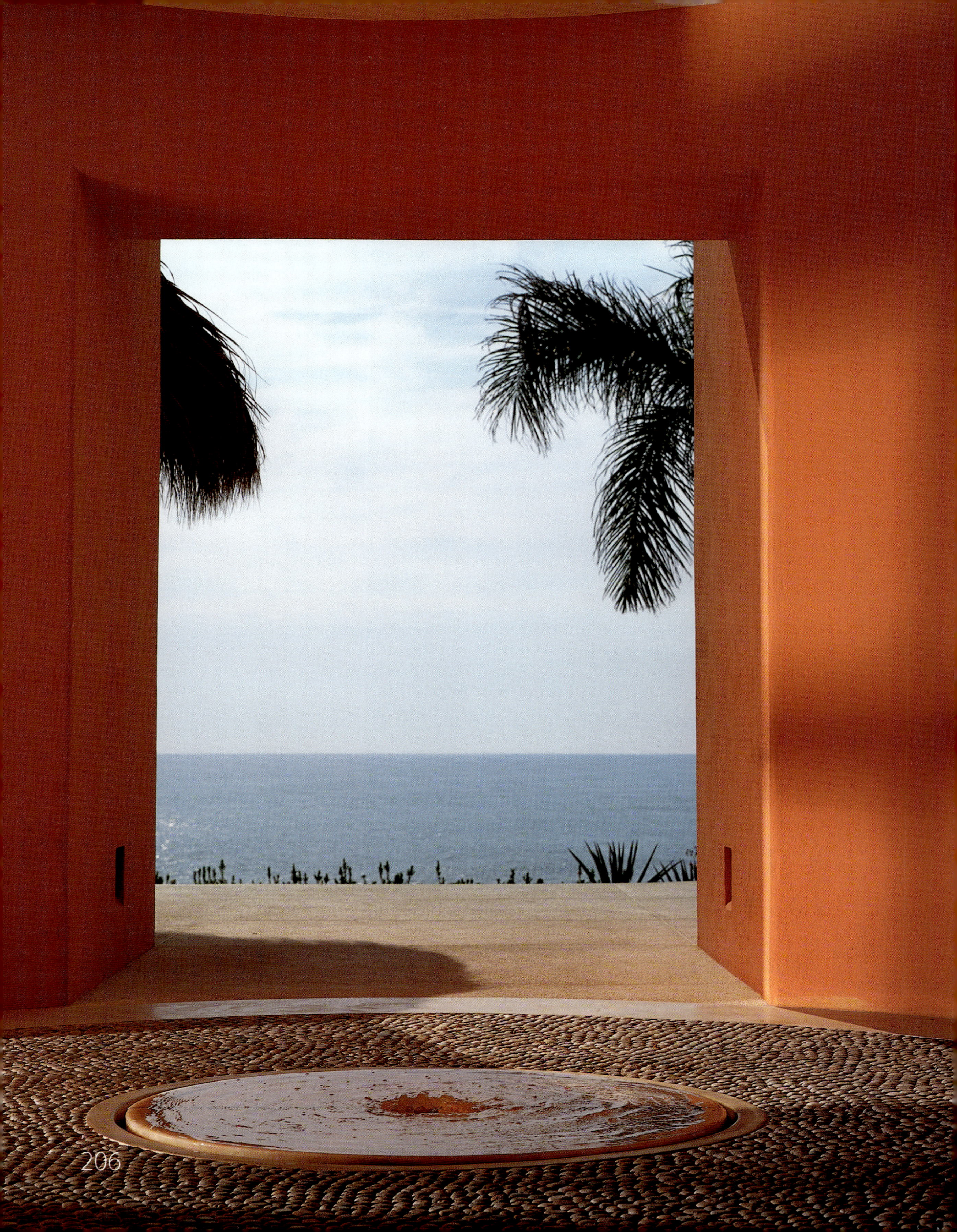

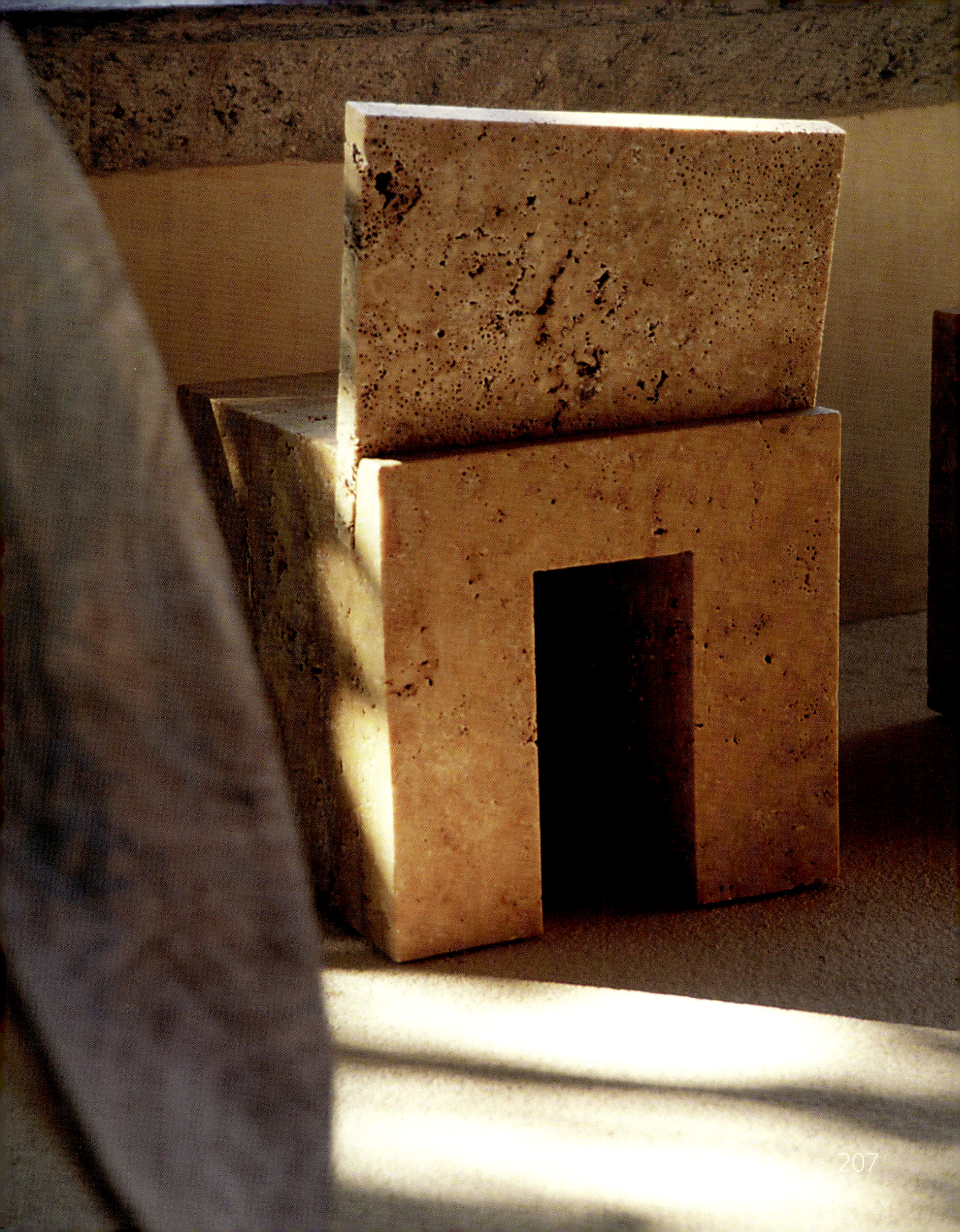

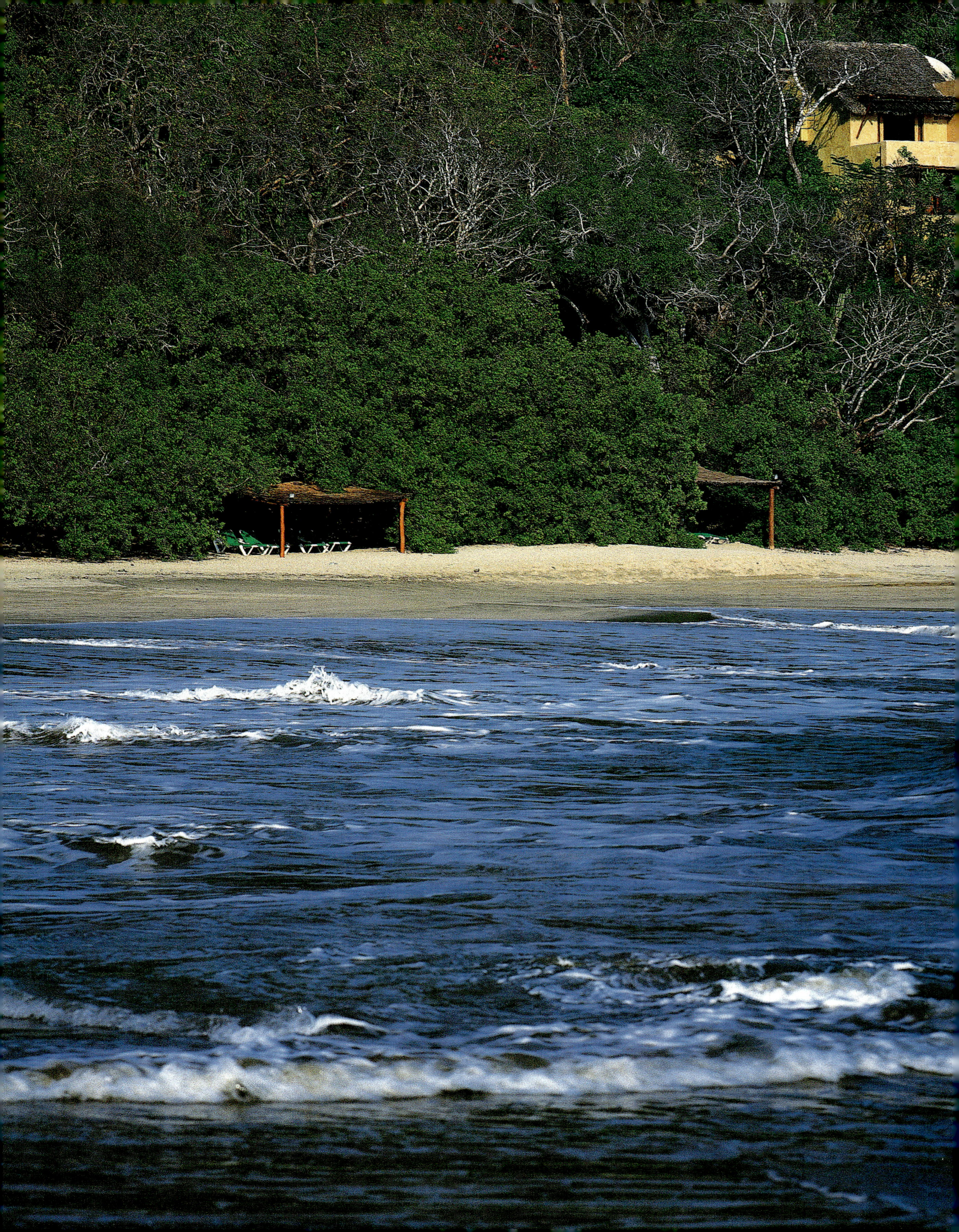

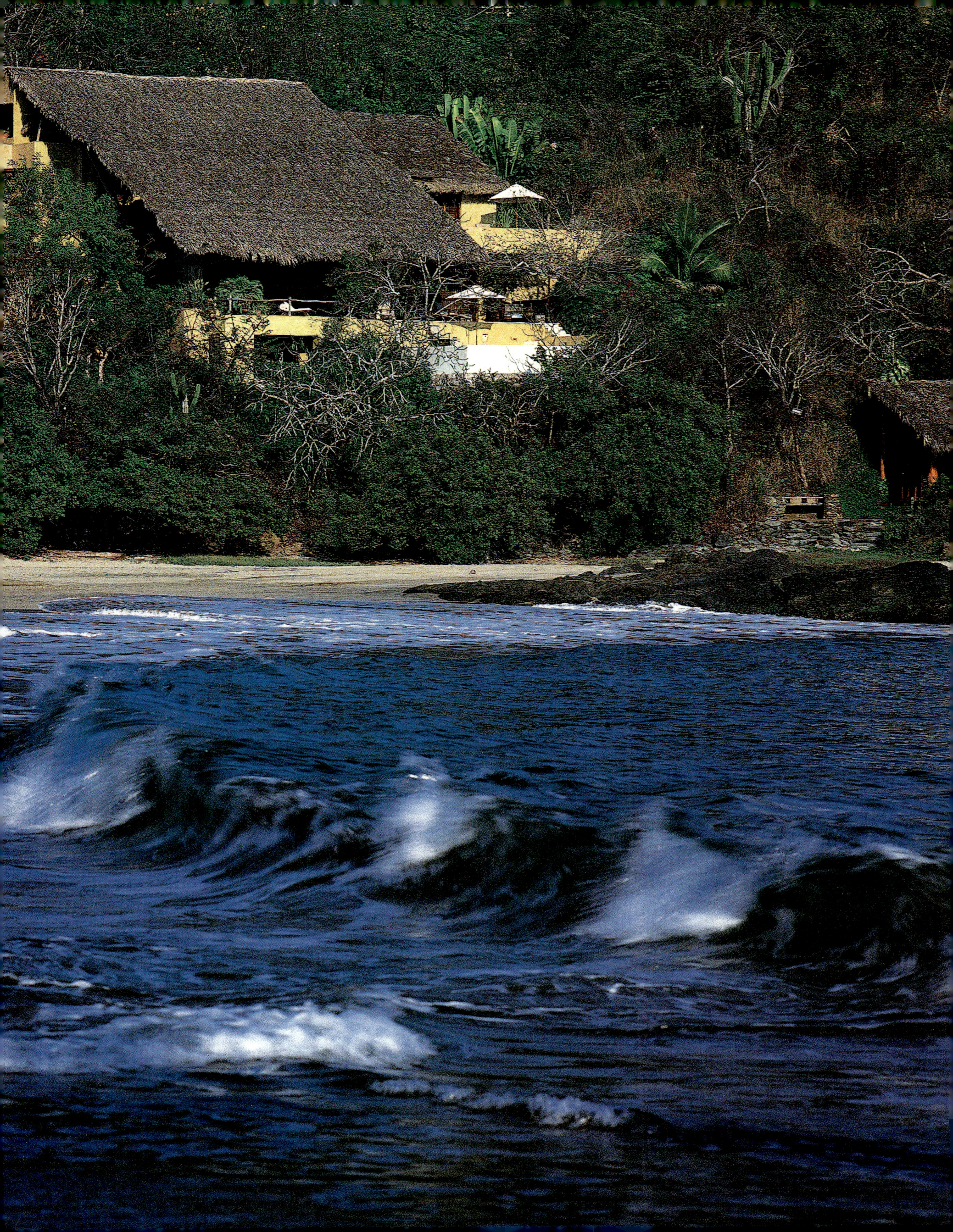

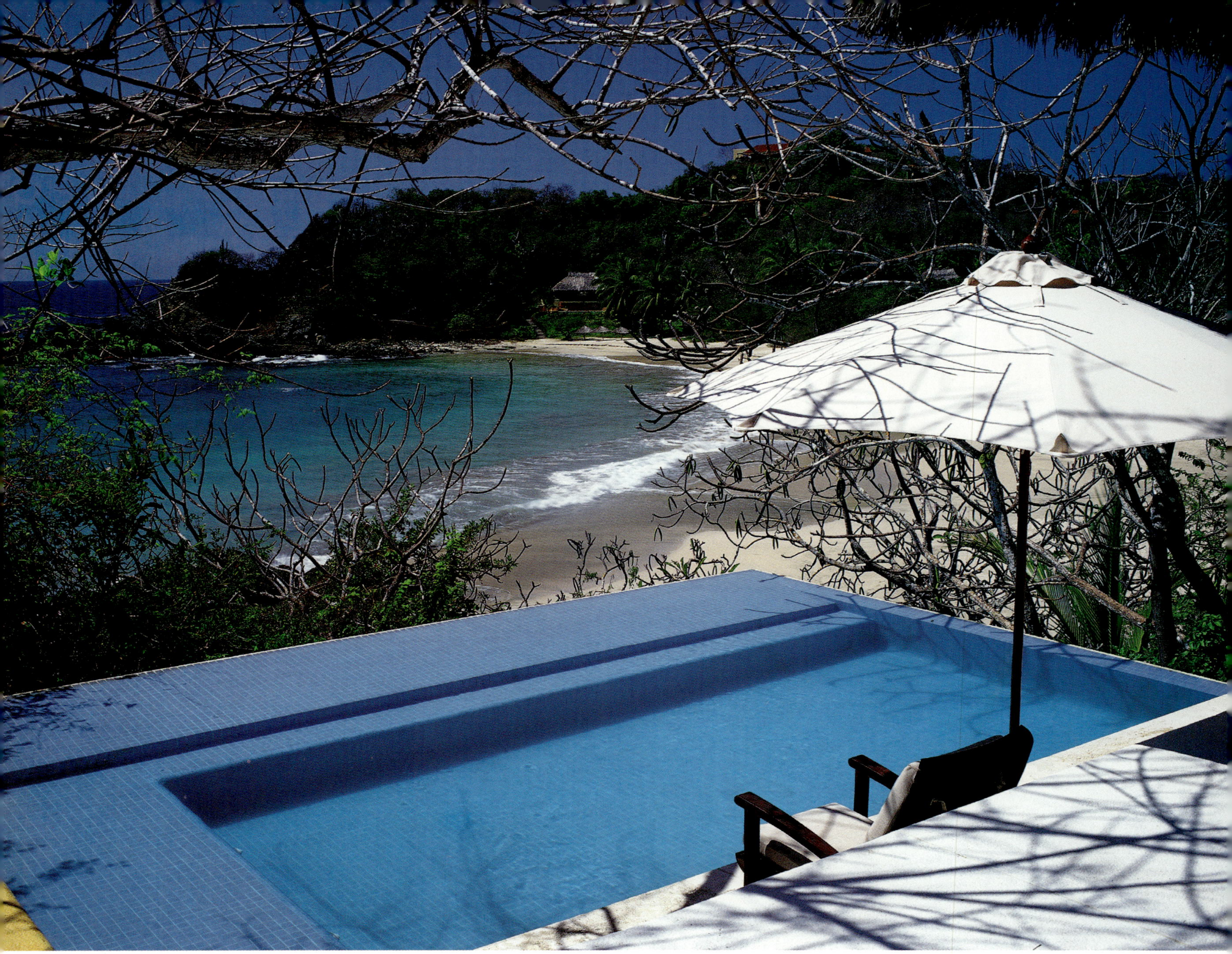

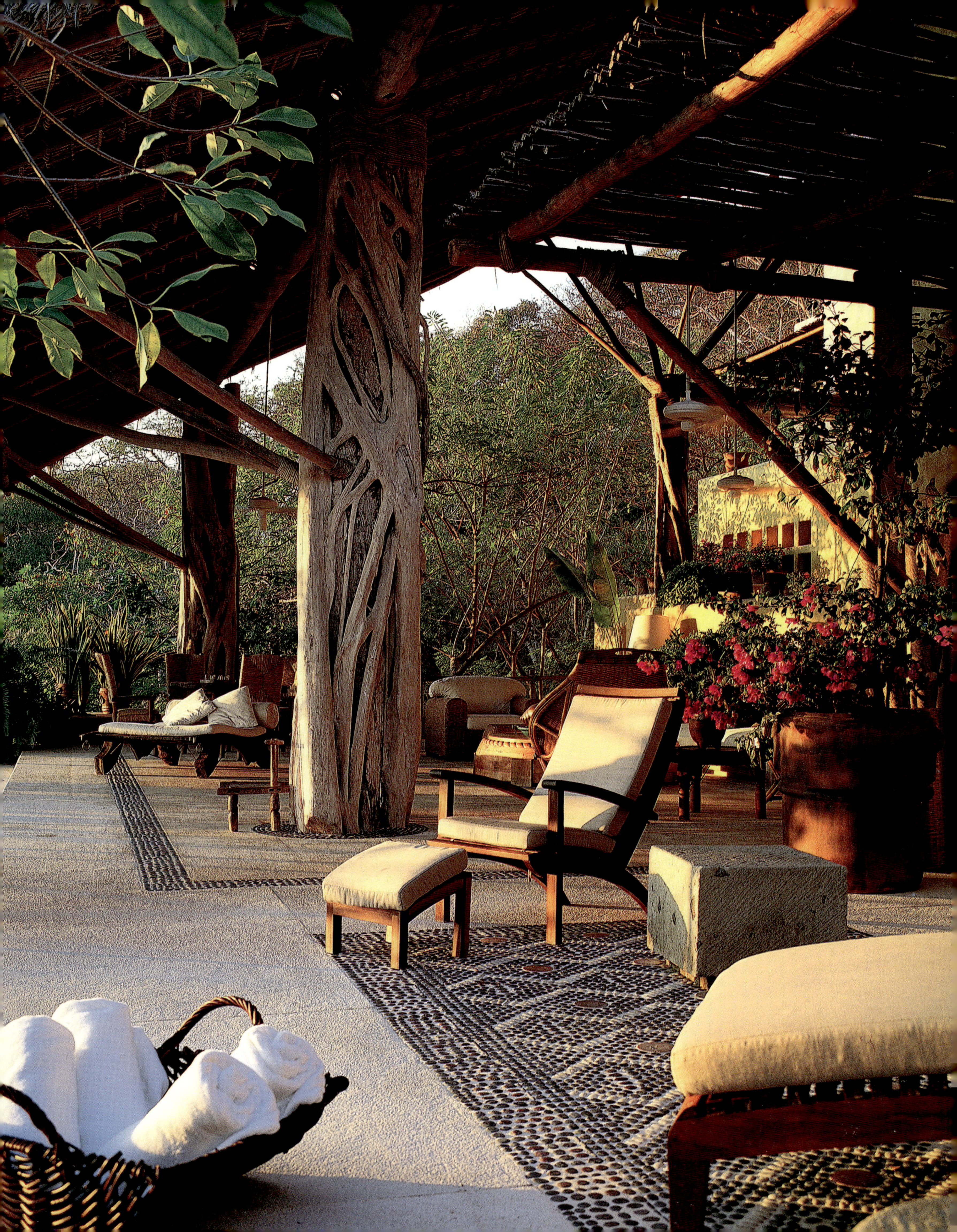

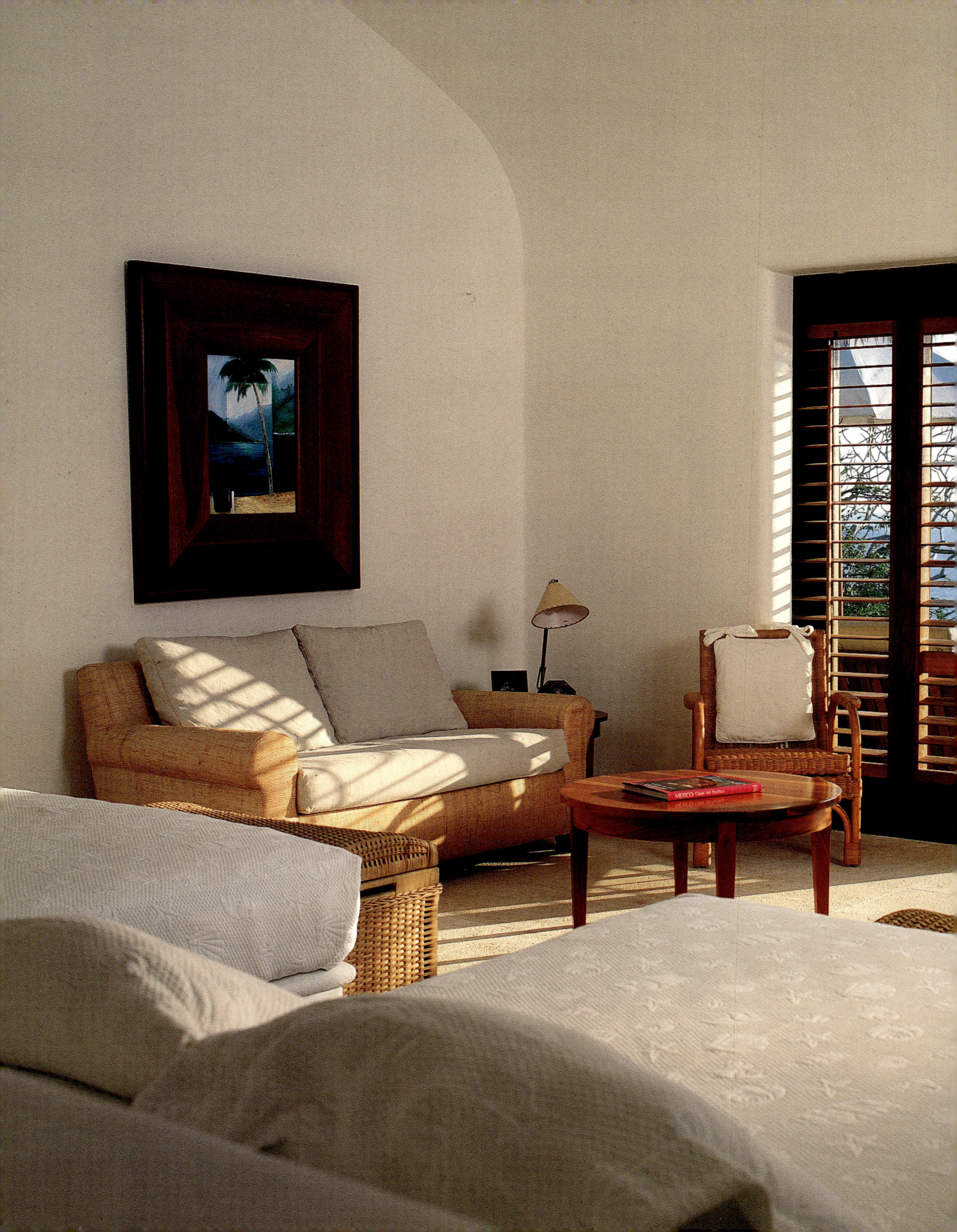
MEXICO

INTERIOR-EXTERIOR Y AL FINAL SIEMPRE AL EXTERIOR.

INSIDE-OUTSIDE AND IN THE END ALWAYS OUTSIDE.

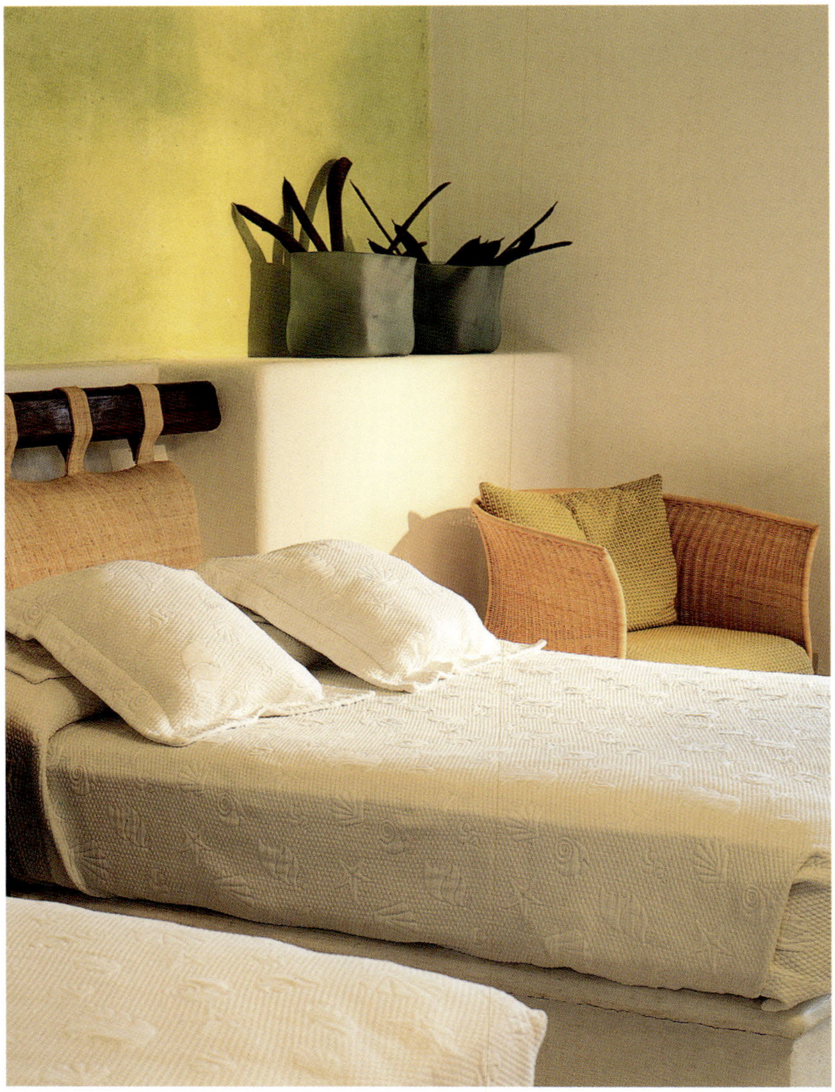

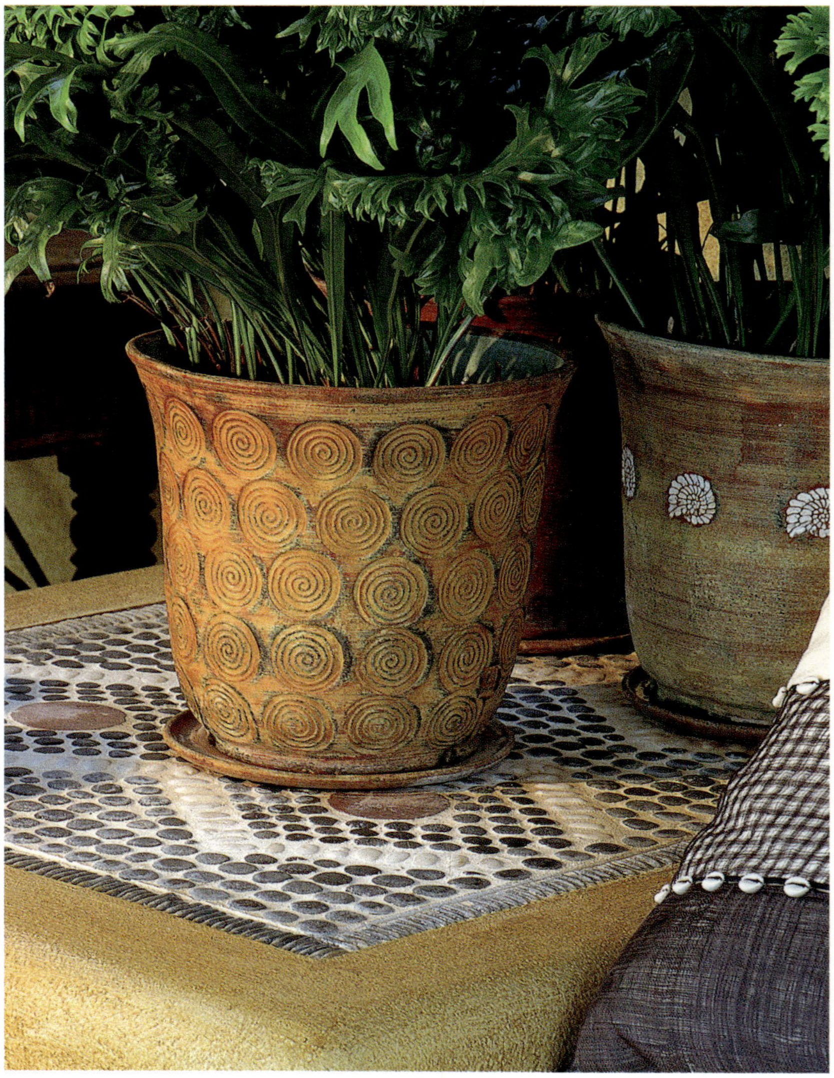

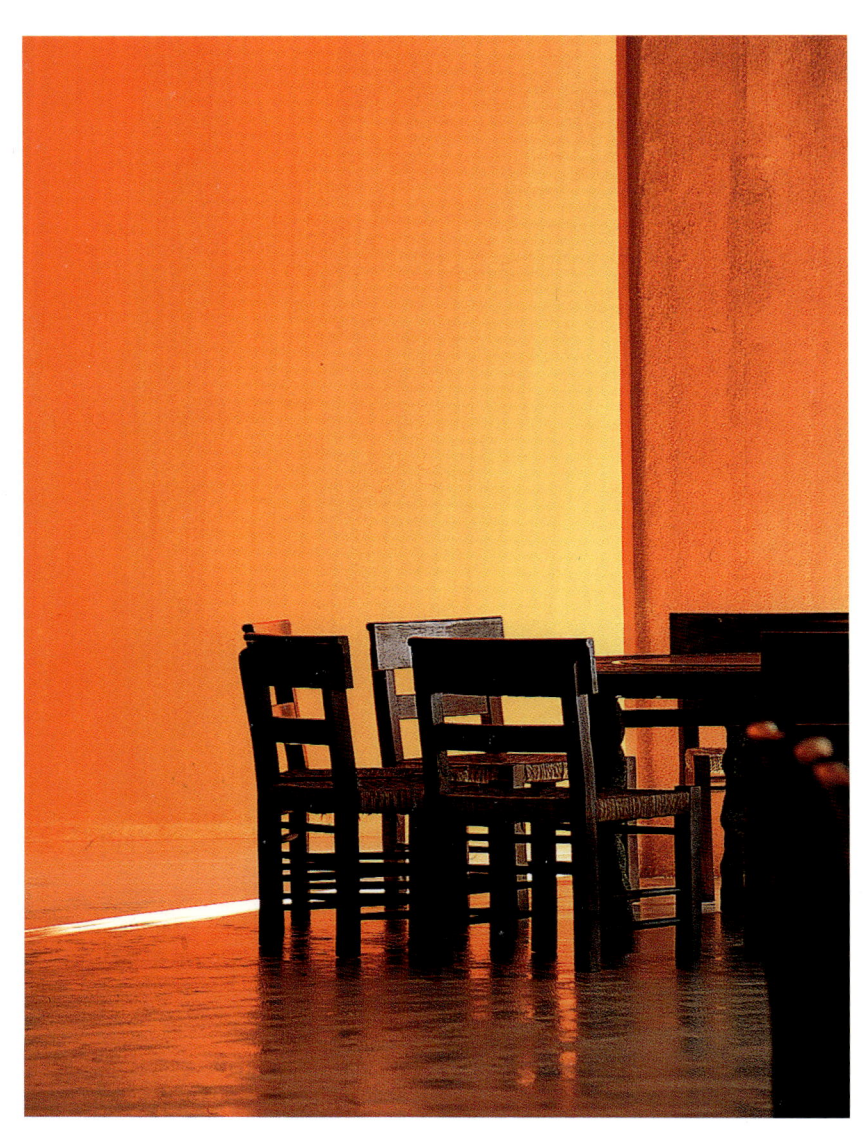

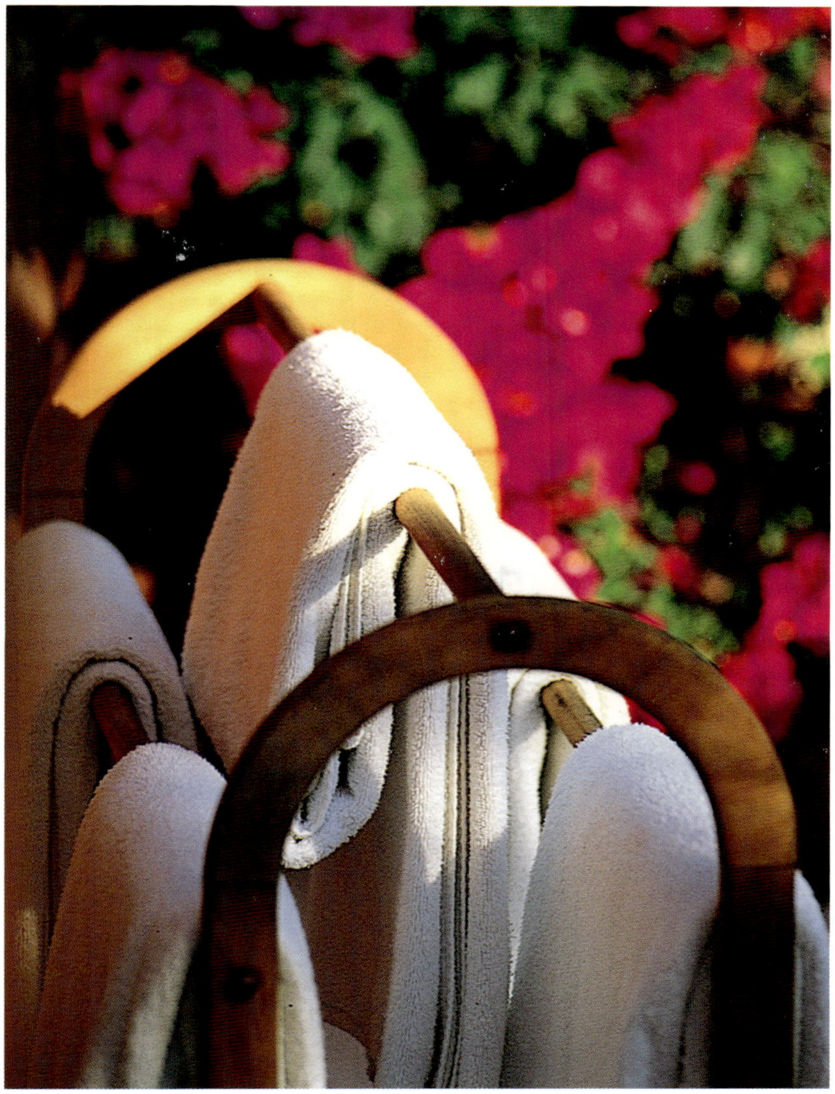

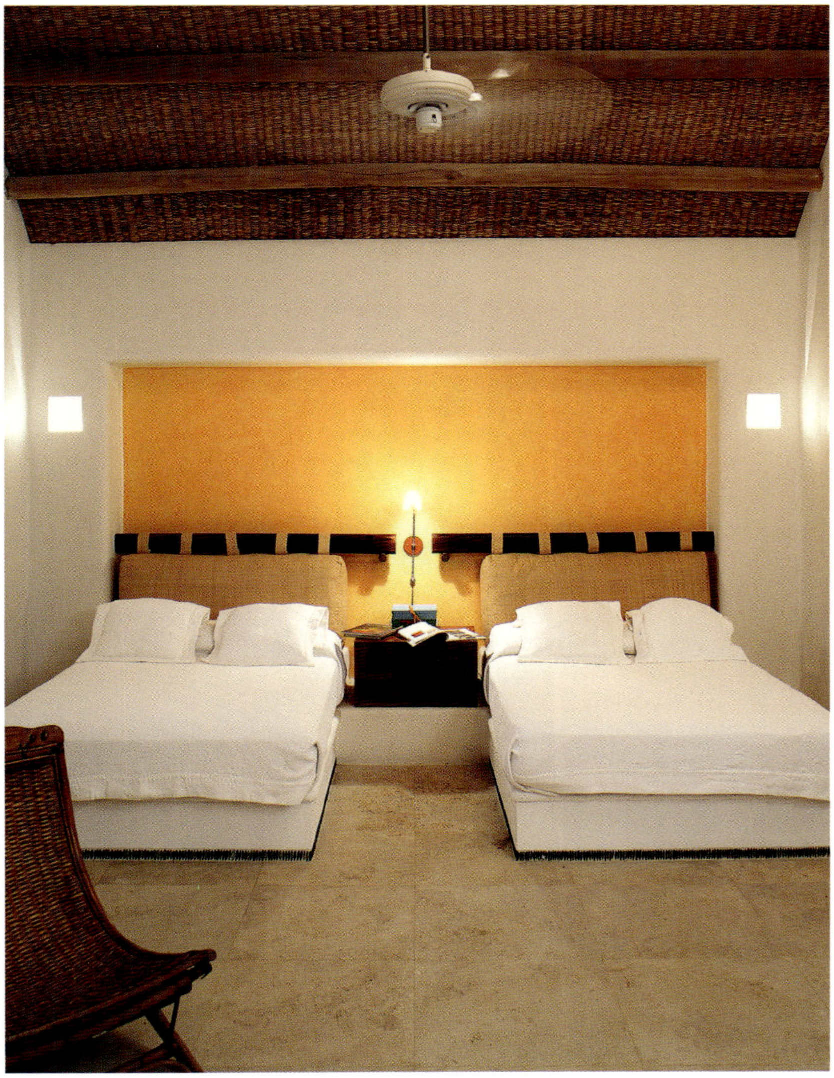

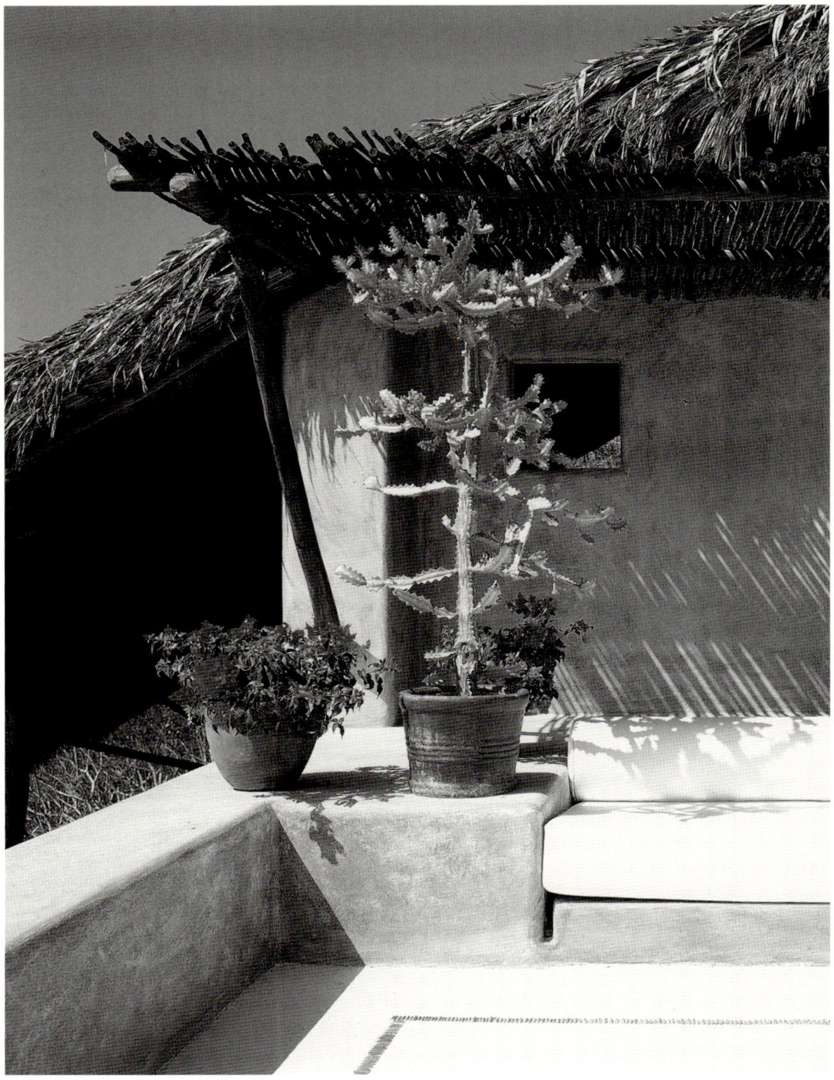

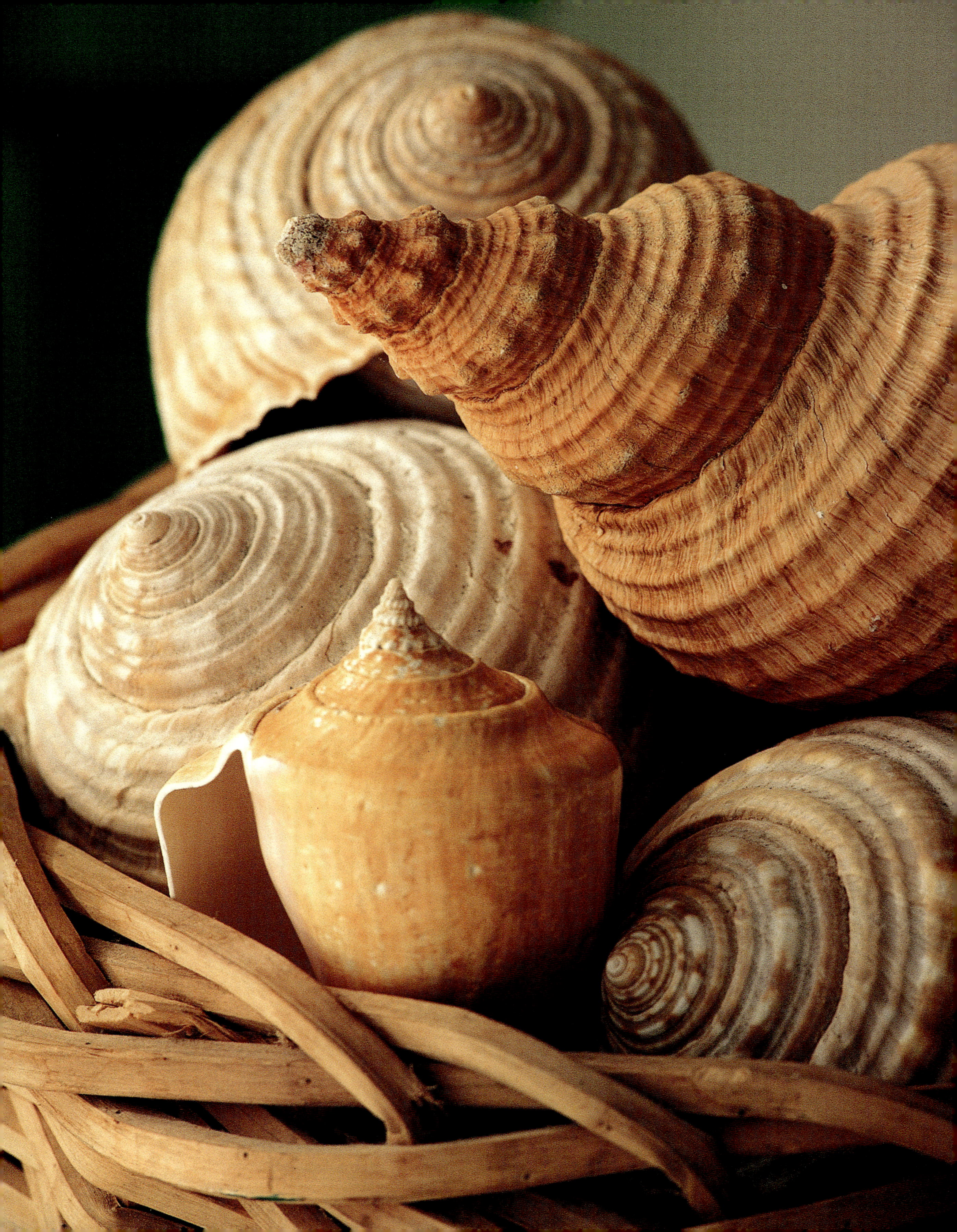

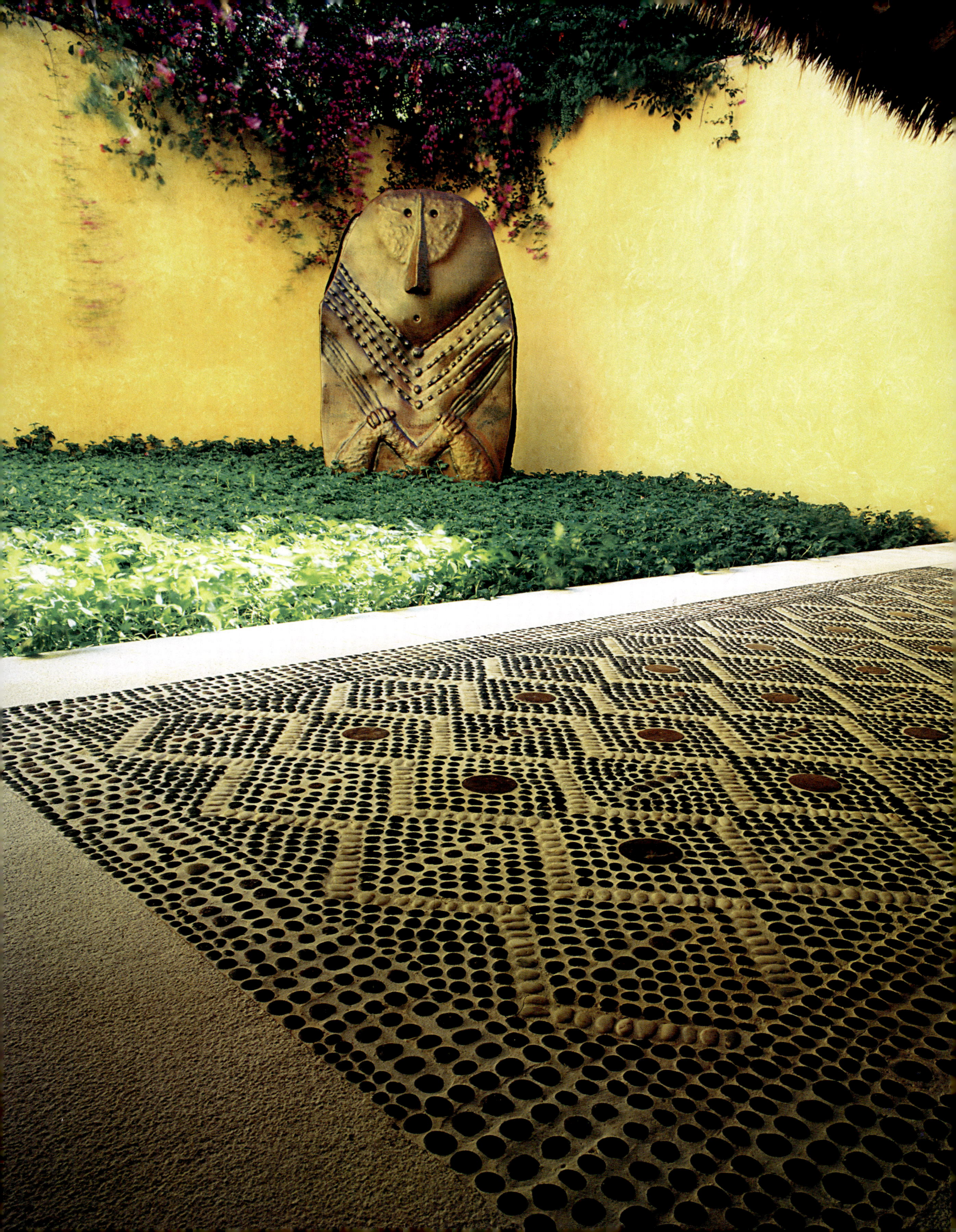

AL PENSAR EN UNA CASA DE CAMPO ES NECESARIO OBSERVAR LA ESCALA MAJESTUOSA DE LA NATURALEZA QUE LE CIRCUNDA, SU COLORIDO, ESTÉTICA, COMPOSICIÓN, TEXTURAS Y RITMO, POR SOLAMENTE NOMBRAR ALGUNOS ELEMENTOS.

ESTA RIQUEZA QUE OFRECE EL CAMPO ES LA QUE HACE QUE NUESTROS CLIENTES Y AMIGOS ACUDAN A ÉL CON LA VISIÓN DE MODIFICAR SU REALIDAD COTIDIANA Y ABRIR PASO A EXPERIENCIAS DE OCIO Y ESPARCIMIENTO, DEFINIENDO NUEVOS HÁBITOS, POR LO COMÚN DISTINTOS A LOS QUE TIENEN EN SUS CASAS DE CIUDAD. CADA UNA DE LAS PERSONAS QUE NOS HA SOLICITADO UNA CASA DE CAMPO NOS HA EXPRESADO SUS NECESIDADES, ES CIERTO; PERO TAMBIÉN NOS HA DESCRITO LOS ANHELOS Y SUEÑOS QUE HA GESTADO EN TORNO A ELLA.

LAS PÁGINAS DE ESTE CAPÍTULO CONTIENEN LAS DIVERSAS SOLUCIONES QUE PLANTEAMOS PARA CONCRETAR MUCHAS FANTASÍAS, MISMAS QUE SIGNIFICARON RETOS FORMALES Y FUNCIONALES, Y SE CONVIRTIERON EN CONDICIONANTES PARA MODELAR EL ESPACIO.
POR LO DEMÁS, LA CONSTRUCCIÓN EN EL CAMPO ES OBVIA, SALVO LAS LIMITANTES QUE OFRECE LA PROPIA TOPOGRAFÍA U ORIENTACIÓN DEL TERRENO, LA MEJOR MANERA DE NO TRAICIONAR EL AMBIENTE CAMPIRANO ES MIMETIZARSE CON ÉL, ABRIR LAS VISTAS, CONECTAR EL AFUERA CON EL ADENTRO, REPRODUCIR SUS DECLIVES, UTILIZAR LOS COLORES QUE RECUERDAN A SU TIERRA, MOSTRAR LOS MATERIALES EXPUESTOS, USAR MADERA EN ABUNDANCIA, Y DEJAR QUE SU AROMA, LA LUNA Y EL SOL JUEGUEN CON LOS MUROS Y LOS VANOS.

campo

country

WHILE THINKING ABOUT COUNTRY HOUSES IT'S CRUCIAL TO OBSERVE THE MAJESTIC SCALE OF NATURE THAT SURROUNDS IT - ITS COLORS, AESTHETICS, COMPOSITION, TEXTURES AND RHYTHM, ONLY TO NAME A FEW.

THIS RICHNESS THAT THE COUNTRY OFFERS, IS WHAT MAKES OUR CLIENTS AND FRIENDS TURN TO IT WITH THE VISION OF CHANGING THEIR DAILY REALITY AND MAKE TIME FOR LEISURE ACTIVITIES AND RELAXATION, GIVING NEW HABITS DIFFERENT THAN THOSE THAT THEY DO AT THEIR CITY HOUSES. EACH PERSON WHO HAS ASKED US AT ABAX FOR A COUNTRY HOUSE, HAS EXPRESSED THEIR NEEDS TO US, BUT THEY HAVE ALSO DESCRIBED THEIR WISHES AND DREAMS ABOUT IT.

THE PAGES OF THIS CHAPTER CONTAIN THE DIFFERENT SOLUTIONS THAT WE PROPOSED TO MAKE MANY FANTASIES COME ALIVE; THE SAME ONES THAT MEANT FORMAL AND FUNCTIONAL CHALLENGES BUT THAT DETERMINE FACTORS IN SHAPING SPACE.
BUILDING IN THE COUNTRY IS SIMPLE, EXCEPT FOR THE LIMITATIONS OF THE TOPOGRAPHY ITSELF OR THE TERRAIN'S ORIENTATION. THE BEST WAY TO NOT BETRAY THE COUNTRY ENVIRONMENT IS TO BLEND INTO IT- WIDEN THE VIEWS, CONNECT THE OUTSIDE WITH THE INSIDE, REPRODUCE ITS DESCENTS, USE COLORS THAT REFLECT THE SOIL, SHOW EXPOSED MATERIALS, USE WOOD ABUNDANTLY, AND LET ITS AROMA, THE MOON AND THE SUN DANCE ON THE WALLS AND OPEN SPACES.

OMAR FUENTES ELIZONDO

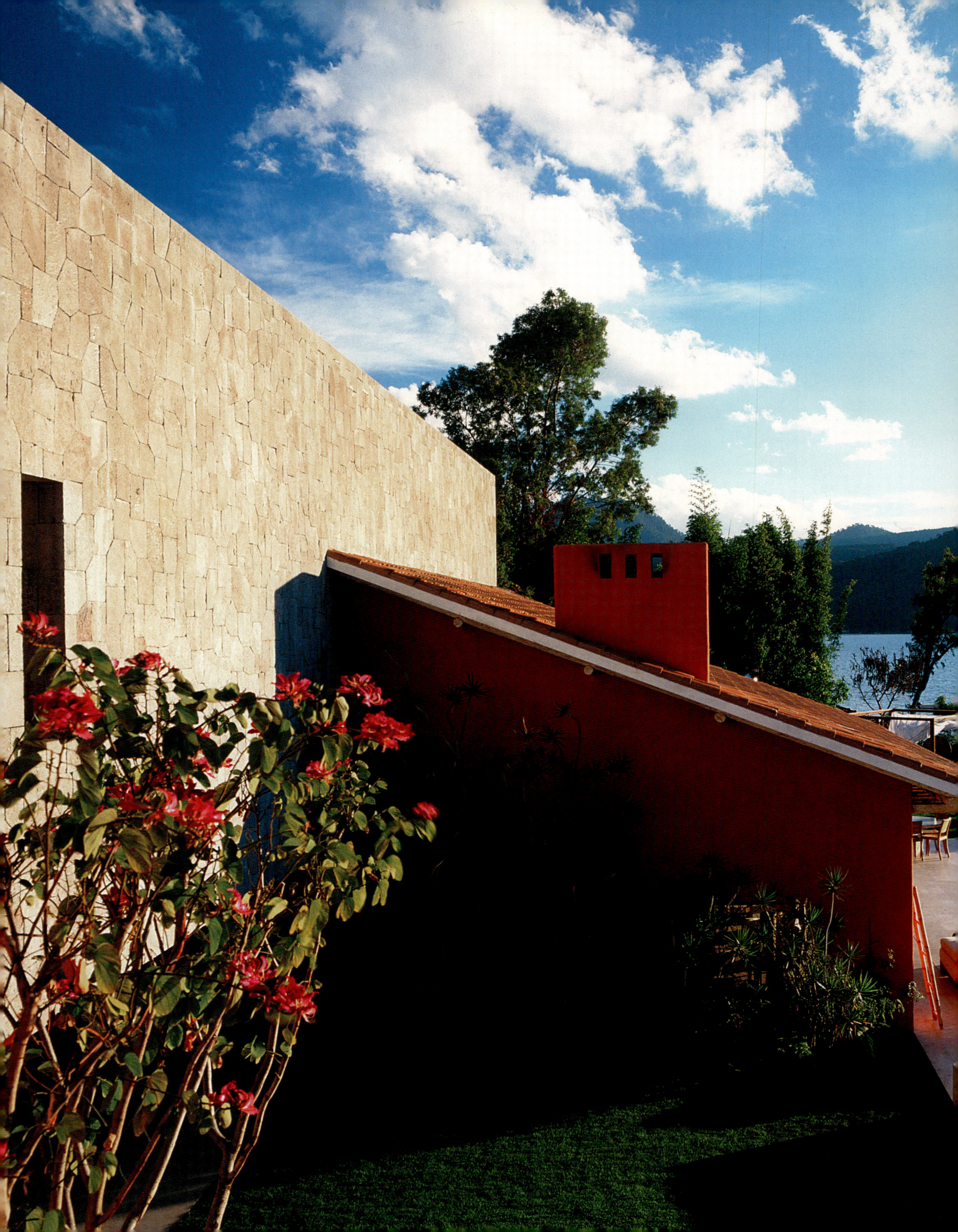

BAJO EL CIELO A MI CASA, PARA PODER ALCANZARLO.

I LOWER THE SKY TO MY HOUSE IN ORDER TO REACH IT.

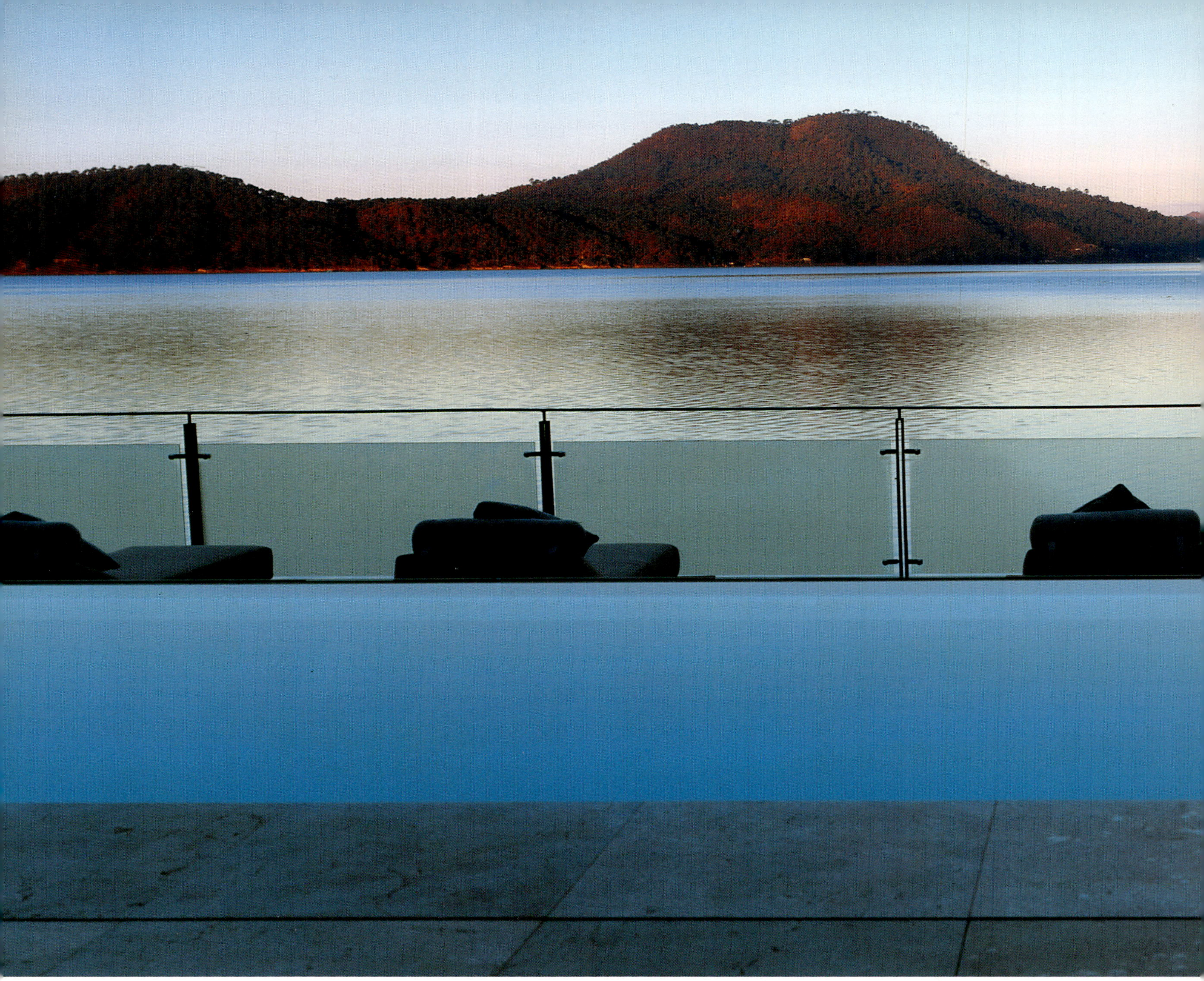

Y LA NOCHE LA ACOBIJO EN BUSCA DE SU PAZ.

AND THE NIGHT SHELTER IT IN SEARCH OF PEACE.

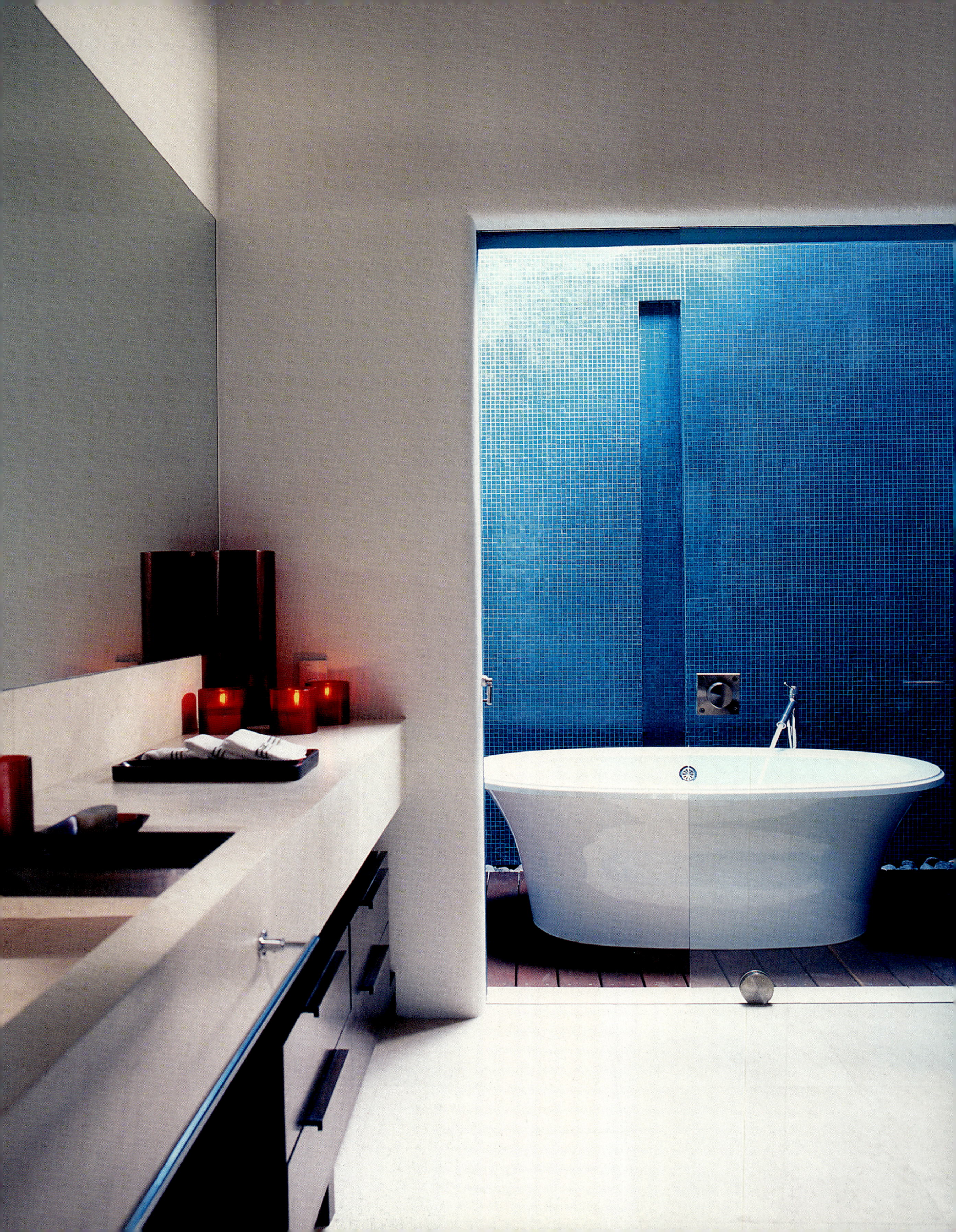

LA LUNA

LA ADOPTO Y SU LUZ ME BAÑA.

I EMBRACE THE MOON AND ITS LIGHT BATHES ME.

INTERIOR-EXTERIOR Y LA LUNA ALREDEDOR.
INSIDE-OUTSIDE SURROUNDED BY THE MOON.

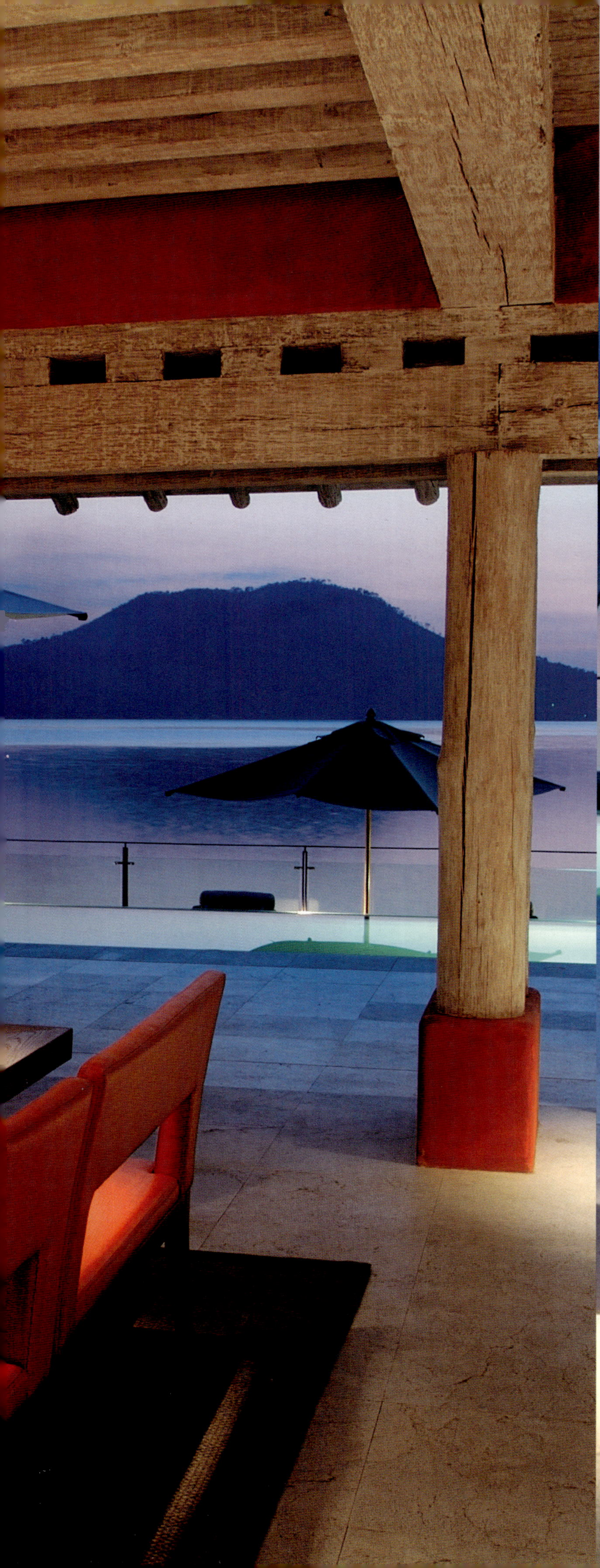
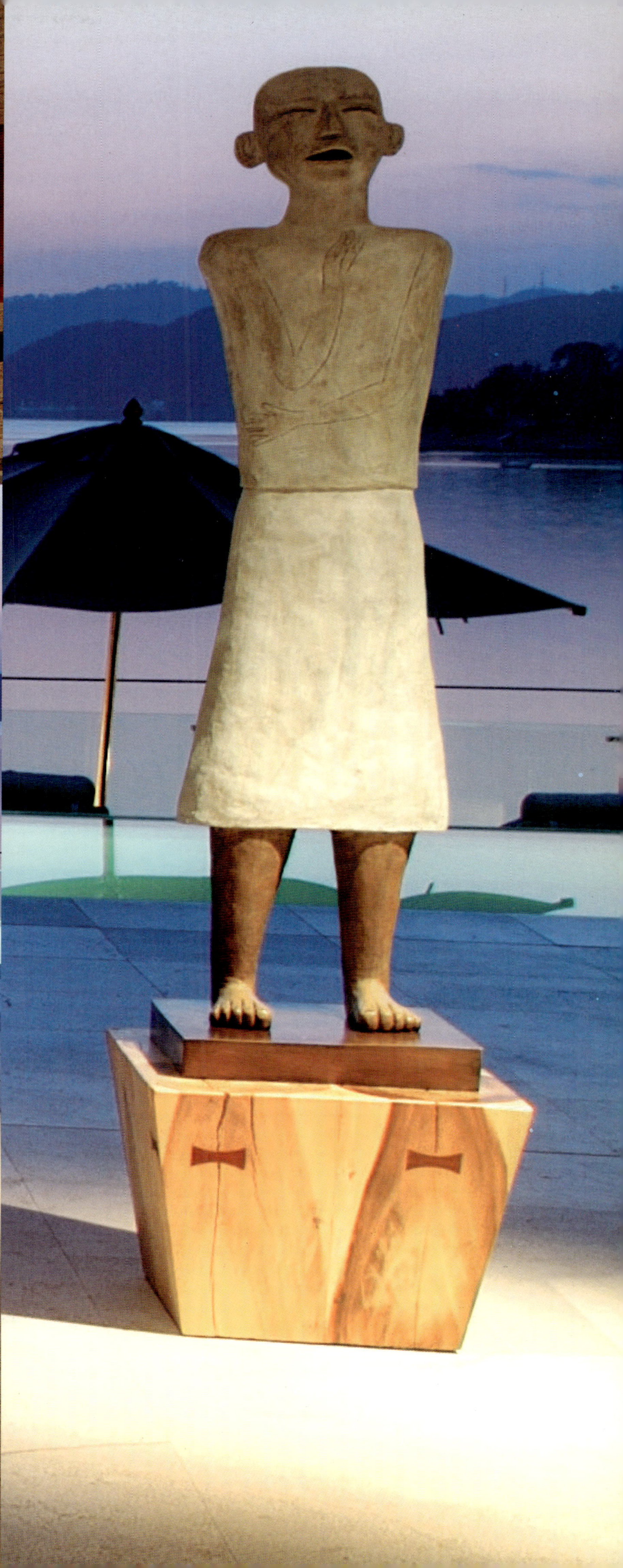

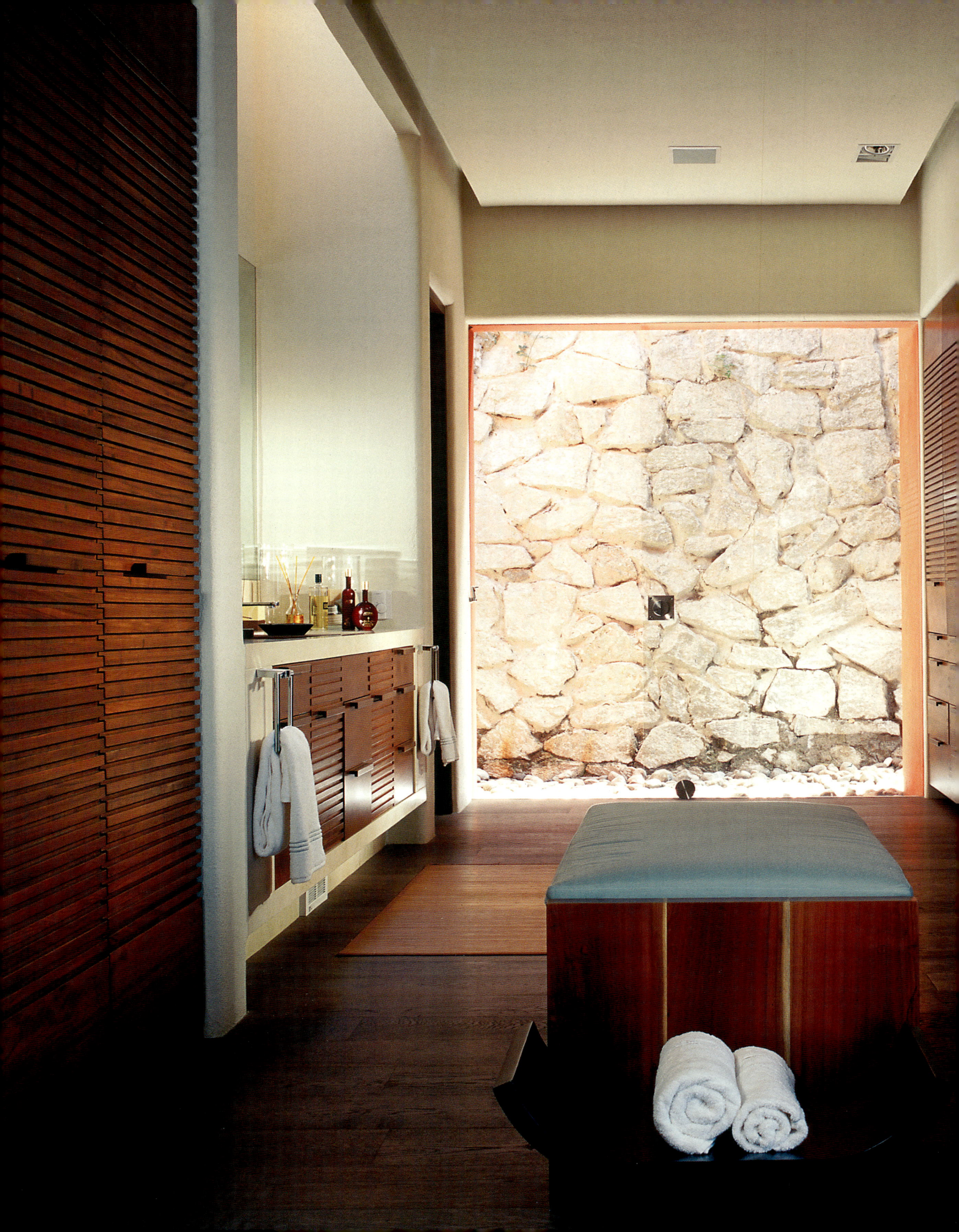

Y EL SOL COMPITE CON SU AMADA LUNA.

AND THE SUN COMPETES WITH IT'S BELOVED MOON.

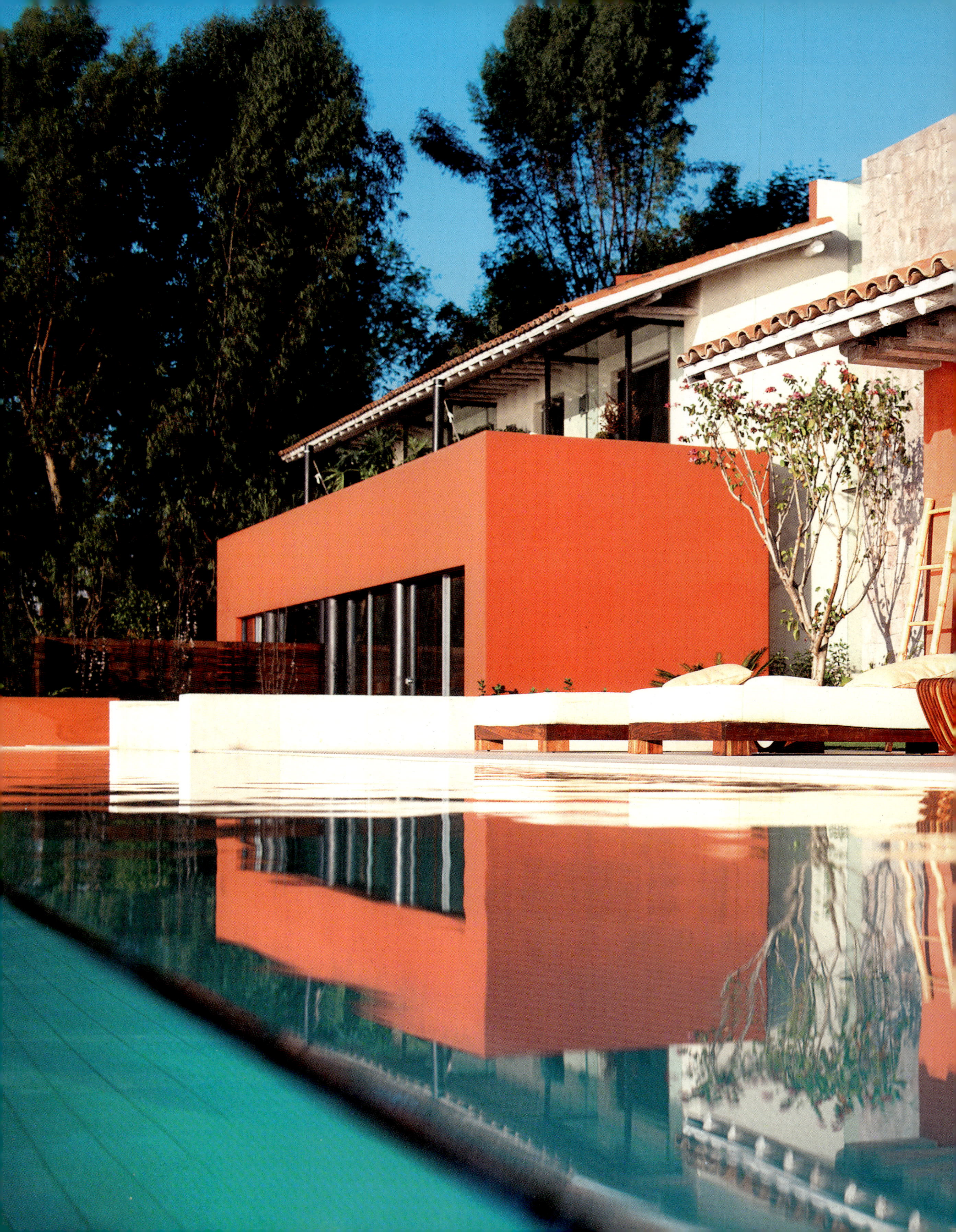

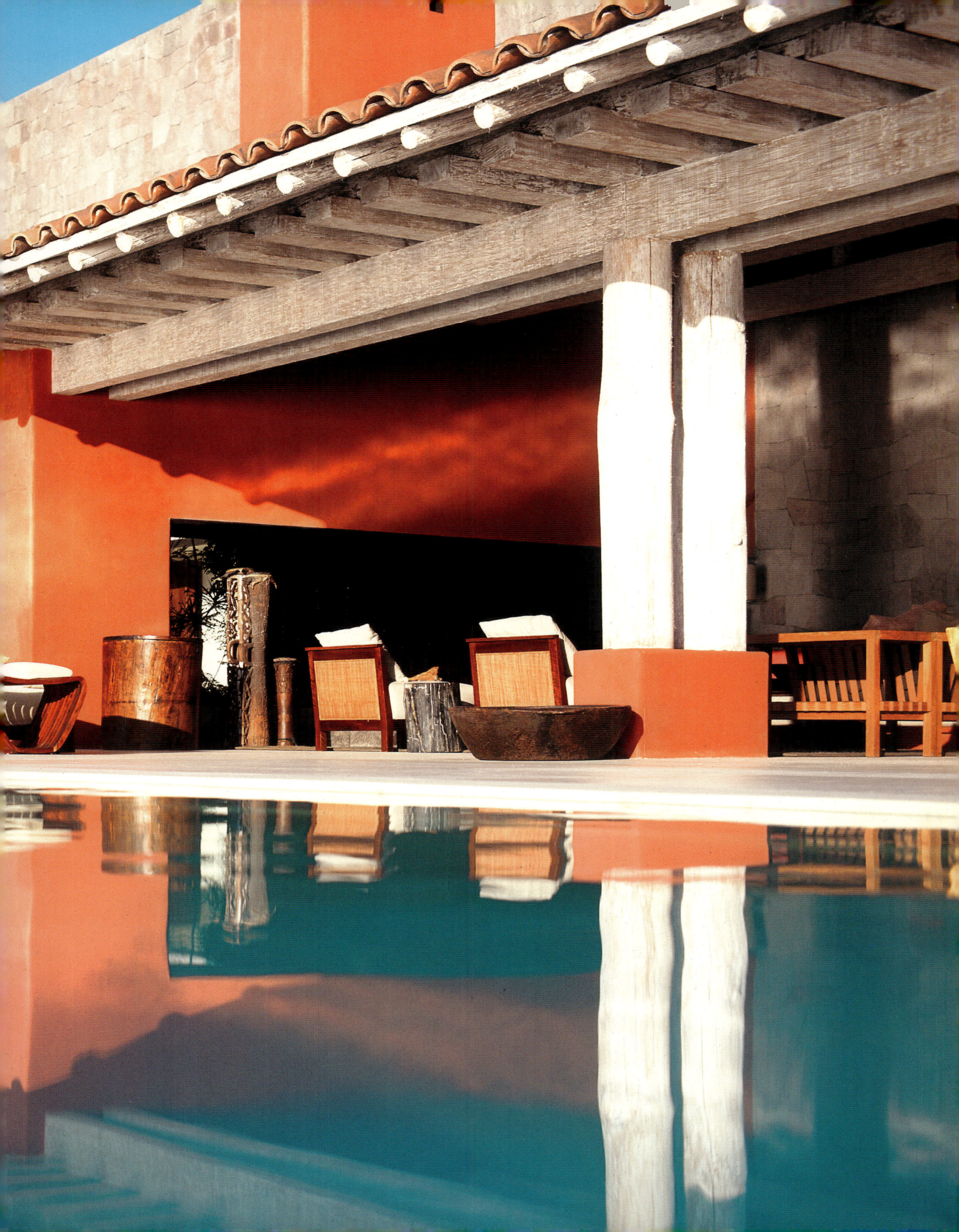

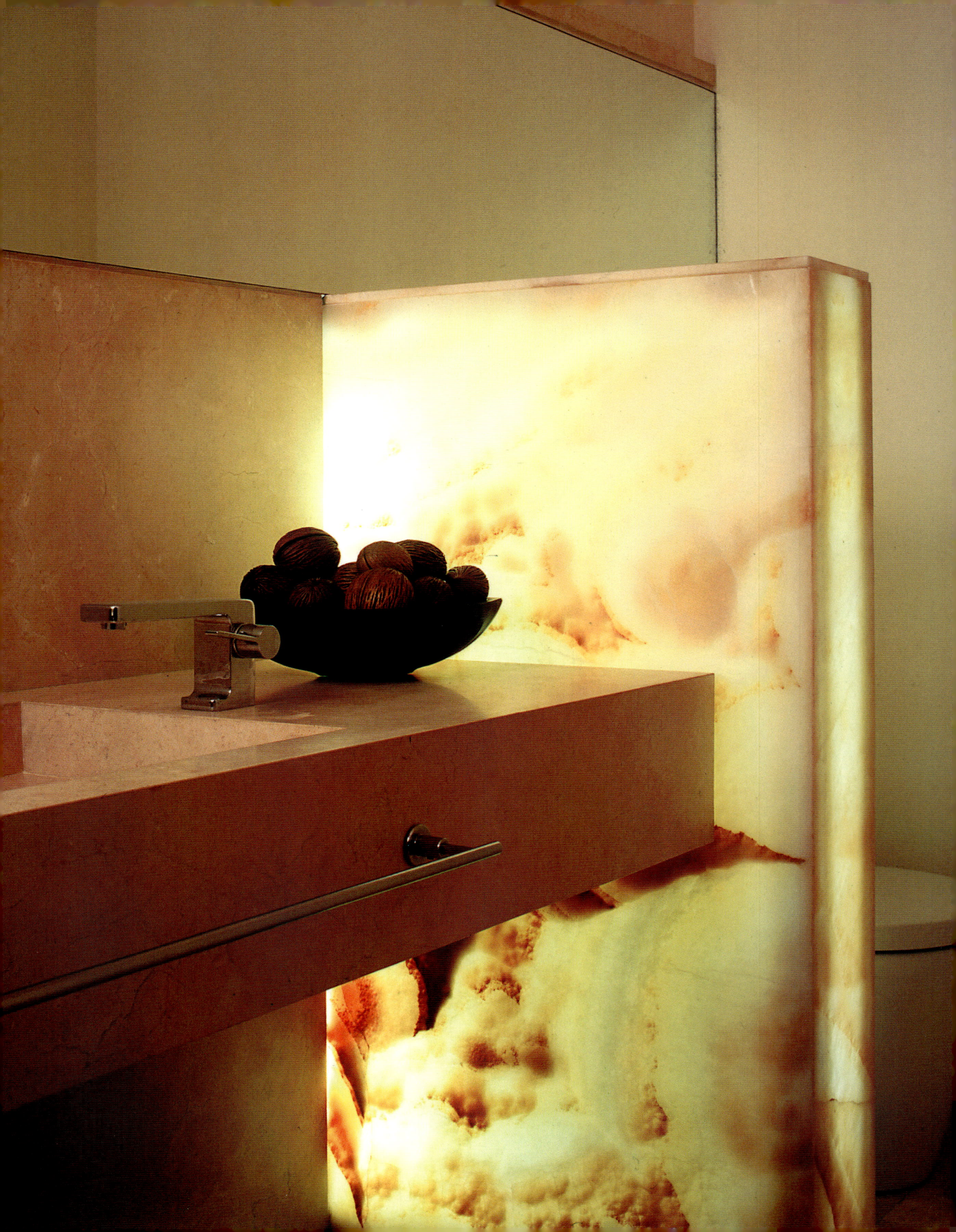

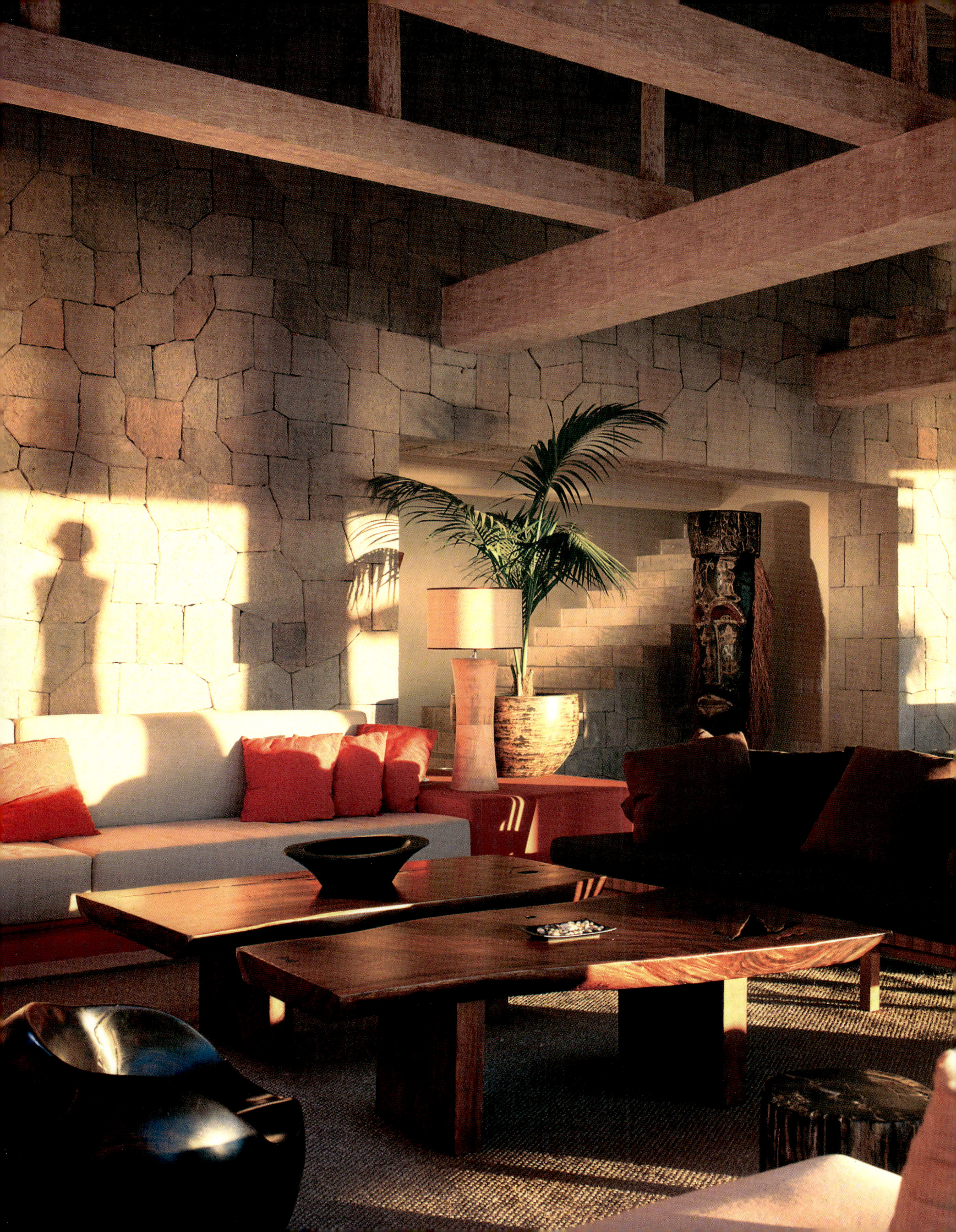

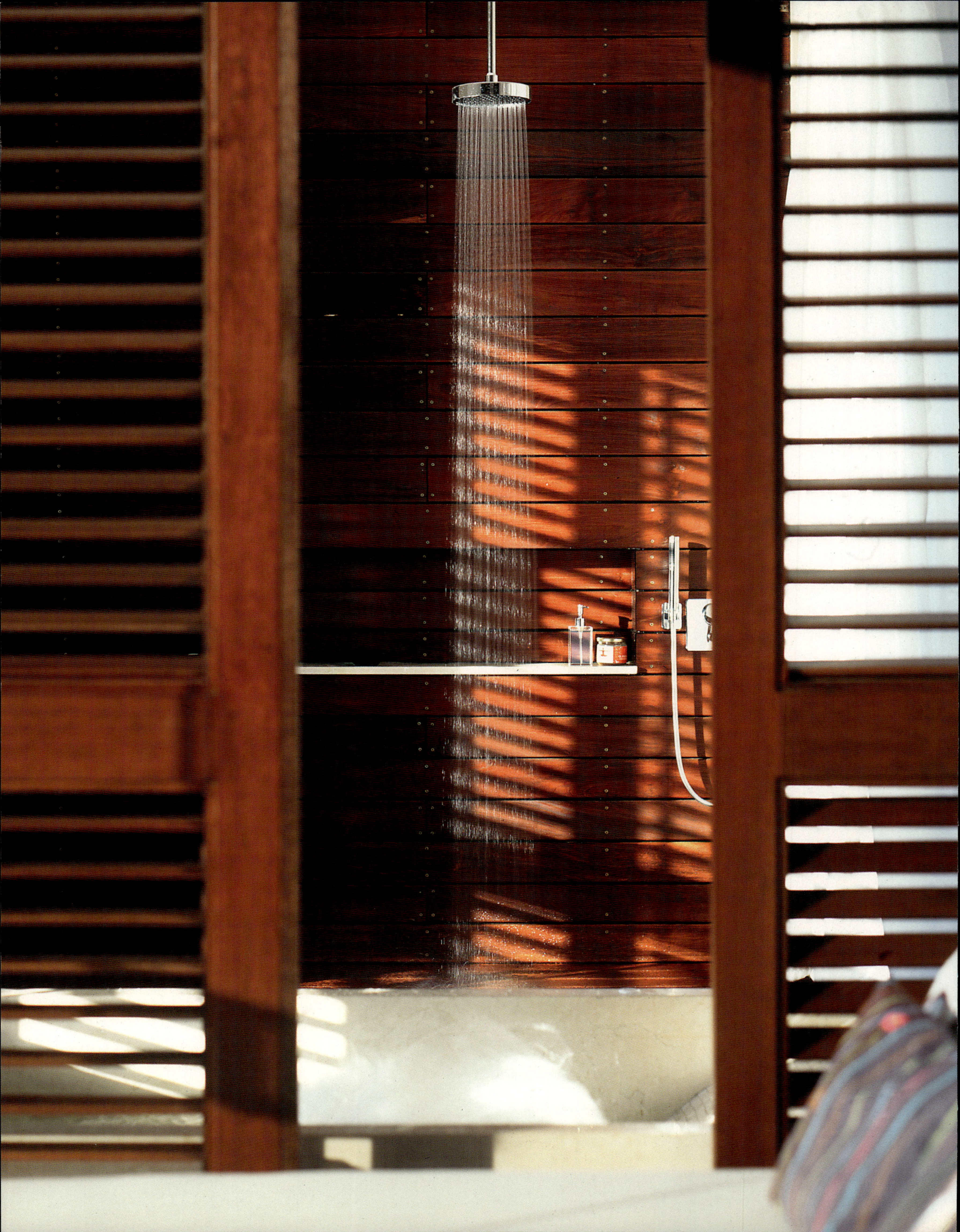

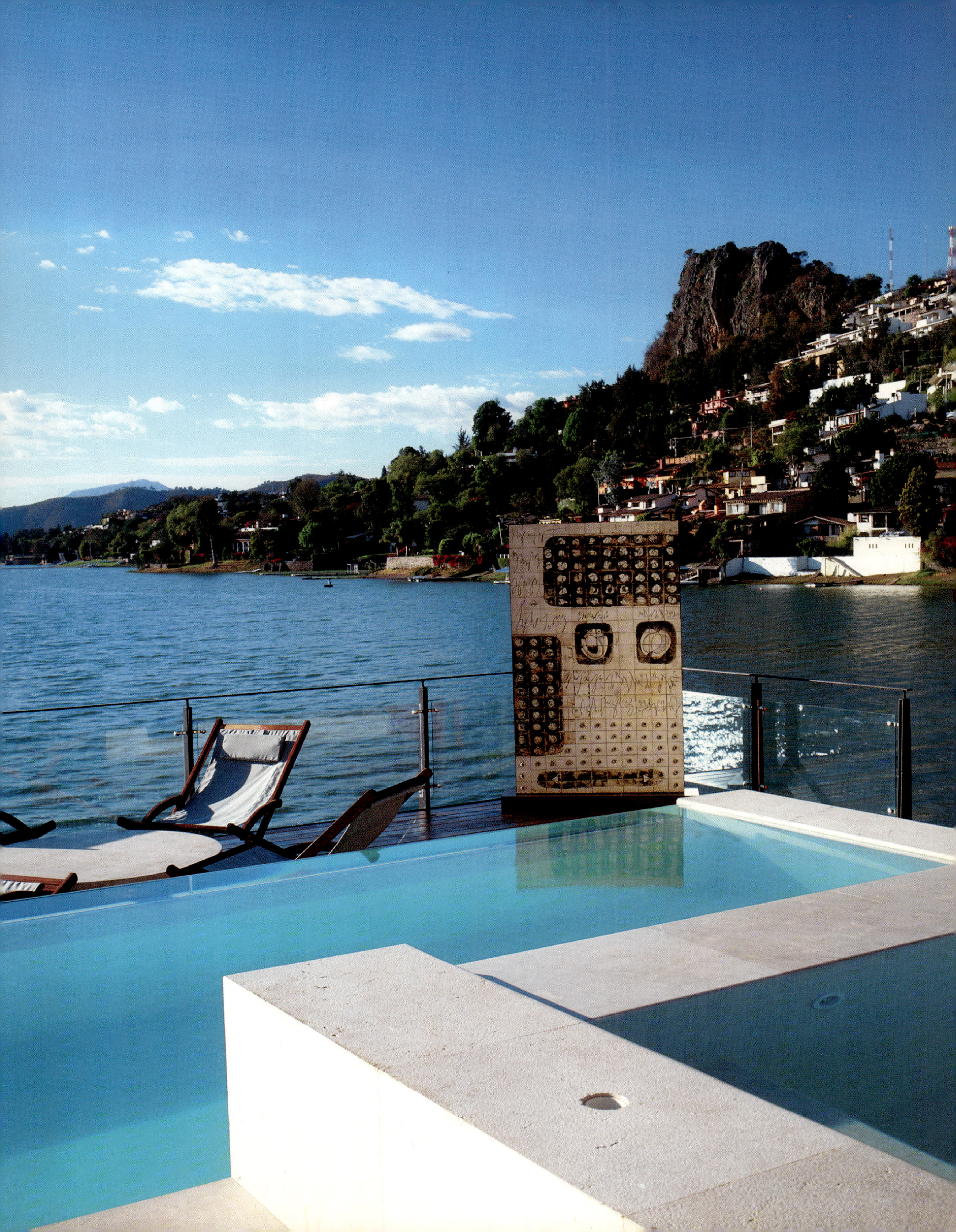

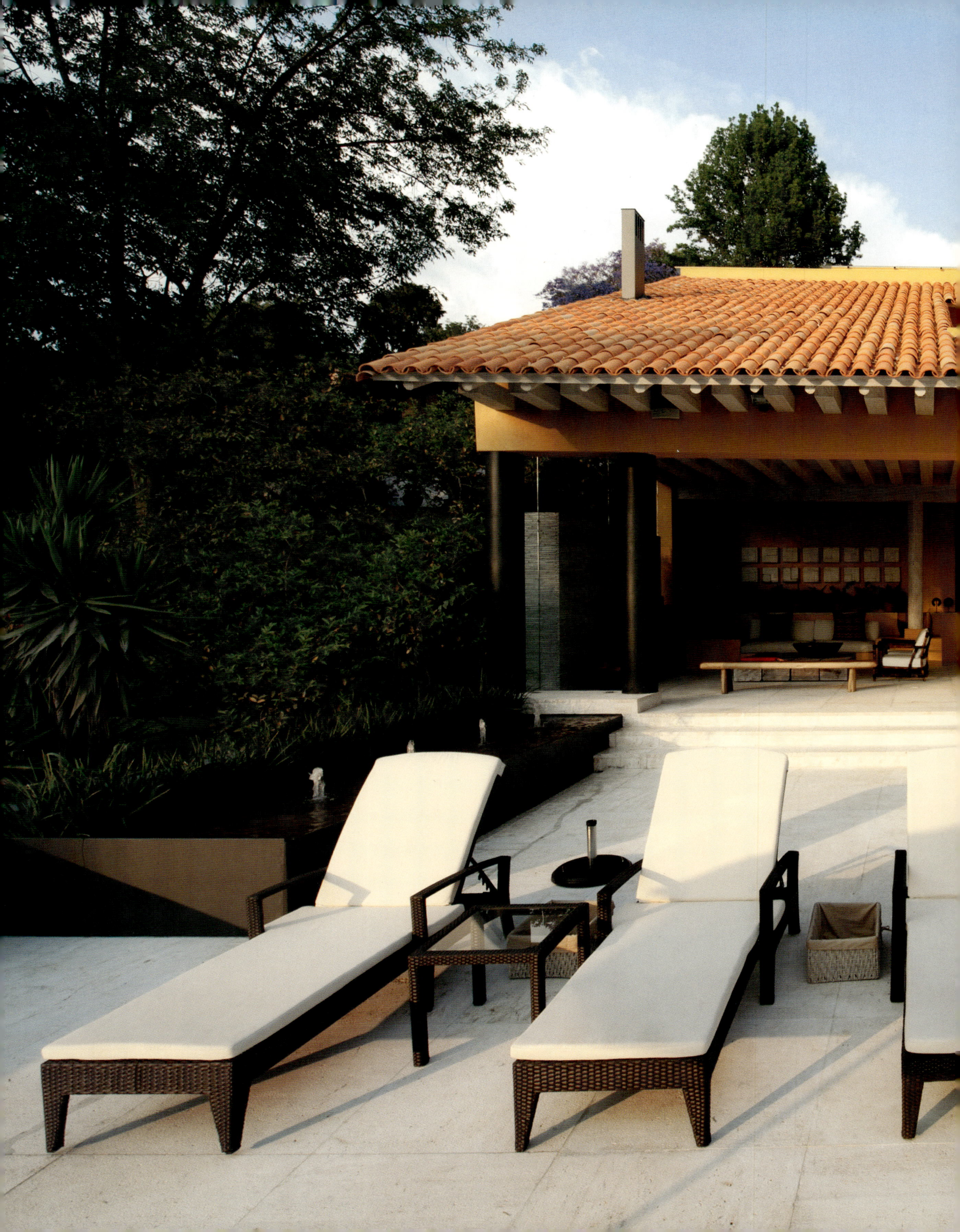

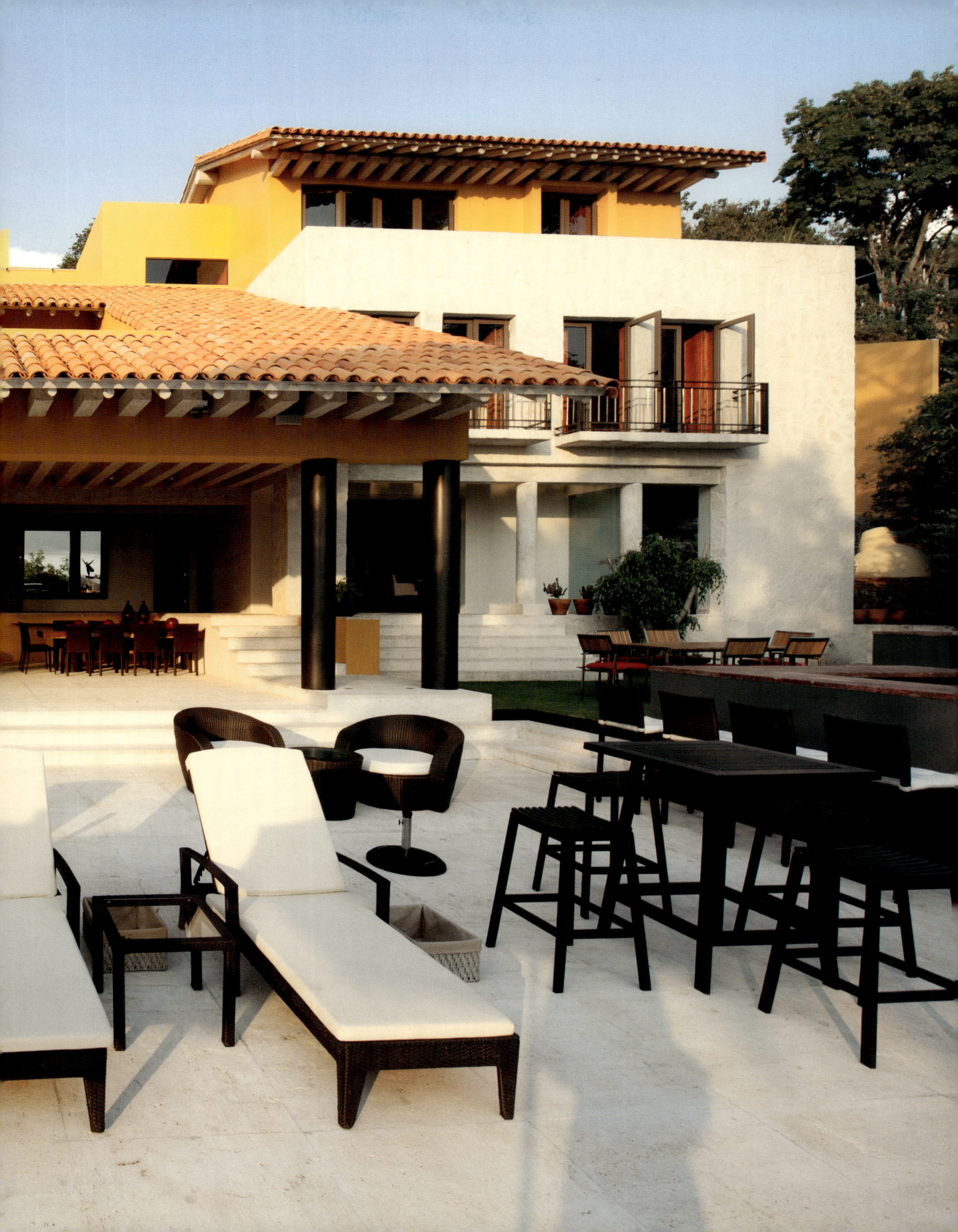

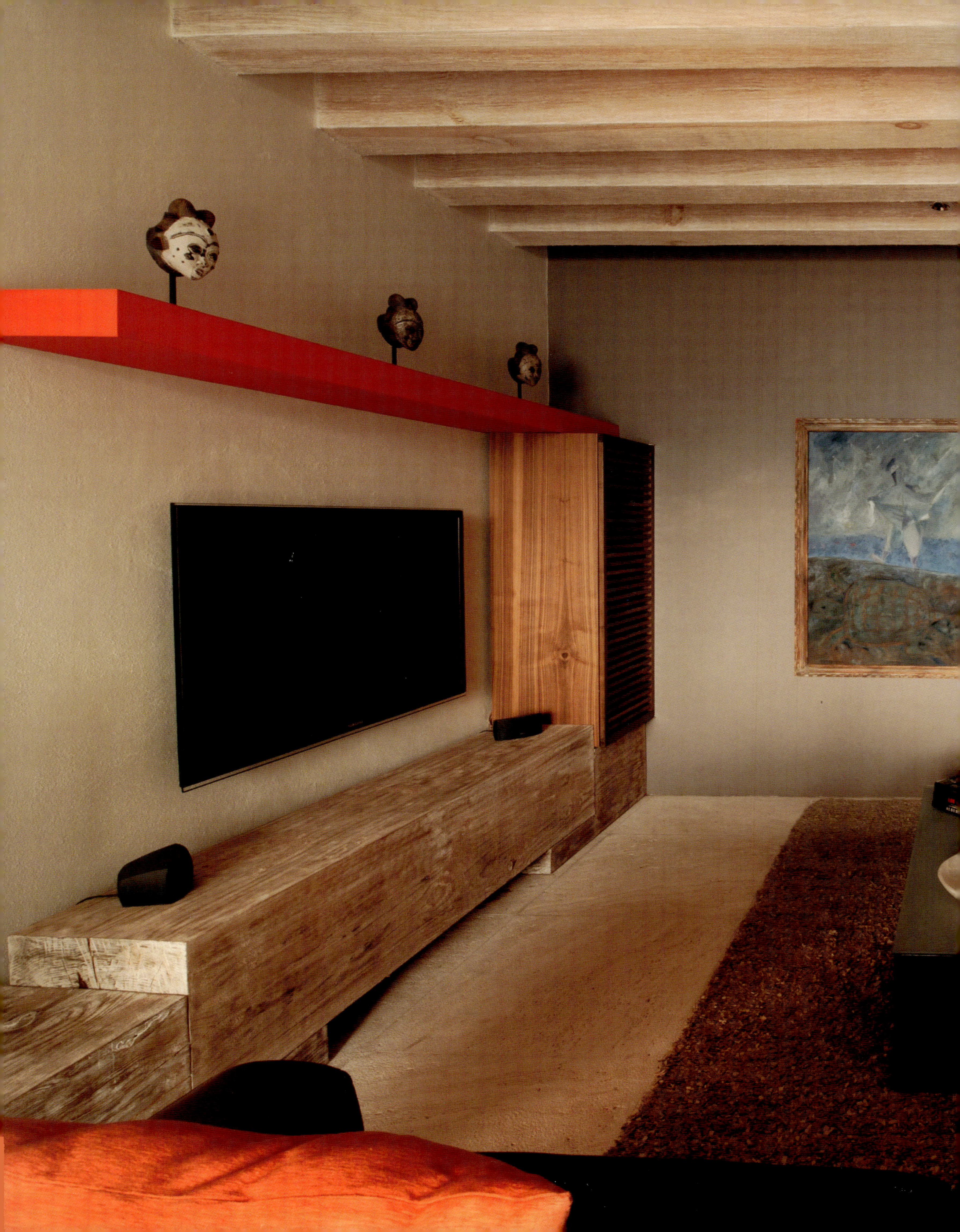

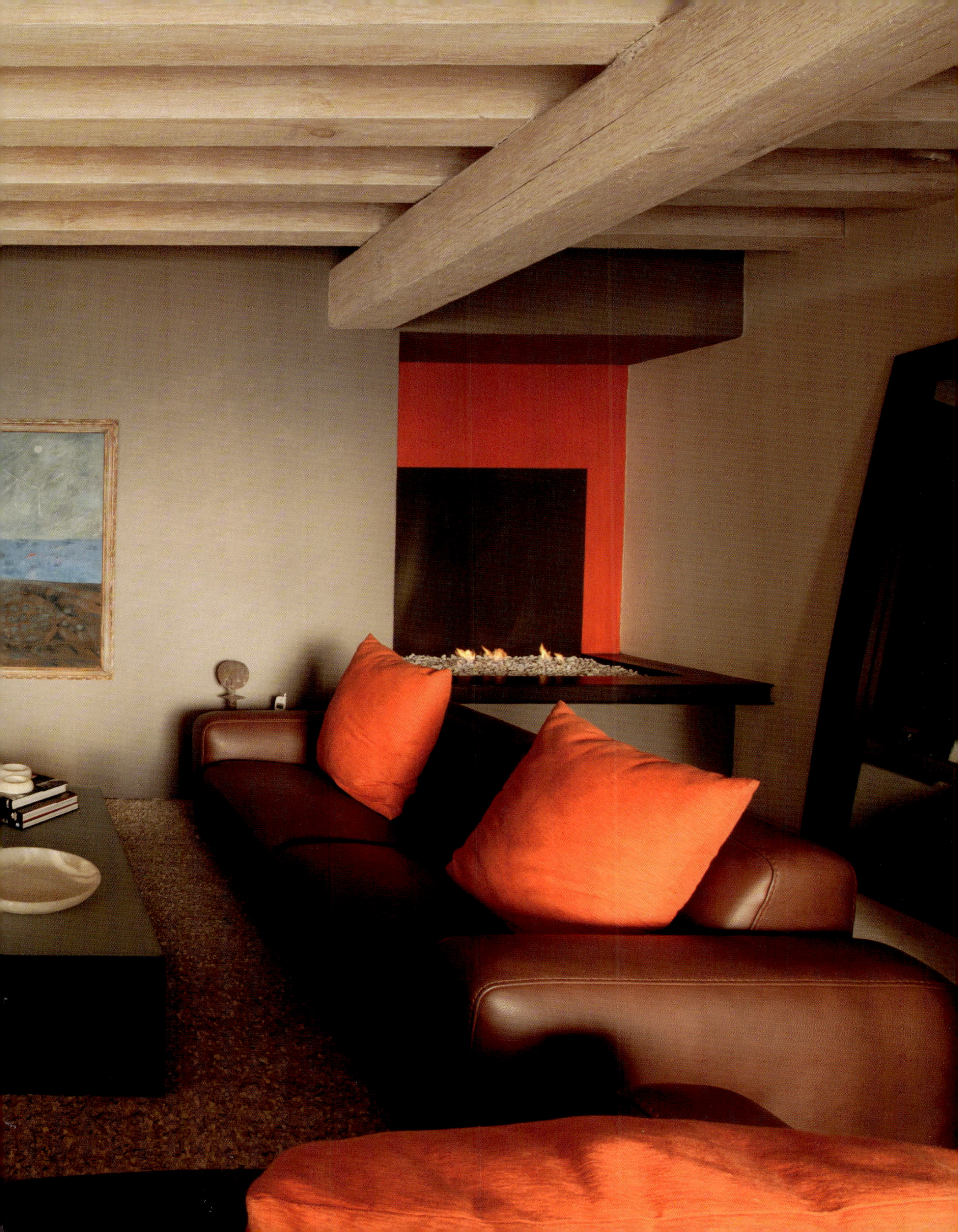

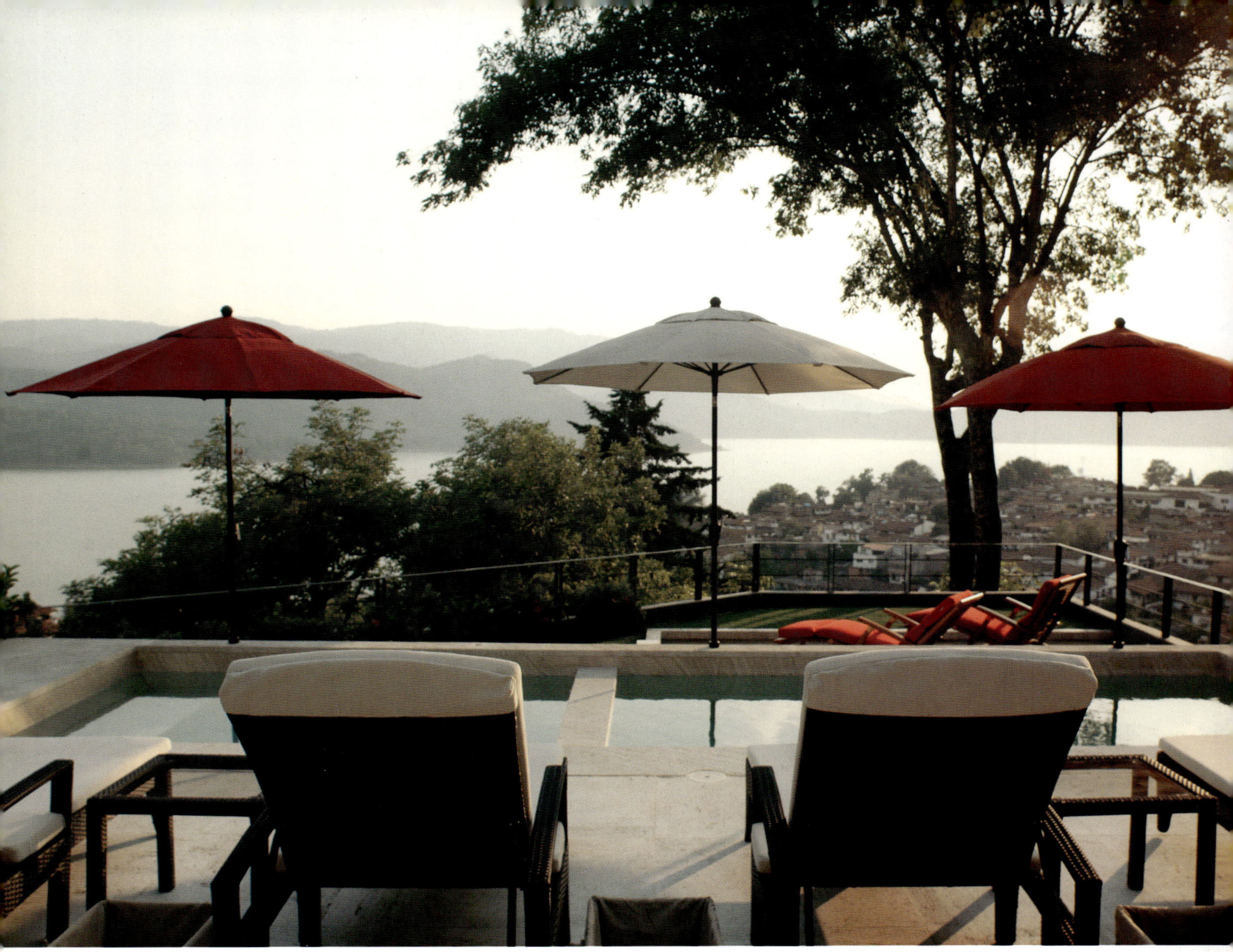

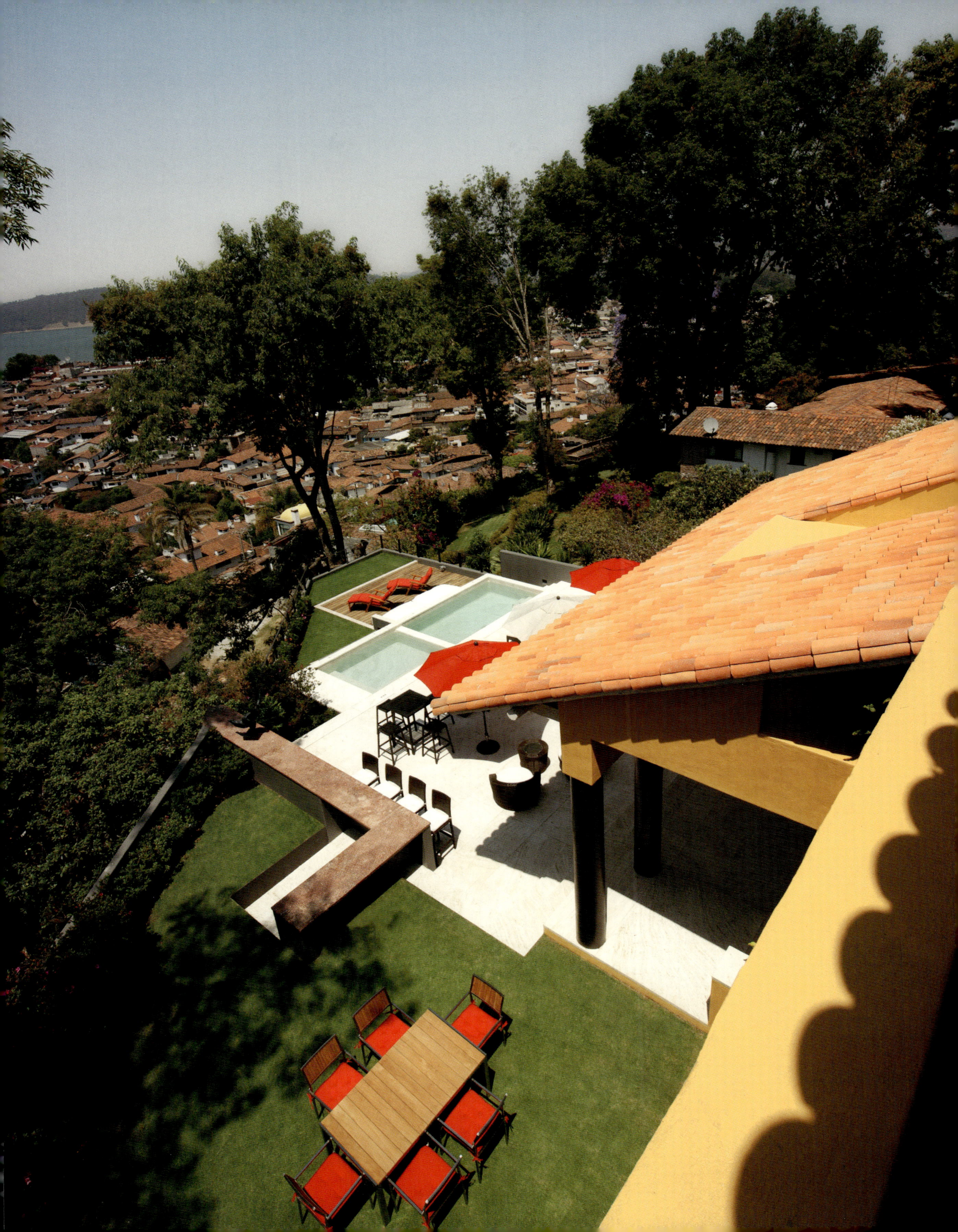

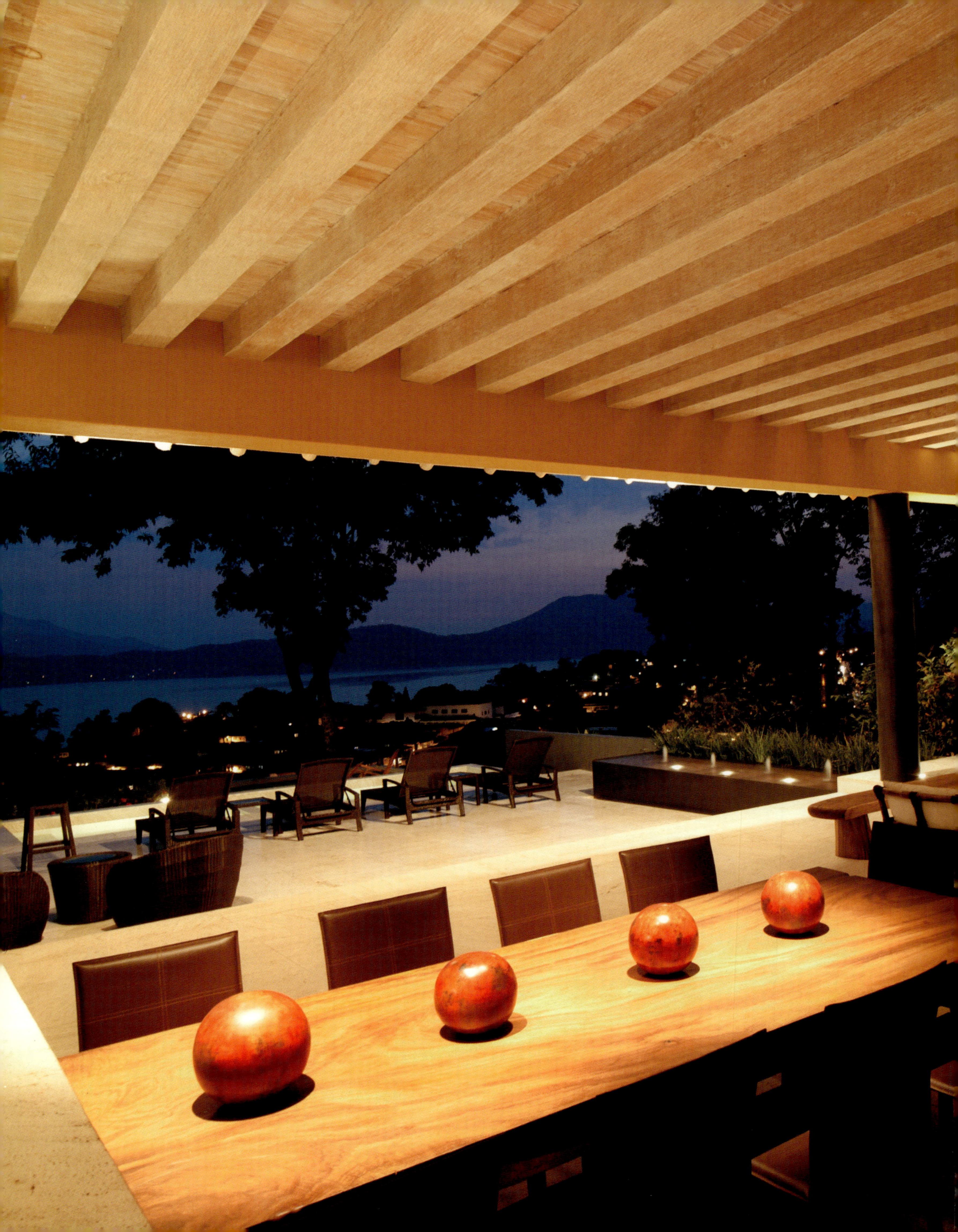

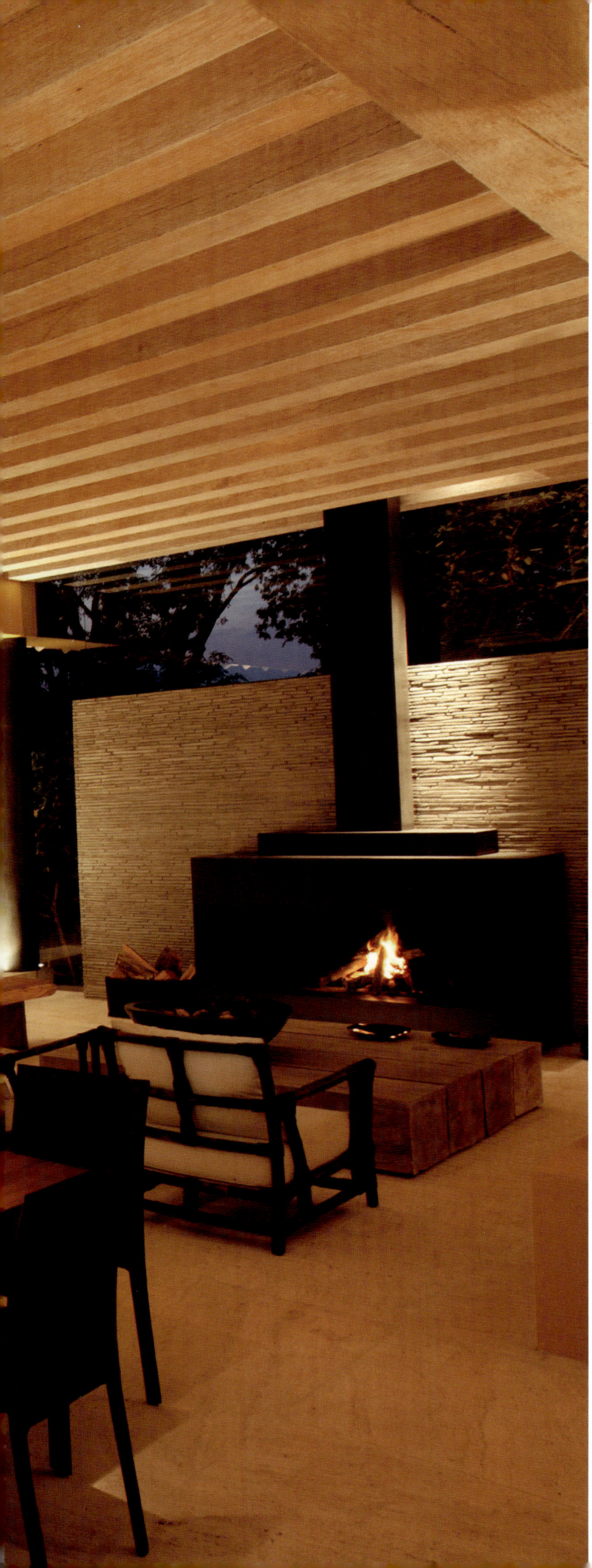

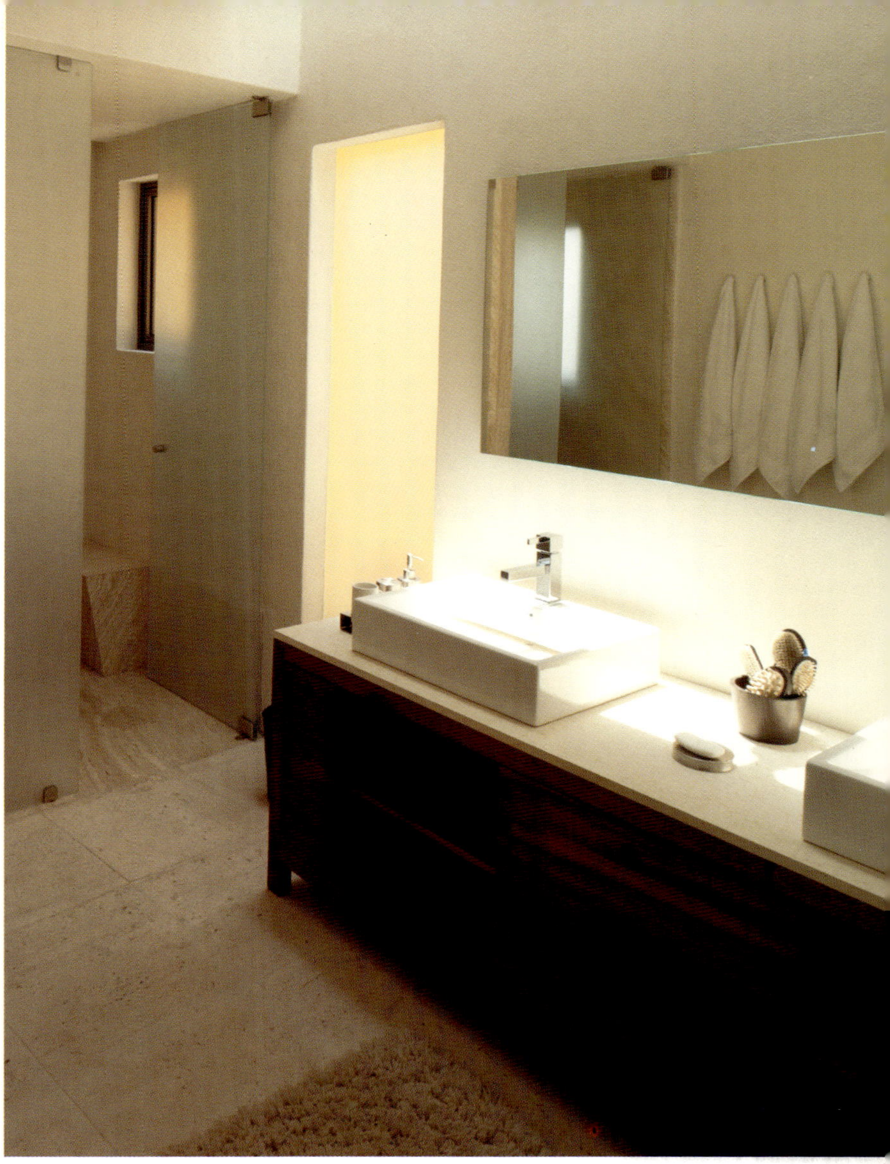

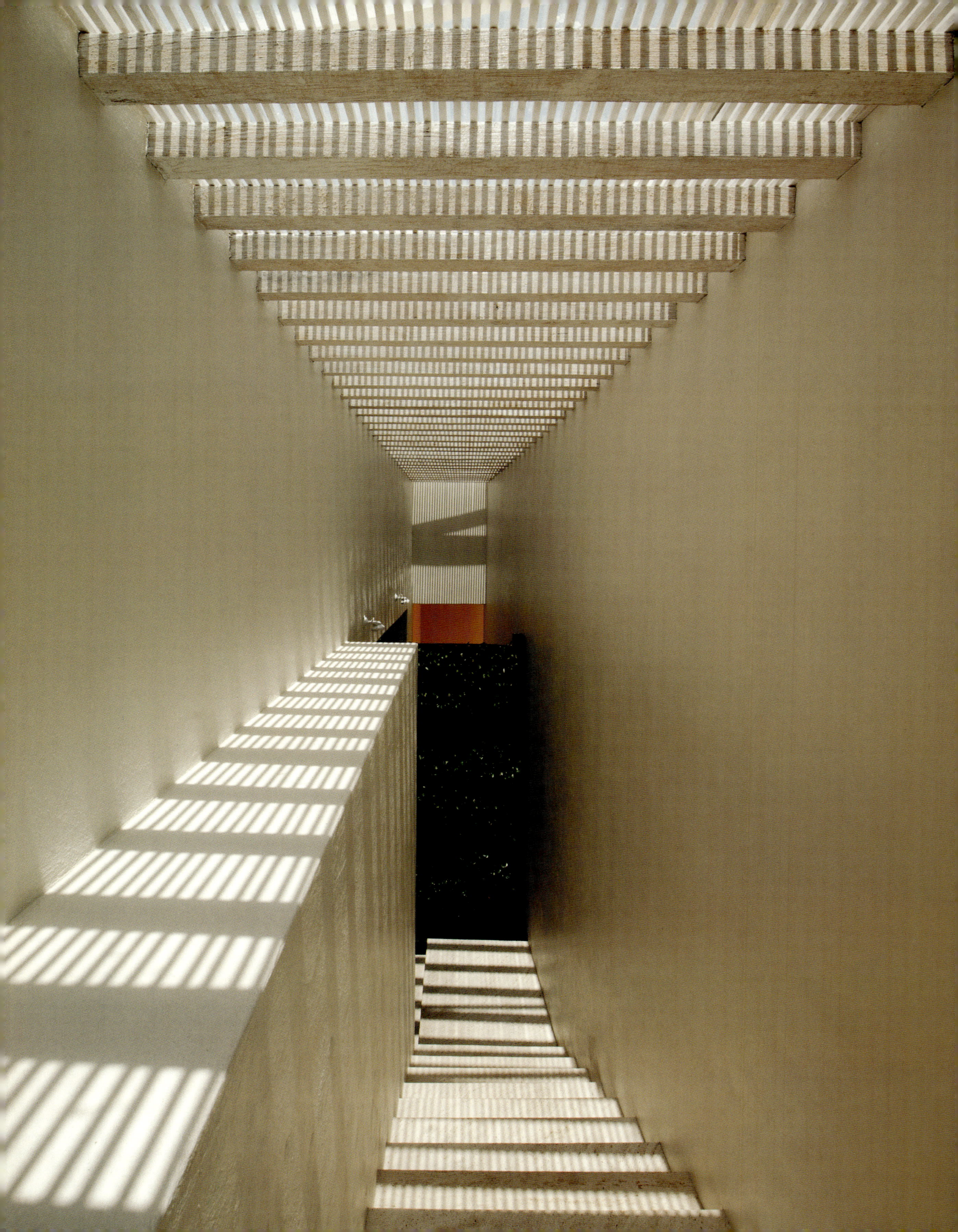

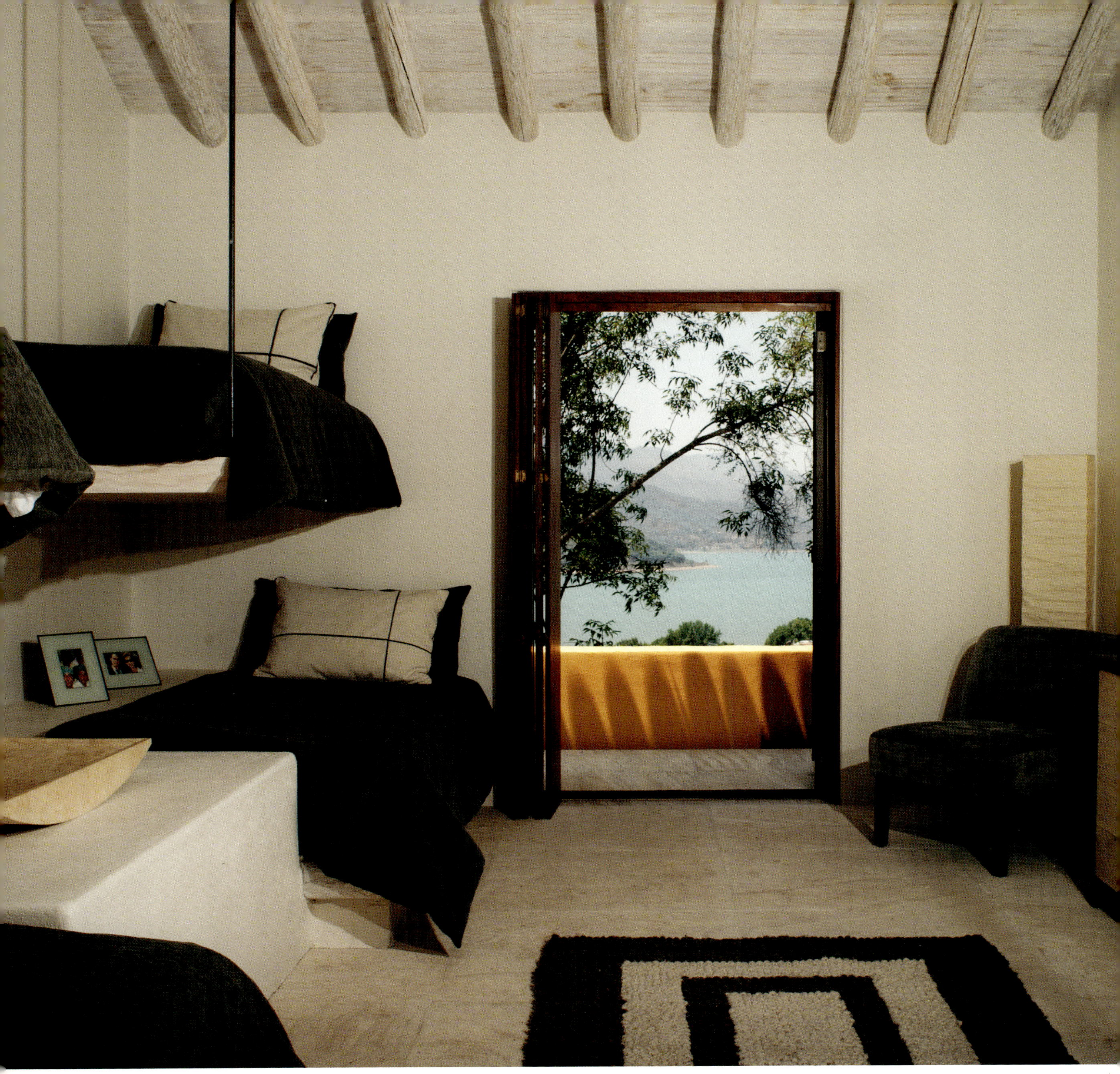

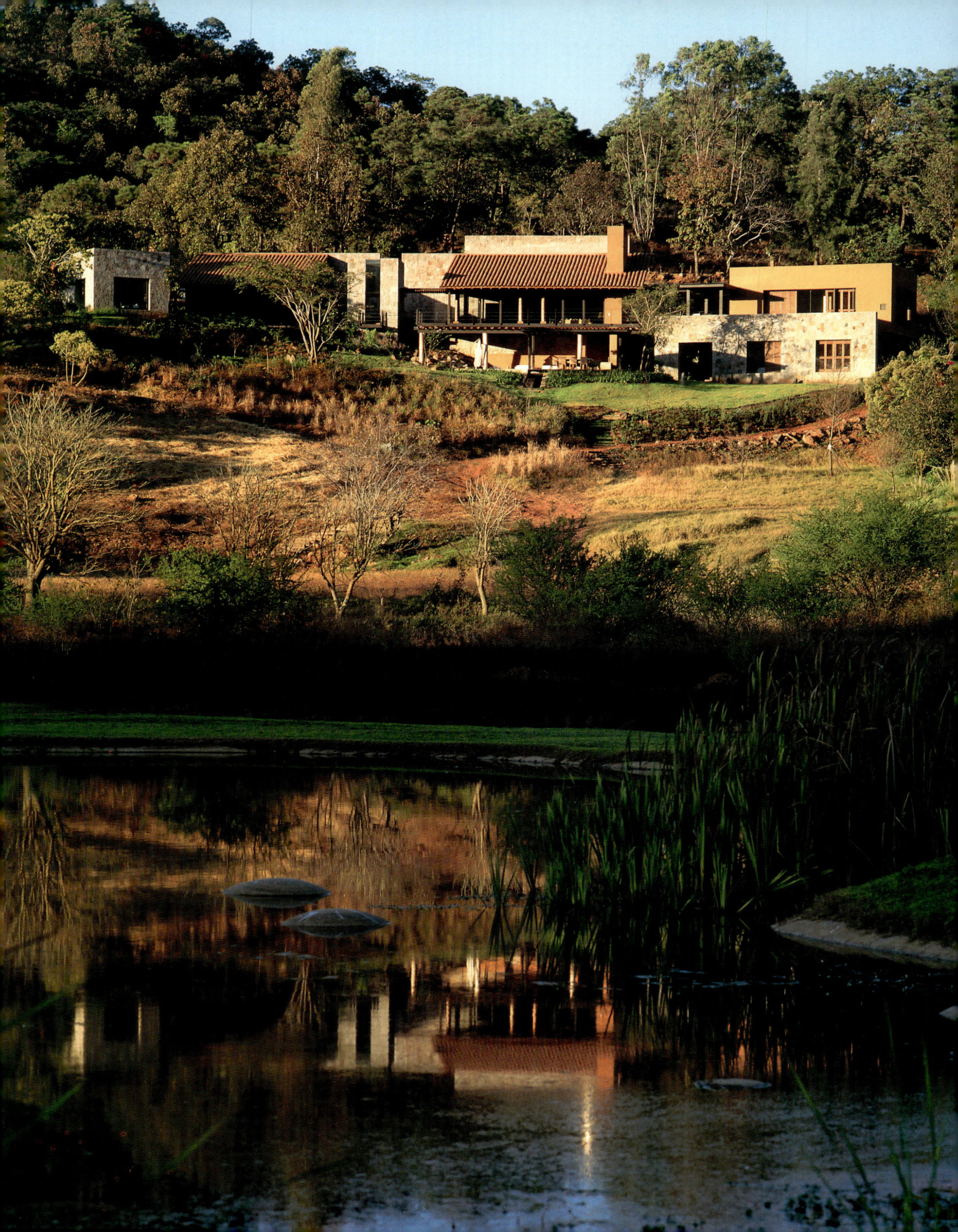

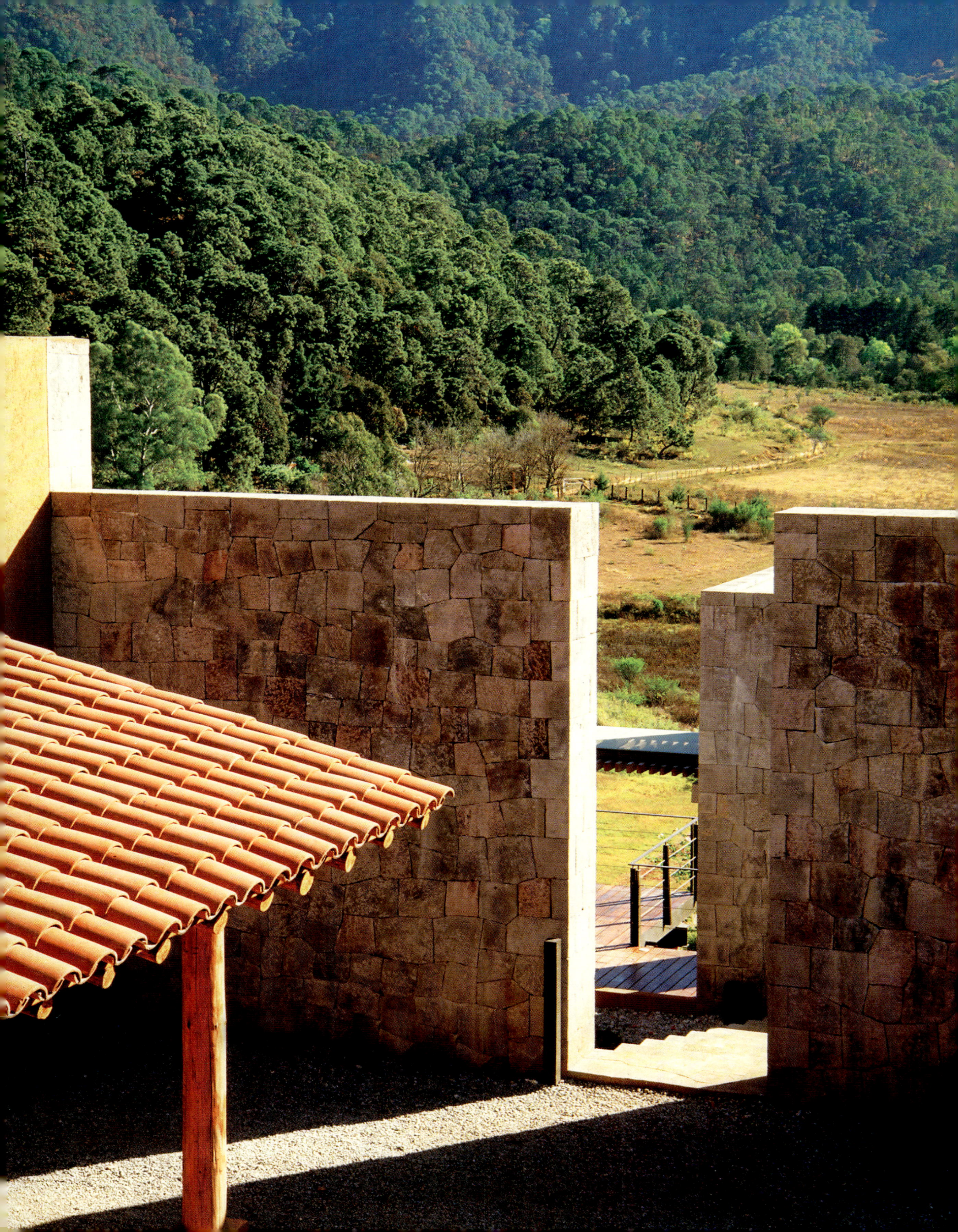

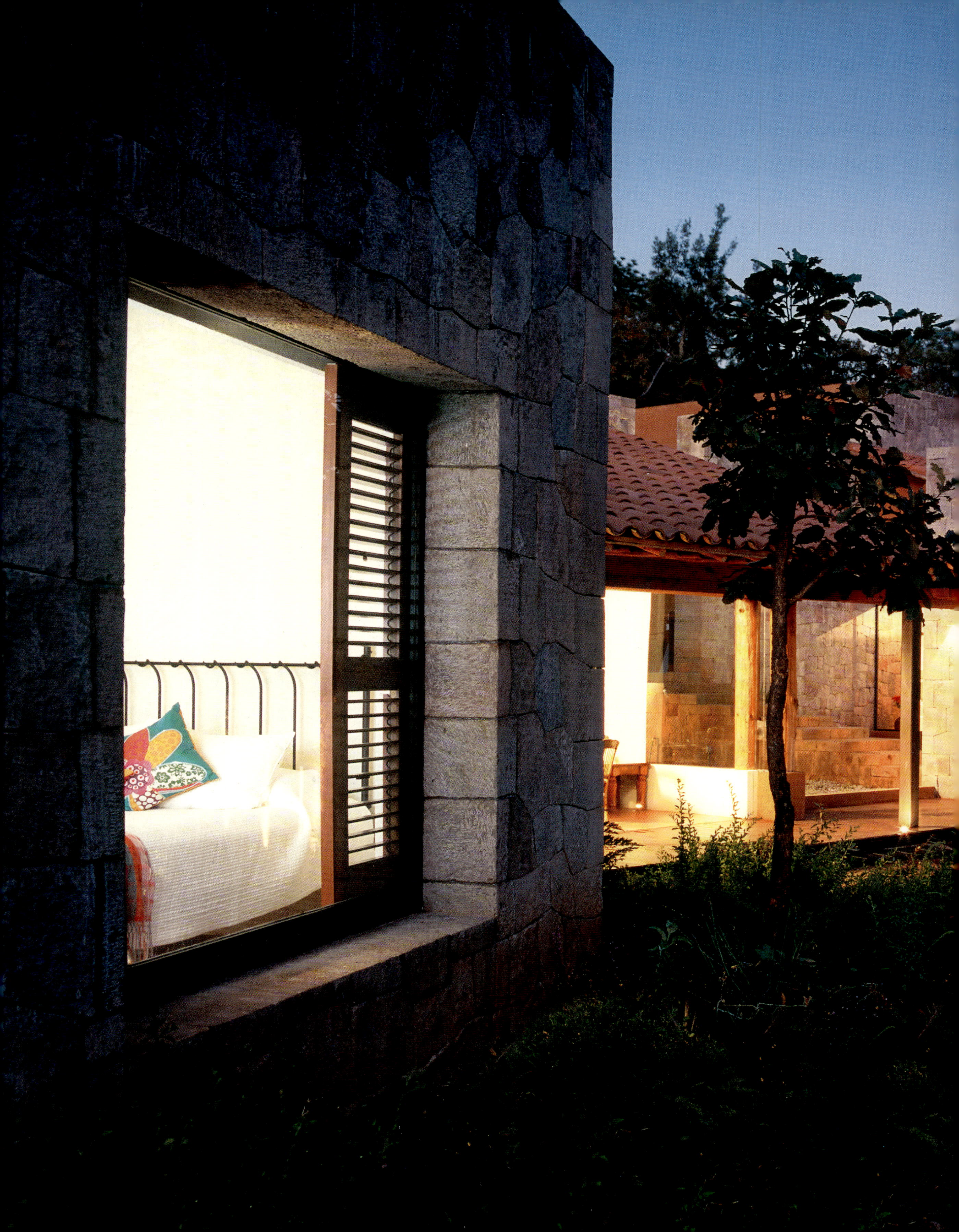

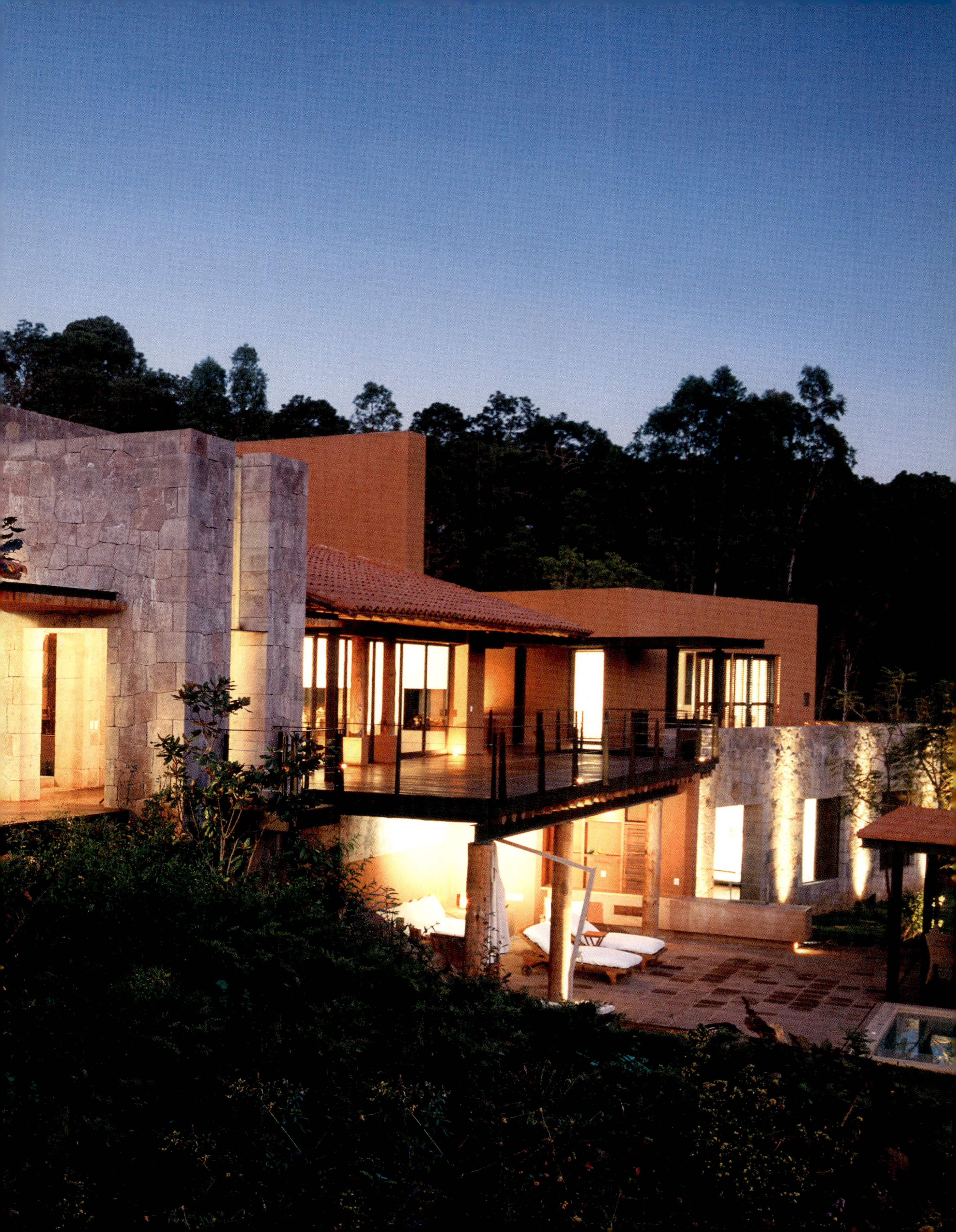

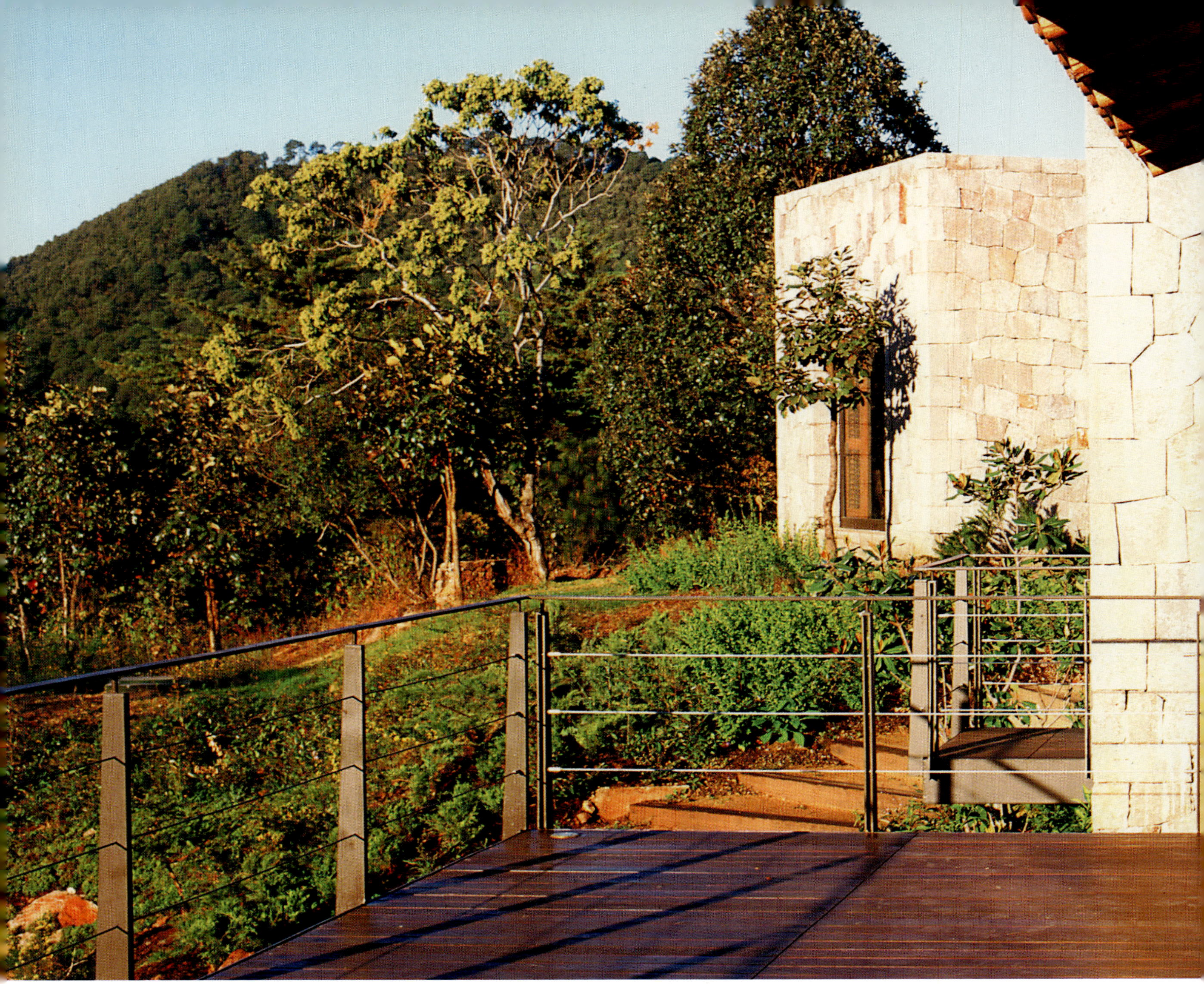

QUÍTAME LAS BARRERAS PARA TOCAR LA NATURALEZA.

TAKE AWAY THE BARRIERS TO TOUCH NATURE.

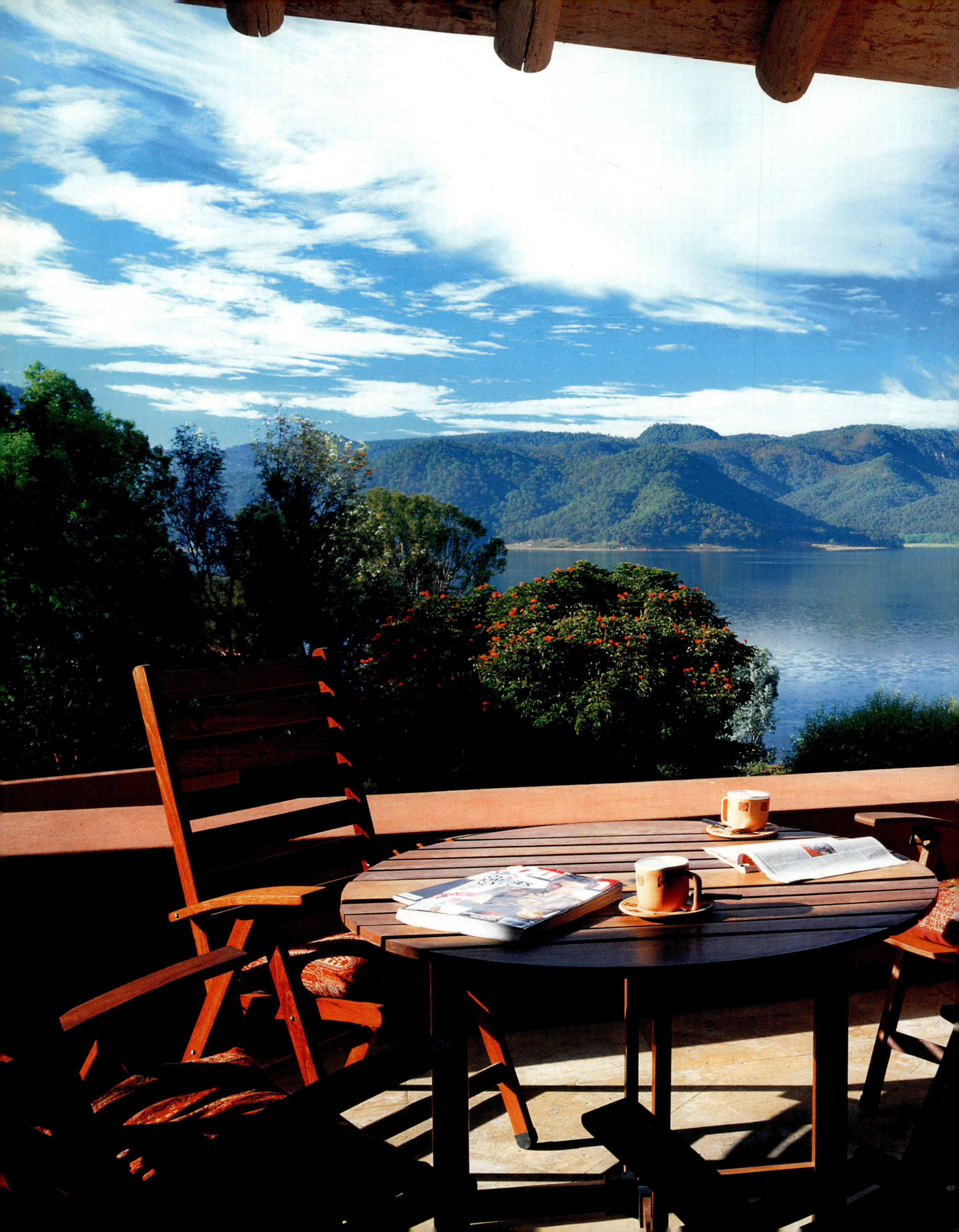

ABRE TU TECHO PARA VER EL MUNDO.

OPEN THE ROOF TO SEE THE WORLD.

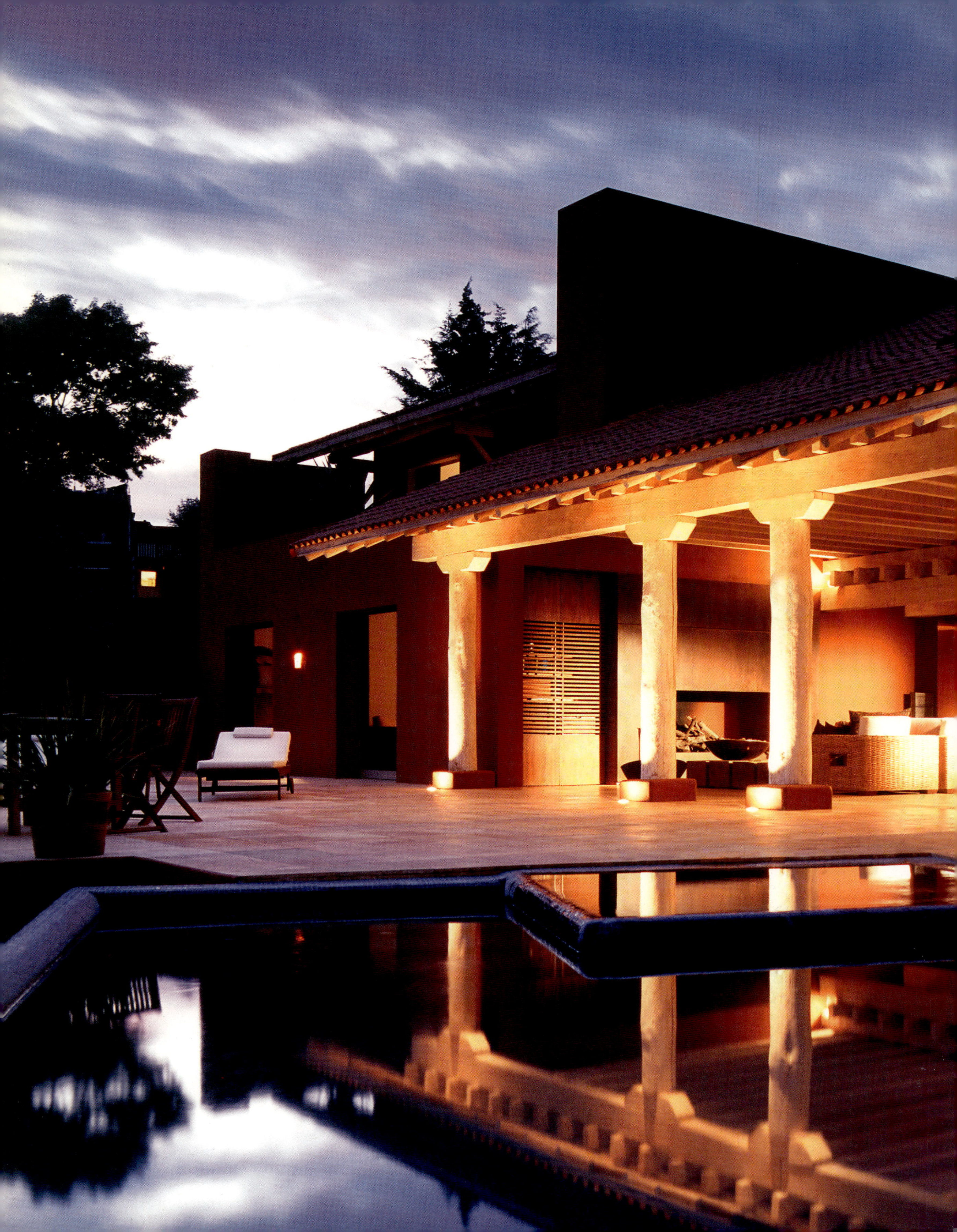

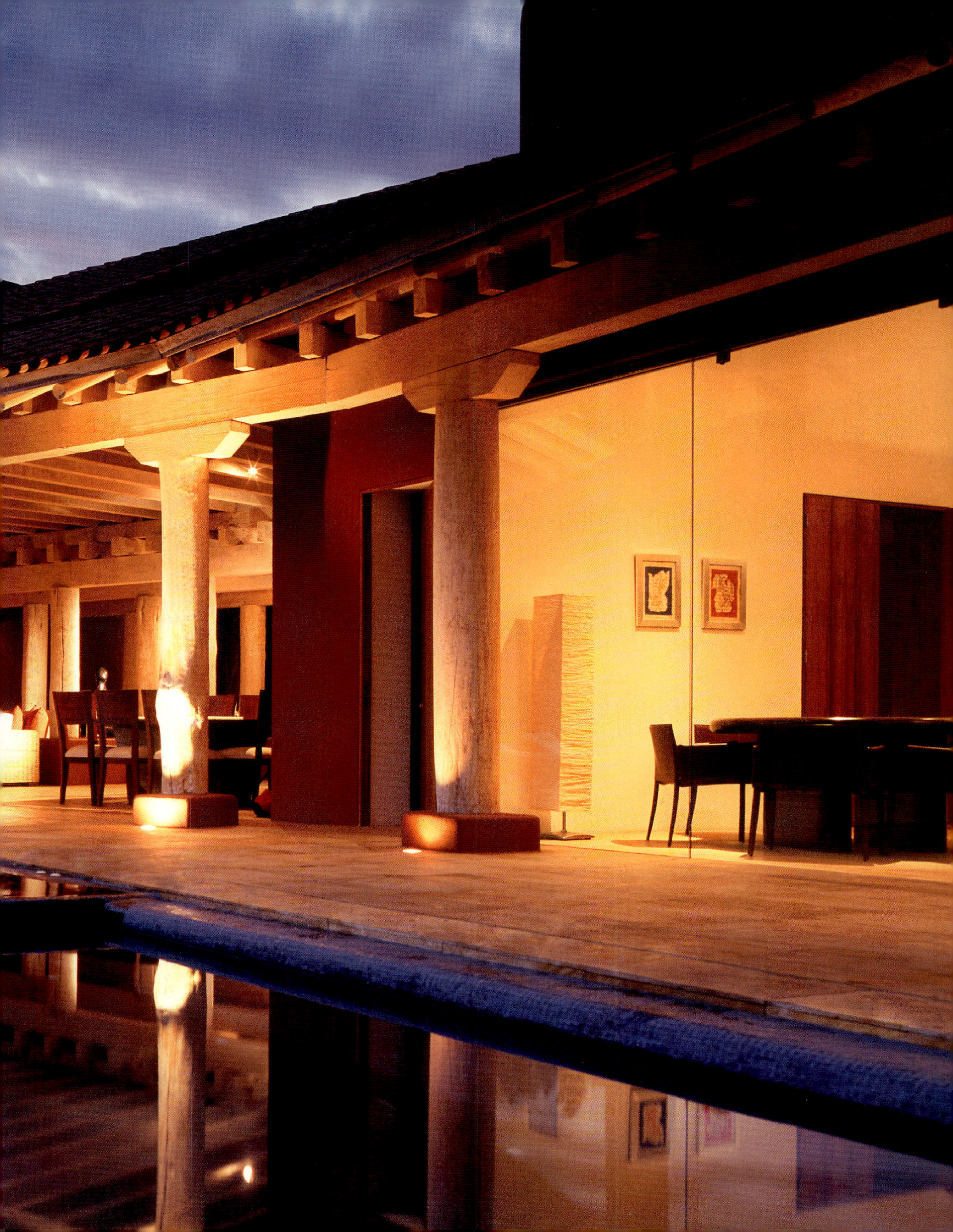

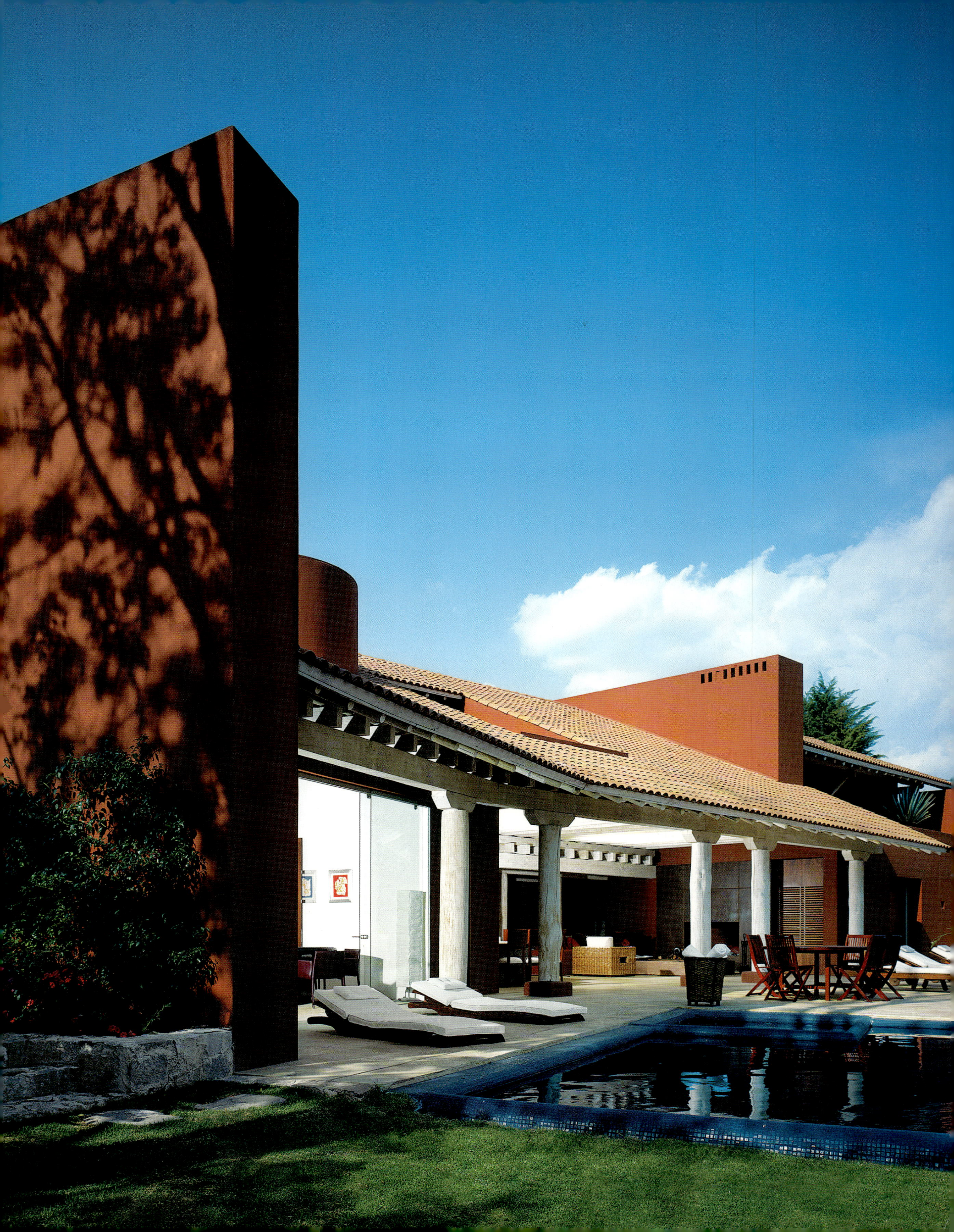

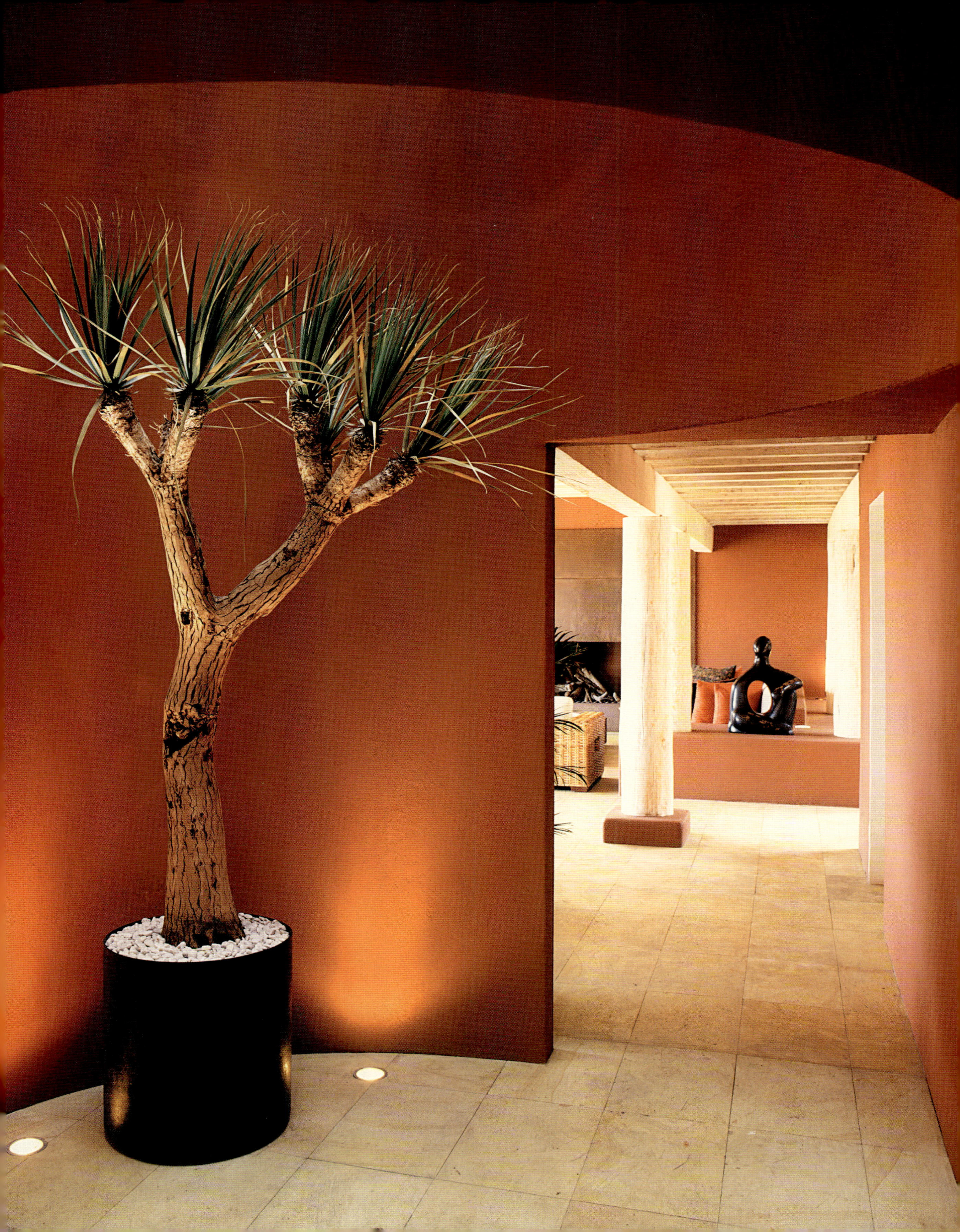

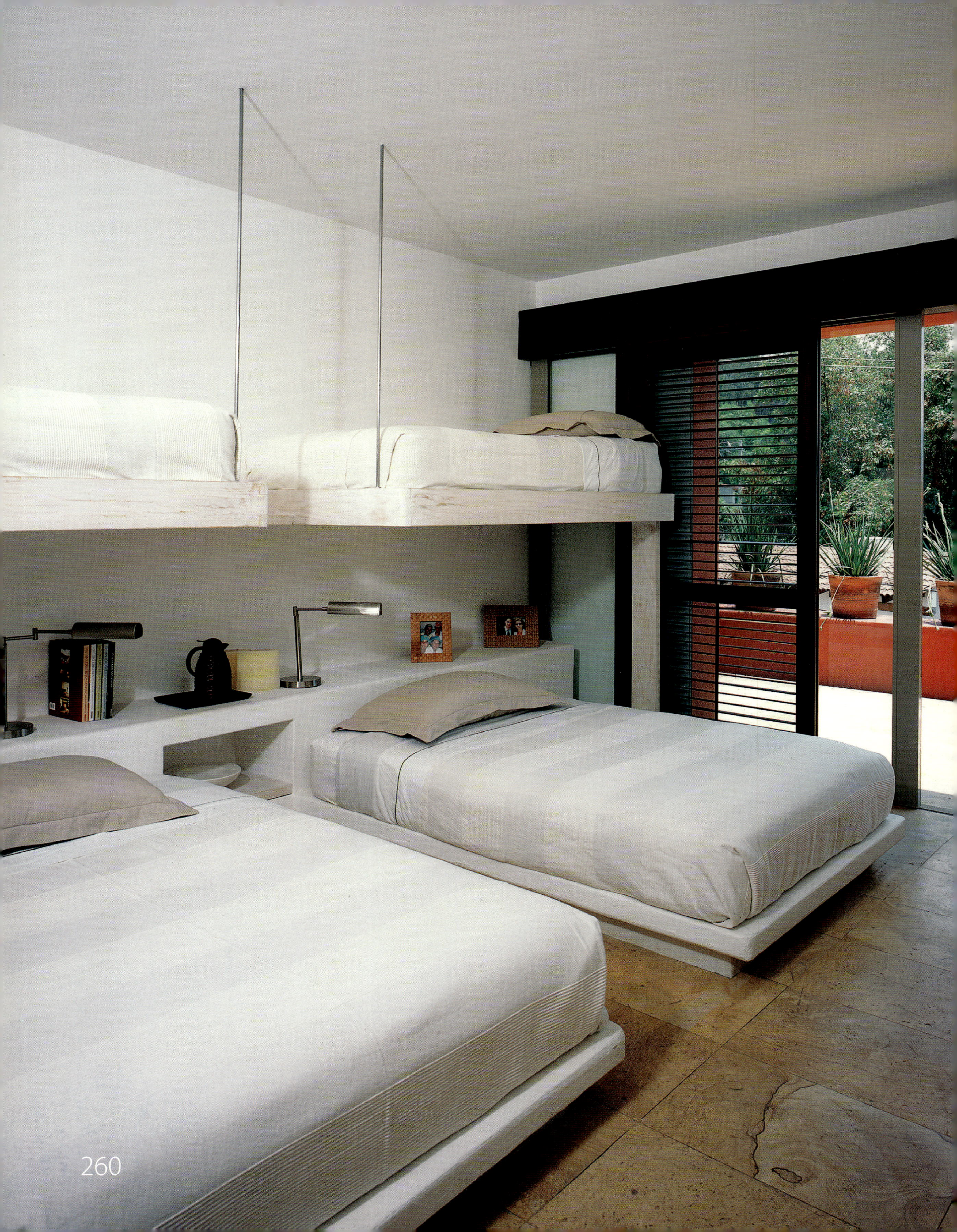

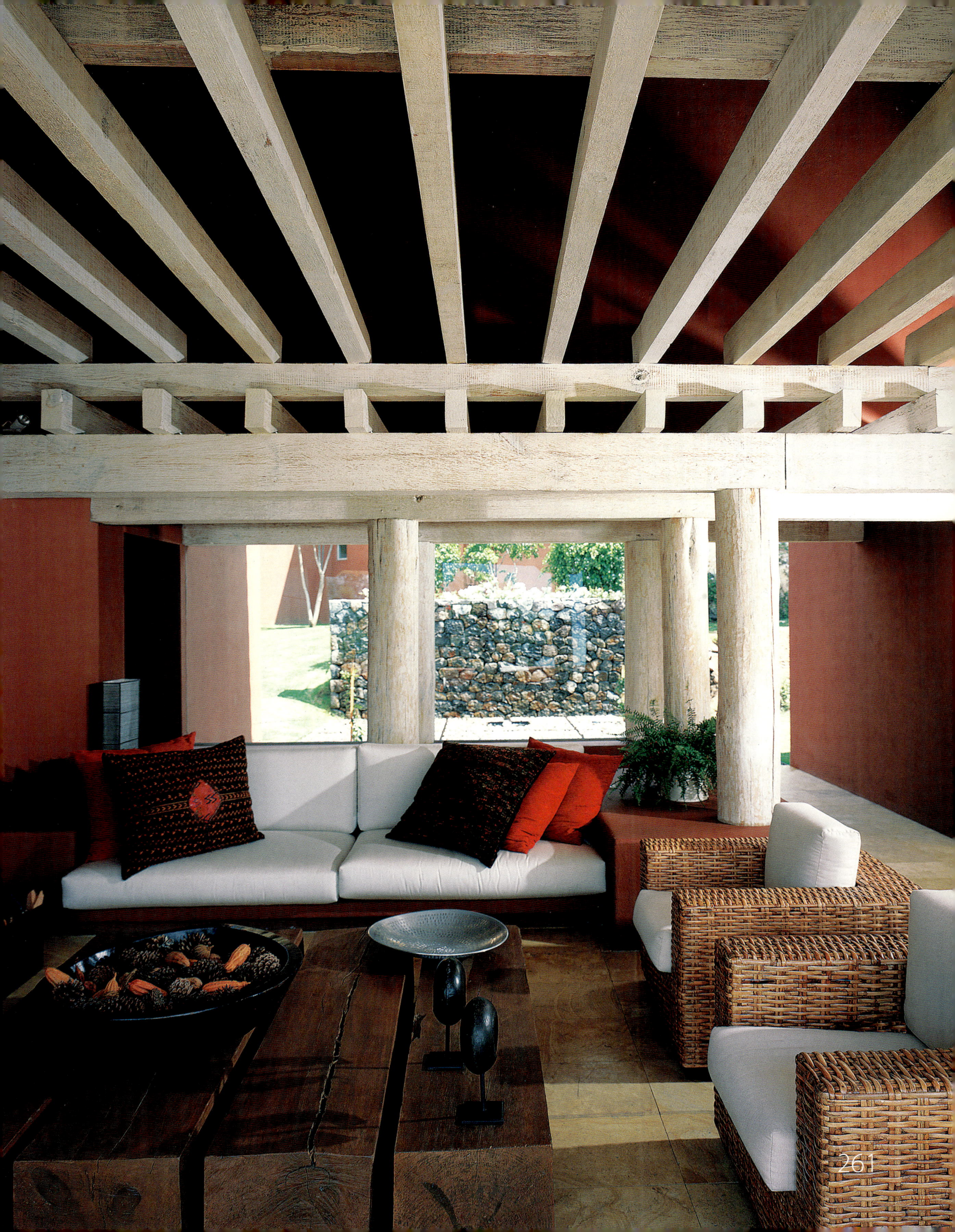

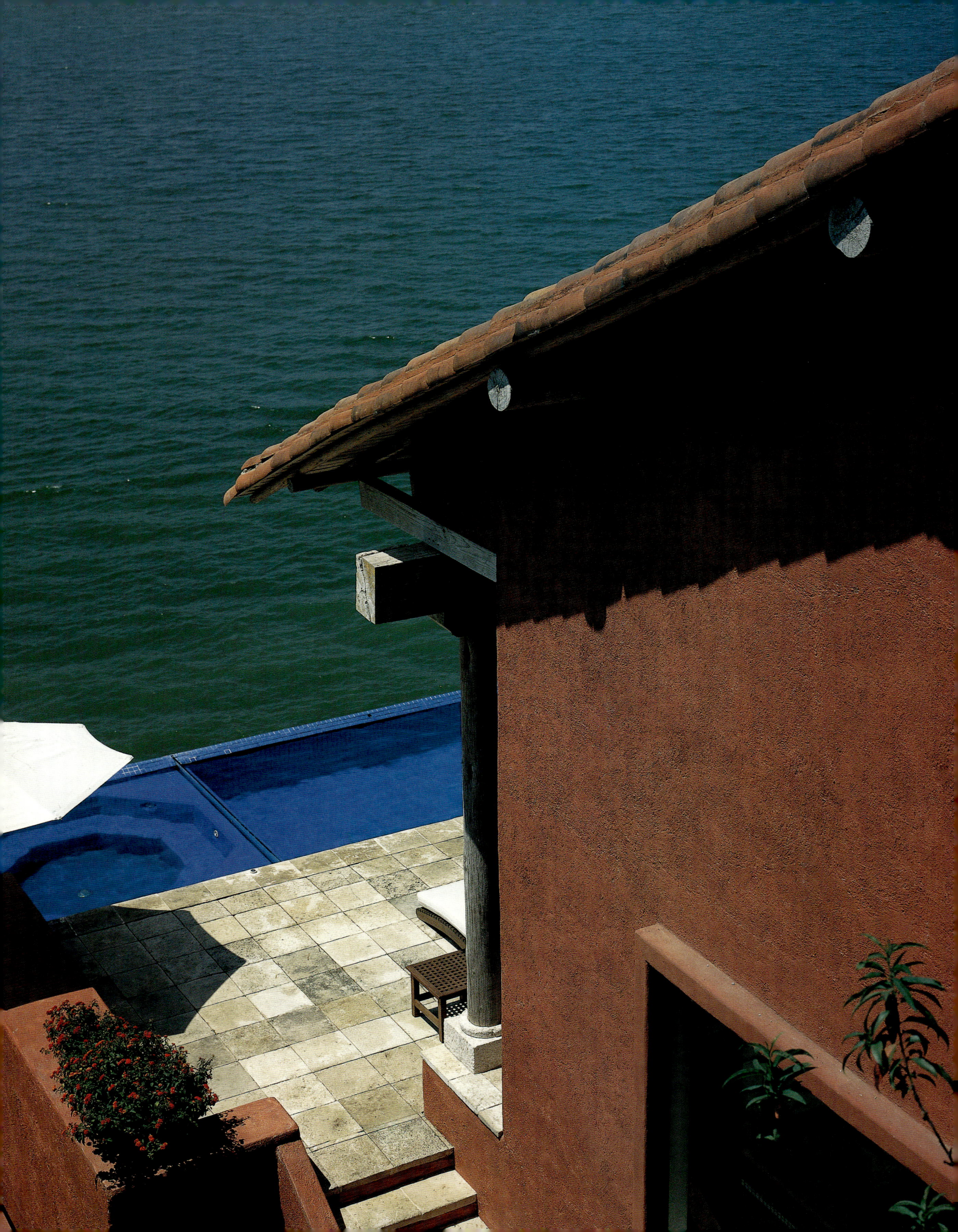

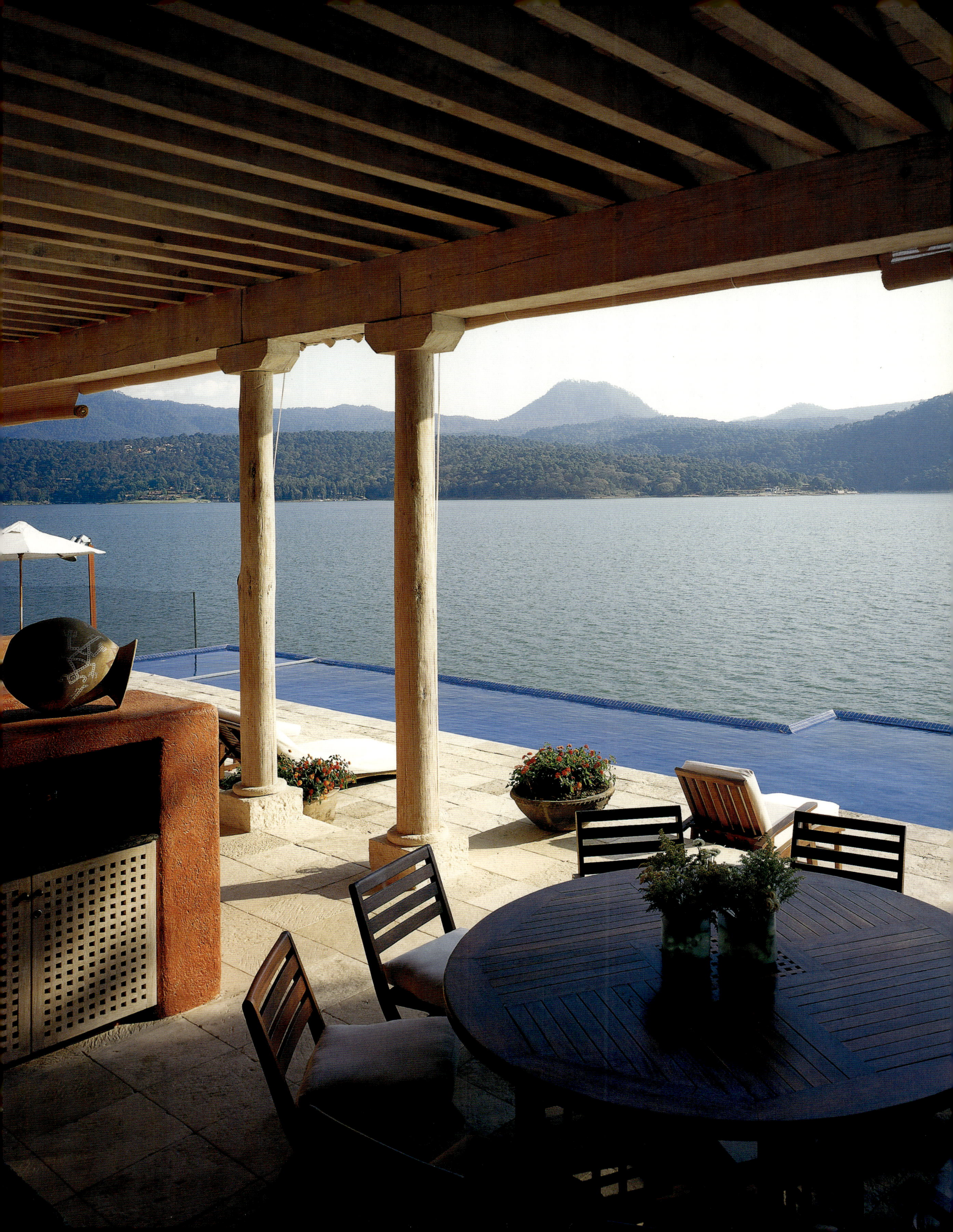

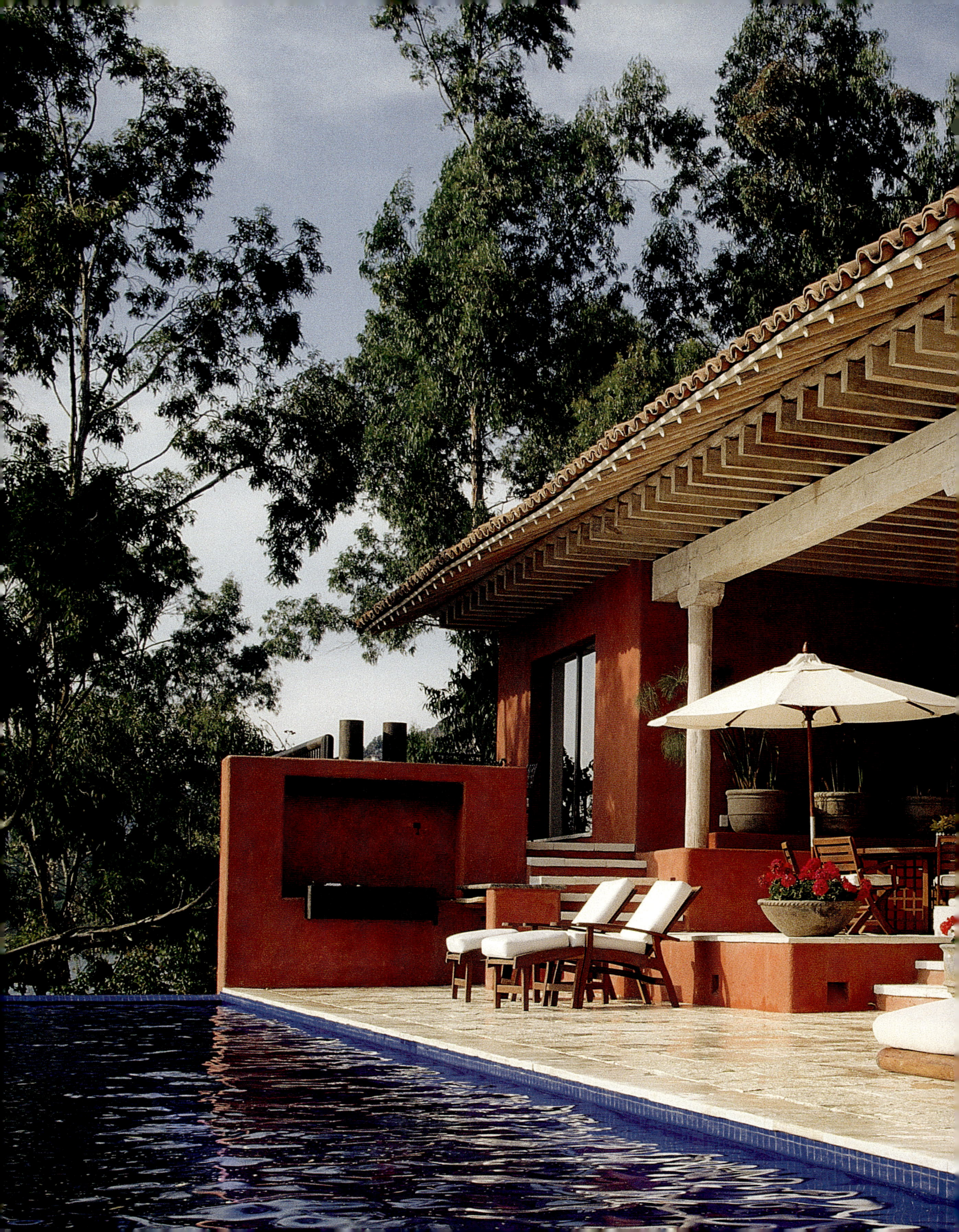

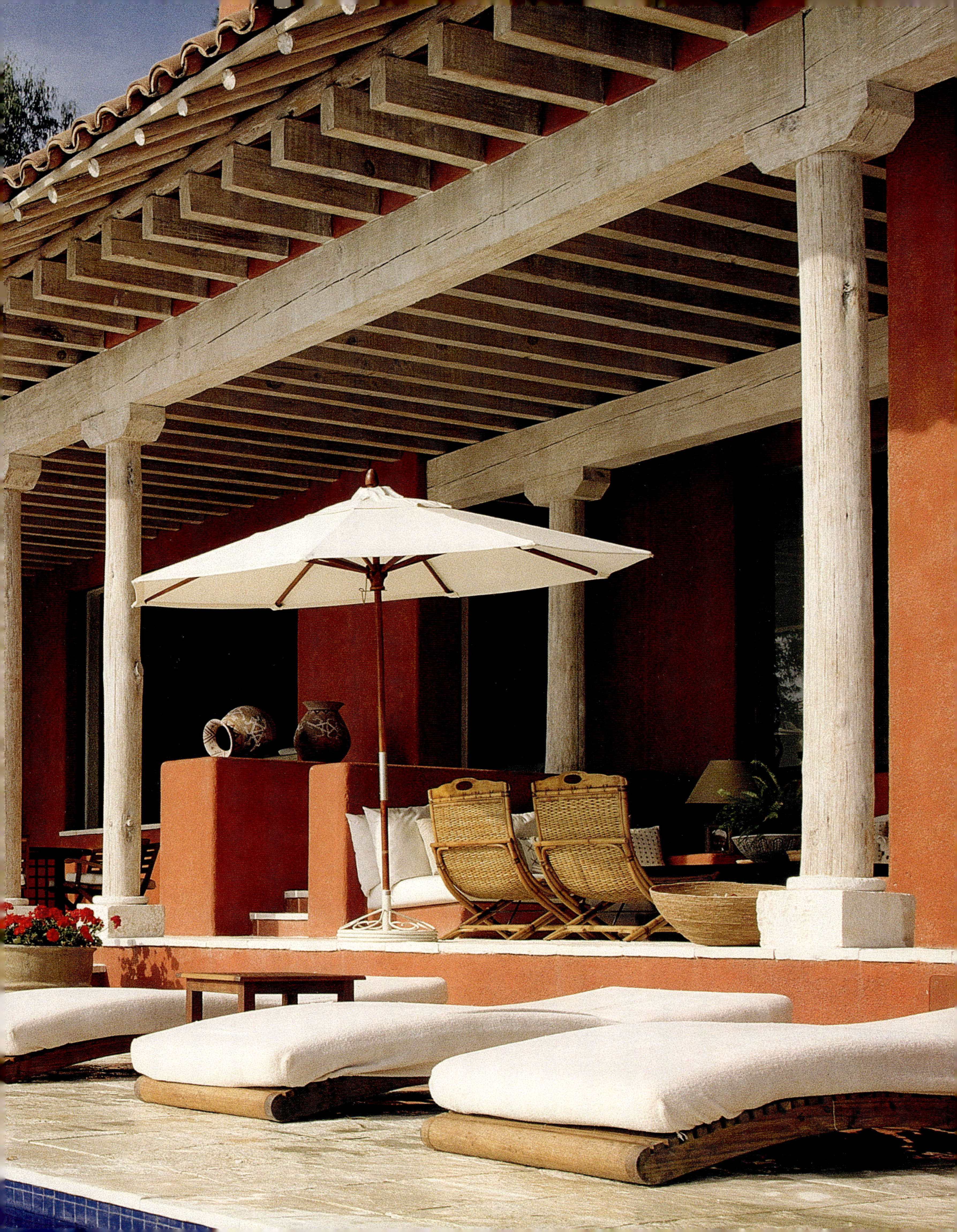

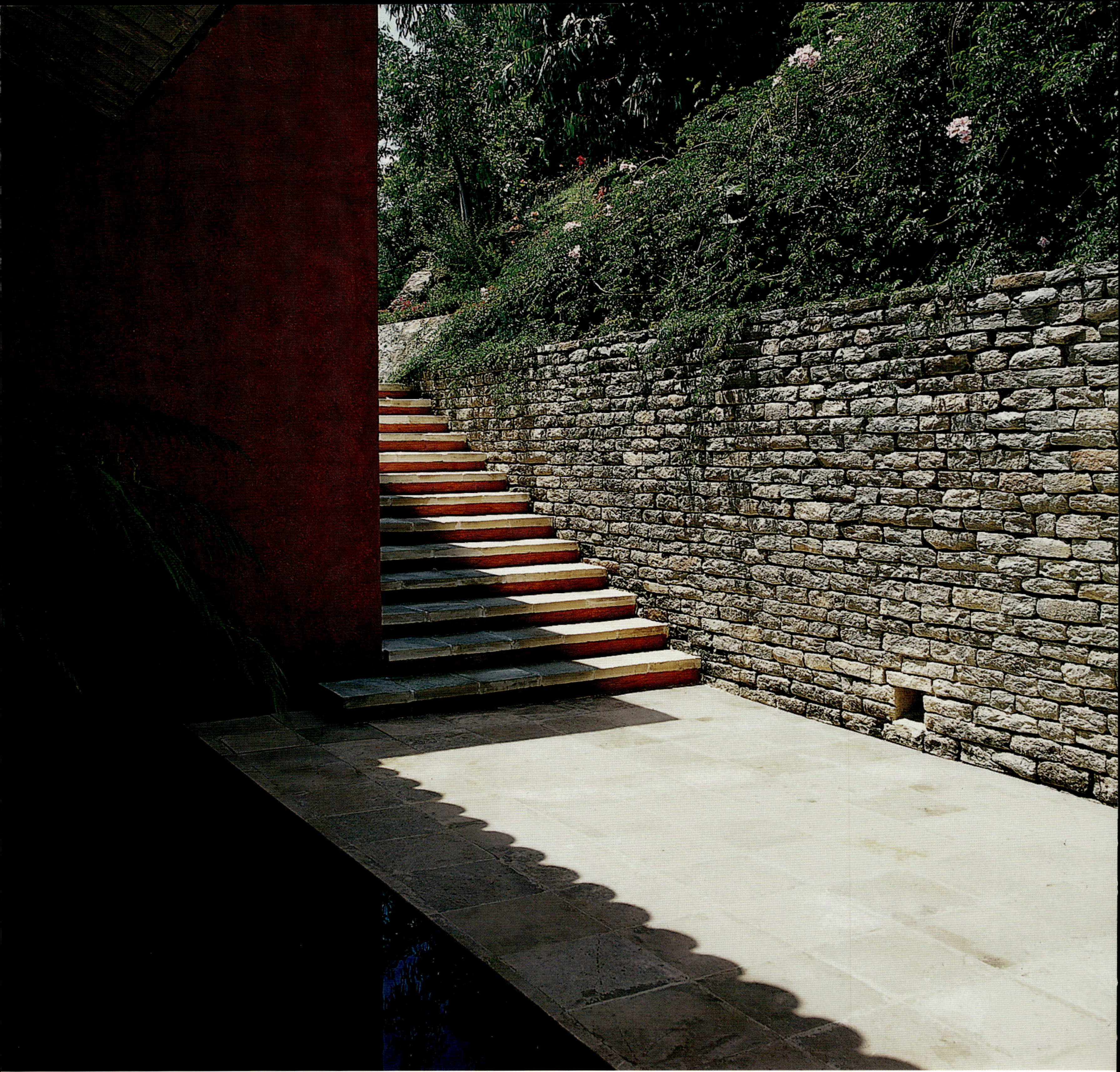

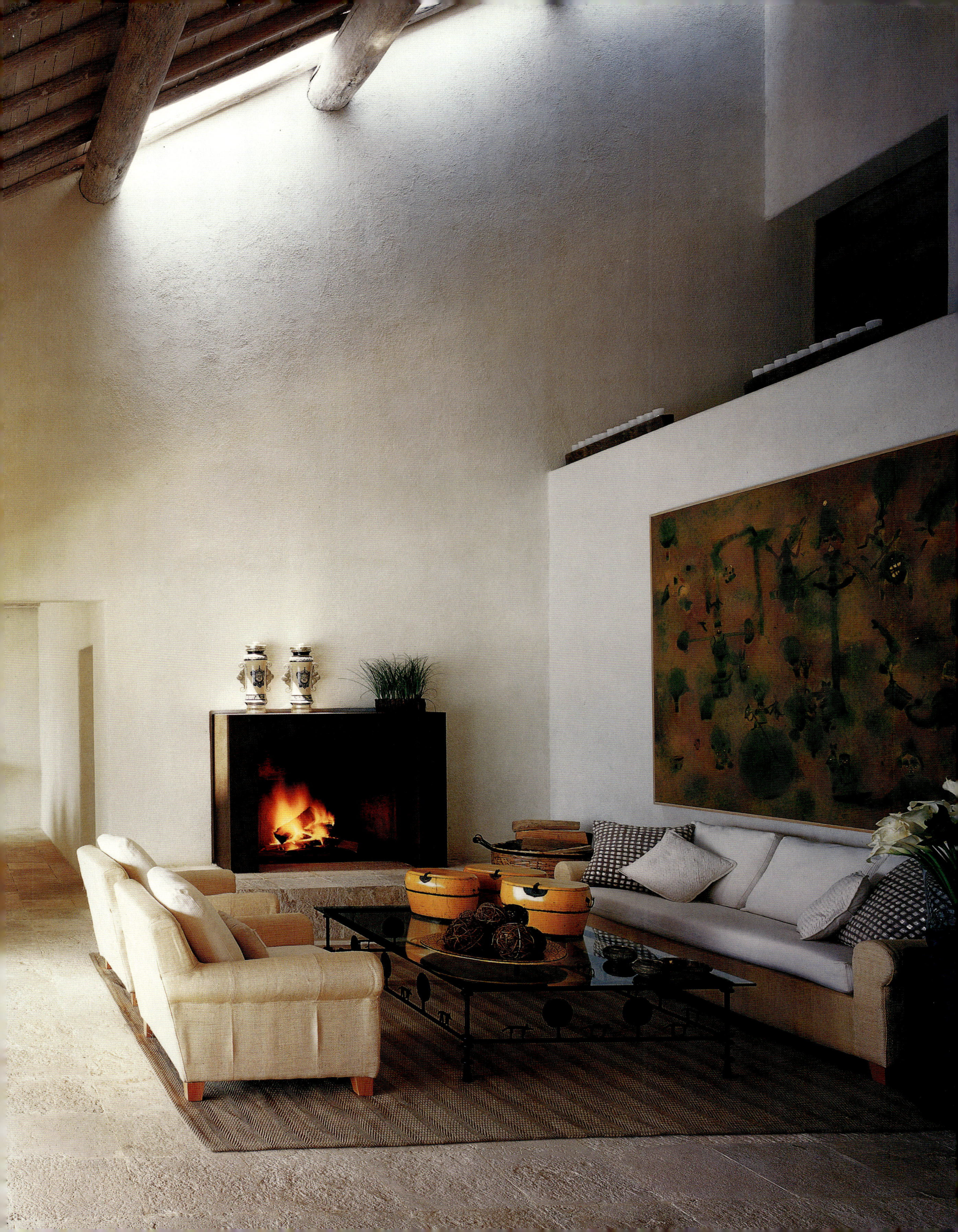

créditos

credits

AGRADECEMOS A **ABAX ARQUITECTOS** POR FACILITARNOS TODO EL MATERIAL FOTOGRÁFICO.

WE THANK ABAX'S ARCHITECTS FOR GIVING US ALL THE PHOTOGRAPHIC MATERIAL.

WWW.ABAX.COM.MX

ABAX ES: FERNANDO, JESÚS, OMAR, BERTHA, TOÑO, ALINE, ANGÉLICA, JOSE, ALE, PABLO, ERIKA, ARMANDO, PÍA, MIGUEL, MARÍA LUISA, JORGE, ALAN, PILAR, VÍCTOR, ROBERTO, BERNARDO, ÁNGEL, JOSÉ LUIS, OCTAVIO, PEDRO, TODOS LOS CLIENTES Y AMIGOS Y MUCHOS MÁS.

Y LOS ARQUITECTOS Y DISEÑADORES QUE A LO LARGO DE ESTOS AÑOS HAN HECHO EQUIPO CON ABAX.

AND TO THE ARCHITECTS AND DESIGNERS THAT DURING THESE YEARS HAVE BEEN A TEAM WITH ABAX.

ALEJANDRO BERNARDI
BEATRIZ PESCHARD
GINA PARLANGE
GLORIA CORTINA
MARITERE MÁRQUEZ
PATY DE HARO

fotos

photos

ALFONSO DE BÉJAR
CATHIE FERGUSON
HÉCTOR VELASCO FACIO
LUIS GORDOA
LOURDES LEGORRETA
MICHAEL CALDERWOOD
MARK CALLANAN
SEBASTIÁN SALDÍVAR

EDITADO EN MARZO DEL 2010. IMPRESO EN CHINA. EL CUIDADO DE EDICIÓN ESTUVO A CARGO DE AM EDITORES S.A. DE C.V. *EDITED IN MARCH 2010. PRINTED IN CHINA. PUBLISHED BY AM EDITORES S.A. DE C.V.*

NA
7244
.C34
2010